中国文化精品译丛

# Obras selectas de Lu Xun

# 西译鲁迅作品选

（汉西对照）

上卷

孟继成　选译
Meng Jicheng

外教社 上海外语教育出版社
SHANGHAI FOREIGN LANGUAGE EDUCATION PRESS

图书在版编目(CIP)数据

西译鲁迅作品选：汉西对照 / 孟继成选译. -- 上海：上海外语教育出版社，2023
（中国文化精品译丛）
ISBN 978-7-5446-7564-2

Ⅰ. ①西… Ⅱ. ①孟… Ⅲ. ①西班牙语—汉语—对照读物②鲁迅著作—选集 Ⅳ. ①H349.4：I

中国国家版本馆CIP数据核字(2023)第029698号

出版发行：上海外语教育出版社
（上海外国语大学内）邮编：200083
电　　话：021-65425300 (总机)
电子邮箱：bookinfo@sflep.com.cn
网　　址：http://www.sflep.com
责任编辑：李志力

印　　刷：上海中华商务联合印刷有限公司
开　　本：635×965　1/16　印张 66.75　字数 985 千字
版　　次：2023年9月第1版　2023年9月第1次印刷

书　　号：ISBN 978-7-5446-7564-2
定　　价：360.00元

本版图书如有印装质量问题，可向本社调换
质量服务热线：4008-213-263

# 译者序

在《鲁迅先生全集》的序言中蔡元培[1]先生写道，鲁迅先生的作品当“为永久流行的作品”，它们是“为新文学开山的”。起码，鲁迅先生逝世八十多年来的事实证明了这一点。我们相信，它们将会永久流行下去。

鲁迅先生的著作对中国现当代的历史发展和新文学运动的产生和推动都具有巨大的影响。从根本上说，鲁迅先生是一个伟大的启蒙思想家。

一百年前，由于长期的封建主义腐朽统治，中国陷入十分落后和羸弱的状态，频繁遭受东西方帝国主义的侵略、欺压和蹂躏。虽然1911年孙中山先生领导资产阶级革命派推翻了清王朝统治、建立了中华民国[2]。但帝国主义为确保其在华既得权益并继续奴役中国，极力扶植封建残余势力，迫使孙中山先生辞去大总统职位，导致资产阶级共和国名存实亡，辛亥革命以失败而告终。辛亥革命虽然一举推翻了清王朝，摧毁了中国两千年的封建制度，但结果却是，半殖民地半封建的社会基础没有受到触动，中国仍然处于帝国主义和封建主义的双重压迫之下。

广大的中国民众长期处于悲伤、忧愁和痛苦，甚至很多人变得麻木，丧失了觉醒的意识，没有抵抗和斗争的精神和勇气，甚至不会怒吼或呐喊。鲁迅先生站在历史的高度和从精神层面深度对社会进行启蒙，呼吁大家觉醒，不要再做“这窒闷的铁屋子里迟迟不肯为国家为民族醒来的愚民”，激发人们思索、寻觅、探求，为那些正在为救亡图存而“在寂寞里奔驰的猛士”们助威“呐喊”，从而群情奋起，加入抗争。这是一个民族在危难关头最需要的精神。

二十世纪初，中国历经了洋务运动[3]、戊戌变法[4]和辛亥革命等，遭到了一些挫折，也取得了在某些方面的进展。然而，在文化和精神层面，却毫无改动和起色，仍处于一片老旧、迂腐、沉闷和麻木的状态。鲁迅先生敏锐地看到这一切，选择了弃医从文，用文学来唤起国人觉醒，启蒙大众思想，振奋世人的精神，催促和鼓励所有的人走上救国救民的道路。

鲁迅先生于五四运动之前即《新青年》杂志创办的早期，就参加了当时由蔡元培支持，陈独秀[5]、胡适[6]、钱玄同[7]、李大钊[8]等人发起的“反传统、反孔教、反文言”的思想文化革新运动，亦即新文化运动。当时，舆论已经造足，口号已经喊出，但唯独缺乏实践。而鲁迅先生值得推崇的是，此刻他做了一件史无前例的事情，克服了整个中国文化界在这方面缺乏经验的极度困难，挺身而出，及时写出了他的第一部白话小说《狂人日记》，从而呐喊着奔向了文化征战的疆场。不仅率先垂范，更一直是身体力行，不断创作出大量的各种新型的作品，向着落后、腐朽、黑暗、残暴的旧思想、恶势力投出了实实在在的扎枪和匕首，直接带领着一批批的青年沿着五四运动开辟的方向奋勇前进，义无反顾，从而成为实践斗争中真正的“中国文化革命的主将”，对此后中国社会思想文化之发展做出了巨大的贡献。

鲁迅先生一直为中国广大民众学习文字、普及文化奔走呼号。这是文化觉醒和精神解放的基础和前提。而且，鲁迅先生本人的古典汉语和中国文学的底子是非常深厚的。他认为没有深厚的古典文字和文学的底子将无法真正发展和创新出合理而易学的白话。先生一生当中的著作，影响巨大的当是白话文现代小说、散文、杂文、文学批评等，但与此同时，在古籍校勘、古文创作、旧体诗、文学史等方面先生亦均有大量作品和极高的成就，其作品的字数也相当之巨，由于本书篇幅关系，未能更多地选录翻译。现在这部西班牙语翻译所用的原文均选自《鲁迅全集》二十卷横排版中的第一卷至第七卷[9]。

鲁迅先生极为重视世界文学的发展与介绍。先生通日文和德文，直接翻译和转译了大批的外国文学作品和文学理论著作。先生谙熟世界名著，名家流派一清二楚。而且极为难得的是，在欧美强国文化东渐之时，先生十分重视和支持介绍东欧、北欧及其他“弱小民族”的文学作品，在他自己编辑出版的《近代世界短篇小说集》里还收入了西班牙、比利时、捷克、匈牙利、南斯拉夫等国家民族的短篇小说24篇。另外，先生花了大量时间和篇幅介绍苏俄文学作品和文学理论。据统计，鲁迅先生总共翻译过14个国家近百位作家的200多种作品。

除此之外，众所周知，鲁迅先生热衷于美术木刻、版画、篆刻以及现代学术等多个领域。

鲁迅是二十世纪的文化巨人，与同时代的英国文豪萧伯纳、印度诗人泰戈尔、法国文学大师罗曼·罗兰等齐名，蜚声世界文坛。由于当时的交通和通讯条件有限，虽然他们相互很少直接接触，但他们之间都有神交与相惜。

作为中国现代文学的伟大奠基者，鲁迅先生所创作的小说开创了中国现代小说的新形式；他所创作的散文更是笔调优美、感情沉郁，成为模仿的典范；他所开创的杂文是以论理为主、形式灵活的新文体，具有针对性和战斗性。同时，他的杂文更是考察中国社会、政治、历史、文化等等各个方面的百科全书。二十世纪以来，几乎所有的中国现当代作家都在鲁迅先生各种体裁的文学创作的基础上，沿袭和发展出了多种多样的文学风格。

在作品的具体选录上，这部西班牙语翻译比较侧重的是以下几个方面：一是鲁迅先生的传世名著，如《呐喊》和《彷徨》中的几篇小说；二是普及性较高的篇目，常见于中小学课本中，如《祝福》《孔乙己》《从百草园到三味书屋》等；三是直接反映斗争精神的，如《纪念刘和珍君》《黑暗中国的文艺界的现状》等；四是论及中国新文化运动概况和导向的，如《现今的新文学的概观》《对于左翼作家联盟的意见》等；五是涉及世界文化、文学名著的，像《娜拉走后怎样》《中华民国的新堂·吉诃德们》等；六是描绘中国民俗风情的，如《送灶日漫笔》《北人与南人》等；七是体现铁汉柔情一面的，如《故乡》《一件小事》等；八是表达坚定的抗日立场的，如《友邦惊诧论》《论现在我们的文学运动》等；九是选了几篇序言，主要因为序言文字不多，却往往更直接清晰地反映出作者当时的思想或意图。

鲁迅先生一生的执着所在就是"拷问灵魂"，以求得最纯粹的民族精神。所以，在他逝世后，上海逾万民众自发为他举行隆重的葬礼，为他的灵柩上覆盖了大幅白绸，上面写着"民族魂"。鲁迅先生一生的秉持所在就是"独立思考"。他的杂文一方面犀利地抨击国民党反动派的法西斯专政，一方面对中国共产党内的"左倾"路线进行有力的批判。也正因此，当年有人向统治中国的蒋介石告密鲁迅先生躲避之地时，蒋郑重地说"我素来很敬仰他，还想和他会会面"；而已经到达延安、踌躇满志的毛泽东则更是热情地评价鲁迅先生"不但是伟大的文学家，而且是伟大的思想家和伟大的革命家"，是"向着敌人冲锋陷阵的最正确、最勇敢、最坚决、最忠实、最热忱的空前的民族英雄"。

鲁迅先生逝世已经八十多年了，然而，他今天仍然活在中国人民的心中。先生对于中国社会、中国文化和中国人自身的理解之深刻，使他对中国社会的许多现实问题的认识整整超前了一个世纪，甚至更多。我们说鲁迅先生仍然活在当下，绝不是一句空话，他当年说过的许多话，对考察当前的情势都具有导向意义。

在翻译过程中，译者始终希望能够尽量深刻地理解鲁迅先生著作的原有含义，尽量准确地用西班牙语把先生的语气和感情表达出来，显然，这是难度极大的工作。往往为着寻求一个比较恰当或更为接近原意的表达，查遍案头资料和网上信息均不可得，只能是再静下心来，沉入文中，反复琢磨，细细品味，也许三五日之后或更迟才会悟觉出一个相对说得过去的结果。所以，在这近三十万奥妙艰深的汉字文本翻译之中，肯定还会留有许多不当之处，尚请各位同行专家及广大读者不吝赐教，予以指正，译者在此不胜感激。

鲁迅先生的著作是一笔极其珍贵的精神财富。我们在不断欣赏和回味之时，也颇愿将之与全世界的友人一起分享。因为，世界是相同的，人心是相通的，各国人民有着类似的喜怒哀乐，也有着共通的心理需求，到文学当中去寻找理解的源泉和独自享受的境界。我们希望西译的鲁迅作品能够得到西班牙语读者的青睐与欢迎，并盼将来有更多的西译鲁迅作品问世，让鲁迅先生的著作和思想在世界范围内得到广泛的认知、共鸣和流传！

在这里，我还要感谢上海外语教育出版社。在翻译过程中，一直得到社领导和编辑部的大力支持。从此书的立项到后来的翻译，都得到许一飞女士的热情帮助和鼓励；更有李志力先生，事无巨细，无不严格检查和督促，使得文稿避免了许多问题和瑕疵，是真正负责任的编辑。本人在此书完稿之际一并致以由衷的感谢。

**译者　孟继成**

**2022年11月30日**

# 注 释

［1］蔡元培（1868.1.11—1940.3.5）：字鹤卿，浙江绍兴人，清光绪进士，祖籍浙江。教育家、革命家、政治家，民主进步人士，国民党中央执委，中华民国首任教育总长。1917年至1927年任北京大学校长，革新北大，开“学术”与“自由”之风；他早年参加反清朝帝制的斗争，民国初年主持制定了中国近代高等教育的第一个法令——《大学令》。蔡元培数度赴德国和法国留学、考察。抗战爆发，蔡元培积极投入抗日救亡运动。1940年3月5日在香港病逝。蔡元培在中国的知识界一直享有很高的声望。鲁迅先生逝世，蔡元培先生担任鲁迅治丧委员会主任。

［2］“中华民国”：1911年辛亥革命爆发后在孙中山领导下于公元1912年1月1日成立。参见本书《灯下漫笔》注释［2］。

［3］“洋务运动”：在第二次鸦片战争（1856—1860），即英、法在俄、美支持下联合发动的侵华战争中，中国遭到惨痛失败。除清朝政

府腐败软弱外，当时的中国在武器装备和军事技术上远远落后于西方，以李鸿章等为代表的汉族官员主张学习西方先进技术和练兵方法，建设近代化国防，被称为洋务派。十九世纪60—90年代，洋务派引进西方军事装备、机器生产和科学技术以挽救清朝统治的自救运动，称为洋务运动。但洋务运动并没有使中国走上富强之路。

[4] "戊戌变法"：又名百日维新，是1898年即戊戌年清朝政府的短暂政治改革运动，变法最初由慈禧太后默许、光绪皇帝主导，深入经济、军事、政治及官僚制度等多个层面，目的是使中国走上君主立宪的道路。然而后期改革过于激烈，慈禧发动了戊戌政变，维新派首领康有为逃往天津，梁启超流亡入日本，谭嗣同等被捕杀害，光绪帝则被软禁于中南海瀛台，慈禧重新当政，此后孙文等开展更为激烈的民主革命运动，推翻帝制，建立共和。

[5] 陈独秀（1879.10.9—1942.5.27）：字仲甫，安徽省安庆市人，曾任北京大学文科学长，教授文学。他是新文化运动的主要倡导者之一，1915年创办了《新青年》，还是五四运动的精神领袖。1921年陈独秀在上海组织成立了中国共产党，曾被选为总书记。后来，由于种种原因，他离开党中央，后又被开除出党。他多次拒绝出任国民政府高官。最后他长期隐居在四川江津，以教书为生，继续深入研究文学文字和经济政治，获得极其重要的学术成果，堪称中国近现代史上杰出的大专家、大学者。1942年5月27日陈独秀因病于四川江津逝世，享年63岁。

[6] 胡适（1891.12.17—1962.2.24）：字适之，安徽绩溪上庄村人，生于上海浦东。曾游历英国、法国、美国、日本诸国，获哥伦比亚大学哲学博士学位。他提倡文学革命，是新文化运动的领袖之一，曾担任国立北京大学校长、中央研究院院长、中华民国驻美大使等职。胡适兴趣广泛，著述丰富，在文学、哲学、史学、考据学、教育学、伦理学、红学等诸多领域都有深入的研究。主张少谈主义，主张先疑后信，主张科学佐证，尽信书不如无书。

[7] 钱玄同（1887—1939）：原名钱夏，字德潜，浙江湖州人。著名思

想家，语文改革活动家，文字音韵学家，是五四文学革命的倡导者之一，是一位急先锋。他最早给倡导者们以强有力的支持。催促新文学作品诞生并予以奖掖支持。中国现代文学史上的第一篇白话小说就是鲁迅在钱玄同的敦促下创作的。

[8] 李大钊（1889.10.29—1927.4.28）：字守常，河北乐亭人，毕业于东京早稻田大学。李大钊是著名学者，学识渊博，勇于开拓，发表过许多论著和文学作品，在中国近现代史上占有崇高的地位。同时李大钊是中国最早的马克思主义者和共产主义者之一。1918年任北京大学图书馆主任，经济、历史等系教授，参与编辑《新青年》。1919年领导了伟大的五四运动。1920年，和陈独秀酝酿组建中国共产党。1922年，李大钊赴上海与孙中山直接谈成了国共合作。1927年接替孙中山的蒋介石背叛革命，大肆镇压共产党，并与军阀张作霖勾结，将李大钊逮捕。李大钊坚贞不屈，于1927年4月28日被处以绞刑，英勇就义。在1949年以前，李大钊的一部分著作曾由他的亲属编集，由鲁迅先生作序，但一直没能够发行。1959年，人民出版社出版了重新编辑的《李大钊选集》。

[9] 1936年10月，鲁迅先生在上海辞世。鲁迅先生纪念委员会编印了第一版《鲁迅全集》，全书总计六百余万字，共分二十卷，于1938年6月正式出版并发行。自先生逝世迄今八十多年间，曾先后编辑出版过许多版本的《鲁迅全集》，但影响较大的当推以下四种全集版本：1938年二十卷本、1958年十卷本、1981年十六卷本和2005年十八卷本。现在这部西班牙语翻译所用的汉语原文均选自后来以简化字重排的1938年《鲁迅全集》二十卷本的横排版。

# Prefacio

En el prefacio de las *Obras completas del Sr. Lu Xun*, el Sr. Cai Yuanpei[①] escribe que las obras del Sr. Lu Xun son “obras de popularidad permanente” y que son “las pioneras de una nueva literatura”. Y esto, al menos, lo han demostrado los hechos históricos desde el fallecimiento del Sr. Lu Xun hace más de ochenta años. Creemos que seguirán siendo populares para siempre.

Los escritos de Lu Xun han tenido un enorme impacto en el desarrollo de la historia de la China moderna y contemporánea y en la creación y promoción de nuevos movimientos literarios. En esencia, el señor Lu Xun fue un gran pensador dedicado a la ilustración.

Hace cien años, debido al largo y corrupto dominio del feudalismo, China cayó en un estado muy atrasado y débil y fue frecuentemente invadida, oprimida y asolada por los imperialistas orientales y occidentales. El Dr. Sun Yat-sen, dirigiendo a los revolucionarios burgueses, derrocó a la dinastía Qing y estableció la República de China en 1911[②]; pero los imperialistas, para asegurar sus poderes e intereses adquiridos en China y seguir esclavizando al país, hicieron todo lo posible para fomentar los remanentes del feudalismo

---

① Cai Yuanpei (1868.1.11–1940.3.5): Nativo de Shaoxing, provincia de Zhejiang, y con calificación de erudito imperial de Qing. Fue educador, revolucionario y político, un progresista democrático, miembro del Comité Ejecutivo Central del Kuomintang y el primer Jefe General de Educación de la República de China. Fue rector de la Universidad de Beijing de 1917 a 1927, reformó la universidad y abrió una nueva era de “academia” y “libertad”. Participó en la lucha contra la dinastía Qing. Presidió el primer Decreto de la Universidad de la República de China. Cai estudió e investigó en Alemania y Francia en varias ocasiones. Cuando estalló la guerra de resistencia contra la agresión japonesa, Cai Yuanpei participó activamente en el movimiento antijaponés. Murió en Hong Kong el 5 de marzo de 1940 tras una larga enfermedad. Cai siempre ha gozado de un alto prestigio en el círculo intelectual de China. Cuando el Sr. Lu Xun falleció, el Sr. Cai Yuanpei se desempeñó como director del comité funerario de Lu Xun.

② “República de China”: Se estableció el 1 de enero de 1912 bajo el liderazgo de Sun Yat-sen tras el estallido de la Revolución de Xinhai en 1911. Véase la nota [2] de “Apuntes bajo la lámpara” de este libro.

y obligaron al Dr. Sun Yat-sen a dimitir como Presidente de la República, lo que condujo a que la república burguesa existiera solo de nombre, eso quiere decir, la Revolución de Xinhai (año 1911) terminó en fracaso. Aunque la Revolución de Xinhai derrocó a la dinastía Qing destruyendo de un plumazo el sistema feudal chino de dos mil años de historia, el resultado fue que los cimientos de una sociedad semicolonial y semifeudal quedaron intactos y China siguió estando bajo la doble opresión del imperialismo y el feudalismo.

Las amplias masas del chino habían llevado mucho tiempo sumidas en tristeza, depresión y dolor, incluso muchas de ellas se habían anestesiado y habían perdido el sentido del despertar, sin tener el espíritu ni el coraje para resistir y luchar, ni siquiera rugir o gritar. El Sr. Lu Xun, situado a la altura de la historia, iluminó a la sociedad desde una perspectiva espiritual, llamando a todo el mundo a despertar y dejar de ser "tontos en esta asfixiante habitación de hierro que eran perezosos a despertarse por el país y la nación", inspirando a la gente a reflexionar, buscar, explorar, y vitorear con "gritos" a los que "estaban galopando en soledad" para lograr a la patria salva y sobreviviente, de modo que toda la nación se levantara con espíritu y participara en la lucha. Este es el espíritu que más necesitaba una nación en esos tiempos de crisis.

A principios del siglo XX, China experimentó el Movimiento de Occidentalización[3], el Movimiento de Reforma de

③ El Movimiento de Occidentalización: Durante la Segunda Guerra del Opio (1856–1860), o sea, la guerra de agresión contra China librada conjuntamente por Gran Bretaña y Francia con el apoyo de Rusia y Estados Unidos, China sufrió una aplastante derrota. Además de la corrupción y la debilidad del gobierno Qing, China estaba muy atrasada con respecto a Occidente en cuanto a armamento y tecnología militar, y los funcionarios chinos de la etnia Han, como Li Hongzhang, llamados como la facción de occidentalización, abogaban por aprender la tecnología occidental avanzada y los métodos de entrenamiento militar para construir una defensa moderna. En las décadas de 1860 y 1890, la facción de occidentalización introdujo equipos militares, maquinaria, producción y ciencia y tecnología occidentales para salvar a la dinastía Qing, lo que se conoce como el Movimiento de Occidentalización. Sin embargo, este Movimiento no llevó a China a la riqueza ni el poder.

1898[④] y la Revolución de Xinhai, etc., sufrió algunos reveses, pero también avanzó en algunos aspectos. Sin embargo, a nivel cultural y espiritual, no ha habido cambios ni mejoras, y todavía se quedaba en un estado anticuado, obstinado, deprimido y entumecido. Al ver todo esto con sensibilidad, el Sr. Lu Xun decidió abandonar la medicina y dedicarse a la literatura, utilizando la literatura para hacer despertada a la gente del país, iluminar el pensamiento del público, inspirar el espíritu del mundo, instar y animar a todas las personas a embarcarse en el camino de salvar al país y al pueblo.

Antes del Movimiento del 4 de Mayo, es decir, en los primeros tiempos de la revista *Nueva Juventud*, Lu Xun ya participó en el movimiento de renovación ideológica y cultural, o Movimiento de la Nueva Cultura, es decir, un movimiento antitradicional, anticonfucianismo y anti el chino clásico, iniciado por Chen Duxiu[⑤],

---

④ La Reforma de Wuxu (año 1898): También conocida como la Reforma de los Cien Días, fue un movimiento de reforma política de corta duración en la dinastía Qing, inicialmente con la aquiescencia de la emperatriz viuda Cixi y presidido por el emperador Guangxu. Sin embargo, las reformas se volvieron cada día más radicales y Cixi lanzó el Golpe de Wuxu, tras el que los líderes de la Reforma, Kang Youwei, se huyó a Tianjin, Liang Qichao refugió a Japón, pero Tan Sitong y otros reformistas fueron arrestados y asesinados, incluso el emperador Guangxu fue puesto bajo arresto domiciliario en una isla del lago imperial Zhongnanhai. Así, la emperatriz viuda Cixi volvió al poder. Posteriormente, Sun Yat-san y otros lanzaron un movimiento revolucionario democrático más intenso para derrocar la monarquía feudal y establecer una república.

⑤ Chen Duxiu (1879.10.9-1942.5.27): Nombre de cortesía Zhongfu, nació en la ciudad de Anqing, provincia de Anhui. Era decano de la Escuela de Letras de la Universidad Nacional de Beijing y enseñaba literatura. Fue uno de los principales defensores del Movimiento de la Nueva Cultura y fundó la *Nueva Juventud* en 1915. También fue el líder espiritual del Movimiento del 4 de Mayo. En 1921, Chen Duxiu organizó el establecimiento del Partido Comunista de China en Shanghai, y fue elegido secretario general. Posteriormente, por diversas razones anormales de la historia, se vio obligado a suspender su cargo y fue expulsado del partido. En repetidas ocasiones se negó a servir como alto funcionario del Gobierno Nacionalista KMT. Al final, vivió recluido en Jiangjin, Sichuan, durante mucho tiempo, y se ganó la vida enseñando. Continuó estudiando literatura, economía y política en profundidad, y obtuvo logros académicos extremadamente importantes. Se le puede llamar un experto destacado. y estudioso de la historia china moderna. El 27 de mayo de 1942, Chen Duxiu falleció de enfermedad en Jiangjin, Sichuan, a la edad de 63 años.

Hu Shi[⑥], Qian Xuantong[⑦] y Li Dazhao[⑧] así como otros y apoyado por Cai Yuanpei. Lo que el Sr. Lu Xun es digno de estima reside en que en ese momento crítico hizo algo sin precedente, superando lo dificultoso de la carencia de experiencias al respecto en todo el círculo cultural de China, con que se adelantó con valor y lanzó en tiempo su primera novela en lengua vernácula china, *Diario de un loco*, arrojándose así con sus gritos hacia la batalla de la guerra cultural. No solo tomó la iniciativa de dar el ejemplo, había venido practicando seriamente lo que defendía, creó una gran cantidad de obras nuevas, tirando reales lanzas y dagas contra las viejas ideas atrasadas, decadentes, oscuras y crueles. Él lideró en persona a grupos de jóvenes marchar valientemente a lo largo de la dirección abierta por el Movimiento

---

⑥ Hu Shi (1891.12.17–1962.2.24): Conocido como Shizhi, natural del distrito Jixi, Anhui, pero nació en Shanghai. Gran erudito conocedor en muchas áreas de la ciencia, está interesado en una amplia gama de investigación, como la literatura, la filosofía, la historia, los estudios de texto, la pedagogía, la ética, la escuela roja y muchas otras áreas tienen un estudio en profundidad. Debido a su promoción de la revolución literaria, se convirtió en uno de los líderes del Movimiento de la Nueva Cultura. Sirvió como rector de la Universidad Nacional de Beijing, presidente del Instituto Central de Investigación, el embajador de la República de China en los Estados Unidos y otros cargos. Abogaba por hablar menos de ísmos, y por sospechar antes de la creer, por defender la evidencia científica, diciendo que el creer cien por cien en el libro es peor que no haber libros.

⑦ Qian Xuantong (1887–1939): Antes conocido como Qian Xia, era natural de Huzhou, provincia de Zhejiang. Fue un famoso pensador, activista de la reforma lingüística, fonetista y uno de los pioneros de la Revolución Literaria del 4 de Mayo. Fue uno de los primeros en dar fuerte apoyo a los que advocaban por la nueva cultura. Instó al nacimiento de nuevas obras literarias y las apoyó con premios. La primera novela en lengua vernácula de la historia de la literatura china moderna, escrita por Lu Xun, fue a instancias de Qian Xuantong.

⑧ Li Dazhao (1889.10.29–1927.4.28): Conocido como Shouchang, era natural de Laoting, en Hebei, y se graduó en la Universidad de Waseda, en Tokio, Japón. Li Dazhao fue un erudito de renombre, culto y pionero, que publicó numerosos tratados y obras literarias, y ocupa un lugar destacado en la historia moderna de China. También fue uno de los primeros marxistas y comunistas de China. En 1918, se convirtió en director de la biblioteca de la Universidad Nacional de Beijing y en profesor de economía e historia, mientras tanto, participó en la redacción de la *Nueva Juventud*, y en 1919 lideró el Movimiento del 4 de Mayo. En 1922, Li fue a Shanghai para negociar directamente con Sun Yat-sen sobre la cooperación entre el Partido Comunista y el KMT. Pero, después de la muerte de Sun Yat-sen, Chiang Kai-shek traicionó a la revolución, suprimió el Partido Comunista y se confabuló con el caudillo militar Zhang Zuolin para detener a Li Dazhao, quien fue ejecutado en la horca el 28 de abril de 1927 y tuvo una muerte heroica. Antes de 1949, una selección de los escritos de Li Dazhao había sido recopilada y recogida por sus familiares, para la cual el Sr. Lu Xun le escribió un prefacio, pero nunca se había podido publicar. En 1959, la Editorial del Pueblo publicó una edición reeditada de las *Obras selectas de Li Dazhao*.

del 4 de Mayo, sin dudarlo, y así se convirtió en el verdadero "general principal de la revolución cultural china" en luchas prácticas, e hizo grandes contribuciones al desarrollo de la ideología social y la cultura chinas.

Para que el pueblo común aprendiera los caracteres chinos y se popularizara la cultura, Lu Xun trabajó arduamente, corriendo y propagando por un lado y otro a fin de ganar simpatía y apoyo. Este era el fundamento y la premisa del despertar cultural y la liberación espiritual. Además, el propio Sr. Lu Xun tenía una sólida y profunda formación en el lenguaje clásico y la literatura china. Creía que sin una base profunda en la escritura y la literatura clásicas sería imposible desarrollar e innovar verdaderamente una lengua vernácula razonable y fácil de aprender. En su vida de Lu Xun, las obras más influyentes debían ser la ficción moderna, en vernáculo, los ensayos, los escritos misceláneos y la crítica literaria, pero al mismo tiempo también produjo un gran número de obras y muy altos logros en el campo de la corrección anticuaria, la recomposición de textos antiguos, la poesía de estilo antiguo y la historia literaria. La cantidad de sus obras también es bastante enorme, debido a la limitada extensión de este libro, no se pueden hacer una mayor selección para la traducción. Los textos originales en chino utilizados en esta traducción al español son todos seleccionados del primero al séptimo volumen de la versión tipográfica horizontal de veinte volúmenes de las *Obras completas de Lu Xun*⑨.

---

⑨ En octubre de 1936, el Sr. Lu Xun falleció en Shanghai. El Comité Conmemorativo del Sr. Lu Xun compiló e imprimió la primera edición de las *Obras completas de Lu Xun*. La obra completa contiene más de seis millones de caracteres chinos y está dividida en veinte volúmenes. Se publicó oficialmente y salió a la venta en junio de 1938. En los más de ochenta años transcurridos desde su perecimiento, se han publicado varias ediciones de las *Obras completas de Lu Xun*, pero las cuatro más influyentes son las siguientes: la edición en veinte volúmenes de 1938, la edición en diez volúmenes de 1958, la edición en dieciséis volúmenes de 1981 y la edición en dieciocho volúmenes de 2005. El texto original chino utilizado en la presente traducción española está tomado de la reimpresión en caracteres simplificados de la composición tipográfica horizontal en tiempo actual de la edición de 1938 de las *Obras completas de Lu Xun*.

Lu Xun concedió gran importancia al desarrollo e introducción de la literatura mundial. Dominaba el japonés y el alemán, y tradujo directamente o por medio de otro idioma un gran número de obras literarias y teorías de literatura extranjeras. Estaba muy versado en las obras clásicas del mundo y conocía todos los autores y diversos géneros famosos. Además, él es merecido la extrema apreciación por hacer lo más raro en el mundo, porque cuando las culturas europea y americana se extendieron hacia el este, el Sr. Lu Xun le dio gran importancia y apoyó la introducción de obras literarias de Europa del Este, Europa del Norte y otras "naciones débiles y pequeñas", e incluso en la "Breve introducción a la *Colección de novelas cortas del mundo moderno*", que él mismo editó y publicó, incluyó veinticuatro novelas cortas de España, Bélgica, Checoslovaquia, Hungría, Yugoslavia y otros países y pueblos.

Además, como todo el mundo sabe, el Sr. Lu Xun está interesado hasta entusiasmado en muchos campos, como el arte del grabado en madera, el grabado, el corte de sellos y los de la academia moderna.

Lu Xun fue un gigante de cultura del siglo XX, famoso en todo el mundo, junto con sus contemporáneos como el escritor inglés George Bernard Shaw, el poeta indio Rabindranath Tagore y el maestro literario francés Romain Rolland, y es muy conocido en la literatura mundial. Aunque, debido a las limitadas condiciones de transporte y comunicación en aquella época, rara vez tenían contacto directo entre ellos, todos tenían amistad mutua y simpatía espiritual.

Como gran fundador de la literatura china moderna, las novelas de Lu Xun establecieron una nueva forma de ficción china; su prosa, de bello tono y emoción pensativa, se convirtió en un modelo de imitación; sus ensayos misceláneos constituyen un nuevo estilo de escritura, que, con la prioridad al razonamiento, es flexible, destinado y combativo. Al mismo tiempo, sus ensayos constituyen una enciclopedia para la observación e investigación de la sociedad, la política, la historia y la cultura de China. Desde el siglo XX, casi todos los escritores chinos, basados en las creaciones literarias en varios géneros de Lu Xun, han venido siguiéndolas y desarrollándolas en diversos estilos de la literatura china moderna y contemporánea como los presentes.

En cuanto a la selección específica de artículos, esta traducción en español se centra en los siguientes ámbitos: en primer lugar, las obras maestras de la creación de Lu Xun, como las novelas en *Gritos a la batalla* y *Vacilando*; en segundo lugar, las más populares (algunos textos habituales en los libros de texto de primaria y secundaria en China durante muchos años), como "La Bendición", "Kong Yiji", "Del Jardín de Cien Plantas al Estudio de Tres Sabores", etc.; en tercer lugar, las que reflejan directamente el espíritu de lucha de Lu Xun, como "En memoria de la honorable Srta. Liu Hezhen" y "La situación de los círculos literarios y artísticos en la oscura China", etc.; el cuarto, las que reflejan la visión general y la orientación del nuevo movimiento cultural chino, como "Visión general de la nueva literatura de hoy" y "Opiniones para la Liga de Escritores de Izquierda"; el quinto trata de la cultura mundial y de las obras maestras de la literatura, como "¿Qué pasará con Nora después de irse?" *y* "Los nuevos 'Don Quijotes' de la República de China"; el sexto refleja las costumbres populares chinas, como "Apuntes en el día de despedida al Rey de la Cocina" y "Norteños y sureños"; en el séptimo ámbito están los escritos que reflejan el lado tierno de un hombre de hierro, como "Mi tierra natal" y "Un pequeño incidente"; en octavo lugar, están los que reflejan la firme postura contra la agresión japonesa, como "La versión del 'Asombro de los países amigos'" y "Sobre nuestro movimiento literario actual"; y en el noveno, seleccionamos unos prefacios, que son, principalmente, de pocas palabras, pero reflejan a menudo más directa y claramente los pensamientos o las intenciones del autor en su momento.

La persistencia en toda la vida de Lu Xun era "interrogación severa al alma" para encontrar el espíritu nacional más puro. Por eso, tras su muerte, más de diez mil personas celebraron espontáneamente en Shanghai un solemne funeral por él, cubriendo su ataúd con una gran seda blanca con la inscripción "Alma de la Nación". Lo que se mantuvo firme durante toda su vida radica en el "pensamiento independiente". Sus ensayos atacaban duramente la dictadura fascista de los reaccionarios del Partido Nacional, o sea, Kuomintang, por un lado, y por otro, criticaba duramente la línea "izquierdista" del Partido Comunista de China. Fue precisamente por esto que cuando alguien le dijo a Chiang Kai-shek, que gobernaba China, dónde se escondía el Sr. Lu Xun, Chiang dijo solemnemente: "Siempre lo he estimado mucho y todavía me gustaría reunirme con él."; e incluso Mao Zedong, que ya había llegado a Yan'an y estaba lleno de ambición, apreció con entusiasmo al señor Lu Xun como "no solo es un gran literato, sino también un gran pensador y un gran revolucionario", y es "el más correcto, valiente, decidido, fiel y ardiente héroe nacional sin precedentes que cargó contra el enemigo".

Han pasado más de ochenta años desde el fallecimiento del Sr. Lu Xun, sin embargo, sigue viviendo en los corazones del pueblo chino en la actualidad. Su profundo conocimiento de la sociedad y la cultura chinas así como el pueblo chino en sí mismo le permitió adelantarse un siglo en la comprensión sobre muchos problemas prácticos de la sociedad china en la actualidad, o incluso más. Cuando decimos que Lu Xun sigue viviendo en el presente, no son palabras vacías de ninguna manera. Muchas de las palabras que dijo en aquel tiempo aún tienen un significado guía para examinar la situación actual.

Durante el proceso de traducción, siempre espero comprender el significado original de los textos del Sr. Lu Xun lo más profundamente posible y expresar su tono y sus sentimientos en español con la mayor precisión que pueda, lo que obviamente es una tarea muy difícil. A menudo, para decidir el uso de una expresión con significado más apropiado o más cercano al original, he tenido que buscar información en todos los materiales que tengo a mano y en Internet, pero en muchos casos no puedo conseguir un resultado; entonces, debo volverme con toda calma, sumergirme otra vez en el texto, reflexionar sobre él repetidas veces y saborearlo cuidadosamente, tal vez no me ocurriera una selección relativamente pasable hasta tres o cinco días después o más tarde. Por lo tanto, en la traducción de los casi 300 000 caracteres chinos abstrusos y esotéricos, todavía debe haber muchos puntos inapropiados. Me gustaría invitar a todos los expertos y lectores a darme consejos y correcciones. El traductor está muy agradecido.

Las obras del Sr. Lu Xun son un tesoro espiritual extremadamente valioso. Mientras seguimos apreciándolo y evocando el regusto constantemente, también nos gustaría compartirlo con nuestros amigos de todo el mundo. Porque el mundo es el mismo, los corazones de todas las gentes están interconectados, todos los pueblos comparten similar alegría, cólera, tristeza y diversión, y también tienen las mismas necesidades psicológicas de encontrar la fuente para la comprensión y el reino del disfrute independiente en la literatura. ¡Esperamos que la traducción española de las obras de Lu Xun sea favorecida y bienvenida por los lectores hispanohablantes, y deseamos que en el futuro aparezcan más traducciones de sus escritos en español, para que las obras y los pensamientos del Sr. Lu Xun sean conocidos ampliamente, logrando mayor resonancia y extendida circulación por todo el mundo!

También me gustaría dar las gracias a la Editorial de Educación de Lenguas Extranjeras de Shanghai. Durante el proceso de la traducción, siempre he recibido un gran apoyo del liderazgo de la Editorial y del Departamento de Redacción. Desde el inicio del libro hasta la posterior traducción, he recibido la ayuda y el estímulo entusiastas de la Sra. Xu Yifei; mientras el Sr. Lee Chilik, que ha revisado y supervisado todo en detalle estrictamente, de modo que el manuscrito ha evitado muchos problemas y defectos, es un editor verdaderamente responsable. Me gustaría expresar el más sincero agradecimiento con motivo de la finalización de este libro.

Traductor: Meng Jicheng
30 de noviembre de 2022

# 目 录
# ÍNDICE

# 《呐喊》自序[1]

我在年青时候也曾经做过许多梦，后来大半忘却了，但自己也并不以为可惜。所谓回忆者，虽说可以使人欢欣，有时也不免使人寂寞，使精神的丝缕还牵着已逝的寂寞的时光，又有什么意味呢，而我偏苦于不能全忘却，这不能全忘的一部分，到现在便成了《呐喊》的来由。

我有四年多，曾经常常，——几乎是每天，出入于质铺和药店里，年纪可是忘却了，总之是药店的柜台正和我一样高，质铺的是比我高一倍，我从一倍高的柜台外送上衣服或首饰去，在侮蔑里接了钱，再到一样高的柜台上给我久病的父亲去买药。回家之后，又须忙别的事了，因为开方的医生是最有名的，以此所用的药引也奇特：冬天的芦根，经霜三年的甘蔗，蟋蟀要原对的，结子的平地木，……多不是容易办到的东西。然而我的父亲终于日重一日的亡故了。

有谁从小康人家而坠入困顿的么，我以为在这途路中，大概可以看见世人的真面目；我要到N进K学堂去了[2]，仿佛是想走异路，逃异地，去寻求别样的人们。我的母亲没有法，办了八元的川资，说是由我的自便；然而伊哭了，这正是情理中的事，因为那时读书应试是正路，所谓学洋务，社会上便以为是一种走投无路的人，只得将灵魂卖给鬼子，要加倍的奚落而且排斥的，而况伊又看不见自己的儿子了。然而我也顾不得这些事，终于到N去进了K学堂了，在这学堂里，我才知道世上还有所谓格致，算学，地理，历史，绘图和体操。生理学并不教，但我们却看到些木版的《全体新论》和《化学卫生论》之类了。我还记得先前的医生的议论和方药，和现在所知道的比较起来，便渐渐的悟得中医不过是一种有意的或无意的骗子[3]，同时又很起了对于被骗的病人和他的家族的同情；而且从译出的历史上，又知道了日本维新是大半发端于西方医学的事实。

因为这些幼稚的知识，后来便使我的学籍列在日本一个乡间的医学专门学校[4]里了。我的梦很美满，预备卒业回来，救治象我父亲似的被误的病人的疾苦，战争时候便去当军医，一面又促进了国人对于维新的信仰。我已不知道教授微生物学的方法，现在又有了怎样的进步了，总之那时是用了电影，来显示微生物的形状的，因此有时讲义的一段落已完，而时间还没有到，教师便映些风景或时事的画片给学生看，以用去这多余的光阴。其时正当日俄战争的时候，关于战事的画片自然也就比较的多了，我在这一个讲堂中，便须常常随喜我那同学们的拍手和喝采。有一回，我竟在画片上忽然会见我久违的许多中国人了，一个绑在中间，许多站在左右，一样是强壮的体格，而显出麻木的神情。据解说，则绑着的是替俄国做了军事上的侦探，正要被日军砍下头颅来示众，而围着的便是来赏鉴这示众的盛举的人们。

这一学年没有完毕，我已经到了东京了，因为从那一回以后，我便觉得医学并非一件紧要事，凡是愚弱的国民，即使体格如何健全，如何茁壮，也只能做毫无意义的示众的材料和看客，病死多少是不必以为不幸的。所以我们的第一要著，是在改变他们的精神，而善于改变精神的是，我那时以为当然要推文艺，于是想提倡文艺运动了。在东京的留学生很有学法政理化以至警察工业的，但没有人治文学和美术；可是在冷淡的空气中，也幸而寻到几个同志了，此外又邀集了必须的几个人，商量之后，第一步当然是出杂志，名目是取“新的生命”的意思，因为我们那时大抵带些复古的倾向，所以只谓之《新生》。

《新生》的出版之期接近了，但最先就隐去了若干担当文字的人，接着又逃走了资本，结果只剩下不名一钱的三个人。创始时候既已背时，失败时候当然无可告语，而其后却连这三个人也都为各自的运命所驱策，不能在一处纵谈将来的好梦了，这就是我们的并未产生的《新生》的结局。

我感到未尝经验的无聊，是自此以后的事。我当初是不知其所以然的；后来想，凡有一人的主张，得了赞和，是促其前进的，得了反对，是促其奋斗的，独有叫喊于生人中，而生人并无反应，既非赞同，也无反对，如置身毫无边际的荒原，无可措手的了，这是怎样的悲哀呵，我于是以我所感到者为寂寞。

这寂寞又一天一天的长大起来，如大毒蛇，缠住了我的灵魂了。

然而我虽然自有无端的悲哀，却也并不愤懑，因为这经验使我反省，看见自己了：就是我决不是一个振臂一呼应者云集的英雄。

只是我自己的寂寞是不可不驱除的，因为这于我太痛苦。我于是用了种种法，来麻醉自己的灵魂，使我沉入于国民中，使我回到古代去，后来也亲历或旁观过几样更寂寞更悲哀的事，都为我所不愿追怀，甘心使他们和我的脑一同消灭在泥土里的，但我的麻醉法却也似乎已经奏了功，再没有青年时候的慷慨激昂的意思了。

S会馆[5]里有三间屋，相传是往昔曾在院子里的槐树上缢死过一个女人的，现在槐树已经高不可攀了，而这屋还没有人住；许多年，我便寓在这屋里钞古碑[6]。客中少有人来，古碑中也遇不到什么问题和主义，而我的生命却居然暗暗的消去了，这也就是我惟一的愿望。夏夜，蚊子多了，便摇着蒲扇坐在槐树下，从密叶缝里看那一点一点的青天，晚出的槐蚕又每每冰冷的落在头颈上。

那时偶或来谈的是一个老朋友金心异[7]，将手提的大皮夹放在破桌上，脱下长衫，对面坐下了，因为怕狗，似乎心房还在怦怦的跳动。

"你钞了这些有什么用？"有一夜，他翻着我那古碑的钞本，发了研究的质问了。

"没有什么用。"

"那么，你钞他是什么意思呢？"

"没有什么意思。"

"我想，你可以做点文章……"

我懂得他的意思了，他们正办《新青年》[8]，然而那时仿佛不特没有人来赞同，并且也还没有人来反对，我想，他们许是感到寂寞了，但是说：

"假如一间铁屋子，是绝无窗户而万难破毁的，里面有许多熟睡的人们，不久都要闷死了，然而是从昏睡入死灭，并不感到就死的悲哀。现在你大嚷起来，惊起了较为清醒的几个人，使这不幸的少数者来受无可挽救的临终的苦楚，你倒以为对得起他们么？”

“然而几个人既然起来，你不能说决没有毁坏这铁屋的希望。”

是的，我虽然自有我的确信，然而说到希望，却是不能抹杀的，因为希望是在于将来，决不能以我之必无的证明，来折服了他之所谓可有，于是我终于答应他也做文章了，这便是最初的一篇《狂人日记》。从此以后，便一发而不可收，每写些小说模样的文章，以敷衍朋友们的嘱托，积久了就有了十余篇。

在我自己，本以为现在是已经并非一个切迫而不能已于言的人了，但或者也还未能忘怀于当日自己的寂寞的悲哀罢，所以有时候仍不免呐喊几声，聊以慰藉那在寂寞里奔驰的猛士，使他不惮于前驱。至于我的喊声是勇猛或是悲哀，是可憎或是可笑，那倒是不暇顾及的；但既然是呐喊，则当然须听将令的了，所以我往往不恤用了曲笔，在《药》的瑜儿的坟上平空添上一个花环，在《明天》里也不叙单四嫂子竟没有做到看见儿子的梦，因为那时的主将是不主张消极的。至于自己，却也并不愿将自以为苦的寂寞，再来传染给也如我那年青时候似的正做着好梦的青年。

这样说来，我的小说和艺术的距离之远，也就可想而知了，然而到今日还能蒙着小说的名，甚而至于且有成集的机会，无论如何总不能不说是一件侥幸的事，但侥幸虽使我不安于心，而悬揣人间暂时还有读者，则究竟也仍然是高兴的。

所以我竟将我的短篇小说结集起来，而且付印了，又因为上面所说的缘由，便称之为《呐喊》。

一九二二年十二月三日，鲁迅记于北京。

# 注释

[1]《〈呐喊〉自序》：是现代文学家鲁迅为自己的小说集《呐喊》写的序言，1922年12月3日作于北京。这篇序文，勾勒出了作者前期

思想的发展脉络，同时对游荡在当时背景中的自弦灵魂进行了深入的剖析。

［2］“K学堂”指江南水师学堂。“N”指南京。作者于1898年到南京江南水师学堂肄业，第二年改入江南陆师学堂附设的矿务铁路学堂，1902年毕业后被选入清政府的日本留学项目，1904年进仙台的医学专门学校，1906年中止学医，回东京准备从事文艺运动。参看《朝花夕拾》中《琐记》及《藤野先生》二文。

［3］作者对中医的看法，可参看《朝花夕拾》中《父亲的病》。

［4］“日本一个乡间的医学专门学校”：指的是“仙台医学专门学校”，现已更名为“仙台东北大学”。1904年9月，在东京弘文学院求学的鲁迅先生来到仙台医学专门学校学习。其间，看到一部反映日俄战争的电影中受害的却是愚昧的中国人，受到极大的刺激。立志唤醒中国国民，便于1906年10月离开仙台，弃医从文，成为其一生的转折点，也是成就其辉煌的起点。

［5］“S会馆”：指绍兴县馆，在北京宣武门外。从1912年5月到1919年11月，作者住在这会馆里。在明清时期，各省在北京设立了许多会馆，为外省人在北京逗留期间提供服务。

［6］鲁迅寓居绍兴县馆时，常于公余（当时他在教育部工作）汇集和研究中国古代的造像及墓志等金石拓本，后来辑成《六朝造像目录》和《六朝墓志目录》两种（后者未完成）。在寓居县馆期间，他还曾经从事中国文学古籍的纂辑和校勘工作，成书的有谢承《后汉书》《嵇康集》等。

［7］“金心异”：指钱玄同，当时《新青年》的编辑委员之一。《新青年》提倡“文化革命”后不久，林纾曾写过一篇笔记体小说《荆生》，痛骂“文化革命”的提倡者，其中有一个人物叫“金心异”，即影射钱玄同。

［8］《新青年》：1910年代末期中国的一份具有极大影响力的月刊杂志，在五四运动期间起到重要作用。自1915年9月15日创刊号至1926年7月终刊共出9卷54号。由陈独秀在上海创立，群益书社发行。由陈独秀、钱玄同、高一涵、胡适、李大钊、沈尹默、刘半农以

及鲁迅轮流编辑。自1918年后，该刊物改为同人刊物，不接受来稿。该杂志发起新文化运动，提倡白话文反对文言文，并且宣传倡导科学、民主和新文学。受到1917年俄国十月革命的影响，《新青年》在后期开始宣传马克思主义以及马克思主义哲学。许多高层共产党员（如毛泽东）都受到过《新青年》的影响。1918年5月15日鲁迅在第4卷第5号发表第一篇白话小说《狂人日记》。

# Prefacio del autor a *Gritos a la batalla*[①]

Cuando era joven yo también tenía muchos sueños, más tarde los olvidé mayoritariamente. Pero no creo que esto haya sido una lástima. El llamado recuerdo, pese a poder hacer feliz a uno, a veces no evita dejarlo solitario, manteniendo enredados los hilos del espíritu con el tiempo de la soledad pasada, ¿y qué interés y sabor traería todo eso? Pero justamente yo me caí en el sufrimiento de no poder olvidarlo todo, y parte de ese todo ha constituido la causa de este *Gritos a la batalla*.

Durante más de cuatro años, iba a menudo incluso casi diariamente entre la casa de empeño y la farmacia, pero olvidé de qué edad era, cuando, en fin, el mostrador de la farmacia tenía la misma altura que yo, y el de la casa del empeño era de doble altura de la mía. Entregaba la ropa y las alhajas por la parte fuera del mostrador a que yo alcanzaba a su mitad y recibía el dinero en medio de un trato ultrajante, luego me apresuraba a ir al mostrador de la misma altura mía para comprar la medicina para mi padre, que había caído enfermo desde hacía mucho tiempo.

Al regresar a casa tenía que ocuparme de otras cosas. El médico de la receta era el más famoso del lugar, por eso usaba unas medicinas

---

① Este prefacio es escrito por Lu Xun, para su colección *Gritos a la batalla*, hecho en Beijing el 3 de diciembre de 1922. Este prefacio describe el hilo de los pensamientos del autor en el período inicial, y al mismo tiempo analiza el alma que deambula en segundo plano en ese momento.

extraordinarias: rizoma del junco de invierno, caña helada por escarcha durante tres años, grillos en pareja original, ping-di-mu (ardisia) que lleva semillas... la mayoría era difícil de conseguir. Sin embargo, la enfermedad de mi padre venía agravándose día a día y finalmente falleció.

¿Alguien ha caído de las condiciones de una familia acomodada a la pobreza? Creo que en curso de ese camino parecía poder ver las verdaderas caras de la gente mundana; ya estaba dispuesto a ir al lugar N para ingresar en la escuela K②, como si fuera uno entre los hombres que tomaban un camino inusual, huyendo a lugares extraños para buscar otra manera de vida.

Mi madre no tenía otra alternativa, acumuló ocho yuanes de plata como el costo del viaje a mi disposición. Me lo dijo pero lloró, esto concordaba en la razón ordinaria, porque en ese momento el dedicarse a leer y tomar exámenes era el camino ortodoxo, mientras que el llamado "estudio de los asuntos exteriores" se consideraba por la sociedad como la solución para los que no encontraran salida de la vida y tuvieran que vender su alma a los demonios extranjeros, opción que debía ser burlada y rechazada doblemente. Además, en el futuro ella no podría ver más a su hijo como de costumbre.

Pero ya no pude cuidar de estos escrúpulos, por fin fui al lugar N e ingresé en la escuela K. De allí empecé a conocer las asignaturas del estudio de la naturaleza, la aritmética, la geografía, la historia, la pintura y el ejercicio físico. No se enseñaba la biología, pero conseguí

---

② "La escuela K": Se refiere a la Escuela Naval del Sur del Río Yangtsé. "N" indica la ciudad de Nanjing. En 1898, el autor fue a la Escuela Naval del Sur del Río Yangtsé, y al año siguiente se transfirió a la Escuela de Ferrocarriles Mineros adjunta a la Academia de Fuerza Terrestre Jiangnan. Después de graduarse en 1902, fue elegido para un programa de estudios en Japón del gobierno de Qing. En 1904, ingresó a la Escuela de Medicina en Sendai. En 1906, dejó de estudiar medicina y regresó a Tokio para prepararse para el movimiento literario y artístico. Vea "Apuntes de trivialidades" y "Sr. Fujino" en *Flores matutinas recogidas al tardecer*.

leer los libros como *Nueva teoría del cuerpo humano* y *Química e higiene*.

Todavía recuerdo las explicaciones y recetas de los médicos en el pasado. Al compararlas con las aprendidas en este momento, entendía gradualmente que la medicina china③ sería no más que un engaño deliberado o inconsciente, mientas tanto me hacía compadecer mucho a los enfermos y sus familias engañados; además, de las traducciones de la historia, me daba cuenta de que la Restauración de Japón se originó principalmente de la medicina occidental.

Debido a estos conocimientos pueriles, incluí mi membresía escolar en una escuela rural de medicina en Japón④. Tenía sueños muy felices y pensaba que después de graduarme regresaría a salvar a los pacientes maltratados como mi padre de sus sufrimientos, o iría a ser un cirujano militar cuando hubiera guerra, mientras tanto, podría promover la fe del pueblo en la reforma. Ignoro qué progresos se han logrado en los métodos de enseñanza de la microbiología ahora. En fin, en aquel tiempo se utilizaba el filme para mostrar las formas de microorganismos, así que, a veces al acabarse los materiales de enseñanza todavía no había llegado al toque de las campanadas, entonces el maestro proyectaba algunas películas de paisaje o de acontecimientos actuales para llenar el resto del horario.

Era la época de la guerra ruso-japonesa, entonces había más películas sobre la guerra relativamente, y en esta sala de conferencia,

---

③ Las opiniones del autor sobre la medicina china pueden consultarse en el artículo “Enfermedad de mi padre” en la selección de *Flores matutinas recogidas al tardecer*.

④ “Una escuela rural de medicina en Japón” se refiere a la “Facultad de Medicina de Sendai”, que ahora ha sido rebautizada como “Universidad de Tohoku”. En septiembre de 1904, el Sr. Lu Xun, que estudiaba en el Instituto Kobun de Tokio, acudió a la Facultad de Medicina de Sendai para estudiar. Al ver que un chino ignorante fue víctima en una película que refleja la guerra ruso-japonesa, se sintió muy provocado. Se determinó despertar a los ciudadanos chinos. Entonces decidió abandonar Sendai en octubre de 1906 y dejó la medicina para dedicarse a la literatura, lo que constituyó en un punto de inflexión en su vida y también fue el punto de partida para lograr su gloria.

siempre debía regocijarme junto con mis compañeros aplaudiendo y vitoreando.

Una vez, en una película encontré inesperadamente a muchos chinos que no había visto desde hacía mucho tiempo. Entre ellos uno estaba atado en el centro y muchos otros parados a ambos lados, de cuerpos igualmente fuertes, mostraban un semblante entumecido. Según la interpretación, el atado fue un detective militar de Rusia e iba a ser decapitado por un soldado japonés de manera que luego mostrara su cabeza al público, y los que estaban reunidos allí alrededor eran los hombres que vinieron para contemplar este gran evento de mostración pública.

Antes del término de este año escolar yo había llegado a Tokio, porque desde aquella vez en adelante, empecé a creer que el estudio de la medicina ya no era una cosa importante. Los nacionales ignorantes y débiles de un país, por cuán saludables y fuertes que fuesen sus cuerpos, no pasarían más de ser materiales de la exhibición pública y espectadores, entonces ya no se consideraría necesariamente infeliz cuántos murieran de enfermedad. Por lo tanto, la primera meta importante ante nosotros sería cambiar su espíritu, y lo que era competente para cambiar el espíritu, según mi creencia en ese tiempo, por supuesto debería ser la literatura y el arte, así que quería promover el movimiento de literatura y arte.

Entre los alumnos chinos en Tokio, muchos estudiaban la ley, la política, la física y la química así como la carrera policial, pero nadie estaba en la literatura ni las bellas artes. Sin embargo, en medio del aire de desapego, afortunadamente había encontrado a varios compañeros de la misma voluntad, y además, logré invitar a otros varios muy necesitados. Después de las consultas, el primer paso sería, desde luego, publicar una revista. La denominamos *Recién Nacido* por el sentido de "la vida nueva" porque en aquel entonces teníamos cierta tendencia retro más o menos.

Se acercaba a la fecha de su publicación, pero primero se escondieron varias personas que se encargaban de las letras, seguidamente se huyó el capital de la inversión, y solo se quedaron tres hombres sin ningún centavo. Ya que la etapa de su fundación se halló en contra de la suerte, cuando fracasó, por supuesto, no hubo palabras que anunciar. Y más tarde, incluso estos tres hombres, impulsados por sus propios destinos, tampoco pudieron reunirse para hablar libremente de los buenos sueños para el futuro, lo que fue el resultado final de nuestra *Recién Nacido* que nunca había nacido.

Mi aburrimiento que nunca había experimentado fue después de eso. En un principio no comprendí todo el porqué. Más tarde pensé, siempre cuando la opinión de uno fuera aceptada, le sería un estímulo para avanzar; y si fuera rechazada, le excitaría para luchar; pero solo cuando la gritara entre la gente extraña y esta no reaccionara, sin aprobarla ni rechazarla, se sentiría como si estuviera en un desierto ilimitado sin saber qué hacer, ¿cuán triste sería esto? Así pues yo consideraba que lo que podía sentir era la soledad.

Y esta soledad crecía día a día, como una larga serpiente venenosa que enredaba mi alma.

Sin embargo, aunque tenía una tristeza sin razón, no me resentía por ella, porque esta experiencia me hacía reflexionar y me descubría a mí mismo, es decir: yo no era un héroe que pudiera convocar a una gran muchedumbre a concurrir a mi clamor con el brazo agitando.

Solo que mi propia soledad tendría que ser expulsada sin duda alguna, porque me dolía demasiado. Entonces recurría a muchos métodos para anestesiar mi alma de modo que me hundiera en medio de los ciudadanos comunes o volviera a la época antigua; más tarde también experimenté u observé varios sucesos más desolados y tristes, a que no quise remontarme y estuve dispuesto a dejarlos eliminados junto con mi mente bajo la tierra al mismo tiempo. Pero pareció que mi método anestésico había logrado su efecto, porque ya dejé de ser tan apasionado y excitado como cuando era joven.

Había tres habitaciones en la Casa del Gremio S⑤, y según decían, una mujer murió colgándose en la sófora del patio, por el momento las ramas del árbol ya estaban tan altas como inalcanzables, y además las habitaciones estaban desocupadas, por consiguiente, durante varios años yo residía aquí copiando epígrafes antiguos⑥.

Por acá venían muy pocas visitas, metido en los epígrafes tampoco encontraba problemas ni los llamados ismos o doctrinas, mientras tanto, mi vida discurría así silenciosamente, lo que también era mi único deseo. En la noche, había muchos mosquitos, sentado bajo la sófora agitaba el gran abanico de hojas de anea mirando esos pedacitos del cielo por las aberturas entre las densas hojas del árbol, y de vez en cuando el gusano de seda caía en la cabeza con un toque helado.

En ese tiempo venía ocasionalmente un viejo amigo Jin Xinyi⑦,

---

⑤ "La Casa del Gremio S": Situada en en el exterior del Portal Xuanwu, Beijing. En las dinastías Ming y Qing, las provincias y algunas ciudades y distritos establecieron en Beijing sus casas gremiales para alojamiento y reunión de los burócratas, funcionarios y empresarios hidalgos conterráneos que venían a Beijing. La Casa del Gremio S en este artículo se refiere a la Casa del Gremio de Shaoxing en Beijing. El 5 de agosto de 1912, Lu Xun llegó a Beijing y el 6 se mudó al "Salón Anexo de Flores de la Vid" y vivió aquí durante cuatro años. Más tarde, en 1916, se trasladó a un único patio de la misma casa gremial, el "Estudio con Árbol Replantado", donde siguió viviendo otros tres años y medio. En ese período el señor Qian Xuantong venía a menudo aquí para visitar a Lu Xun. En este "Estudio con Árbol Replantado", Lu Xun escribió novelas y ensayos como "Kong Yiji", "Diario de un loco", "Medicamento" y "Un pequeño incidente", así como más de 50 traducciones y 27 ensayos aleatorios.

⑥ Cuando Lu Xun vivía en la Casa S del Gremio Distrital de Shaoxing, a menudo coleccionaba y estudiaba las antiguas estatuas y epitafios chinos y otros libros calcográficos fuera de las horas de trabajo (en este período trabajaba en el Ministerio de Educación). Más tarde, compiló el *Catálogo de estatuas de las seis dinastías* y el *Catálogo de epitafios de las seis dinastías*. (Este último no está completo). Durante su estancia en el pabellón, también trabajó en la compilación y cotejo de libros antiguos de literatura china: *Historia de la dinastía Han tardía* de Xie Cheng, *Colección de Ji Kang*, etc.

⑦ Jin Xinyi se refiere a Qian Xuantong, uno de los miembros editoriales de la revista *Nueva Juventud* en aquel tiempo. Poco después de que la *Nueva Juventud* abogó por la revolución cultural, Lin Shu escribió una novela en forma de cuaderno titulado *Malezas surgidas*, que injurió frenéticamente a los promotores de la revolución cultural. Uno de los personajes se llamaba "Jin Xinyi" insinuando a Qian Xuantong.

quien al entrar puso su gran cartera en la vieja mesa, quitándose su largo vestido y se sentó en mi frente. Como tenía miedo a perros, parecían seguir batiendo los latidos de su corazón.

"¿Qué uso tienen estas notas que copias?" Una vez me hizo la pregunta de investigación hojeando mis copias de epígrafe.

"Ninguno".

"Entonces, ¿para qué las copias?"

"Para nada".

"Creo, que puedes escribir algunos artículos..."

Ya comprendí su sentido. Ellos estaban preparando la *Nueva Juventud*⑧, pero en aquel momento parecía que no solo nadie les había apoyado, ni tampoco había gente que se les hubiera opuesto. Yo pensé que tal vez ellos se sintieran solitarios, pero le dije:

"Si hay una habitación de hierro, que no tiene ninguna ventana y es extremadamente difícil de ser destrozada, dentro de ella muchos hombres quedan dormidos y van a morir de asfixia pronto, pero como van desde el estado letargo a la extinción, no sienten la tristeza por la muerte. Si ahora tú gritas en voz alta y sorprendes a unos despiertos relativamente entre ellos para que estos pocos infelices experimenten el sufrimiento del sentido insalvable frente a la muerte. ¿Te crees haberlos tratado de una manera justa?"

"Sin embargo, dado que se hayan levantado algunos, no podrás

---

⑧ La *Nueva Juventud* fue una revista mensual influyente en China a fines de la década de 1910, que jugó un papel importante durante el Movimiento del 4 de mayo. Desde el primer número del 15 de septiembre de 1915 hasta el último en julio de 1926, hubo 9 volúmenes y 54 números. Fue fundada por Chen Duxiu en Shanghai y distribuida por la Editorial Qunyi. Los editores fueron Chen Duxiu, Qian Xuantong, Gao Yihan, Hu Shi, Li Dazhao, Shen Yinmo, Liu Bannong y Lu Xun. Desde 1918, se ha cambiado a una publicación por personas internas y no se aceptan envíos ajenos. La revista lanzó un nuevo movimiento cultural, abogando por la lengua vernácula contra el chino clásico. Promueve la ciencia, la democracia y la nueva literatura. Más tarde, afectada por la Revolución de Octubre en Rusia en 1917, la *Nueva Juventud* comenzó a promover el marxismo. Muchos miembros comunistas de alto nivel (como Mao Zedong) han sido influenciados por ella. En el 15 de mayo de 1918, el número 5 del volumen IV publicó la primera novela vernácula "Diario de un loco" de Lu Xun.

negar la esperanza de destrozar esta casa de hierro en absoluto".

Así es, aunque tenía mi propia convicción, cuando se trataba de la esperanza, no podría ser borrada, porque la esperanza se depositaría en el futuro, no debía usar mi prueba de la inexistencia absoluta para convencer su creencia en la posible existencia de ella, y por fin le prometí escribir artículos también, lo que fue el origen de la primera novela con el título de "Diario de un loco". De allí en adelante, una vez iniciado el trabajo, ya no se puede detener. A menudo he escrito unos trozos como novelas para cumplir con los encargos de mis amigos, los cuales, a lo largo del tiempo que transcurre, se han acumulado más de diez piezas.

Por mi parte, creo que ahora ya no soy una persona que no pueda contenerse de hablar ansiosamente, pero tal vez no haya olvidado la tristeza por la soledad propia mía de aquel tiempo, lo que me conduce inevitablemente a lanzar varios gritos a menudo al menos por consolar a aquellos valerosos combatientes todavía galopando en la soledad para que no tengan miedo a seguir siendo pioneros.

En cuanto a mis gritos, que sean impetuosos o tristes, odiosos o cómicos, no hay tiempo para cuidarlo. Sin embargo, ya que son clamores, desde luego deben obedecer las órdenes del general, así que a menudo no me incomoda usar la pluma distorsionada para añadir desde el vacío una guirnalda de flores en la tumba de Yu'er en "Medicamento", y he dejado de narrar que la cuñada Shan el Cuarto no hubiera conseguido soñar con su hijo en "Mañana", porque en aquel tiempo el comandante general no estaba a favor de acciones pasivas.

En cuanto a mí mismo, no quiero contagiar la soledad que yo sentí a los jóvenes que están bañados en bonitos sueños como yo cuando era joven.

Al hablar de este modo, ya se puede imaginar la distancia entre mis novelas y el arte. Pero hasta hoy todavía pueden seguir decoradas con el nombre de novela e incluso tener la oportunidad de reunirse en antologías, no puedo decir de ningún modo que esto no se deba a la suerte. Aunque la suerte me hace inquieto, la suposición de haber unos lectores en la sociedad temporalmente, en fin, todavía me deja sentir feliz.

Así que por fin he puesto mis novelas cortas en una colección y la he enviado a la imprenta, y por la razón arriba mencionada, la he titulado *Gritos a la batalla.*

Escrito por Lu Xun en Beijing, 3 de diciembre de 1922.

# 狂人日记[1]

某君昆仲。今隐其名，皆余昔日在中学校时良友；分隔多年，消息渐阙。日前偶闻其一大病；适归故乡，迂道往访，则仅晤一人，言病者其弟也。劳君远道来视，然已早愈，赴某地候补矣。因大笑，出示日记二册，谓可见当日病状，不妨献诸旧友。持归阅一过，知所患盖“迫害狂”之类。语颇错杂无伦次，又多荒唐之言；亦不著月日，惟墨色字体不一，知非一时所书。间亦有略具联络者，今撮录一篇，以供医家研究，记中语误，一字不易；惟人名虽皆村人，不为世间所知，无关大体，然亦悉易去。至于书名，则本人愈后所题，不复改也。七年四月二日识。

## 一

今天晚上，很好的月光。

我不见他，已是三十多年；今天见了，精神分外爽快。才知道以前的三十多年，全是发昏；然而须十分小心。不然，那赵家的狗，何以看我两眼呢？

我怕得有理。

## 二

今天全没月光，我知道不妙。早上小心出门，赵贵翁的眼色便怪：似乎怕我，似乎想害我。还有七八个人，交头接耳的议论我。又怕我看见。一路上的人，都是如此。其中最凶的一个人，张着嘴，对我笑了一笑；我便从头直冷到脚跟，晓得他们布置，都已妥当了。

我可不怕，仍旧走我的路。前面一伙小孩子，也在那里议论我；眼色也同赵贵翁一样，脸色也都铁青。我想我同小孩子有什么仇，他也这样。忍不住大声说:“你告诉我!”他们可就跑了。

我想:我同赵贵翁有什么仇,同路上的人又有什么仇;只有廿年以前,把古久先生的陈年流水簿子[2],踹了一脚,古久先生很不高兴。赵贵翁虽然不认识他,一定也听到风声,代抱不平;约定路上的人,同我作冤对。但是小孩子呢?那时候,他们还没有出世,何以今天也睁着怪眼睛,似乎怕我,似乎想害我。这真教我怕,教我纳罕而且伤心。

我明白了,这是他们娘老子教的!

## 三

晚上总是睡不着。凡事须得研究,才会明白。

他们——也有给知县打枷过的,也有给绅士掌过嘴的,也有衙役占了他妻子的,也有老子娘被债主逼死的;他们那时候的脸色,全没有昨天这么怕,也没有这么凶。

最奇怪的是昨天街上的那个女人,打他儿子,嘴里说道,“老子呀!我要咬你几口才出气!”他眼睛却看着我。我出了一惊,遮掩不住;那青面獠牙的一伙人,便都哄笑起来。陈老五赶上前,硬把我拖回家中了。

拖我回家,家里的人都装作不认识我;他们的眼色,也全同别人一样。进了书房,便反扣上门,宛然是关了一只鸡鸭。这一件事,越教我猜不出底细。

前几天,狼子村的佃户来告荒,对我大哥说,他们村里的一个大恶人,给大家打死了;几个人便挖出他的心肝来,用油煎炒了吃,可以壮壮胆子。我插了一句嘴,佃户和大哥便都看我几眼。今天才晓得他们的眼光,全同外面的那伙人一模一样。

想起来,我从顶上直冷到脚跟。

他们会吃人,就未必不会吃我。

你看那女人“咬你几口”的话,和一伙青面獠牙人的笑,和前天佃户的话,明明是暗号。我看出他话中全是毒,笑中全是刀,他们的牙齿,全是白厉厉的排着,这就是吃人的家伙。

照我自己想,虽然不是恶人,自从踹了古家的簿子,可就难说了。

他们似乎别有心思，我全猜不出。况且他们一翻脸，便说人是恶人。我还记得大哥教我做论，无论怎样好人，翻他几句，他便打上几个圈；原谅坏人几句，他便说："翻天妙手，与众不同"。我那里猜得到他们的心思，究竟怎样；况且是要吃的时候。

凡事总须研究，才会明白，古来时常吃人，我也还记得，可是不甚清楚。我翻开历史一查，这历史没有年代，歪歪斜斜的每页上都写着"仁义道德"几个字。我横竖睡不着，仔细看了半夜，才从字缝里看出字来，满本都写着两个字是"吃人"！

书上写着这许多字，佃户说了这许多话，却都笑吟吟的睁着怪眼睛看我。

我也是人，他们想要吃我了！

## 四

早上，我静坐了一会。陈老五送进饭来，一碗菜，一碗蒸鱼；这鱼的眼睛，白而且硬，张着嘴，同那一伙想吃人的人一样。吃了几筷，滑溜溜的不知是鱼是人，便把他兜肚连肠的吐出。

我说"老五，对大哥说，我闷得慌，想到园里走走。"老五不答应，走了，停一会，可就来开了门。

我也不动，研究他们如何摆布我；知道他们一定不肯放松。果然！我大哥引了一个老头子，慢慢走来；他满眼凶光，怕我看出，只是低头向着地，从眼镜横边暗暗看我。大哥说："今天你仿佛很好。"我说："是的。"大哥说："今天请何先生来，给你诊一诊。"我说："可以！"其实我岂不知道这老头子是刽子手扮的！无非借了看脉这名目，揣一揣肥瘠：因这功劳，也分一片肉吃。我也不怕；虽然不吃人，胆子却比他们还壮。伸出两个拳头，看他如何下手。老头子坐着，闭了眼睛，摸了好一会，呆了好一会；便张开他鬼眼睛说："不要乱想。静静的养几天，就好了。"

不要乱想，静静的养！养肥了，他们是自然可以多吃；我有什么好处，怎么会"好了"？他们这群人，又想吃人，又是鬼鬼祟祟，想法子遮掩，不敢直捷下手，真要令我笑死，我忍不住，便放声大笑起来，十分快活。自己晓得这笑声里面，有的是义勇和正气。老头子和大哥，都失了色，被我这勇气正气镇压住了。

但是我有勇气，他们便越想吃我，沾光一点这勇气。老头子跨出门，走不多远，便低声对大哥说道："赶紧吃罢！"大哥点点头。原来也有你！这一件大发见，虽似意外，也在意中：合伙吃我的人，便是我的哥哥！

吃人的是我哥哥！

我是吃人的人的兄弟！

我自己被人吃了，可仍然是吃人的人的兄弟！

## 五

这几天是退一步想：假使那老头子不是刽子手扮的，真是医生，也仍然是吃人的人。他们的祖师李时珍做的"本草什么"[3]上，明明写着人肉可以煎吃；他还能说自己不吃人么?

至于我家大哥，也毫不冤枉他。他对我讲书[4]的时候，亲口说过可以"易子而食"；又一回偶然议论起一个不好的人，他便说不但该杀，还当"食肉寝皮"。我那时年纪还小，心跳了好半天。前天狼子村佃户来说吃心肝的事，他也毫不奇怪，不住的点头。可见心思是同从前一样狠。既然可以"易子而食"，便什么都易得，什么人都吃得。我从前单听他讲道理，也胡涂过去；现在晓得他讲道理的时候，不但唇边还抹着人油，而且心里满装着吃人的意思。

## 六

黑漆漆的，不知是日是夜。赵家的狗又叫起来了。

狮子似的凶心，兔子的怯弱，狐狸的狡猾，……

## 七

我晓得他们的方法，直捷杀了，是不肯的，而且也不敢，怕有祸祟。所以他们大家连络，布满了罗网，逼我自戕。试看前几天街上男女的样子，和这几天我大哥的作为，便足可悟出八九分了。最好是解下腰带，挂在梁上，自己紧紧勒死；他们没有杀人的罪名，又偿了心愿，自然都欢天喜地的发出一种呜呜咽咽的笑声。否则惊吓忧愁死了，虽则略瘦，也还可以首肯几下。

他们是只会吃死肉的！——记得什么书上说，有一种东西，叫“海乙那”[5]的，眼光和样子都很难看；时常吃死肉，连极大的骨头，都细细嚼烂，咽下肚子去，想起来也教人害怕。“海乙那”是狼的亲眷，狼是狗的本家。前天赵家的狗，看我几眼，可见他也同谋，早已接洽。老头子眼看着地，岂能瞒得我过。

最可怜的是我的大哥，他也是人，何以毫不害怕；而且合伙吃我呢？还是历来惯了，不以为非呢？还是丧了良心，明知故犯呢？

我诅咒吃人的人，先从他起头；要劝转吃人的人，也先从他下手。

## 八

其实这种道理，到了现在，他们也该早已懂得，……

忽然来了一个人；年纪不过二十左右，相貌是不很看得清楚，满面笑容，对了我点头，他的笑也不像真笑。我便问他，“吃人的事，对么？”他仍然笑着说，“不是荒年，怎么会吃人。”我立刻就晓得，他也是一伙，喜欢吃人的；便自勇气百倍，偏要问他。

“对么？”

“这等事问他甚么。你真会……说笑话。……今天天气很好。”

天气是好，月色也很亮了。可是我要问你，“对么？”

他不以为然了。含含胡胡的答道，“不……”

“不对？他们何以竟吃？！”

“没有的事……”

“没有的事？狼子村现吃；还有书上都写着，通红斩新！”

他便变了脸，铁一般青。睁着眼说，“有许有的，这是从来如此……”

“从来如此，便对么？”

“我不同你讲这些道理；总之你不该说，你说便是你错！”

我直跳起来，张开眼，这人便不见了。全身出了一大片汗，他的年纪，比我大哥小得远，居然也是一伙；这一定是他娘老子先教的。还怕已经教给他儿子了；所以连小孩子，也都恶狠狠的看我。

## 九

自己想吃人，又怕被别人吃了，都用着疑心极深的眼光，面面相觑。……

去了这心思，放心做事走路吃饭睡觉，何等舒服。这只是一条门槛，一个关头。他们可是父子、兄弟、夫妇、朋友、师生、仇敌和各不相识的人，都结成一伙，互相劝勉，互相牵掣，死也不肯跨过这一步。

## 十

大清早，去寻我大哥；他立在堂门外看天，我便走到他背后，拦住门，格外沉静，格外和气的对他说：

“大哥，我有话告诉你。”

“你说就是。”他赶紧回过脸来，点点头。

“我只有几句话，可是说不出来。大哥，大约当初野蛮的人，都吃过一点人。后来因为心思不同，有的不吃人了，一味要好，便变了人，变了真的人。有的却还吃，——也同虫子一样，有的变了鱼、鸟、猴子，一直变到人。有的不要好，至今还是虫子。这吃人的人比不吃人的人，何等惭愧。怕比虫子的惭愧猴子，还差得很远很远。

“易牙[6]蒸了他儿子，给桀纣吃，还是一直从前的事。谁晓得从盘古开辟天地[7]以后，一直吃到易牙的儿子；从易牙的儿子，一直吃到徐锡林[8]；从徐锡林，又一直吃到狼子村捉住的人。去年城里杀了犯人，还有一个生痨病的人，用馒头蘸血舐。

“他们要吃我，你一个人，原也无法可想；然而又何必去入伙。吃人的人，什么事做不出；他们会吃我，也会吃你，一伙里面，也会自吃。但只要转一步，只要立刻改了，也就人人太平。虽然从来如此，我们今天也可以格外要好，说是不能！大哥，我相信你能说，前天佃户要减租，你说过不能。”

当初，他还只是冷笑，随后眼光便凶狠起来，一到说破他们的隐情，那就满脸都变成青色了。大门外立着一伙人，赵贵翁和他的狗，也在里面，都探头探脑的挨进来。有的是看不出面貌，似乎用布蒙着；有的是仍旧青面獠牙，抿着嘴笑。我认识他们是一伙，都是吃人的人。可是也晓得他们心思很不一样，一种是以为从来如此，应该吃的；一种是知道不该吃，可是仍然要吃，又怕别人说破他，所以听了我的话，越发气愤不过，可是抿着嘴冷笑。

这时候，大哥也忽然显出凶相，高声喝道，

“都出去！疯子有什么好看！”

这时候，我又懂得一件他们的巧妙了。他们岂但不肯改，而且早已布置；预备下一个疯子的名目罩上我。将来吃了，不但太平无事，怕还会有人见情。佃户说的大家吃了一个恶人，正是这方法。这是他们的老谱！

陈老五也气愤愤的直走进来。如何按得住我的口，我偏要对这伙人说，

“你们可以改了，从真心改起！要晓得将来容不得吃人的人，活在世上。

“你们要不改，自己也会吃尽。即使生得多，也会给真的人除灭了，同猎人打完狼子一样！——同虫子一样！”

那一伙人，都被陈老五赶走了。大哥也不知那里去了。陈老五劝我回屋子里去。屋里面全是黑沉沉的。横梁和椽子都在头上发抖；抖了一会，就大起来，堆在我身上。

万分沉重，动弹不得；他的意思是要我死。我晓得他的沉重是假的，便挣扎出来，出了一身汗。可是偏要说，

“你们立刻改了，从真心改起！你们要晓得将来是容不得吃人的人，……”

## 十一

太阳也不出，门也不开，日日是两顿饭。

我捏起筷子，便想起我大哥；晓得妹子死掉的缘故，也全在他。那时我妹子才五岁，可爱可怜的样子，还在眼前。母亲哭个不住，他却劝母亲不要哭；大约因为自己吃了，哭起来不免有点过意不去。如果还能过意不去，……

妹子是被大哥吃了，母亲知道没有，我可不得而知。

母亲想也知道；不过哭的时候，却并没有说明，大约也以为应当的了。记得我四五岁时，坐在堂前乘凉，大哥说爷娘生病，做儿子的须割下一片肉来，煮熟了请他吃，才算好人；母亲也没有说不行。一片吃得，整个的自然也吃得。但是那天的哭法，现在想起来，实在还教人伤心，这真是奇极的事！

## 十二

不能想了。

四千年来时时吃人的地方，今天才明白，我也在其中混了多年；大哥正管着家务，妹子恰恰死了，他未必不和在饭菜里，暗暗给我们吃。

我未必无意之中，不吃了我妹子的几片肉，现在也轮到我自己，……

有了四千年吃人履历的我，当初虽然不知道，现在明白，难见真的人！

## 十三

没有吃过人的孩子，或者还有？

救救孩子……

（一九一八年四月。）

# 注释

[1]《狂人日记》是鲁迅创作的第一部短篇白话日记体小说，也是中国第一部现代白话文小说，写于1918年4月。该文首发于1918年5月15日《新青年》月刊第4卷第5号，后收入《呐喊》集，编入《鲁迅全集》第一卷。

［2］“古久先生的陈年流水簿子”：这里比喻中国封建主义统治的长久历史。

［3］“本草什么”：指《本草纲目》，明代医学家李时珍（1518—1593）的药物学著作，共五十二卷。对该书内容，本文中“狂人”有“记忆语误”。

［4］“书”：古书名，《尚书》的简称。《尚书》字义为上古之书，是上古及夏、商、西周君臣的讲话记录，近于文告、谕令、公文之类，也是散文之祖、记言体之祖。元代以后，通称“书经”。

［5］“海乙那”：英语hyena的音译，即鬣狗（又名土狼），一种食肉兽，常跟在狮虎等猛兽之后，以它们吃剩的兽类的残尸为食。

［6］“易牙”：春秋时期（公元前770—公元前476）齐国人，善于调味，但人品极恶劣。据称易牙以调和事齐桓公，公曰惟蒸婴儿之未尝，于是蒸其首子而献之公。

［7］“盘古开辟天地”：是中国古代民间神话传说之一，是典型的创世神话。故事讲述了传说远古时期，宇宙似大鸡蛋般混沌一团，有个叫做盘古的巨人在这个大鸡蛋中一直酣睡了约18 000年后醒来，盘古凭借着自己的神力把天地开辟出来。左眼变成了太阳，右眼变成了月亮；头发和胡须变成了夜空的星星；他的身体变成了东、西、南、北四极和雄伟的三山五岳；血液变成了江河；牙齿、骨骼和骨髓变成了地下矿藏；皮肤和汗毛变成了大地上的草木；汗水变成了雨露等。所以，都说人类是世上的万物之灵，盘古是创世者。

［8］“徐锡林”：隐指徐锡麟（1873—1907），字伯荪，浙江绍兴人，清末革命团体光复会的重要成员。1907年与秋瑾准备在浙、皖两省同时起义。7月6日，他以安徽巡警处会办兼巡警学堂监督身份为掩护，乘学堂举行毕业典礼之机刺死安徽巡抚恩铭，率领学生攻占军械局，弹尽被捕，当日惨遭杀害，心肝被恩铭的卫队挖出炒食。

# Diario de un loco[①]

Eran dos hermanos, cuyos nombres los guardo sin revelar, y ambos eran mis buenos amigos en los tiempos de la secundaria. Debido a estar separados muchos años, hemos perdido las mutuas pistas gradualmente. Hace unos días me enteré de que uno de ellos estaba gravemente enfermo. Como justamente iba de regreso a mi tierra natal, tomé un desvío para visitarlos. Pero solo me encontré con uno de ellos, quien me dijo que era su hermano menor el que había estado mal y que sientía mucho por haberme molestado venir a verles desde tan lejos, pero él se había curado y había ido a un cierto lugar en calidad de aspirante por un cargo oficial. Así, se echó a carcajadas y me mostró dos tomos del diario de su hermano, diciendo que con esto yo podría saber cómo había estado enfermo, y no había inconveniente ofrecerlo a un viejo amigo. Me lo llevé y lo leí todo de una vez, así que supe que lo que él había sufrido sería una especie de "manía persecutoria" y cosas por el estilo. El lenguaje contaba con bastantes malentendidos e incoherencias, y muchas palabras absurdas, sin anotarse con fecha ni mes, e incluso la tinta y los caracteres lucían muy inconsistentes, se notaba que no fueron escritos en un tiempo coherente. De vez en cuando también hay unas partes ligeramente

---

① "Diario de un loco" es la primera novela en forma de diario de lengua vernácula escrita por Lu Xun y la primera novela vernácula moderna en China, escrita en abril de 1918. El artículo se publicó por primera vez en la revista mensual la *Nueva Juventud* el 5 de mayo de 1918, volumen IV, número 5, y luego se incluyó en la colección *Gritos a la batalla*, compilada en el primer volumen de las *Obras completas de Lu Xun*.

conectadas entre sí, pues, aquí las he seleccionado y transcrito en forma de un artículo para el estudio del médico, en el cual no se ha alterado ni un carácter de las equivocaciones de sus notas originales; sobre los nombres de los personajes, que eran todos aldeanos, desconocidos por el mundo exterior y no afectan el contenido general, pero también los he sustituido todos. En cuanto al título del libro, lo puso el propio autor después de su curación, ya no se cambia más. Nota del día dos de abril del año siete.

## I

Esta noche, es muy bonita la luz de la luna.

Yo no le he visto desde hace más de treinta años; así que, al verle hoy, me sentí extraordinariamente refrescado, y me di cuenta de que en los más de treinta años pasados estuve en un completo desmayo; sin embargo, debo tener mucho cuidado. Si no, ese perro de la familia Zhao, ¿por qué me echó dos miradas?

Tuve un miedo justificado.

## II

Hoy no ha habido la luz de la luna en absoluto, y sabía que no sería buen presagio. Salí con cuidado por la mañana, pero la mirada de ese ricacho Zhao fue extraña: parecía que me tenía miedo y quería matarme. Y otros siete u ocho sujetos susurraban de mí uno con otro al oído, temiendo que yo lo viera. Toda la gente a lo largo del camino era como así. Y uno de los más fieros, con la boca abierta, sonrió hacia mí e inmediatamente sentí un escalofrío desde la cabeza hasta los talones, sabiendo que habían preparado bien y todo estaba dispuesto.

Pero yo no lo temí y aún seguí mi camino. Adelante se halló un grupo de niños, quienes también estaban susurrando sobre mí, sus miradas eran las mismas del ricacho Zhao, y las caras también se mostraban en azul de hierro. Me preguntaba qué enemistad existía entre los niños y yo, por qué ellos también eran así. Ya no pude aguantar más sino lancé la pregunta en voz alta: "¡Decídmelo!" Pero se huyeron.

Pensaba: ¿qué odio tiene el ricacho Zhao contra mí?, ¿y qué odio lleva hacia mí la gente en todo el camino? Solo que veinte años atrás le di una patada al viejo libro de cuenta corriente del señor Gujiu[②], y él se puso muy descontento. Aunque el ricacho Zhao no le conociera, debería enterarse del rumor y quería luchar contra la injusticia por él; conspirando con la gente en el camino para enemistarse conmigo.

Pero ¿qué pasaría con los niños? En ese tiempo ni siquiera habían nacido, y ¿por qué hoy también tuvieron los ojos extraños y ensanchados, como si me tuvieran miedo, y quisieran hacerme daño? Lo cual realmente me dio miedo, me extrañó y me entristeció.

Ya entiendo, ¡esto se lo han enseñado sus padres!

## III

En la noche no consigo dormirme. Todo tiene que ser estudiado para ser entendido.

Entre ellos, unos han sido encerrados con el cangue (yugo en forma de tablilla) al cuello por el magistrado distrital, unos han sufrido bofetadas de los hidalgos locales, y a otros, les han ocupado a fuerza sus esposas los alguaciles, e incluidos algunos han tenido a sus padres perseguidos a muerte por los deudores; pero en aquellos tiempos, sus caras no habían sido tan temibles ni tampoco tan fieras como ayer.

Lo más extraño fue la mujer en la calle ayer, que estaba

---

② "Viejo libro de cuenta corriente del señor Gujiu": Aquí es una metáfora de la larga historia del dominio feudal china.

golpeando a su hijo, diciendo: “¡Cabrón eres! ¡Solo morderte varias veces podrá descargar mi ira!” Pero su mirada se fijó en mí, lo que me dio un gran susto, y no pude disimularlo; y aquellos tipos de cara azul y colmillos fieros estallaron en carcajadas de mí. Mientras tanto, Chen el viejo Quinto adelantó de prisa y me arrastró a casa.

Ya me arrastraron a casa, pero todos de la familia fingieron no conocerme; sus miradas también eran iguales como las de aquellos hombres. Cuando entré en el estudio, abrocharon la puerta desde fuera, como si hubieran enjaulado un pollo o un pato. Esto me hizo más difícil adivinar el fondo y los detalles.

Hace unos días, un arrendatario de terreno de la aldea Lobato vino a informarles de la hambruna por la mala cosecha y le dijo a mi hermano mayor que un tipo malvado había sido golpeado hasta la muerte. Varias personas le sacaron el corazón y el hígado, los frieron en aceite y se los comieron, pensando que eso podría infundirles audacia. Debido a mi intervención de una sola frase, tanto el arrendatario como mi hermano me echaron varias miradas, las cuales hasta hoy me di cuenta de que todas eran las mismas que las de aquella pandilla fuera.

Al pensar en ello, me tiemblo de frío desde la coronilla de la cabeza hasta el talón de los pies.

Si ellos comen seres humanos, será innecesario que no me coman a mí.

Fíjate en las palabras de esa mujer de “morderte varias veces”, más las risas de esa pandilla de cara azul y colmillos fieros, así como las palabras del arrendatario del otro día, que eran obviamente contraseñas. Vi que sus palabras eran todas venenosas, su sonrisa estaba llena de cuchillos, y sus dientes estaban todos alineados con una fiereza blanca, que constituían el utensilio para comer al hombre.

Según mi propio juicio, aunque no soy un tipo malvado, desde que le di la patada al libro de cuenta corriente del señor Gujiu, todo ha sido difícil de definirse. Parece que ellos tienen otro motivo oculto, lo que soy incapaz de adivinar, además, una vez que se vuelvan con la otra mejilla, podrán llamar a cualquier persona como un malvado. Recuerdo que cuando mi hermano mayor me enseñaba a hacer la composición, independiente de qué tipo de persona buena, si yo lanzara algunas palabras en contra, él siempre marcaría con varios círculos; y si yo pusiera unas frases por tolerar a un tipo malo, él podría decir: "Excelentes manos para voltear el mundo, distinto de lo común." ¿Cómo podría yo imaginar qué estaban pensando?, y ¿cómo piensan exactamente, sobre todo, en el tiempo cuando quieran comer a hombre?

Todo tiene que ser estudiado para ser entendido. En la antigüedad la gente solía comer humano, de lo que me acuerdo también, pero no estoy muy claro. Al abrir la historia para chequear, en que no hay marca de año, solo están escritas las mismas palabras de "benevolencia, justicia, virtud y moralidad" en caracteres ladeados y sesgados en cada una de las páginas. De cualquier modo no podía dormirme, lo leí cuidadosamente hasta la medianoche, y solo entonces pude ver las palabras desde los resquicios de las palabras: todo el libro está escrito con solo dos caracteres de "comer humano".

El libro tiene tantos caracteres y el arrendatario dijo tantas palabras, pero todos están mirándome, sonrientes, con los ojos ensanchados y extraños.

Yo también soy humano. ¡Ya quieren comerme a mí!

## IV

Por la mañana, me senté en silencio durante un rato. Chen el viejo Quinto trajo la comida, que fue un plato de vegetales y un tazón de pescado a vapor. El pescado, con los ojos blancos y duros y la boca abierta, era como aquellos sujetos que quieren comer humano. Tomé unas bocadas con los palillos. La carne era tan escurridiza, sin saber si era de pescado o de hombre, que la vomité desde lo más fondo del estómago y del intestino.

Dije: "Viejo Quinto, dile a mi hermano mayor que estoy aburrido y quiero dar un paseo en el jardín". El viejo Quinto no me respondió, y se fue, pero un rato más tarde vino a abrir la puerta.

No me moví al respecto, contemplando cómo iban a manipularme, porque sabía que no querían relajar su control sobre mí. ¡Y efectivamente! Mi hermano mayor trajo a un viejarrón. Caminando lentamente, con unos ojos radiantes de luz fiera, como temía que yo lo advirtiera, mantenía la cabeza inclinada hacia el suelo, mientras me miraba a hurtadillas desde el lado de sus gafas.

Mi hermano mayor dijo: "Parece que hoy estás muy bien".

Dije: "Sí".

Él siguió: "Hoy he invitado al señor He para darte un diagnóstico". Le respondí: "¡Está bien!" En realidad, ¡cómo podría yo no saber que este viejo fuera un disfrazado verdugo! Nada más que con el pretexto de tomar el pulso para medir lo gordo o flaco que yo estaba, con tal mérito él también podría conseguir un pedazo repartido de mi carne para comer.

No sentí temor por mi parte. Aunque no como humano, tengo más valor que ellos. Saqué mis dos puños y esperé a ver cómo iba a comenzar. El viejo se sentó, cerró sus ojos, tentó un buen rato y se quedó así un buen rato, luego abrió sus ojos fantasmales, diciendo: "No pienses en cosas irracionales. Solo quédate tranquilo convaleciendo unos días, y estarás bien".

¡No pensar en cosas irracionales, y convalecer tranquilo! Cuando me vuelva engordado, ellos podrían comer más carne naturalmente, y ¿qué de bueno para mí?, ¿cómo podré "estar bien"? Ese grupo de sujetos, por un lado querían comer humano, y por otro, siempre furtivos y sigilosos, trataban de ocultarse y no se atreverían a accionar directamente, lo cual me hizo morir de risa. Ya no pude contenerme más y estallé en carcajadas. Estuve plenamente alegre.

Yo sabía que en estas risas mías había suficiente coraje y rectitud. Ese viejo y mi hermano mayor se pusieron pálidos, reprimidos por este coraje y rectitud mío.

Pero cuando yo tenía más coraje, más querían comerme, de modo que se beneficiaran un poco de este coraje. Ese viejo salió de la puerta a zancadas, y antes de haberse alejado mucho, le susurró a mi hermano: "¡Hay que comerlo pronto!" Mi hermano asintió. ¡Resulta que tú también estás implicado! Este gran descubrimiento, aunque pareciera inesperado, era también de lo previsto. ¡Uno entre los socios que me vayan a comer será mi hermano mayor!

¡El que come humano es mi hermano mayor!

¡Yo soy el hermano menor del que come humano!

¡Seré comido por otros, pero seguiré siendo hermano menor del hombre que come humano!

## V

En estos días pienso desde un paso atrás: en caso de que ese viejo no fuera disfrazado por un verdugo, sino un verdadero médico, también sería uno que comiera humano. En el libro sobre la qué *Herbología*③ escrito por su maestro fundador antiguo Li Shizhen está claramente notado que la carne humana podía comerse frita; ¿acaso todavía podría decir que él mismo no comiera a hombre?

En cuanto a mi hermano mayor, esto tampoco es injusto para

---

③ "La qué *Herbología*": Se refiere al *Compendio de Materia Médica*, la obra farmacológica de la dinastía Ming, Li Shizhen (1518–1593), con un total de cincuenta y dos volúmenes. Sobre el contenido de este libro, el "loco" tiene una memoria equivocada.

él en ningún sentido. Cuando me explicaba el *Libro*④, dijo alguna vez personalmente que se podía “intercambiar hijos para comer”; otra vez, cuando hablábamos casualmente de un hombre malo, dijo que no solo habría de matarlo, sino que aún tendría que “comer su carne y dormir sobre su piel pelada”. En aquel tiempo yo era todavía pequeño y mi corazón palpitó durante mucho rato. Anteayer cuando escuchó al arrendatario de la aldea Lobato hablar de comer el corazón humano, él tampoco se sorprendió, sino que asintió constantemente, de allí se ve que su corazón está igualmente despiadado como antes. Dado que se pueden “intercambiar hijos para comer”, entonces toda cosa se puede intercambiar y todo humano puede ser comido. En el pasado solía escuchar su explicación de razonamiento y dejaba escapar este punto por confusión, pero ahora me di cuenta de que cuando él explicaba, no solo tenía grasa humana adherida en los labios, sino que también estaba lleno del deseo de comer a hombre.

## VI

Reina una oscuridad como de laca, y no sé si es de día o de noche. El perro de la casa de Zhao empieza a ladrar de nuevo.

El feroz corazón de un león, la cobardía de un conejo, la astucia de un zorro...

## VII

Conozco los medios de ellos. Para matarme directamente, no están dispuestos, ni tampoco se atreven a hacerlo, por miedo a los espíritus malignos. Así que todos ellos se han comunicado para poner

---

④ “*Libro*”: Se trata del *Libro de los tiempos remotos* (*Shang Shu*). Contiene el registro de discursos de los emperadores y cortesanos de tiempos antiguos y de las dinastías Xia, Shang y Zhou del Oeste. Semejante a textos, órdenes, documentos oficiales, etc., es también el origen de la prosa y del estilo narrativo. Después de la dinastía Yuan, se empezó a llamarlo *Libro o Clásico de libros*.

una malla completa para obligarme a suicidar. Tomando en cuenta los comportamientos de los hombres y mujeres en la calle unos días antes y la conducta de mi hermano mayor en estos días, ya se puede percibir ocho o nueve puntos de los diez.

Es mejor que me quite el cinturón y lo coloque en la viga de modo que me estrangule a mí mismo con fuerza. Entonces ellos no tendrán cargos de asesinato al mismo tiempo de tener cumplido su deseo, pues naturalmente emitirán una especie de risas tipo sollozo y gemido con máxima alegría y felicidad. En otro caso, me moriré de miedo y de tristeza, me quedaré un poco más delgado, pero ellos también pueden dar su aprobación.

¡Es que ellos solo comen la carne muerta! Recuerdo un cierto libro que dice que hay un animal llamado "hiena" [5], de vista y aspecto feos, que suelen comer carne muerta, incluso pueden masticar los grandes huesos hasta muy finos para tragarlos. Solo imaginarlo basta para asustar a uno.

La "hiena" es pariente del lobo, y este pertenece al mismo clan del perro. Anteayer, el perro de la familia Zhao me miró unas cuantas veces, de allí se ve que ese también es cómplice y se han puesto en contacto. A pesar de que ese viejarrón fijaba sus ojos en el suelo, ¿cómo puede ocultarlo de mí?

El más pobre es mi hermano mayor, que también es ser humano, y ¿por qué no siente ningún miedo?, y ¿se ha unido a la pandilla para comerme? ¿O se ha acostumbrado desde siempre, y no lo considera malo? ¿O ha perdido la consciencia moral, cometiendo el crimen a sabiendas?

Voy a maldecir a la gente que coman a hombre y comenzaré por

---

⑤ "Hiena": En el texto original se utiliza la transliteración de la palabra inglesa "hyena". También conocida como el coyote, es un carnívoro que sigue a menudo a las bestias como el león y el tigre para alimentarse de los restos de sus comidas.

él; para disuadir a la gente que coma humano, iniciaré también por él.

## VIII

De hecho, esta razón, ellos ya deberían haberla entendido a estas alturas...

De repente llegó una persona, solo de unos veinte años más o menos, cuyo rostro no se veía claramente, lleno de sonrisa, me asintió con la cabeza, pero su sonrisa no parecía la de verdad. Entonces, le pregunté: "Lo del canibalismo, ¿es correcto?"

Él dijo, sonriendo todavía: "Si no fuera año de hambruna, ¿cómo podrían comer humano?" Al instante entendí que él también pertenecía a esa pandilla y le gustaba comer a hombre. Entonces, me llené de coraje cien veces más fuerte e insistí deliberadamente en preguntarle:

"¿Es correcto?"

"¿Por qué pregunta sobre cosas como esa? Es usted realmente bueno en... contar chistes... Hoy hace buen tiempo".

El tiempo está bueno, la luna también es muy iluminante. Pero quiero preguntarle: "¿Es correcto?"

Se mostró con desaprobación y respondió con cierta vaguedad: "No..."

"Si no es correcto, ¿por qué ellos lo están comiendo?"

"Tal cosa no pasa..."

"¿No pasa? Ahora en la aldea Lobato están comiendo a hombre; e incluso está escrito también en el libro, ¡en tinta roja y fresca!"

Entonces se cambió de semblante, puesto en azul de hierro, dijo con los ojos bien abiertos: "Tal vez sí lo hayan, pero siempre ha sido así..."

"¿Y es correcto, si ha sido siempre así?"

"No quiero argumentar en esto contigo. En fin, no debes hablar de eso. ¡Si así hablas, te equivocarás!"

Me levanté de un brinco y abrí los ojos, pero esa persona ya había desaparecido. Me mojé con un gran sudor por todo el cuerpo. Su edad es mucho menor que la de mi hermano mayor, pero inesperadamente él también pertenece al grupo de los que comen humano; esto habría sido enseñado primeramente por sus padres. Temo que él lo haya enseñado a su hijo, por eso, incluso los niños también me miran con ferocidad.

## IX

Uno mismo quiere comer a hombre, mientras que teme ser comido por otros, así, se miran mutuamente el uno al otro con una sospecha muy profunda sin hablar...

Si puede librarse de esta mentalidad, ¡qué cómodo estará al trabajar, caminar, comer y dormir a gusto! Esto solo es un umbral, o sea, una coyuntura crítica. Pero, incluso siendo padres e hijos, hermanos, parejas, amigos, maestros y alumnos, enemigos, y personas desconocidas entre sí, todos se unen como una pandilla, se exhortan unos a otros y se restringen mutuamente, pero se niegan a superar este paso antes de que mueran.

## X

Muy temprano en la mañana, fui a ver a mi hermano mayor, quien estaba parado fuera de la puerta del salón contemplando el cielo, así que fui detrás de él y bloqueé la puerta, y le dije, en un tono extra calmado y extra amable:

“Hermano, tengo algo que decirte”.

“Entonces, dímelo,” volvió la cara de prisa y me asintió.

“Tengo solo unas pocas palabras, pero me es difícil pronunciarlas. Hermano, parece que los primitivos salvajes habían comido un poco de seres humanos. Más tarde, debido a que tenían mentes diferentes, unos entre ellos ya dejaban de comer a hombres, queriendo desarrollarse hacia lo benévolo, y finalmente se convirtieron en hombres, en verdaderos hombres, pero otros seguían comiendo a seres humanos, —entonces ocurrió lo mismo como los insectos, algunos de ellos se convirtieron en peces, en pájaros, monos, hasta llegar al hombre mientras que otros que no han querido ser benévolos siguen siendo insectos hasta ahora—. ¡Qué avergonzados que los hombres antropófagos sean frente a los que no lo son, tal vez mucho más avergonzados que los insectos frente a los monos!

"Yi Ya[6] cocinó a vapor a su hijo para que el tirano similar a Jie y Zhou lo comiera, lo que ya pasó a ser una historia muy antigua. ¿Quién sabía que desde que Pangu abrió los cielos y la tierra[7], habían estado comiendo hasta el hijo de Yiya; desde el hijo de Yi Ya todo el camino hasta Xu Xilin[8], y desde Xu Xilin hasta el hombre atrapado en la aldea Lobato? E incluso el año pasado, en la ciudad decapitaron a presos, luego un enfermo de tuberculosis mojó su panecillo con la sangre para lamer.

"Ellos quieren comerme a mí, como eres uno solo, no tienes otro remedio para pensar; pero ¿por qué te unes a ellos? Para los

---

⑥ "Yi Ya": Fue un personaje durante el reino Qi en la época de las Primaveras y Otoños (770 a. C – 476 a. C). Fue bueno para sazonar, pero de vil personalidad. Se dice que cocinó a su propio hijo a vapor ofreciéndoselo al rey como comida para lisonjearlo.

⑦ "Pangu abrió los cielos y la tierra": Es uno de los antiguos mitos y leyendas populares de China y el mito típico sobre la creación del mundo. La leyenda cuenta la historia de la antigüedad: inicialmente, el universo era como un gran caos parecido a un huevo. Había un gigante llamado Pangu que había estado durmiendo en este gran huevo durante unos 18 000 años. Al despertarse con su propio poder sobrenatural, abrió los cielos y la tierra. El ojo izquierdo se convirtió en el sol y el derecho en la luna; el cabello y la barba se convirtieron en las estrellas en el cielo nocturno; su cuerpo se convirtió en las cuatro direcciones, este, oeste, sur y norte y las majestuosas tres montañas y cinco montes; la sangre se convirtió en el río; los dientes, los huesos y la médula ósea se convirtieron en minerales subterráneos; la piel y el vello se convirtieron en hierba en el suelo; el sudor se convirtió en lluvia, etc. Por lo tanto, se dice que la humanidad es el espíritu de todas las cosas en el mundo y Pangu es su creador.

⑧ "Xu Xilin": Fue un miembro importante de la Sociedad de Restauración en la dinastía Qing. En 1907, junto con la famosa heroína Qiu Jin, se preparó para un levantamiento en las provincias de Zhejiang y Anhui. El 6 de julio, tomando la supervisión de la Oficina de Policía como tapadera, apuñaló al gobernador de Anhui llamado En Ming a muerte, y llevó a los estudiantes a ocupar la Oficina de Artillería, pero finalmente fue arrestado. Más tarde fue asesinado el mismo día. Los guardias de En Ming sacaron su corazón y se lo comieron salteado.

que comen a hombre, ¿qué tipo de maldad no se atreven a cometer? Si ellos pueden comerme a mí, también podrán comerte a ti, y en la misma pandilla también se comerán mutuamente. Pero si das solo un paso, si te cambias de inmediato, habrá paz y tranquilidad para todo el mundo. A pesar de haber sido como así desde siempre, hoy también podemos querer lo extra benévolo y ¡digamos no poder más! Hermano, creo que tú puedes decirlo. Anteayer el arrendatario quiso reducir la renta, y tú dijiste no poder".

Al principio, él solo sonrió fríamente, luego sus miradas se volvieron feroces. Tan pronto como fueron revelados sus pensamientos ocultos, su cara se puso en azul por completo. Un grupo de sujetos estaban parados fuera del portal. Entre ellos, también se encontraban el ricacho Zhao y su perro, quienes asomaban la cabeza y miraban alrededor entrando uno tras otro apretujados. Algunos no se dejaban ver claro su semblante, parecían estar cubiertos de paño; otros todavía eran los tipos de cara azul y colmillos fieros, sonriendo con los labios succionando. Conocía que pertenecían a la misma pandilla y todos eran come-hombres. Pero también sabía que ellos tenían mentalidades muy diferentes. Unos pensaban que todo había sido como así desde siempre, por eso debían comerlo; otros sabían no deber comerlo, pero aún querían hacerlo, y temían que otros lo revelaran, por lo tanto, al escuchar mis palabras, se enfadaron más que nunca, pero solo se quedaron sonriendo fríamente con los labios frunciendo.

Y en este momento, mi hermano mayor de repente mostró la fiereza, gritando en voz alta:

"¡Todos fuera! ¿Qué gracia tiene de observar a un loco?"

Fue entonces cuando aprendí otro ingenioso truco suyo. Ellos no solo no están dispuestos a corregirse, sino que han tenido sus arreglos; prepararon un título de loco para encuadrarme, de modo que cuando me coman en el futuro, no solo permanecerán seguros sin ningún problema, sino tal vez puedan ganar cierta gratitud de alguna gente. Lo que el arrendatario dijo que los aldeanos habían comido un tipo malvado fue con este mismo método, que es su vieja táctica.

Chen el viejo Quinto también entró derechamente airado. ¿Cómo podría tapar mi boca con su apretón? Insistí tenazmente en decir a esos tipos:

"¡Ya deben corregirse, con el corazón sincero! Deben saber que en el futuro no se permitirá la supervivencia de la gente que coma a hombre".

"Si no se corrigen, se comerán todos a sí mismos. Pese a dar a luz a muchos, serán extinguidos por los verdaderos hombres, ¡igual que los cazadores acaban con los lobos!, ¡como los insectos!"

Aquellos sujetos fueron expulsados por Chen el viejo Quinto, mientras que no se sabía a qué parte había ido mi hermano. Chen el viejo Quinto me convenció a regresar al cuarto. Aquí adentro reinaba una oscuridad pesada, los travesaños y las vigas se estremecían por encima de la cabeza, y un poco después, se intensificaron los temblores, y se apilaron sobre mi cuerpo.

Eran extremadamente pesados y no pude moverme, cuya intención fue que yo muriera. Sabiendo que ese peso era falso, forcejeé y me libré, habiéndome sudado por todo el cuerpo. Pero persevero deliberadamente en decir: "¡Corríjanse de inmediato, con el corazón sincero! Tienen que saber que en el futuro no se permitirá la supervivencia de ninguna gente que coma humano..."

## XI

Ni el sol sale, ni la puerta se abre, todos los días son las dos comidas.

Al pellizcar los palillos, pensé en mi hermano mayor; ya supe que la muerte de mi hermana menor también se atribuyó totalmente a él. En aquel entonces mi hermanita solo tenía cinco años, aquella fisonomía linda y piadosa todavía se movía ante mis ojos. Mi madre lloró sin cesar, y él la persuadió a dejar de hacerlo; tal vez porque él la había comido a la hermanita, el llanto de mi madre le hiciera inevitablemente sentir alguna lástima. Si todavía era posible sentir lástima...

Mi hermana menor había sido comida por mi hermano mayor. ¿Mi madre se había enterado de eso o no? No he podido saberlo desde ningún lado.

Supongo que mi madre también debería saberlo. Sin embargo, cuando lloraba, no daba ninguna revelación. Tal vez también creyera que eso sería el caso debido. Recuerdo que cuando yo tenía cuatro o cinco años y todos tomábamos el fresco delante de la sala, mi hermano mayor decía que, cuando los padres estuvieran enfermos, solo sería un buen hijo cortando una pieza de su propia carne y cocinarla para que se la comieran sus padres, de lo cual mi madre no decía que no. Si se puede comer una pieza de la carne, naturalmente todo el cuerpo también puede comerse. Sin embargo, su manera de llorar aquel día, al recordarla ahora, efectivamente entristeció mucho a la gente, ¡lo que fue un asunto sumamente extraño!

## XII

Ya no aguanto pensar más.

Este lugar donde se come a hombres a cada momento desde hace cuatro mil años, solo hasta hoy comprendo que yo también he vagado dentro de él por muchos años. Precisamente cuando mi hermano mayor se encargaba de los quehaceres domésticos, mi hermana menor murió, por lo tanto no fue posible que no hubiera mezclado en secreto su carne en los platos para servirnos.

Y no fue inevitable que yo no hubiera comido inconscientemente varios trozos de la carne de mi hermanita, y ahora me toca a mí...

Ahora pertenezco a una historia de comer humano de cuatro mil años. Al principio no lo sabía, pero ahora ya está claro, ¡qué difícil encontrarse a un hombre verdadero!

## XIII

¿Y los niños que no hayan comido humano, tal vez todavía existan algunos?

Hay que salvar a los niños...

Abril de 1918

# 孔乙己[1]

鲁镇[2]的酒店的格局，是和别处不同的：都是当街一个曲尺形的大柜台，柜里面预备着热水，可以随时温酒。做工的人，傍午傍晚散了工，每每花四文铜钱，买一碗酒[3]，——这是二十多年前的事，现在每碗要涨到十文，——靠柜外站着，热热的喝了休息；倘肯多花一文，便可以买一碟盐煮笋，或者茴香豆[4]，做下酒物了，如果出到十几文，那就能买一样荤菜，但这些顾客，多是短衣帮[5]，大抵没有这样阔绰。只有穿长衫的，才踱进店面隔壁的房子里，要酒要菜，慢慢地坐喝。

我从十二岁起，便在镇口的咸亨酒店里当伙计，掌柜说，样子太傻，怕侍候不了长衫主顾，就在外面做点事罢。外面的短衣主顾，虽然容易说话，但唠唠叨叨缠夹不清的也很不少。他们往往要亲眼看着黄酒从坛子里舀出，看过壶子底里有水没有，又亲看将壶子放在热水里，然后放心：在这严重兼督下，羼水也很为难。所以过了几天，掌柜又说我干不了这事。幸亏荐头的情面大，辞退不得，便改为专管温酒的一种无聊职务了。

我从此便整天的站在柜台里，专管我的职务。虽然没有什么失职，但总觉得有些单调，有些无聊。掌柜是一副凶脸孔，主顾也没有好声气，教人活泼不得；只有孔乙己到店，才可以笑几声，所以至今还记得。

孔乙己是站着喝酒而穿长衫的唯一的人。他身材很高大；青白脸色，皱纹间时常夹些伤痕；一部乱蓬蓬的花白的胡子。穿的虽然是长衫，可是又脏又破，似乎十多年没有补，也没有洗。他对人说话，总是满口之乎者也，教人半懂不懂的。因为他姓孔，别人便从描红纸上的“上大人孔乙己”这半懂不懂的话里，替他取下一个绰号，叫作孔乙己。孔乙己一到店，所有喝酒的人便都看着他笑，有的叫道，“孔乙己，你脸上又添上新伤疤了！”他不回答，对柜里说，“温两碗酒，要一碟茴香豆。”便排出九文大钱[6]。他们又故意的高声嚷道，“你一定又偷了人家的东西了！”孔乙己睁大眼睛说，“你怎么这样凭空污人清白……”“什么清白？我前天亲眼见你偷了何家的书，吊着打。”孔乙己便涨红了脸，额上的青筋条条绽出，争辩道，“窃书不能算偷……窃书！……读书人的事，能算偷么？”接连便是难懂的话，什么“君子固穷”，什么“者乎”之类，引得众人都哄笑起来：店内外充满了快活的空气。

听人家背地里谈论，孔乙己原来也读过书，但终于没有进学，又不会营生；于是愈过愈穷，弄到将要讨饭了。幸而写得一笔好字，便替人家钞钞书，换一碗饭吃。可惜他又有一样坏脾气，便是好吃懒做。坐不到几天，便连人和书籍纸张笔砚，一齐失踪。如是几次，叫他钞书的人也没有了。孔乙己没有法，便免不了偶然做些偷窃的事。但他在我们店里，品行却比别人都好，就是从不拖欠；虽然间或没有现钱，暂时记在粉板[7]上，但不出一月，定然还清，从粉板上拭去了孔乙己的名字。

孔乙己喝过半碗酒，涨红的脸色渐渐复了原，旁人便又问道，“孔乙己，你当真认识字么？”孔乙己看着问他的人，显出不屑置辩的神气。他们便接着说道，“你怎的连半个秀才[8]也捞不到呢？”孔乙己立刻显出颓唐不安模样，脸上笼上了一层灰色，嘴里说些话；这回可是全是之乎者也之类，一些不懂了。在这时候，众人也都哄笑起来：店内外充满了快活的空气。

在这些时候，我可以附和着笑，掌柜是决不责备的。而且掌柜见了孔乙己，也每每这样问他，引人发笑。孔乙己自己知道不能和他们谈天，便只好向孩子说话。有一回对我说道，“你读过书么？”我略略点一点头。他说，“读过书，……我便考你一考。茴香豆的茴字，怎样写的？”我想，讨饭一样的人，也配考我么？便回过脸去，不再理会。孔乙己等了许久，很恳切的说道，“不能写罢？……我教给你，记着！这些字应该记着。将来做掌柜的时候，写账要用。”我暗想我和掌柜的等级还很远呢，而且我们掌柜也从不将茴香豆上账；又好笑，又不耐烦，懒懒的答他道，“谁要你教，不是草头底下一个来回的回字么？”孔乙己显出极高兴的样子，将两个指头的长指甲敲着柜台，点头说，“对呀对呀！……回字有四样写法，你知道么？”我愈不耐烦了，努着嘴走远。孔乙己刚用指甲蘸了酒，想在柜上写字，见我毫不热心，便又叹一口气，显出极惋惜的样子。

有几回，邻居孩子听得笑声，也赶热闹，围住了孔乙己。他便给他们茴香豆吃，一人一颗。孩子吃完豆，仍然不散，眼睛都望着碟子。孔乙己着了慌，伸开五指将碟子罩住，弯腰下去说道，“不多了，我已经不多了。”直起身又看一看豆，自己摇头说，“不多不多！多乎哉？不多也。”于是这一群孩子都在笑声里走散了。

孔乙己是这样的使人快活，可是没有他，别人也便这么过。

有一天，大约是中秋[9]前的两三天，掌柜正在慢慢的结账，取下粉板，忽然说，“孔乙己长久没有来了。还欠十九个钱呢！”我才也觉得他的确长久没有来了。一个喝酒的人说道，“他怎么会来？……他打折了腿了。”掌柜说，“哦！”“他总仍旧是偷。这一回，是自己发昏，竟偷到丁举人[10]家里去了。他家的东西，偷得的么？”“后来怎么样？”“怎么样？先写服辩，后来是打，打了大半夜，再打折了腿。”“后来呢？”“后来打折了腿了。”“打折了怎样呢？”“怎样？……谁晓得？许是死了。”掌柜也不再问，仍然慢慢的算他的账。

中秋之后，秋风是一天凉比一天，看看将近初冬；我整天的靠着火，也须穿上棉袄了。一天的下半天，没有一个顾客，我正合了眼坐着。忽然间听得一个声音，“温一碗酒。”这声音虽然极低，却很耳熟。看时又全没有人。站起来向外一望，那孔乙己便在柜台下对了门槛坐着。他脸上黑而且瘦，已经不成样子；穿一件破夹袄，盘着两腿，下面垫一个蒲包，用草绳在肩上挂住；见了我，又说道，“温一碗酒。”掌柜也伸出头去，一面说，“孔乙己么？你还欠十九个钱呢！”孔乙己很颓唐的仰面答道，“这……下回还清罢。这一回是现钱，酒要好。”掌柜仍然同平常一样，笑着对他说，“孔乙己，你又偷了东西了！”但他这回却不十分分辩，单说了一句“不要取笑！”“取笑？要是不偷，怎么会打断腿？”孔乙己低声说道，“跌断，跌，跌……”他的眼色，很像恳求掌柜，不要再提。此时已经聚集了几个人，便和掌柜都笑了。我温了酒，端出去，放在门槛上。他从破衣袋里摸出四文大钱，放在我手里，见他满手是泥，原来他便用这手走来的。不一会，他喝完酒，便又在旁人的说笑声中，坐着用这手慢慢走去了。

自此以后，又长久没有看见孔乙己。到了年关，掌柜取下粉板说，“孔乙己还欠十九个钱呢！”到第二年的端午[11]，又说“孔乙己还欠十九个钱呢！”到中秋可是没有说，再到年关也没有看见他。

我到现在终于没有见——大约孔乙己的确死了。

（一九一九年三月。）

# 注释

[1] 本篇最初发表于1919年4月《新青年》第六卷第四号。发表时篇末有作者的附记如下：“这一篇很拙的小说，还是去年冬天做成的。那时的意思，单在描写社会上的或一种生活，请读者看看，并没有别的深意。但用活字排印了发表，却已在这时候，——便是忽然有人用了小说盛行人身攻击的时候。大抵著者走入暗路，每每能引读者的思想跟他堕落：以为小说是一种泼秽水的器具，里面糟蹋的是谁。这实在是一件极可叹可怜的事。所以我在此声明，免得发生猜度，害了读者的人格。一九一九年三月二十六日记。”

[2] “鲁镇”：在绍兴的历史上并无鲁镇这个小镇，鲁镇正是来源于鲁迅的本部著名小说《孔乙己》。这是鲁迅对几个水乡小镇儿时记忆的一个艺术的概括。现在已经新建了一个“鲁镇”，座落在浙江省绍兴市柯桥区。它已经成为一个旅游景点，人们也借此游览缅怀鲁迅，联想当年的情况和品味它的作品。汉语的“镇”字指的所辖管区比村庄大，比城市小，从规模上相当于西班牙语的

pueblo，所以，“鲁镇”译为pueblo Luzhen。

[3]“一碗酒”：指的是浙江绍兴一带的一碗黄酒或米酒。当时当地老百姓用来喝酒的器皿就是普通的饭碗大小的碗，而非所谓的酒杯。所以，这里要译为tazón，而不是taza或copa。

[4]“茴香豆”：指的是浙江绍兴一带的茴香味的蚕豆。而“茴香”的西班牙语单词不是过去常使用的anís，因为它实际上指的是“茴芹（学名：Pimpinella anisum），又称作西洋茴香、洋茴香、大茴香、欧洲大茴香。中国人做调料用的基本上都是“小茴香”，（学名：Foeniculum vulgare）。所以，这里要翻译为habas a hinojo，而不是habas anisadas。

[5]“短衣帮”：旧指短打衣着的劳动人民。下一句中“穿长衫的”，是指旧时穿长衣着的非体力劳动者。

[6]“大钱”：指大面值钱和大型钱。钱币的基本单位称作“文”，即一枚小钱称一文。一枚大钱约合2.08文小钱。

[7]“粉板”：指的是早年使用的水笔版，即涂白漆的长方形小木板，在上面用毛笔记录事情，用过之后便用水擦洗掉，以备再用，不是后来使用的“黑板”。所以，这里要译为tabla de notas，而不是pizarra。

[8]“秀才”：是指在明清时期通过县级或以上科举考试的学子。获得秀才资格意味着一个人具有了“功名”，在当地受到尊重并拥有多项特权。许多从未通过地区考试的学子只能担任家教或者开一私塾，以教导一小群孩子为生。然而，此外仍有许多人没有稳定的工作或其他谋生手段。孔乙己就是其中之一。

[9]“中秋”：农历八月十五日是中国人的传统节日中秋，也称“中秋节”，因为那个夜晚月亮总是显得更圆、更大，意味着亲友的快乐团聚。

[10]“举人”：是秀才通过省级科举考试后获得的资格。获得这个称号意味着一只脚已经迈入了官员的职业生涯。即使他没能担任高级官员，至少有机会成为学校官员或县长。“举人”常被他的下级或当地的平民称为“老爷”或“大老爷”。

[11]“端午”：每年农历五月初五是端午，端午节是纪念著名的爱国者、伟大的诗人屈原（公元前340—公元前278）的传统节日，他于农历五月五日投汨罗江自尽。这一节日的习俗有吃粽子、赛龙舟等。

# Kong Yiji[①]

La disposición de las tabernas en el pueblo Luzhen[②] era diferente de las en otras partes: siempre se colocaba un gran mostrador en forma de regla escuadrada cara a la calle, detrás del cual se disponía el agua caliente con que podía calentar el vino a cualquier momento. Los trabajadores, que regresaban de su labor al mediodía o por la tarde, a menudo por cuatro monedas de cobre podían comprar un tazón[③] de vino —esto debía ser la cosa de hacía más de 20 años, ahora el precio tendría que subir a diez por tazón— quedando fuera parados y apoyados en el gabinete, se lo tomaban calientito para un buen descanso; si uno estaba dispuesto a pagar una moneda más, podría conseguir un platillo de brotes de bambú salados o de habas

---

① Este artículo se publicó originalmente en el número 4 del volumen VI de la *Nueva Juventud*, abril de 1919. Al final de la publicación, hay una nota del autor: "Esta novela muy torpe se hizo el invierno pasado. Mi intención en ese momento era simplemente describir la sociedad o una manera de vida y mostrarla al lector, sin ningún, significado profundo. Pero la publicación de la versión tipográfica ya ha sido postergada hasta este momento, es decir, cuando repentinamente está en boga el usarse novelas para llevar a cabo ataques personales. Tal vez el autor haya entrado en el camino oscuro y esto siempre haya podido dirigir los pensamientos del lector a degenerar con él: pensar que la novela es un tipo de instrumento que pueda echar agua sucia y por la cual quién sería el deshonrado. Esto es realmente una cosa muy triste. Por eso lo declaro aquí para evitar adivinar y dañar la personalidad del lector. 26 de marzo de 1919."

② "El pueblo Luzhen": No existió en la historia de Shaoxing, Zhejiang. El nombre de pueblo Luzhen se deriva precisamente desde esta famosa novela "Kong Yiji" del autor Lu Xun. Este pueblo es un resumen del arte de recuerdos de la infancia de Lu Xun sobre varios pueblos acuáticos. Ahora se ha construido un nuevo "pueblo Luzhen", ubicado en el distrito de Keqiao, ciudad de Shaoxing, Zhejiang. Este se ha convertido en una atracción turística. A través del recorrido en este nuevo pueblo Luzhen la gente china conmemora a Lu Xun, imagina la situación pasada y revive sus obras. "Zhen" significa o equivale a un centro poblado de tamaño más grande de una aldea y menor de un municipio, pero que es un pueblo más urbano que rural, a que los aldeanos tienen más fácil acceso que ir a la ciudad distrital, así que cuenta con estrechas relaciones con el campo.

③ "Tazón": Se refiere al recipiente de vino usado por la gente local en Shaoxing, Zhejiang. Los tazones que se usaban para beber el vino amarillo eran los mismos tazones ordinarios para comer el arroz, no eran copas o tazas de otros tamaños.

a hinojo④ sirviendo de aperitivos; si gastaba más de diez, podría comprar un plato de carne. Sin embargo, la mayoría de estos clientes eran de trajes cortos⑤, que generalmente no podían darse ese lujo, solo aquellos en trajes largos moverían sus pasos entrando en la habitación adyacente para pedir vino y platos y disfrutarlos lentamente sentados.

Desde los doce años ya comencé a trabajar como mozo en la Taberna Xianheng ubicada a la boca del pueblo. Como el tabernero decía que yo tenía una apariencia boba y temía que no pudiera atender bien a los clientes de trajes largos, me mandó a ofrecer servicios fuera de la sala. Era fácil de cruzar palabras con los clientes de fuera, pero tampoco eran pocos los regañones y mezclaban todas las cosas en un conjunto revuelto sin fin. Ellos solían insistir en ver con sus propios ojos cómo se sacaba el vino de arroz amarillo desde el tarro, chequeaban si se había puesto agua en el fondo de la jarra de vino, y solo dejaban de preocuparse hasta que la jarra fuera puesta en el baño maría. Bajo la inspección tan seria era muy difícil meterle agua. Por eso, el tabernero dijo que yo no era capaz de hacer esto. Gracias a la influencia afectiva de la persona que me había recomendado, no pudo despedirme, sino cambió a encargarme de un aburrido servicio de calentar el vino especialmente.

A partir de ese tiempo me quedaba parado detrás del mostrador todo el día ocupándome exclusivamente de mi trabajo. Aunque no cometía negligencia en el cumplimiento del deber, siempre me sentía un poco monótono y algo aburrido. El tabernero siempre guardaba

---

④ "Habas a hinojo": Se refiere al haba con sabor a hinojo en Shaoxing, Zhejiang. La palabra española para esta comida no es "anís", que se usa mucho porque este se refiere a "pimpinella anisum", también conocido como "anís occidental" o "anís grande". Los ingredientes utilizados para el condimento de los chinos son básicamente "anís pequeño" (nombre científico: foeniculum vulgare).

⑤ "De trajes cortos": Se refiere a los trabajadores manuales. "Aquellos en trajes largos" mencionados en la frase siguiente se refieren a los hombres que no trabajaban físicamente en los viejos tiempos.

una cara fiera y los clientes no traían agradable humor ni buena voz, lo que me ponía bastante desanimado; solo cuando llegaba Kong Yiji a la taberna yo podía reír algunas veces, por lo tanto, de él todavía me acuerdo hasta el presente.

Kong Yiji era el único en traje largo que tomaba el vino de pie. Tenía una estatura alta, con una cara pálida, en que se veían a menudo algunas cicatrices entre arrugas, y llevaba una barba gris y blanca enmarañada. Aunque se vestía de una bata larga, era muy vieja y gastada, que parecía sin ser lavada ni remendada durante más de diez años. Cuando hablaba con la gente, siempre usaba muchas partículas arcaicas como "zhi, hu, zhe, ye", que hacían a los demás entenderle casi a la mitad. Como su apellido era Kong, los demás sacaron los últimos tres de los seis caracteres continuos e incoherentes "Shangdaren Kong Yiji" que solían aparecer en el cuaderno modelo rojo con que los niños aprendían la caligrafía china y que eran medio entendidos para todos, para ponerle el apodo como "Kong Yiji". Siempre que Kong Yiji llegaba a la taberna, todos los bebedores se reían mirándole. Algunos gritaban: "¡Kong Yiji, ya tienes más cicatrices en tu cara!" Él no les respondía y decía al mostrador: "Calienta dos tazones de vino, más un platillo de habas a hinojo". Y sacó nueve monedas grandes⑥. Los demás volvían a gritar deliberadamente: "¡Seguro que has cometido otro robo!" Entonces Kong Yiji ensanchaba los ojos diciendo: "¿Cómo puedes deshonrar así a un decente sin prueba de nada?" "¿Y qué de inocencia tuya? Anteayer te vi colgado y golpeado con mis propios ojos por haber robado libros de la familia He". Kong Yiji se sonrojaba y argumentaba, con una y otra de las venas azules en la frente eminentes casi por

---

⑥ "Moneda grande": Se refiere a la moneda de valor nominal alto y la moneda en tamaño grande. La unidad básica de dinero se llamaba "wen", es decir, una moneda pequeña. Una moneda grande equivalía a un poquito más de 2,08 monedas pequeñas.

reventarse: “El llevar libros furtivamente no se puede calificar del robo... ¡Esto es llevarlos furtivos!... Es asunto de intelectuales, ¿cómo puede contarse como robo?” A continuación, debería emitir palabras difíciles de entender, tal como “un caballero mantiene la moral pese a la pobreza”, y “zhe, hu”, etc., que provocaban reírse a carcajadas a todos los presentes, de modo que la taberna se llenaba de aire alegre tanto dentro como fuera.

Se oían los comentarios a su espalda, Kong Yiji había estudiado obras clásicas, pero finalmente no logró pasar el examen a nivel distrital, además no sabía ganarse la vida. Entonces se volvía cada vez más pobre, incluso casi iba a pedir limosna. Afortunadamente, tenía una buena caligrafía, con la que copiaba libros para la gente a fin de ganar un tazón de comida. Era lástima que él tuviera un temperamento negativo, o sea, era aficionado a comer y reacio al trabajar. No se guardaba sentado allí más de varios días y desaparecería él mismo junto con su papel, pincel y piedra de tinta. Así ocurrieron varias veces, entonces nadie le llamaría a copiar libros. Kong Yiji no tenía medio de vivir, así no evitaba cometer algún hurto por casualidad. Sin embargo, en la taberna nuestra, su conducta era mejor que la de otros, es decir, nunca había demorado en el pago. Pese a que le faltaba el dinero ocasionalmente, pondría un mensaje en la tabla de notas⑦ y en menos de un mes lo liquidaría seguramente, así también se borraría el nombre de Kong Yiji de aquella tabla.

Después de beber medio tazón de vino, la cara se recuperó gradualmente del sonrojo. La gente del alrededor le preguntó: “Kong Yiji, ¿de veras sabes leer?” Mirando al que le lanzó la pregunta se

---

⑦ “La tabla de notas”: Es una tabla de pequeño tamaño pintada con laca blanca. En los tiempos de hace casi cien años, no hubo pizarra como la de hoy, la gente usaba el pincel para escribir notas con tinta en la tabla. Se la borraría con agua después de expirarse la nota y así la tabla se podría usar repetidamente.

mostró con un desdeño de no merecer argumentarse. Pero ellos siguieron preguntando: "¿Entonces por qué no has obtenido ni la mitad del título de Letrado-talentoso⑧?" De inmediato, él lució abatido e inquieto, la cara se cubrió de un color gris y dijo unas palabras; pero en este caso eran completamente las arcaicas como "zhi, hu, zhe, ye", que ya no entendía nadie. Y en momentos como este, todos los demás se echaban a reírse a carcajadas, de modo que dentro y fuera de la taberna reinaba un aire de alegría.

En tales circunstancias, yo podía hacer eco y reír, y el patrón nunca me regañaba por esto. Además, cuando el patrón veía a Kong Yiji, también le preguntaba de esta manera a menudo, provocando risas. Kong Yiji sabía por sí mismo que no debía charlar con ellos, entonces optaba por hablar con los niños. Una vez me preguntó a mí: "¿Has tenido alguna educación?" Le asentí con la cabeza ligeramente. Dijo: "Dado que has estudiado algo... te pondré una prueba. ¿Cómo se escribe el carácter 'hui' en 'huixiangdou' (haba a hinojo)?" Pensé: "Ya andas como mendigo, ¿aún digno de examinarme a mí?" Entonces me volví la cara y no le hice más caso. Kong Yiji esperó por mucho tiempo, y dijo muy sinceramente: "¿No lo sabes escribir?... Te voy a enseñar, ¡recuérdalo! Palabras como estas deben ser recordadas. En el futuro cuando seas patrón, serán útiles para escribir tu cuenta". Pensé que a mí todavía me faltaban muchos rangos para ser patrón, además, nuestro patrón nunca había incluido las habas a hinojo en su cuenta. ¡Qué ridículo y fastidioso! Le

---

⑧ "Letrado-talentoso": Indica a un estudioso que pasó el examen imperial a nivel distrital o un grado más alto en las dinastías Ming y Qing. La obtención de esta calificación significa que uno ya ha logrado un "mérito y reputación", así que es respetado a nivel local y tiene varios privilegios. Muchos estudiosos que no habían pasado nunca el examen distrital solo podían trabajar como maestros de niños de alguna familia o abrir un estudio para enseñar a un grupito de niños para ganarse la vida. Sin embargo, todavía quedan muchos sin trabajo estable ni otro remedio para ganarse la vida. Kong Yiji fue uno de los últimos.

respondí con flojedad: “¿Quién necesita tu enseñanza? ¿No es el ‘hui’ que significa ‘volver’ coronado del componente ‘yerba’?” Entonces, Kong Yiji se puso muy contento, tocando el mostrador con sus dos dedos con largas uñas, y dijo asintiendo: “¡Correcto, correcto!... ¿Y el ‘hui’ tiene cuatro formas de escribir, lo sabes?” Me volví más impaciente y me alejé con un mohín. Kong Yiji mojó su uña con el vino e iba a escribir en la tabla del mostrador, pero viendo que yo no tenía ningún entusiasmo, lanzó un suspiro mostrando una gran lástima.

En varias ocasiones, los niños de la vecindad oían las risas y acudían a la diversión, rodeándolo. Entonces, él les daba habas a hinojo, una a cada uno. Después de comerla, los niños no se dispersaban y seguían observando el platillo. Kong Yiji se ponía nervioso, tapaba el platillo con los cinco dedos tendidos, se agachaba diciéndoles: “Ya no hay muchas, no me quedan muchas”. Luego se tendía derecho y volvía a mirar las habas, agitando la cabeza se decía para sí recitando la frase de Confucio en una forma distorsionada: “¡Ya no muchas, no muchas! ¿Son estas muchas para un caballero? No muchas”. Entonces, estos chiquillos se dispersaban en sonoras risas.

Kong Yiji hacía a la gente tan alegre, pero sin él, los demás también pasaban los días como de costumbre.

Un día, cuando era aproximadamente dos o tres días antes de la Fiesta del Medio Otoño[9], el tabernero al resumir sus cuentas calmadamente, descolgó la tabla de notas y súbitamente dijo: “Kong Yiji no ha venido desde hace mucho. ¡Todavía nos debe diecinueve monedas!” Hasta ese momento acabé de darme cuenta de que de veras él no había venido desde hacía mucho tiempo. Un cliente bebedor dijo: “¿Cómo puede venir? Sus piernas han sido fracturadas

---

⑨ “Fiesta del Medio Otoño”: Es la fiesta tradicional de los chinos que recae en el 15 de agosto del año lunar. También se llama la Fiesta de la Luna porque aquella noche la luna siempre se presenta más redonda y grande, que significa la feliz reunión de los familiares.

por la paliza". "¡Eh!" Se sorprendió el patrón. "Él volvió a robar como de siempre. Pero esta vez, se debió a su cabeza mareada, incluso robó a la casa del Erudito-recomendado[10] señor Ding. Cosas de la casa suya, ¿también podrán robarse?" "¿Qué pasó después?" "¿Qué pasó? Primero escribió la nota de confesión, luego empezaron a golpearlo, siguieron golpeándolo hasta media noche, y hasta fracturadas sus piernas". "¿Y qué pasó después de fracturadas?" "¿Qué más pasó?... ¿Quién lo sabe? Tal vez ya estuviera muerto". El patrón no preguntó más, siguió resumiendo sus cuentas con lentitud.

Después de la Fiesta del Medio Otoño, el viento otoñal se volvía cada día más frío y se notaba que se acercaba al inicio del invierno; aunque me encontraba todo el día cerca del fuego, también debía ponerme la chaqueta guateada de algodón. En la segunda mitad de un día, no había ningún cliente y yo estaba sentado con los ojos cerrados. De repente oí una voz: "Calienta un tazón de vino". Aunque la voz fue muy queda, me pareció bastante familiar. Al abrir mis ojos, no vi a nadie, y cuando me puse de pie para mirar hacia fuera, Kong Yiji quedaba sentado al pie del mostrador frente al umbral. Su rostro se encontraba oscuro y flaco, que había perdido la apariencia normal; vestía de una chaqueta forrada gastada, sentado sobre las piernas cruzadas, por debajo de las que tenía un cojín de hierba totora atada al hombro por una cuerda de hierba. Al verme, dijo: "Calienta un tazón de vino". El tabernero también asomó su cabeza y le dijo: "¿Ese es Kong Yiji? ¡Todavía me debes diecinueve monedas!" Él levantó la cabeza a contestar, muy abatido: "Esto... déjeme liquidarlo la próxima

---

⑩ "Erudito-recomendado": Es la calificación obtenida después de la aprobación del examen imperial a nivel provincial. Los candidatos que participan en esta prueba deben ser preliminarmente Letrado-talentoso. La obtención de este título significa que ya está en el umbral de la carrera de funcionario. Si no es un oficial de alto nivel, por lo menos tendrá la oportunidad de ser un funcionario escolar o un magistrado del distrito. A un Erudito-recomendado la gente común solía llamarle "señor" o "gran señor".

vez. Pero esta vez tengo efectivo, para el vino bueno". El patrón siguió lo mismo como de siempre, riéndose, y le dijo: "Kong Yiji, ¡has robado otra vez!" Sin embargo, esta vez él no insistió en justificarse y solo dijo: "¡No diga bromas!" "¿Bromas? Si no hubieras robado, ¿por qué te han roto las piernas?" Kong Yiji respondió en voz bajita: "Fue por una caída, la caída, caí..." Dirigió la mirada al tabernero como rogarle que no lo volviera a mencionar. En ese momento se habían reunido varias personas, quienes se reían juntos con el tabernero. Yo calenté el vino, se lo llevé fuera y lo puse en el umbral. Él sacó cuadro monedas grandes de su bolsillo de la ropa gastada y las puso en mi mano, cuando encontré que sus manos estaban pegadas de mucho lodo. Resultó que él había venido arrastrándose con el soporte de las dos manos. No tardó mucho, terminó de beber el vino, usó las dos manos para irse, sentado, lentamente en medio de las bromas y risas de los demás.

Desde aquella vez, hacía otro tanto tiempo sin ver a Kong Yiji. Al llegar a la víspera del Año Nuevo, el patrón descolgó la tabla de notas y dijo: "¡Kong Yiji todavía nos debe diecinueve monedas!" Al llegar a la Fiesta del Quinto de Mayo[11] del siguiente año lunar, volvió a decir: "¡Kong Yiji todavía nos debe diecinueve monedas!" Pero no lo mencionó al acercarse a la Fiesta del Medio Otoño, y no lo habíamos visto al llegar otro fin de año.

Por fin, hasta ahora no lo he visto: tal vez haya muerto de verdad.

Marzo de 1919

---

⑪ "Fiesta del Quinto de Mayo": Es una fiesta nacional del pueblo chino para conmemorar al gran poeta patriota chino Qu Yuan (340 a. C.–278 a. C.), quien se lanzó al río Miluo el 5 de mayo del año lunar por no poder realizar su gran voluntad patriótica. Esta fecha se ha convertido en un festival tradicional conmemorativo entre los chinos. Las costumbres incluyen comer tamales con arroz glutinoso y competir con los barcos adornados con dragón, por lo cual a veces también se llama Festival del Bote de Dragón.

# 药[1]

## 一

秋天的后半夜，月亮下去了，太阳还没有出，只剩下一片乌蓝的天；除了夜游的东西，什么都睡着。华老栓忽然坐起身，擦着火柴，点上遍身油腻的灯盏，茶馆的两间屋子里，便弥满了青白的光。

“小栓的爹，你就去么?”是一个老女人的声音。里边的小屋子里，也发出一阵咳嗽。

“唔。”老栓一面听，一面应，一面扣上衣服；伸手过去说，“你给我罢。”

华大妈在枕头底下掏了半天，掏出一包洋钱[2]，交给老栓，老栓接了，抖抖的装入衣袋，又在外面按了两下；便点上灯笼，吹熄灯盏，走向里屋子去了。那屋子里面，正在悉悉窣窣的响，接着便是一通咳嗽。老栓候他平静下去，才低低的叫道，“小栓……你不要起来。……店么? 你娘会安排的。”

老栓听得儿子不再说话，料他安心睡了；便出了门，走到街上。街上黑沉沉的一无所有，只有一条灰白的路，看得分明。灯光照着他的两脚，一前一后的走。有时也遇到几只狗，可是一只也没有叫。天气比屋子里冷多了；老栓倒觉爽快，仿佛一旦变了少年，得了神通，有给人生命的本领似的，跨步格外高远。而且路也愈走愈分明，天也愈走愈亮了。

老栓正在专心走路，忽然吃了一惊，远远里看见一条丁字街，明明白白横着。他便退了几步，寻到一家关着门的铺子，蹩进檐下，靠门立住了。好一会，身上觉得有些发冷。

“哼，老头子。”

“倒高兴……。”

老栓又吃一惊，睁眼看时，几个人从他面前过去了。一个还回头看他，样子不甚分明，但很像久饿的人见了食物一般，眼里闪出一种攫取的光。老栓看看灯笼，已经熄了。按一按衣袋，硬硬的还在。仰起头两面一望，只见许多古怪的人，三三两两，鬼似的在那里徘徊；定睛再看，却也看不出什么别的奇怪。

没有多久，又见几个兵，在那边走动；衣服前后的一个大白圆圈[3]，远地里也看得清楚，走过面前的，并且看出号衣上暗红的镶边。——一阵脚步声响，一眨眼，已经拥过了一大簇人。那三三两两的人，也忽然合作一堆，潮一般向前进；将到丁字街口，便突然立住，簇成一个半圆。

老栓也向那边看，却只见一堆人的后背；颈项都伸得很长，仿佛许多鸭，被无形的手捏住了的，向上提着。静了一会，似乎有点声音，便又动摇起来，轰的一声，都向后退；一直散到老栓立着的地方，几乎将他挤倒了。

"喂！一手交钱，一手交货！"一个浑身黑色的人，站在老栓面前，眼光正像两把刀，刺得老栓缩小了一半。那人一只大手，向他摊着；一只手却撮着一个鲜红的馒头[4]，那红的还是一点一点的往下滴。

老栓慌忙摸出洋钱，抖抖的想交给他，却又不敢去接他的东西。那人便焦急起来，嚷道，"怕什么？怎的不拿！"老栓还踌躇着；黑的人便抢过灯笼，一把扯下纸罩，裹了馒头，塞与老栓；一手抓过洋钱，捏一捏，转身去了。嘴里哼着说，"这老东西……。"

"这给谁治病的呀？"老栓也似乎听得有人问他，但他并不答应；他的精神，现在只在一个包上，仿佛抱着一个十世单传的婴儿，别的事情，都已置之度外了。他现在要将这包里的新的生命，移植到他家里，收获许多幸福。太阳也出来了；在他面前，显出一条大道，直到他家中，后面也照见丁字街头破匾上"古□亭口"[5]这四个黯淡的金字。

## 二

老栓走到家，店面早经收拾干净，一排一排的茶桌，滑溜溜的发光。但是没有客人；只有小栓坐在里排的桌前吃饭，大粒的汗，从额上滚下，夹袄也帖住了脊心，两块肩胛骨高高凸出，印成一个阳文[6]的"八"字。老栓见这样子，不免皱一皱展开的眉心。他的女人，从灶下急急走出，睁着眼睛，嘴唇有些发抖。

“得了么?”

“得了。”

两个人一齐走进灶下，商量了一会；华大妈便出去了，不多时，拿着一片老荷叶回来，摊在桌上。老栓也打开灯笼罩，用荷叶重新包了那红的馒头。小栓也吃完饭，他的母亲慌忙说：——

“小栓——你坐着，不要到这里来。”

一面整顿了灶火，老栓便把一个碧绿的包，一个红红白白的破灯笼，一同塞在灶里；一阵红黑的火焰过去时，店屋里散满了一种奇怪的香味。

“好香！你们吃什么点心呀?”这是驼背五少爷到了。这人每天总在茶馆里过日，来得最早，去得最迟，此时恰恰蹩到临街的壁角的桌边，便坐下问话，然而没有人答应他。“炒米粥么?”仍然没有人应。老栓匆匆走出，给他泡上茶。

“小栓进来罢!”华大妈叫小栓进了里面的屋子，中间放好一条凳，小栓坐了。他的母亲端过一碟乌黑的圆东西，轻轻说：——

“吃下去罢，——病便好了。”

小栓撮起这黑东西，看了一会，似乎拿着自己的性命一般，心里说不出的奇怪。十分小心的拗开了，焦皮里面窜出一道白气，白气散了，是两半个白面的馒头。——不多工夫，已经全在肚里了，却全忘了什么味；面前只剩下一张空盘。他的旁边，一面立着他的父亲，一面立着他的母亲，两人的眼光，都仿佛要在他身上注进什么又要取出什么似的；便禁不住心跳起来，按着胸膛，又是一阵咳嗽。

“睡一会罢，——便好了。”

小栓依他母亲的话，咳着睡了。华大妈候他喘气平静，才轻轻的给他盖上了满幅补钉的夹被。

## 三

店里坐着许多人，老栓也忙了，提着大铜壶，一趟一趟的给客人冲茶；两个眼眶，都围着一圈黑线[7]。

“老栓，你有些不舒服么?——你生病么?”一个花白胡子的人说。

“没有。”

“没有？——我想笑嘻嘻的，原也不像……”花白胡子便取消了自己的话。

“老栓只是忙。要是他的儿子……”驼背五少爷话还未完，突然闯进了一个满脸横肉的人，披一件玄色布衫，散着纽扣，用很宽的玄色腰带，胡乱捆在腰间。刚进门，便对老栓嚷道：——

“吃了么？好了么？老栓，就是运气了你！你运气，要不是我信息灵……。”

老栓一手提了茶壶，一手恭恭敬敬的垂着；笑嘻嘻的听。满座的人，也都恭恭敬敬的听。华大妈也黑着眼眶，笑嘻嘻的送出茶碗茶叶来，加上一个橄榄，老栓便去冲了水。

“这是包好！这是与众不同的。你想，趁热的拿来，趁热的吃下。”横肉的人只是嚷。

“真的呢，要没有康大叔照顾，怎么会这样……”华大妈也很感激的谢他。

“包好，包好！这样的趁热吃下。这样的人血馒头，什么痨病都包好！”

华大妈听到“痨病”这两个字，变了一点脸色，似乎有些不高兴；但又立刻堆上笑，搭赸着走开了。这康大叔却没有觉察，仍然提高了喉咙只是嚷，嚷得里面睡着的小栓也合伙咳嗽起来。

“原来你家小栓碰到了这样的好运气了。这病自然一定全好；怪不得老栓整天的笑着呢。”花白胡子一面说，一面走到康大叔面前，低声下气的问道，“康大叔——听说今天结果的一个犯人，便是夏家的孩子，那是谁的孩子？究竟是什么事？”

“谁的？不就是夏四奶奶的儿子么？那个小家伙！”康大叔见众人都耸起耳朵听他，便格外高兴，横肉块块饱绽，越发大声说，“这小东西不要命，不要就是了。我可是这一回一点没有得到好处；连剥下来的衣服，都给管牢的红眼睛阿义拿去了。——第一要算我们栓叔运气；第二是夏三爷赏了二十五两[8]雪白的银子，独自落腰包，一文不花。”

小栓慢慢的从小屋子里走出，两手按了胸口，不住的咳嗽；走到灶下，盛出一碗冷饭，泡上热水，坐下便吃。华大妈跟着他走，轻轻的问道，“小栓，你好些么？——你仍旧只是肚饿？……”

“包好，包好！”康大叔瞥了小栓一眼，仍然回过脸，对众人说，“夏三爷真是乖角儿，要是他不先告官，连他满门抄斩[9]。现在怎样？银子！——这小东西也真不成东西！关在牢里，还要劝牢头造反。”

“阿呀，那还了得。”坐在后排的一个二十多岁的人，很现出气愤模样。

“你要晓得红眼睛阿义是去盘盘底细的，他却和他攀谈了。他说：这大清的天下是我们大家的。你想：这是人话么？红眼睛原知道他家里只有一个老娘，可是没有料到他竟会这么穷，榨不出一点油水，已经气破肚皮了。他还要老虎头上搔痒，便给他两个嘴巴！”

“义哥是一手好拳棒，这两下，一定够他受用了。”壁角的驼背忽然高兴起来。

“他这贱骨头打不怕，还要说可怜可怜哩。”

花白胡子的人说，“打了这种东西，有什么可怜呢？”

康大叔显出看他不上的样子，冷笑着说，“你没有听清我的话；看他神气，是说阿义可怜哩！”

听着的人的眼光，忽然有些板滞；话也停顿了。小栓已经吃完饭，吃得满头流汗，头上都冒出蒸气来。

“阿义可怜——疯话，简直是发了疯了。”花白胡子恍然大悟似的说。

“发了疯了。”二十多岁的人也恍然大悟的说。

店里的坐客，便又现出活气，谈笑起来。小栓也趁着热闹，拚命咳嗽；康大叔走上前，拍他肩膀说：

“包好！小栓——你不要这么咳。包好！”

“疯了。”驼背五少爷点着头说。

## 四

西关外靠着城根的地面，本是一块官地；中间歪歪斜斜一条细路，是贪走便道的人，用鞋底造成的，但却成了自然的界限。路的左边，都埋着死刑和瘐毙的人，右边是穷人的丛冢。两面都已埋到层层叠叠，宛然阔人家里祝寿时的馒头。

这一年的清明[10]，分外寒冷；杨柳才吐出半粒米大的新芽。天明未久，华大妈已在右边的一坐新坟前面，排出四碟菜，一碗饭，哭了一场。化过纸[11]，呆呆的坐在地上；仿佛等候什么似的，但自己也说不出等候什么。微风起来，吹动他短发，确乎比去年白得多了。

小路上又来了一个女人，也是半白头发，褴褛的衣裙；提一个破旧的朱漆圆篮，外挂一串纸锭[12]，三步一歇的走。忽然见华大妈坐在地上看她，便有些踌躇，惨白的脸上，现出些羞愧的颜色；但终于硬着头皮，走到左边的一坐坟前，放下了篮子。

那坟与小栓的坟，一字儿排着，中间只隔一条小路。华大妈看他排好四碟菜，一碗饭，立着哭了一通，化过纸锭；心里暗暗地想，“这坟里的也是儿子了。”那老女人徘徊观望了一回，忽然手脚有些发抖，跄跄踉踉退下几步，瞪着眼只是发怔。

华大妈见这样子，生怕她伤心到快要发狂了；便忍不住立起身，跨过小路，低声对他说，“你这位老奶奶不要伤心了，——我们还是回去罢。”

那人点一点头，眼睛仍然向上瞪着；也低声痴痴的说道，“你看，——看这是什么呢？”

华大妈跟了他指头看去，眼光便到了前面的坟，这坟上草根还没有全合，露出一块一块的黄土，煞是难看。再往上仔细看时，却不觉也吃一惊；——分明有一圈红白的花，围着那尖圆的坟顶。

他们的眼睛都已老花多年了，但望这红白的花，却还能明白看见。花也不很多，圆圆的排成一个圈，不很精神，倒也整齐。华大妈忙看他儿子和别人的坟，却只有不怕冷的几点青白小花，零星开着；便觉得心里忽然感到一种不足和空虚，不愿意根究。那老女人又走近几步，细看了一遍，自言自语的说，“这没有根，不像自己开的。——这地方有谁来呢？孩子不会来玩；——亲戚本家早不来了。——这是怎么一回事呢？”他想了又想，忽又流下泪来，大声说道：

“瑜儿，他们都冤枉了你，你还是忘不了，伤心不过，今天特意显点灵，要我知道么？”他四面一看，只见一只乌鸦，站在一株没有叶的树上，便接着说，“我知道了。——瑜儿，可怜他们坑了你，他们将来总有报应，天都知道；你闭了眼睛就是了。——你如果真在这里，听到我的话，——便教这乌鸦飞上你的坟顶，给我看罢。”

微风早经停息了；枯草支支直立，有如铜丝。一丝发抖的声音，在空气中愈颤愈细，细到没有，周围便都是死一般静。两人站在枯草丛里，仰面看那乌鸦；那乌鸦也在笔直的树枝间，缩着头，铁铸一般站着。

许多的工夫过去了；上坟的人渐渐增多，几个老的小的，在土坟间出没。

华大妈不知怎的，似乎卸下了一挑重担，便想到要走；一面劝着说，“我们还是回去罢。”

那老女人叹一口气，无精打采的收起饭菜；又迟疑了一刻，终于慢慢地走了。嘴里自言自语的说，“这是怎么一回事呢？……”

他们走不上二三十步远，忽听得背后“哑——”的一声大叫；两个人都竦然的回过头，只见那乌鸦张开两翅，一挫身，直向着远处的天空，箭也似的飞去了。

（一九一九年四月。）

# 注 释

[ 1 ]《药》，鲁迅先生写于1919年4月25日，脱稿于五四运动时期，发表于1919年5月《新青年》第六卷第五号，后来被收入选鲁迅小说集《呐喊》，是鲁迅早期最重要的作品之一。

[ 2 ]“洋钱”：清代对外国流入的银铸币的称谓，亦称银洋、银元。外国银币流入中国，始于明朝万历年间（1573—1619）。欧洲是最早铸造银币的地区，但大量铸造则是在16世纪西班牙殖民主义者占领墨西哥之后。西方殖民主义侵入东方，用银币来换购中国的

丝、茶和其他土产。在多达数十种流入中国的外国银币中，西班牙本洋和墨西哥鹰洋以数量大、流通广而著名，并一度成为中国市场上重要的流通货币。

[ 3 ]“衣服前后的一个大白圆圈”：清代士兵穿的号衣（制服），前后都缀着一块圆形的白布，上面有个“兵”字或“勇”字。

[ 4 ]“鲜红的馒头”：指蘸有人血的馒头。旧时民间迷信，认为人血可以医治肺结核病，处决犯人时，有人向刽子手买蘸过人血的馒头治病。

[ 5 ]“古□亭口”：可念作“古某亭口”。□，是文章里表示缺文的记号，作者是有意这样写的。浙江省绍兴县城内的轩亭口有一牌楼，匾上题有“古轩亭口”四个字。清末资产阶级民主主义革命家秋瑾于1907年在这里就义。本篇里夏瑜这个人物，一般认为是作者以秋瑾和其他一些资产阶级民主主义革命家的若干经历为素材而创造出来的。

[ 6 ]“阳文”：刻在器物上的文字，笔画凸起的叫阳文，笔画凹下的叫阴文。

[ 7 ]“两个眼眶，都围着一圈黑线”：这里指为了小栓的病加上劳累，身体消耗很大，快病倒了。

[ 8 ]“两”：中国市制重量单位。一两相当十分之一斤，即50公克。但在古代，一两相当于十六分之一斤，合31.25公克。

[ 9 ]“满门抄斩”：古代一种酷刑，指因一人涉罪而抄没财产，杀戮全家。

[10]“清明”：既是节气又是节日，时间约在每年的冬至后第105天，也就是阳历4月5日前后。中国人在清明节有扫墓祭祖的习俗。

[11]“化过纸”：烧过纸钱。旧时有迷信观念的人认为烧过的纸钱，死者可以在阴间使用。

[12]“纸锭”：用纸或锡箔折成的“元宝”，纸钱的一种。

# Medicamento[①]

## I

En la segunda mitad de la noche del otoño, la luna se había puesto, el sol aún no había salido, y solo se quedaba un cielo azul oscuro; todo se quedó dormido menos las cosas noctámbulas. Hua lao Shuan (o sea, el viejo Shuan, de apellido Hua), de repente se incorporó, encendió el fósforo, y prendió la lámpara que estaba grasienta por todo el cuerpo, entonces las dos habitaciones de la casa de té se llenaron de la luz blanca azulada.

"Papá de pequeño Shuan, ¿te vas a ir?" Era la voz de una mujer de edad. También hubo tos en el cuartito del interior.

"Hm," el viejo Shuan escuchó y respondió, mientras se abrochaba la ropa; extendió la mano diciendo. "Dámelo".

La tía Hua buscó a tientas un rato bajo la almohada y sacó un fajo de monedas de plata extranjeras[②] y se lo entregó al viejo Shuan, quien lo tomó y lo metió temblorosamente en su bolsillo, además, lo presionó dos veces por fuera; encendió la linterna, apagó la lámpara

---

① La novela "Medicamento" fue escrita por el Sr. Lu Xun el 25 de abril de 1919. Se terminó el manuscrito durante el período del Movimiento del 4 de mayo y fue publicado en mayo de 1919, en el número 5 del volumen VI de la *Nueva Juventud*. Más tarde fue incluida en la colección de novelas de Lu Xun *Gritos a la batalla*. Es una de las primeras obras más importantes de Lu Xun.

② "Monedas de plata extranjeras": Un término de la dinastía Qing para las monedas de plata acuñadas en países extranjeros. También se llama dólar de plata. La afluencia de monedas de plata extranjeras en China comenzó eutre 1573 y 1619. Europa fue la primera región en acuñar monedas de plata, pero la fabricación en grandes cantidades fue después de que los colonos españoles ocuparan México en el siglo XVI. El colonialismo occidental invadió el Oriente y cambió las monedas de plata por seda china, té y otros productos nativos. Entre las docenas de monedas de plata extranjeras que fluyeron a China, el dólar español (real de a ocho) y el águila mexicana (dólar de plata) son famosos por su gran cantidad y amplia circulación, y fueron una vez importantes monedas en circulación en el mercado chino.

de aceite de un soplo y fue al cuartito adentro, dentro del cual se escucharon unos susurros, seguidos de un ratito de tos. El viejo Shuan esperó a que se calmara antes de llamarle en voz baja: “Hijito Shuan... no te levantes... ¿La tienda? Tu madre la cuidará”.

El viejo Shuan al escuchar a su hijo dejar de hablar, suponiendo que se durmió en paz; salió de la casa y caminó en la calle. La calle estaba oscura, no había nada sino un pálido camino gris, que se veía claramente. La luz iluminaba sus pies, que se movía adelante uno detrás del otro. A veces se encontró con algunos perros, pero ninguno ladró. Hacía mucho más frío que en la habitación, pero el viejo Shuan se sintió fresco y renovado, como si por el momento se hubiera convertido en un adolescente y adquirido poder mágico, y tuviera la capacidad de dar vida, dando pasos excepcionalmente altos y largos. Además, el camino se volvía cada vez más distinguido y el cielo se tornaba cada vez más luminoso.

El viejo Shuan estaba concentrado en seguir su camino, cuando de repente se sorprendió al ver una calle acostada transversalmente de manera inequívoca a lo lejos, que hiciera las calles en forma T. Entonces, se retiró unos pasos, encontrando una tienda cerrada. Se esquivó bajo el alero y se apoyó a la puerta. Después de un buen rato sintió algo de frío.

“Uf, un viejo”.

“Pero también interesado...”

El viejo Shuan se sorprendió otra vez, y cuando abrió los ojos, varios hombres pasaron por delante de él. Uno de ellos lo volvió a mirar. Su aspecto no estaba muy claro, pero muy parecido a un hambriento que hubiera visto comida después de mucho tiempo, irradiaba una especie de luz agarradora desde sus ojos. El viejo Shuan miró la linterna, ya se había apagado. Presionó el bolsillo, que seguía con las duras ahí todavía. Al levantar la cabeza para mirar a ambos lados, vio a muchos hombres extravagantes, en parejas o en tres, deambulando allí errantes como fantasmales, pero al mirarlos muy fijo, no pudo encontrar nada extraño.

No pasó mucho tiempo antes de que se vieran otros pocos soldados más, caminando por ese camino. Era visible incluso desde la distancia un gran círculo blanco en la parte delantera y trasera de sus ropas③, visible incluso desde la distancia. En los que pasaron por frente se podía ver el ribete rojo oscuro en la librea. Un momento ruidoso de pasos y en un abrir y cerrar de ojos, un montón de personas ya habían pasado, esos grupos en dos o en tres repentinamente concurrieron en pilas avanzando como marea. Cuando se acercaron a la calle en forma de T, de súbito se detuvieron de pie y formaron un semicírculo.

El viejo Shuan también miró hacia allí, solo podía ver las espaldas de un grupo de personas. Sus cuellos estaban estirados en largo como si fueran muchos patos, sostenidos por manos invisibles y tirados hacia arriba. Después de un momento en silencio, pareció escucharse un sonido, y volvió la conmoción, y de un estruendo explosivo, todos retrocedieron dispersándose hasta la parte donde estaba el viejo Shuan, incluso casi lo tumbó de apretones.

"¡Oye! ¡Entrega contra el pago!" Un hombre en todo negro, se paró frente al viejo Shuan. Las miradas eran como dos cuchillos, deslumbrando tanto que el viejo Shuan se redujera a la mitad. Una mano grande de ese hombre se estiró hacia él, la otra sostuvo un panecillo de rojo vivo④, y el rojo todavía goteaba poco a poco.

El viejo Shuan se precipitó a palpar y sacar las monedas

---

③ "Un gran círculo blanco en la parte delantera y trasera de sus ropas": La librea (uniforme) que usaron los soldados de la dinastía Qing, con un paño blanco redondo cosido en la parte delantera y trasera, en el que se escribía la palabra "Bing" (Soldado) o "Yong" (Milico).

④ "Un panecillo de rojo vivo": Se refiere al bollo al vapor mojado en sangre humana. Antiguamente, la gente creía que la sangre humana podía curar la tuberculosis, y en el momento de las ejecuciones, algunas personas les compraban bollos al vapor sumergidos en sangre humana a los verdugos para curar la enfermedad.

extranjeras, e iba a dárselas con temblor, pero no se atrevió a coger lo que le entregó. Ese hombre se puso ansioso y gritó: "¿De qué tienes miedo? ¿Por qué no lo tomas?" El viejo Shuan todavía vacilaba; el hombre en negro agarró la linterna, de un golpe desgarró la cubierta de papel, con la que envolvió el panecillo y se lo impuso al viejo Shuan; mientras tanto atrapó las monedas extranjeras con una mano, las pellizcó y se dio la vuelta a apartarse, tarareando: "Este viejo chocho..."

"¿A quién sirve esto a curar?" El viejo Shuan también pareció oír que alguien le preguntaba, pero no estuvo dispuesto a responder. Ahora su espíritu solo se fijó en un paquete como si sostuviera a un bebé de transmisión única desde diez generaciones. Todo el resto ya no entraría en consideración. Ahora él iba a trasplantar la nueva vida en este paquete a su casa y cosechar mucha felicidad. El sol salió también. Frente a él, apareció un ancho camino que se comunicaría a su casa, y por detrás, también se veían las cuatro palabras de oro desvanecidas de "Gu □ Ting Kou"⑤ en la placa rota al punto final de la calle en forma T.

## II

Cuando el viejo Shuan volvió a casa, la tienda ya se había arreglado muy limpia, las filas y filas de mesas de té brillaban con resplandor. Pero no había clientes. Solo el pequeño Shuan estaba sentado en una mesa en la última fila, comiendo. Sudó profusamente, grandotas gotas cayendo de la frente, hasta la chaqueta también estuvo

---

⑤ "Gu □ Ting Kou": "□" es una señal que indica la falta de texto. El autor escribió intencionalmente de esta manera como la elusión del nombre real de este lugar. En el distrito de Shaoxing, provincia de Zhejiang había un arco en Xuan Ting Kou, que tenía una placa con cuatro caracteres chinos de "Gu Xuan Ting Kou" (Antigua Xuan Ting Kou). Ahora el autor omite el segundo carácter y usa una señal □ para eludir el reconocimiento desfavorable. Qiu Jin, destacada revolucionaria democrática burguesa al final de la dinastía Qing, fue ejecutada aquí en 1907. En general, se cree que el personaje Xia Yu en esta novela fue creado por el autor basándose en las experiencias de Qiu Jin y algunos otros revolucionarios democráticos burgueses.

pegada a la columna vertebral, mientras los dos omóplatos sobresalían en alto como si fuera el carácter chino "八" (ocho) impreso en relieve⑥. Al ver esto, el viejo Shuan no pudo evitar arrugar su entrecejo que se había desplegado. Su mujer salió apresuradamente desde el lado de la estufa, con los ojos ensanchados y los labios temblados:

"¿Lo has conseguido?"

"Hecho".

Los dos se acercaron a la cocina y se consultaron durante un rato; entonces la tía Hua salió y poco después, regresó con una vieja hoja de loto, la extendió sobre la mesa. El viejo Shuan por su parte abrió el paquete envuelto con la cubierta de la linterna y envolvió el panecillo rojo de nuevo con la hoja de loto. El pequeño Shuan también terminó su comida. Su madre dijo apresuradamente:

"Hijito Shuan... quédate sentado, no vengas aquí".

Mientras arreglaba la estufa, el viejo Shuan metió un paquete verde esmeralda y una rota linterna roja y blanca juntos en la estufa. Cuando pasó un instante con llamas rojas y negras, la tienda se impregnó de un aroma extraño.

"¡Huele bien! ¿Qué tipo de bocadillos comen?" Ahora llegó el jorobado señorito Quinto, hombre que siempre pasaba el día en la casa de té todos los días, llegaba el primero y se iba el último. En este momento, se esquivó justamente en la esquina frente a la calle, se sentó y preguntó, pero nadie le respondió. "¿Gachas de arroz frito?" Todavía no respondió nadie. El viejo Shuan se apresuró a salir y le hizo el té.

"¡Que entre chico Shuan!" La tía Hua le llamó al pequeño Shuan que entrara al cuarto de adentro, puso un taburete en el medio, y el pequeño Shuan se sentó. Su madre sostuvo y colocó un plato de una

---

⑥ "Impreso en relieve": Hay dos formas de escritura grabada en los utensilios, una resulta con trazos en relieve, y otra con trazos cóncavos.

cosa redonda de color negro azabache y le dijo suavemente:

"Cómelo de una vez y te curarás".

El pequeño Shuan cogió la cosa negra y la miró por un momento, como si estuviera sosteniendo su vida. Sintió una extrañeza indecible en su corazón. La partió con fuerza cuidadosamente, del cual fugó un gas blanco de la cáscara abrasada, y cuando disperso, eran dos mitades de un panecillo de harina blanca. Antes de tardar mucho, todo ya había caído en el estómago, sin que se recordara de qué sabor era, y solo se quedó un plato vacío frente a él. En su proximidad estaban su padre a un lado y su madre al otro, ambos lo miraban como si quisieran infundirle algo y sacar algo a la vez. Entonces no pudo evitar palpitar su corazón. Presionando el pecho tosió un momento más de nuevo.

"Duerme un rato y estarás bien".

Siguiendo las palabras de su madre, el pequeño Shuan tosió y durmió. La tía Hua esperó a que él respirara con calma y lo cubrió suavemente con la colcha forrada llena de parches.

## III

En la tienda ya estaban sentados muchos clientes, el viejo Shuan también comenzó a estar ocupado. Llevando la gran tetera de cobre, caminaba de un lado para otro haciendo el té para los clientes; hasta los dos ojos estaban rodeados por un círculo de líneas negras⑦.

"Viejo Shuan, ¿te sientes mal? ¿Estás enfermo?" dijo un hombre de barba gris y blanca.

"No".

"¿No? Te veo sonriente y risueño, y no creo que fuera por eso..." el barbudo canceló sus palabras.

---

⑦ "Los dos ojos estaban rodeados por un círculo de líneas negras": Aquí se refiere al hecho de que su cuerpo estaba agotado por la enfermedad del pequeño Shuan y mucho trabajo, que casi cayó enfermo.

"El viejo Shuan siempre está ocupado. Pero si su hijo..." El jorobado señorito Quinto no había terminado de hablar, cuando súbitamente irrumpió en la tienda un hombre con la cara llena de carne travesera, con camisa de tela negra, botones dispersos y un ancho cinturón negro atado al azar alrededor de la cintura. Tan pronto como entró, le gritó al viejo Shuan:

"¿Se lo comió? ¿Ya está curado? ¡Te ha tocado la suerte a ti, viejo Shuan! Es tu suerte, pero si no fuera por lo rápida que fue mi información..."

El viejo Shuan tenía la tetera en una mano, dejando la otra colgada hacia abajo respetuosamente y le escuchaba sonriendo. Todos los sentados en la sala también le escuchaban con respeto. La tía Hua con los ojos también rodeados de círculos oscuros, salió sonriendo para traerle la taza y el té, más una aceituna, y el viejo Shuan fue a llenar el agua.

"¡Esto está garantizado! Es diferente de todo lo común. Piensas, traerlo mientras caliente y comérselo caliente," el hombre de carne travesera solo estaba gritando.

"Verdad, si no fuera por el amable cuidado del tío Kang, cómo podría ser así..." la tía Hua también le agradeció mucho.

"¡Garantizado, garantizado! Así se lo come cuando caliente. Tal panecillo empapado de sangre humana, ¡garantiza curar cualquier tuberculosis!"

Al escuchar la palabra "tuberculosis", la tía Hua cambió un poco su semblante y parecía un poco descontenta, pero inmediatamente armó la sonrisa, agregó unas palabras para no discontinuar la plática y se alejó. Sin embargo, el tío Kang no lo notó, sino levantó la voz y siguió gritando, hasta el pequeño Shuan que dormía adentro también tosió como resonando.

"Así que el pequeño Shuan suyo ha tenido tan buena suerte.

Desde luego, se curará por completo. No es de extrañar que el viejo Shuan sonría todo el día". Diciendo esto, el de barba gris y blanca se acercó al tío Kang y le preguntó en voz humilde y sumiso: "Tío Kang... he oído que uno de los prisioneros que se acabaron hoy era hijo de la familia Xia. ¿De quién es el hijo? ¿Qué ocurrió exactamente?"

"¿De quién? ¿No es el hijo de la abuela de Xia el Cuarto? ¡Ese pequeño sujeto!" El tío Kang al ver que todos levantaban las orejas para escucharlo, se sintió extremadamente feliz, con la carne travesera ya hinchada, y dijo en voz más alta: "Ese pequeño sujeto no temía a la muerte. Ya no la quiso y nada más. Pero esta vez yo no obtuve ningún beneficio; incluso la ropa que se le despojó, se la llevó el carcelero Ah Yi de los ojos rojos. Ahora uno de los beneficios debió ser la suerte de nuestro tío Shuan; el otro le tocó al gran señor Xia el Tercero, quien fue premiado veinticinco taeles⑧ de plata tan blanca como nieve, pero lo metió todo en su propio bolsillo, sin gastar ni un centavo".

El pequeño Shuan salió lentamente del cuartito, presionando su pecho con ambas manos y siguió tosiendo sin cesar. Fue a la estufa a coger un tazón de arroz frío. Lo empapó en agua caliente y se sentó a comer. La tía Hua lo siguió y le preguntó suavemente: "Hijito Shuan, ¿te sientes un poco mejor? ¿Todavía siempre tienes hambre?..."

"¡Garantizado, garantizado!" El tío Kang echó una mirada al pequeño Shuan, volvió la cara y dijo a todos: "El señor Xia tercero es realmente un tipo sagaz y listo. Si no lo hubiera denunciado ante las autoridades, le habrían decapitado a todo el clan y confiscado toda la propiedad⑨. ¿Y ahora qué? ¡La Plata! ¡Pero ese pequeño sujeto no

---

⑧ "Tael": Es unidad de peso china. Un tael equivale a un décimo de jin, o sea, 50 gramos. Pero un siglo antes, un tael equivalía a un decimosexto de jin, o sea, 31,25 gramos.

⑨ "Le habrían decapitado a todo el clan y confiscado toda la propiedad": Se trata de la tortura antigua extremadamente cruel e inhumana que abarca el asesinato de toda la familia y la confiscación de todos los bienes por un delito en que una sola persona estuvo involucrada.

fue de veras una cosa normal! Hasta encerrado en la cárcel, todavía persuadió al carcelero a sublevarse".

"Ay, ay, ¡qué absurdo fue eso!" un hombre de unos veinte años sentado en la última fila presentó un aspecto muy enojado.

"Sabes que el Ah Yi de ojos rojos fue a interrogar e indagar el fondo y los detalles, pero él lo convirtió en una charla. Él dijo: este mundo de la gran dinastía Qing nos pertenece a todos. Piensa: ¿son estas todavía las palabras del hombre? El de los ojos rojos sabía que él solo tenía una madre anciana en su familia, pero no suponía que fuera tan pobre que no pudiera exprimirle ni un poquito de ganancia, por lo que ya estaba tan airado que le iba a reventar la barriga, pero ese tipo todavía hizo cosquillas en la cabeza del tigre, ¡entonces le dio dos bofetadas!"

"El hermano Yi practica buenos artes marciales. Estas dos palmadas sirvieron para que sufriera lo suficiente," el jorobado en la esquina de repente se hizo feliz.

"Esta miserable criatura no tenía miedo a los golpes, sino habló de ser lamentable y lamentable".

El hombre de barba gris y blanca dijo: "¿Qué de lamentable hay si el golpeado fue este tipo de animal?"

El tío Kang mostró el desprecio hacia él y dijo con una sonrisa burlona: "No me escuchaste claramente; al mirar su expresión, dijo que Ah Yi era lamentable".

De repente, las miradas de los que estaban escuchando se quedaron un poco rígidas e inexpresivas y sus comentarios también se detuvieron. El pequeño Shuan había terminado de comer, sudaban por toda la cara, hasta le salía vapor de la cabeza.

"Ah Yi es pobre... Palabras locas, simplemente estaba enloquecido," dijo el de barba gris y blanca como si se diera la cuenta repentinamente.

"Enloquecido," el hombre de veinte años también lo dijo como si diera la cuenta de repente.

Los clientes sentados en la tienda volvieron a mostrar su vitalidad, riendo y charlando. El pequeño Shuan también aprovechó la animación para toser esforzadamente. El tío Kang se adelantó hacia él y le dio una palmadita en el hombro diciendo:

"¡Está garantizado! Pequeño Shuan... no tosas así. ¡Te curarás seguro!"

"Enloquecido," el jorobado señorito Quinto asintió y dijo.

## IV

Fuera de la Puerta Oeste, el suelo contra el muro de la ciudad era originalmente tierra del gobierno; en el medio había un delgado camino torcido y ladeado, hecho por las suelas de los zapatos de la gente que ansiaba caminar por el atajo, pero se había convertido en un límite natural. En el lado izquierdo del camino están enterrados los restos por la pena de muerte y los encarcelados muertos por maltrato o enfermedad, y en el derecho están las tumbas de los pobres. Ambos lados ya estaban llenos de tumbas en capas y pilas horizontalmente, como si fueran bollos en la fiesta de cumpleaños en una casa rica.

El Festival Qingming[10] de este año fue extremadamente frío. El sauce acababa de escupir nuevos brotes del tamaño de la mitad de un grano de arroz. No pasó mucho tiempo desde el amanecer, la tía Hua había colocado frente a una tumba nueva en el lado derecho del camino cuatro platos, un tazón de arroz, y había terminado de llorar por un tiempo. Después de quemar el papel de Joss[11], quedó sentada y

---

⑩ "El Festival Qingming": Qingming es tanto un término solar como un festival. El día es alrededor del día 105 del solsticio de invierno cada año, que es alrededor del 5 de abril del calendario solar. Después del desarrollo y la evolución históricos, ha formado la costumbre de barrer tumbas y presentar ofrendas a los antepasados y los muertos en el Festival Qingming. En este artículo, la tía Hua y la madre de Xia Yu barrieron la tumba de su hijo este día.

⑪ "Quemar el papel de Joss": En los viejos tiempos, las personas con ideas supersticiosas creían que el papel moneda quemado podría ser utilizado por los muertos en el inframundo. La gente podía suministrarlo a sus adorados y conmemorados a través de quemarlo.

atontada en el suelo, como si esperara cierta cosa, pero no podía decir a qué esperar. Se levantó la brisa, soplando su cabello corto, que de hecho era mucho más blanco que el año pasado.

Estaba viniendo otra mujer en el camino, también con cabello medio blanco y vestido harapiento, que llevaba una redonda cesta lacada bermellón muy gastada, colgando una cadena de lingotes de papel dorado[12], y caminaba cada tres pasos por un reposo. De repente, descubrió a la tía Hua sentada en el suelo mirándola. Vaciló un poco y su pálido rostro mostraba el color de cierta vergüenza; pero finalmente, mordiendo la bala, caminó hasta una tumba en el lado izquierdo y dejó la canasta.

Aquella tumba y la del pequeño Shuan estaban alineadas, separadas solo por un pequeño sendero en el medio. La tía Hua la vio poniendo cuatro platos y un plato de arroz en orden, llorando parada por un rato y quemando los lingotes de papel dorado, y pensó en secreto: "En esta tumba también es un hijo". La anciana deambuló y observó durante un tiempo. De repente le temblaron las manos y los pies y se tambaleó hacia atrás unos cuantos pasos, mirando simplemente atónita.

Al ver esto, la Tía Hua temió que ella se volviera casi loca por estar tan triste. Entonces no pudo evitar ponerse de pie, cruzó el camino y le susurró: "Oye, abuelita, no sigas tan triste... Es mejor que volvamos".

Ella asintió con la cabeza, y sus ojos ensanchados todavía estaban mirando hacia arriba y susurró tontamente: "Mira, ¿qué es eso?"

La tía Hua siguió sus dedos mirando y vio la tumba que estaba en frente. Las raíces de la hierba en la tumba no se habían cubierto

---

⑫ "Lingotes de papel dorado": Por apariencia se parecían mucho a los reales lingotes de oro, sirviendo como el papel de Joss de más valor para usar en el mundo infernal.

por completo, revelando pedazos de loess. Era un aspecto muy feo. Cuando miró más arriba minuciosamente, tampoco pudo evitar sorprenderse: había un círculo de flores rojas y blancas evidentemente alrededor de la parte superior de la redonda tumba puntiaguda.

Ellas habían padecido presbicia en la vista durante muchos años, pero estas flores rojas y blancas las todavía podían ver claramente. No eran muchas. Estaban alineadas en un círculo, no muy espiritosas, pero sí ordenadas. La tía Hua giró de prisa a mirar la tumba de su hijo y las de otros, pero solo había unas pocas flores verdes y blancas resistentes al frío, floreciendo esporádicas; sintió en su corazón una deficiencia y vacío, y no quiso pensarlo en fondo. La anciana dio unos pasos más cerca, miró por los detalles y se dijo a sí misma: “Estas no tienen raíces y no son como si hayan florecido por sí mismas. ¿Quiénes podrán venir aquí? Los niños no vendrán a jugar; los parientes del clan dejan de venir desde hace mucho tiempo. ¿Qué ocurrió con esto?” Pensó y volvió a pensar, y de repente derramó lágrimas de nuevo, pronunciando en voz alta:

“Yu’er, todos ellos te han echado injustamente la culpa, todavía no puedes olvidarlo, y estás entristecido extremadamente, ¿hoy quieres mostrar especialmente alguna magia de espíritu, para que yo la sepa?” Entonces ella miró a su alrededor y solo vio un cuervo, parado en un árbol sin hojas. Luego continuó: “Ya lo sé. Yu’er, es lamentable que ellos te hayan lastimado. Tendrán sin falta una pena merecida en el futuro, y el Cielo ya está enterado; solo cierra tus ojos y descansarás bien. Si realmente estás aquí y escuchas mis palabras, enseña a este cuervo a volar a la cima de tu tumba y muéstramelo”.

La brisa se había detenido más temprano. Las ramificadas hierbas marchitas estaban erguidas en vertical como alambres de cobre. Un mínimo rastro de sonido temblaba cada vez más fino en el aire, tan fino hasta desaparecía, y todo el alrededor se quedaba en un silencio muerto. Las dos se pararon en medio de la hierba seca y miraron a ese cuervo. El cuervo también estaba inmóvil entre las ramas rectas, con la cabeza encogida parado como un molde fundido en hierro.

Había pasado mucho tiempo, las personas que visitaban las tumbas eran cada vez más, y varios viejos y jóvenes aparecían y desaparecían entre las tumbas construidas de tierra.

De algún modo, la tía Hua pareció estar aliviada de la carga y pensó en irse, mientras persuadiéndole: "Será mejor que volvamos".

La anciana dejó soltar un suspiro y recogió los platos apática y desanimada. Vaciló un rato más y por fin se alejó lentamente. Y se dijo a sí misma: "¿Qué es lo que pasa?"

No habían caminado veinte o treinta pasos, cuando de repente oyeron un grito "kaa..." detrás de ellas. Ambas se volvieron asombradas y solo vieron que el cuervo, con las alas extendidas, de una contracción del cuerpo, se lanzó como una flecha volando directamente hacia el cielo distante.

25 de abril de 1919

# 一件小事[1]

我从乡下跑到京城里，一转眼已经六年了。其间耳闻目睹的所谓国家大事，算起来也很不少；但在我心里，都不留什么痕迹，倘要我寻出这些事的影响来说，便只是增长了我的坏脾气，——老实说，便是教我一天比一天的看不起人。

但有一件小事，却于我有意义，将我从坏脾气里拖开，使我至今忘记不得。

这是民国六年的冬天，大北风刮得正猛，我因为生计关系，不得不一早在路上走。一路几乎遇不见人，好容易才雇定了一辆人力车，教他拉到S门去。不一会，北风小了，路上浮尘早已刮净，剩下一条洁白的大道来，车夫也跑得更快。刚近S门，忽而车把上带着一个人，慢慢地倒了。

跌倒的是一个女人，花白头发，衣服都很破烂。伊从马路上突然向车前横截过来；车夫已经让开道，但伊的破棉背心没有上扣，微风吹着，向外展开，所以终于兜着车把。幸而车夫早有点停步，否则伊定要栽一个大斤斗，跌到头破血出了。

伊伏在地上；车夫便也立住脚。我料定这老女人并没有伤，又没有别人看见，便很怪他多事，要自己惹出是非，也误了我的路。

我便对他说，“没有什么的。走你的罢！”

车夫毫不理会，——或者并没有听到，——却放下车子，扶那老女人慢慢起来，搀着臂膊立定，问伊说：

“你怎么啦？”

“我摔坏了。”

我想，我眼见你慢慢倒地，怎么会摔坏呢，装腔作势罢了，这真可憎恶。车夫多事，也正是自讨苦吃，现在你自己想法去。

车夫听了这老女人的话，却毫不踌躇，仍然搀着伊的臂膊，便一步一步的向前走。我有些诧异，忙看前面，是一所巡警分驻所，大风之后，外面也不见人。这车夫扶着那老女人，便正是向那大门走去。

我这时突然感到一种异样的感觉，觉得他满身灰尘的后影，刹时高大了，而且愈走愈大，须仰视才见。而且他对于我，渐渐的又几乎变成一种威压，甚而至于要榨出皮袍下面藏着的“小”来。

我的活力这时大约有些凝滞了，坐着没有动，也没有想，直到看见分驻所里走出一个巡警，才下了车。

巡警走近我说，“你自己雇车罢，他不能拉你了。”

我没有思索的从外套袋里抓出一大把铜元，交给巡警，说，“请你给他……”

风全住了，路上还很静。我走着，一面想，几乎怕敢想到自己。以前的事姑且搁起，这一大把铜元又是什么意思？奖他么？我还能裁判车夫么？我不能回答自己。

这事到了现在，还是时时记起。我因此也时时熬了苦痛，努力的要想到我自己。几年来的文治武力，在我早如幼小时候所读过的“子曰诗云”一般，背不上半句了。独有这一件小事，却总是浮在我眼前，有时反更分明，教我惭愧，催我自新，并且增长我的勇气和希望。

（一九二〇年七月。）[2]

# 注释

［1］本篇最初发表于1919年12月1日北京《晨报·周年纪念增刊》。

［2］据报刊发表的年月及《鲁迅日记》，本篇写作时间当在1919年11月。

# Un pequeño incidente[1]

Desde cuando vine del campo a la capital han pasado seis años en un abrir y cerrar de ojos, durante los cuales no son pocos, si se suman, los llamados eventos estatales que he visto y he oído, pero ninguno de ellos ha dejado huellas en mi corazón. Si me piden rebuscar su influencia, solo podrá agravar mi mal genio y me hará, hablando honestamente, cada día más despreciativo a la gente.

Sin embargo, un pequeño incidente es significativo para mí, que puede arrastrarme del mal genio, y no lo he podido olvidar hasta hoy.

Era en el invierno de 1917, soplaba el fuerte viento del norte muy violento, pero debido a ganarme la vida, tenía que salir a la calle muy temprano. No pude encontrarme apenas con nadie todo el camino y me costó mucho para contratar un richshaw que me llevara al Portal S. Un rato después, el viento atenuó un poco y el polvo suelto había sido soplado completamente dejando un camino vacío y limpio, mientras el conductor aceleró sus pasos. Cuando íbamos acercándonos al Portal S, de repente se enganchó con la vara del coche una persona, quien se cayó lentamente.

La que cayó era una mujer, de pelo gris y con ropa harapienta. Ella, viniendo de la carretera, de repente cruzó transversalmente delante de nosotros. El conductor le había concedido el paso a ella, pero su chaleco de algodón, que no estaba con hebilla, fue soplado por el aire y se expandió hacia afuera, de manera que se colgó finalmente

---

① Este artículo se publicó originalmente el 1 de diciembre de 1919 en el periódico *Suplemento del aniversario de Noticias Matutinas*, Beijing.

en una de las varas del coche. Gracias al conductor del rickshaw que había venido deteniendo propios sus pasos un poco temprano, de lo contrario, sin duda, ella habría sufrido una mala caída y resultaría con la cabeza sangrienta.

Ella se postró al suelo cara abajo, y el conductor también logró pararse sólido. Confié en que la vieja mujer no estaba lastimada, además, no había ningún testigo que verlo, entonces, me quejé de su entremetimiento, por si provocara problemas y retrasara mi camino.

Yo le dije: "No le ha pasado nada, ya puedes seguir."

El conductor no me hizo ni el mínimo caso —o no me había oído— sino puso las varas del rickshaw al suelo y apoyó a la vieja mujer a levantarse cuidadosamente, sosteniendo sus brazos para que se parase estable. Le preguntó:

"¿Le pasó algo a usted?"

"Muy mal de la caída".

Pensé, le vi caer lentamente al suelo, y ¿cómo ha podido herirse? No más que hacer una pose intencional, lo que es realmente abominable. Y el conductor es tan entremetido que buscaba problemas para sí mismo. Ahora, tendrás que buscar tu propia solución.

Al escuchar las palabras de la vieja, el conductor no mostró ninguna vacilación, sino continuó apoyándola a los brazos para ir hacia adelante paso tras paso, de lo cual me sentí un poco sorprendido. Miré hacia el frente y vi una estación de policía. Posterior al viento fuerte, no se veía a nadie afuera. Y en ese momento este hombre de richshaw apoyaba a aquella vieja mujer, caminando hacia esa gran puerta.

Ahora de repente me impactó una sensación distinta, sentí que la figura por detrás de su cuerpo polvoriento se había convertido súbitamente alto y grande, mientras más lejos más grande, y ya tuve que levantar la mirada para verla. Y para mí, ella se volvía gradualmente en una presión imponente hasta poder exprimir la "pequeñez" escondida debajo de mi abrigo de piel.

Mi vitalidad parecía un poco coagulada en este momento. Sentado sin moverme, ni pensar, hasta que vi a un agente de policía saliendo de la estación, me bajé del rickshaw.

El policía se acercó y me dijo: "Consiga otro rickshaw, que él no puede seguir conduciéndole".

Entonces saqué sin pensar de mi bolsillo del abrigo un gran puñado de monedas de cobre y se las di al policía diciendo: "Favor de entregarlas a él..."

El viento se calmó totalmente y el camino todavía quedaba en silencio. Caminaba, mientras pensaba, y casi temía pensar en mí mismo. Primero dejemos al lado los sucesos anteriores, pero ¿qué significaría este gran puñado de monedas? ¿Para premiarlo? ¿Acaso yo pudiera ser digno para juzgar al conductor del rickshaw? No podía responderme a mí mismo.

Incluso en el presente, a menudo me acuerdo de esto, por lo que he experimentado mucha amargura a cada momento, y trato de pensar en mí mismo. En estos años la cultura de gobernar y el poder de calmar la violencia se me han olvidado como las obras de Confucio y el *Clásico de poesía* que leí en mi infancia, de las cuales incluso ya no puedo recitar ni la mitad de una oración. Pero únicamente este pequeño incidente, que siempre flota ante mis ojos y unas veces parece aún más claro, que me hace avergonzado, me apremia actualizar mi comportamiento y también aumentar mi coraje y mi esperanza.

Julio de 1920[②]

---

② Según la publicación del periódico y el *Diario de Lu Xun*, el tiempo de la escritura de este artículo fue en noviembre de 1919.

# 故乡[1]

我冒了严寒，回到相隔二千余里[2]，别了二十余年的故乡去。

时候既然是深冬；渐近故乡时，天气又阴晦了，冷风吹进船舱中，呜呜的响，从蓬隙向外一望，苍黄的天底下，远近横着几个萧索的荒村，没有一些活气。我的心禁不住悲凉起来了。

阿！这不是我二十年来时时记得的故乡？

我所记得的故乡全不如此。我的故乡好得多了。但要我记起他的美丽，说出他的佳处来，却又没有影像[3]，没有言辞了。仿佛也就如此。于是我自己解释说：故乡本也如此，——虽然没有进步，也未必有如我所感的悲凉，这只是我自己心情的改变罢了，因为我这次回乡，本没有什么好心绪。

我这次是专为了别他而来的。我们多年聚族而居的老屋，已经公同卖给别姓了，交屋的期限，只在本年，所以必须赶在正月初一以前，永别了熟识的老屋，而且远离了熟识的故乡，搬家到我在谋食的异地去。

第二日清早晨我到了我家的门口了。瓦楞上许多枯草的断茎当风抖着，正在说明这老屋难免易主的原因。几房的本家大约已经搬走了，所以很寂静。我到了自家的房外，我的母亲早已迎着出来了，接着便飞出了八岁的侄儿宏儿。

我的母亲很高兴，但也藏着许多凄凉的神情，教我坐下，歇息，喝茶，且不谈搬家的事。宏儿没有见过我，远远的对面站着只是看。

但我们终于谈到搬家的事。我说外间的寓所已经租定了，又买了几件家具，此外须将家里所有的木器卖去，再去增添。母亲也说好，而且行李也略已齐集，木器不便搬运的，也小半卖去了，只是收不起钱来。

“你休息一两天，去拜望亲戚本家一回，我们便可以走了。”母亲说。

“是的。”

“还有闰土，他每到我家来时，总问起你，很想见你一回面。我已经将你到家的大约日期通知他，他也许就要来了。”

这时候，我的脑里忽然闪出一幅神异的图画来：深蓝的天空中挂着一轮金黄的圆月，下面是海边的沙地，都种着一望无际的碧绿的西瓜，其间有一个十一二岁的少年，项带银圈，手捏一柄钢叉，向一匹猹[4]尽力的刺去，那猹却将身一扭，反从他的胯下逃走了。

这少年便是闰土。我认识他时，也不过十多岁，离现在将有三十年了；那时我的父亲还在世，家景也好，我正是一个少爷。那一年，我家是一件大祭祀的值年[5]。这祭祀，说是三十多年才能轮到一回，所以很郑重；正月里供祖像，供品很多，祭器很讲究，拜的人也很多，祭器也很要防偷去。我家只有一个忙月（我们这里给人做工的分三种：整年给一定人家做工的叫长工；按日给人做工的叫短工；自己也种地，只在过年过节以及收租时候来给一定人家做工的称忙月），忙不过来，他便对父亲说，可以叫他的儿子闰土来管祭器的。

我的父亲允许了；我也很高兴，因为我早听到闰土这名字，而且知道他和我仿佛年纪，闰月生的，五行缺土[6]，所以他的父亲叫他闰土。他是能装弶捉小鸟雀的。

我于是日日盼望新年，新年到，闰土也就到了。好容易到了年末，有一日，母亲告诉我，闰土来了，我便飞跑的去看。他正在厨房里，紫色的圆脸，头戴一顶小毡帽，颈上套一个明晃晃的银项圈，这可见他的父亲十分爱他，怕他死去，所以在神佛面前许下愿心，用圈子将他套住了。他见人很怕羞，只是不怕我，没有旁人的时候，便和我说话，于是不到半日，我们便熟识了。

我们那时候不知道谈些什么，只记得闰土很高兴，说是上城之后，见了许多没有见过的东西。

第二日，我便要他捕鸟。他说：

“这不能。须大雪下了才好。我们沙地上，下了雪，我扫出一块空地来，用短棒支起一个大竹匾，撒下秕谷，看鸟雀来吃时，我远远地将缚在棒上的绳子只一拉，那鸟雀就罩在竹匾下了。什么都有：稻鸡，角鸡，鹁鸪，蓝背……”

我于是又很盼望下雪。

闰土又对我说：

“现在太冷，你夏天到我们这里来。我们日里到海边捡贝壳去，红的绿的都有，鬼见怕也有，观音手[7]也有。晚上我和爹管西瓜去，你也去。”

“管贼么？”

“不是。走路的人口渴了摘一个瓜吃，我们这里是不算偷的。要管的是獾猪，刺猬，猹。月亮底下，你听，啦啦的响了，猹在咬瓜了。你便捏了胡叉，轻轻地走去……”

我那时并不知道这所谓猹的是怎么一件东西——便是现在也没有知道——只是无端的觉得状如小狗而很凶猛。

“他不咬人么？”

“有胡叉呢。走到了，看见猹了，你便刺。这畜生很伶俐，倒向你奔来，反从胯下窜了。他的皮毛是油一般的滑……”

我素不知道天下有这许多新鲜事：海边有如许五色的贝壳；西瓜有这样危险的经历，我先前单知道他在水果店里出卖罢了。

“我们沙地里，潮汛要来的时候，就有许多跳鱼儿只是跳，都有青蛙似的两个脚……”

阿！闰土的心里有无穷无尽的希奇的事，都是我往常的朋友所不知道的。他们不知道一些事，闰土在海边时，他们都和我一样只看见院子里高墙上的四角的天空。

可惜正月过去了，闰土须回家里去，我急得大哭，他也躲到厨房里，哭着不肯出门，但终于被他父亲带走了。他后来还托他的父亲带给我一包贝壳和几支很好看的鸟毛，我也曾送他一两次东西，但从此没有再见面。

现在我的母亲提起了他，我这儿时的记忆，忽而全都闪电似的苏生过来，似乎看到了我的美丽的故乡了。我应声说：

“这好极！他，——怎样？……”

“他？……他景况也很不如意……”母亲说着，便向房外看，“这些人又来了。说是买木器，顺手也就随便拿走的，我得去看看。”

母亲站起身，出去了。门外有几个女人的声音。

我便招宏儿走近面前，和他闲话：问他可会写字，可愿意出门。

“我们坐火车去么？”

“我们坐火车去。”

“船呢？”

“先坐船，……”

“哈！这模样了！胡子这么长了！”一种尖利的怪声突然大叫起来。

我吃了一吓，赶忙抬起头，却见一个凸颧骨，薄嘴唇，五十岁上下的女人站在我面前，两手搭在髀间，没有系裙，张着两脚，正像一个画图仪器里细脚伶仃的圆规。

我愕然了。

“不认识了么？我还抱过你咧！”

我愈加愕然了。幸而我的母亲也就进来，从旁说：

“他多年出门，统忘却了。你该记得罢，”便向着我说，“这是斜对门的杨二[8]嫂，……开豆腐店的。”

哦，我记得了。我孩子时候，在斜对门的豆腐店里确乎终日坐着一个杨二嫂，人都叫伊“豆腐西施”[9]。但是擦着白粉，颧骨没有这么高，嘴唇也没有这么薄，而且终日坐着，我也从没有见过这圆规式的姿势。那时人说：因为伊，这豆腐店的买卖非常好。但这大约因为年龄的关系，我却并未蒙着一毫感化，所以竟完全忘却了。然而圆规很不平，显出鄙夷的神色，仿佛嗤笑法国人不知道拿破仑[10]，美国人不知道华盛顿[11]似的，冷笑说：

“忘了？这真是贵人眼高。……”

“那有这事……我……”我惶恐着，站起来说。

“那么，我对你说。迅哥儿，你阔了，搬动又笨重，你还要什么这些破烂木器，让我拿去罢。我们小户人家，用得着。”

“我并没有阔哩。我须卖了这些，再去……”

“阿呀呀，你放了道台[12]了，还说不阔？你现在有三房姨太太；出门便是八抬的大轿，还说不阔？吓，什么都瞒不过我。”

我知道无话可说了，便闭了口，默默的站着。

“阿呀阿呀，真是愈有钱，便愈是一毫不肯放松，愈是一毫不肯放松，便愈有钱……”圆规一面愤愤的回转身，一面絮絮的说，慢慢向外走，顺便将我母亲的一副手套塞在裤腰里，出去了。

此后又有近处的本家和亲戚来访问我。我一面应酬，偷空便收拾些行李，这样的过了三四天。

一日是天气很冷的午后，我吃过午饭，坐着喝茶，觉得外面有人进来了，便回头去看。我看时，不由的非常出惊，慌忙站起身，迎着走去。

这来的便是闰土。虽然我一见便知道是闰土，但又不是我这记忆上的闰土了。他身材增加了一倍；先前的紫色的圆脸，已经变作灰黄，而且加上了很深的皱纹；眼睛也像他父亲一样，周围都肿得通红，这我知道，在海边种地的人，终日吹着海风，大抵是这样的。他头上是一顶破毡帽，身上只一件极薄的棉衣，浑身瑟索着；手里提着一个纸包和一支长烟管，那手也不是我所记得的红活圆实的手，却又粗又笨而且开裂，像是松树皮了。

我这时很兴奋，但不知道怎么说才好，只是说：

“阿！闰土哥，——你来了？……”

我接着便有许多话，想要连珠一般涌出：角鸡，跳鱼儿，贝壳，猹，……但又总觉得被什么挡着似的，单在脑里面回旋，吐不出口外去。

他站住了，脸上现出欢喜和凄凉的神情；动着嘴唇，却没有作声。他的态度终于恭敬起来了，分明的叫道：

“老爷！……”

我似乎打了一个寒噤；我就知道，我们之间已经隔了一层可悲的厚障壁了。我也说不出话。

他回过头去说，“水生，给老爷磕头[13]。”便拖出躲在背后的孩子来，这正是一个廿年前的闰土，只是黄瘦些，颈子上没有银圈罢了。“这是第五个孩子，没有见过世面，躲躲闪闪……”

母亲和宏儿下楼来了，他们大约也听到了声音。

“老太太。信是早收到了。我实在喜欢的不得了，知道老爷回来……”闰土说。

“阿，你怎的这样客气起来。你们先前不是哥弟称呼么？还是照旧：迅哥儿。”母亲高兴的说。

“阿呀，老太太真是……这成什么规矩。那时是孩子，不懂事……”

闰土说着，又叫水生上来打拱，那孩子却害羞，紧紧的只贴在他背后。

“他就是水生？第五个？都是生人，怕生也难怪的；还是宏儿和他去走走。”母亲说。

宏儿听得这话，便来招水生，水生却松松爽爽同他一路出去了。母亲叫闰土坐，他迟疑了一回，终于就了坐，将长烟管靠在桌旁，递过纸包来，说：

“冬天没有什么东西了。这一点干青豆倒是自家晒在那里的，请老爷……”

我问问他的景况。他只是摇头。

“非常难。第六个孩子也会帮忙了，却总是吃不够……又不太平……什么地方都要钱，没有定规……收成又坏。种出东西来，挑去卖，总要捐几回钱，折了本；不去卖，又只能烂掉……”

他只是摇头；脸上虽然刻着许多皱纹，却全然不动，仿佛石像一般。他大约只是觉得苦，却又形容不出，沉默了片时，便拿起烟管来默默的吸烟了。

母亲问他，知道他的家里事务忙，明天便得回去；又没有吃过午饭，便叫他自己到厨下炒饭吃去。

他出去了；母亲和我都叹息他的景况：多子，饥荒，苛税，兵，匪，官，绅，都苦得他像一个木偶人了。母亲对我说，凡是不必搬走的东西，尽可以送他，可以听他自己去拣择。

下午，他拣好了几件东西：两条长桌，四个椅子，一副香炉和烛台，一杆抬秤。他又要所有的草灰（我们这里煮饭是烧稻草的，那灰，可以做沙地的肥料），待我们启程的时候，他用船来载去。

夜间，我们又谈些闲天，都是无关紧要的话；第二天早晨，他就领了水生回去了。

又过了九日，是我们启程的日期。闰土早晨便到了，水生没有同来，却只带着一个五岁的女儿管船只。我们终日很忙碌，再没有谈天的工夫。来客也不少，有送行的，有拿东西的，有送行兼拿东西的。待到傍晚我们上船的时候，这老屋里的所有破旧大小粗细东西，已经一扫而空了。

我们的船向前走，两岸的青山在黄昏中，都装成了深黛颜色，连着退向船后梢去。

宏儿和我靠着船窗，同看外面模糊的风景，他忽然问道：

"大伯！我们什么时候回来？"

"回来？你怎么还没有走就想回来了。"

"可是，水生约我到他家玩去咧……"他睁着大的黑眼睛，痴痴的想。

我和母亲也都有些惘然，于是又提起闰土来。母亲说，那豆腐西施的杨二嫂，自从我家收拾行李以来，本是每日必到的，前天伊在灰堆里，掏出十多个碗碟来，议论之后，便定说是闰土埋着的，他可以在运灰的时候，一齐搬回家里去；杨二嫂发见了这件事，自己很以为功，便拿了那狗气杀（这是我们这里养鸡的器具，木盘上面有着栅栏，内盛食料，鸡可以伸进颈子去啄，狗却不能，只能看着气死），飞也似的跑了，亏伊装着这么高低的小脚，竟跑得这样快。

老屋离我愈远了；故乡的山水也都渐渐远离了我，但我却并不感到怎样的留恋。我只觉得我四面有看不见的高墙，将我隔成孤身，使我非常气闷；那西瓜地上的银项圈的小英雄的影像，我本来十分清楚，现在却忽地模糊了，又使我非常的悲哀。

母亲和宏儿都睡着了。

我躺着，听船底潺潺的水声，知道我在走我的路。我想：我竟与闰土隔绝到这地步了，但我们的后辈还是一气，宏儿不是正在想念水生么。我希望他们不再像我，又大家隔膜起来……然而我又不愿意他们因为要一气，都如我的辛苦展转而生活，也不愿意他们都如闰土的辛苦麻木而生活，也不愿意都如别人的辛苦恣睢而生活。他们应该有新的生活，为我们所未经生活过的。

我想到希望，忽然害怕起来了。闰土要香炉和烛台的时候，我还暗地里笑他，以为他总是崇拜偶像，什么时候都不忘却。现在我所谓希望，不也是我自己手制的偶像么？只是他的愿望切近，我的愿望茫远罢了。

我在朦胧中，眼前展开一片海边碧绿的沙地来，上面深蓝的天空中挂着一轮金黄的圆月。我想：希望本是无所谓有，无所谓无的。这正如地上的路；其实地上本没有路，走的人多了，也便成了路。

（一九二一年一月。）

# 注释

[1] 本篇最初发表于1921年5月《新青年》第九卷第一号。

[2] “里”：长度计量单位，相当于0.5公里。

[3] “影像”：这里指印象，具体景象。

[4] “猹”：作者在1929年5月4日致舒新城的信中说：“‘猹’字是我据乡下人所说的声音，生造出来的，读如‘查’。……现在想起来，也许是獾罢。”

[5] “大祭祀的值年”：封建社会中的大家族，每年都有祭祀祖先的活动，费用从族中“祭产”收入支取，由各房按年轮流主持，轮到的称为“值年”。

[6] “五行缺土”：五行理论是一种基于迷信的信念来计算人的命运的方法，它认为宇宙中的所有事物都受制于衍生（或创造）和占有周期的规则，或为相反的方向所破坏。在循环过程中，五个方向的元素按以下顺序参与：木、火、土、金、水。一个人的完美命运必须具有所有五个方面。如何确定这一点是根据出生时间、性

别和许多其他因素进行的一系列推论和计算，到目前为止，对于大多数人而言，这是非常复杂和神秘的事情。直至现在，还有一些华人以这种迷信手段挣钱。

[7]“鬼见怕”和“观音手”：都是小贝壳的名称。旧时浙江沿海的人把这种小贝壳用线串在一起，戴在孩子的手腕或脚踝上，认为可以“避邪”。这类名称多是根据“避邪”的意思取的。

[8]“杨二”：在有好几个孩子的家中，父母经常用他们的序数称呼他们，于是熟人们也随之称呼。这里“杨二”指的是杨氏家族的第二个儿子。

[9]“豆腐西施”：西施是中国历史上最著名的美女之一。人们经常用这个名字作为称呼来比喻美丽的女人，但这里的用法具有讽刺意味。

[10]“拿破仑”：即拿破仑·波拿巴（1768—1821），法国资产阶级革命时期的军事家、政治家。1799年担任共和国执政。1804年建立法兰西第一帝国，自称拿破仑一世。

[11]“华盛顿”：即乔治·华盛顿（1732—1799），美国第一任总统。

[12]“道台”：清朝官职道员的俗称，分总管一个区域行政职务的道员和专掌某一特定职务的道员。前者是省以下、府州以上的行政长官；后者掌管一省特定事务，如督粮道、兵备道等。辛亥革命后，北洋军阀政府也曾沿用此制，改称道尹。

[13]“磕头”：旧时礼节，跪在地上两手扶地，头着地。一般用于给神祇、祖先、长辈、尊者的施礼。

# Mi tierra natal[1]

Resistiendo al severo frío, yo iba a recorrer más de dos mil li[2] para regresar a la tierra natal que había dejado más de veinte años atrás.

Ya que se encontraba en pleno invierno en ese momento. Cuando me acerqué a ella el clima se había vuelto sombrío. El viento frío penetraba en la cabina del barco causando clamores como "uuuh". Eché una mirada hacia afuera a través de los resquicios en el toldo de bambú. Lo que podía ver eran varias deprimidas y desoladas aldeas, transversales de lejos y de cerca, que, bajo el cielo amarillo verdoso, faltaba de la mínima vitalidad. No pude evitar sentirme triste y solitario en el corazón.

¡Ah! ¿No fue esta mi tierra natal que siempre había recordado a cada momento durante los últimos veinte años?

La tierra natal que yo recordaba no fue así de ninguna manera. Mi tierra natal era mucho mejor. Sin embargo, si me pidieras recordar su belleza y hablar de sus estupendos aspectos, no encontraría ni imágenes ni palabras para describirla. Pareció que todo era como tal... Entonces me expliqué a mí mismo: "La tierra natal debería ser así originalmente. Aunque no hubiera tenido progreso, tampoco habría sido necesariamente tan triste y solitaria como yo lo sentí. Esto se debería al cambio de mi estado de ánimo, porque en este regreso a

---

① Este artículo fue publicado originalmente en el número 1 del volumen IX de la *Nueva Juventud*, mayo de 1921.

② "Li": Medida de longitud, un li equivale a medio kilómetro.

casa no estaba de buen humor".

Vine aquí esta vez específicamente para despedirme de ella. La antigua casa donde vivían reunidas las familias de nuestro clan durante muchos años había sido vendida en conjunto a un apellido diferente. La fecha para la entrega de la vivienda tendría que efectuarse dentro de este año, por lo tanto, tuve que apresurarme a llegar antes del primero de enero (del año lunar) por despedirme, para siempre, de la antigua mansión tan familiarizada, y alejarnos de la tierra natal tan conocida para mudarnos a un diferente lugar donde estaba ganándome la vida.

A la mañana siguiente, y muy temprano, llegué a la puerta de nuestra residencia. Los tallos rotos de las hierbas marchitas en las corrugas del tejado temblaban en el viento, lo que podría explicar por qué esta vieja mansión no podía evitar cambiarse de dueños. Al parecer, varias familias del clan se habían mudado y el lugar quedaba muy tranquilo. Llegué al frente de mi propia casa. Mi madre había salido a darme la bienvenida y tras ella salió corriendo mi sobrino de ocho años, Hong'er.

Mi madre estaba muy contenta, aunque llevaba escondida una expresión de mucha tristeza. Me dijo que me sentara a descansar y tomara el té, sin mencionar por el momento el asunto de la mudanza. Hong'er no me había visto antes y solo se quedó allí parado algo distante de frente, mirándome sin alterar.

Pero en fin de cuentas tocamos el tema de la reubicación de la familia. Le dije que yo había alquilado una residencia en el otro lugar y también comprado varias piezas de mueble. Y sería práctico vender todos los muebles de madera de aquí para añadir unas cosas allá más tarde. Mi madre también dijo que sí, que los equipajes ya estaban aproximadamente concentrados y en cuanto a los artículos de madera inconvenientes para llevar, se habían vendido menos de la mitad, solo que era difícil cobrar el pago.

“Descansa por uno o dos días y haz la visita a los parientes y miembros del clan una vez. Luego ya podemos irnos,” mi madre dijo.

“Sí,” le contesté.

“Además, sobre Runtu, cada vez que venía a casa siempre preguntaba por ti. Tenía ganas de verte una vez. Ya le dije la fecha aproximada de tu llegada. Tal vez venga pronto”.

En este momento, surgió repentinamente en mi mente un cuadro milagroso. En el cielo azul oscuro se colocaba una luna dorada, por debajo era un terreno de arena junto a la playa del mar, donde se plantaban sandías de color verde jade en una infinita extensión. En medio de ello, estaba un muchacho de once a doce años, quien, con un collar plateado en el cuello, empuñando una horquilla de acero, lanzó una puñalada con toda fuerza hacia un “cha”③ (tejón), y este animal, en cambio, retorció el cuerpo y se huyó por entre sus piernas.

Este muchacho fue propiamente Runtu, quien tenía un poco más de diez años cuando lo conocí, y eso fue cerca de treinta años atrás. En aquel tiempo mi padre todavía estaba vivo y mi familia también gozaba de buenas condiciones económicas, mientras tanto, yo era justamente un señorito. Ese año fue el turno de nuestra familia de organizar el gran ritual del año con motivo de rendir homenaje a los antepasados del clan.④ Decían que le tocaría a una familia cada treinta años una sola vez el encargo de este gran ritual y tomamos muy en serio su manejo correcto. En el enero lunar, para rendirles homenaje a

---

③ “Cha”: En la carta para Shu Xincheng, hecha el 4 de mayo de 1929, el autor dice: “La palabra ‘cha’ fue creada de cero por mí basada en la forma de llamarlo de los aldeanos. Ahora pienso que debería referirse al animal tejón”.

④ “El año fue el turno...”: La gran familia en la sociedad feudal tiene la actividad de ofrecer sacrificios a los antepasados anualmente. Los gastos se tomaban de los ingresos colectados bajo el ítem del “sacrificio” dentro del clan, y las ceremonias eran organizadas y presididas por las familias a rotación anual.

las imágenes ancestrales, se ofrecían muchas ofrendas. Los utensilios litúrgicos debían ser muy delicados y eran muchas las personas que venían a mostrar su adoración, mientras que también se debía prevenir el robo de los utensilios. Mi casa solo tenía un trabajador ayudante de temporada (había tres tipos de trabajadores en nuestra área: los que trabajaban a tiempo completo para familias específicas durante todo el año se llamaban manos de largo plazo, los que trabajaban por día se llamaban jornaleros, y los que también tenían propio terreno para labrar, mientras solo en periodos del año nuevo, festivos y de la colección de alquiler eran conocidos como ayudantes de temporada), quien, cuando estaba demasiado ocupado de cuidarlo todo, le preguntó a mi padre si podía llamarle a su hijo Runtu para vigilar los utensilios de ofrenda.

Mi padre le dio su permiso y yo me alegré muchísimo porque había oído el nombre de Runtu desde bastante tiempo antes y también sabía que tenía más o menos la edad mía. Nació en un mes intercalario, y de los cinco elementos fundamentales[⑤] para la fortuna personal, le carecía de la tierra, por lo tanto, su padre lo llamó Runtu (que literalmente significaría "tierra agregada"). Él sabía cómo instalar el *jiang*, o sea, la trampa para capturar pequeños pájaros.

Entonces esperaba día a día la llegada del Año Nuevo, porque cuando este viniera, Runtu estaría aquí. No me fue fácil la espera de la aproximación del final del año. Un día mi madre me dijo que Runtu

---

⑤ "Los cinco elementos fundamentales": La teoría de los cinco elementos es una forma de calcular la suerte de una persona basada en la creencia supersticiosa considerando que todas las cosas del universo se someten a la regla del ciclo de generación (o de creación) y al ciclo de dominación (o de destrucción), o se toma la dirección reversa. En el proceso circular participan cinco aspectos que se denominan en el orden siguiente: la madera, el fuego, la tierra, los metales y el agua. La suerte o fortuna de una persona completa o perfecta debe contar con los cinco aspectos. Cómo la determinación de esto es una serie de deducción y cálculo basada en la hora del nacimiento, sexo, y muchos otros factores, que hasta ahora aún es algo muy complicado y misterioso para la mayoría de las personas, y todavía hay unos chinos que recurren a esta manera supersticiosa para ganar dinero.

ya había llegado, entonces yo me eché a correr volando para verlo. Él se encontraba en la cocina. Tenía una cara redonda de color púrpura, con un pequeño gorro de fieltro en la cabeza, y en el cuello se colocaba un brillante collar de plata, lo cual mostraba que su padre lo amaba mucho temiendo que se muriera, por lo tanto, hizo una promesa frente al Buda y lo aseguró con este círculo. Él era muy tímido ante la gente, pero no tenía miedo a mí. Cuando no había otra gente alrededor, hablaba conmigo, así que en menos de medio día ya nos hicimos conocidos.

Ya no tuve idea de qué estábamos hablando en aquel entonces, solo recordé que Runtu estaba muy contento, diciendo que después de entrar en la localidad alcanzó a ver muchas cosas que antes nunca había visto

Al día siguiente, yo le pedí capturar pájaros, pero él dijo:

"Ahora no se puede, solo se podrá hacer después de caer una gran nevada. Luego de la caída de nieve, en el terreno de arena, voy a barrer un espacio en medio de la nieve y sostener un gran cedazo de bambú con un palito corto, debajo del cual echaremos unos granos marchitados. Cuando los pájaros vengan a picar los granos por debajo del cedazo, solo con tirar repentinamente de la cuerda atada al palito desde lejos, los pájaros quedarán atrapados debajo del cedazo. Habrá de todo tipo: la gallina de arroz, el pollo cuerno, la tórtola, la espalda azul..."

Entonces, me puse a esperar ansiosamente nevar.

Runtu me dijo añadiendo:

"Ahora hace demasiado frío. En verano podrás venir a mi casa. De día iremos a recoger las conchas en la playa del mar, hay de todos colores, las rojas, las verdes, las 'Temibles para el Diablo⑥', y las

---

⑥ "Las temibles para el diablo", "las manos del Buda Guanyin": Son nombres para las conchas, usados por la gente local, con el deseo de evitar espíritus malignos.

'Manos del Buda Guanyin'. Y por las noches, iré a vigilar las sandías con mi papá, tú también irás".

"¿Vigilar a los ladrones?"

"No. Si los caminantes tienen sed y comen alguna sandía, aquí no se lo considera como robo. Los que vamos a vigilar son cerdos tejones, erizos, chas. Mira, bajo la luna, escucha, ya está haciendo el ruido de 'cra, cra', los chas empiezan a morder sandías. Entonces ahora podrás empuñar la horquilla y caminar a ligeros pasos hacia..."

En aquel tiempo yo no sabía qué cosa sería el llamado "cha" —e incluso tampoco lo sé hasta ahora— solo pensaba sin motivo que era como un perrito, pero muy feroz.

"¿No muerde?"

"Pero tenemos la horquilla. Al llegar allí, cuando veas el cha, dale una lanzada. Este animal es muy astuto, en su lugar, se precipitará en cambio derechito hacia ti y se huirá por entre tus piernas. Su pelaje es tan resbaladizo como el aceite..."

No me había enterado nunca de la existencia de tan muchas cosas novedosas en este mundo, tantas conchas multicolores a la orilla del mar, tan arriesgadas experiencias con las sandías, y solo sabía que estas se vendían en las fruterías.

"En nuestros terrenos de arena, cuando va a llegar la marea, hay muchos peces saltarines, que se mantienen saltando sin cesar, como si tuvieran las dos patas de rana".

Oh, Runtu tenía en su mente innumerables cosas curiosas, que eran desconocidas por mis amigos habituales. Estos no sabían tales cosas. Cuando Runtu estaba en la orilla del mar, ellos, iguales que yo, solo podían ver el cielo por el cuadrado marco encerrado por los altos muros del patio igualmente que yo.

Lamentablemente el enero pasó y Runtu tuvo que regresar a casa, lo que me hizo tan ansioso que me eché a llorar y él se refugió en la cocina sin querer salir, también llorando, pero por fin fue llevado por su padre. Más tarde pidió a su padre traerme un paquete de conchas y varias plumas de pájaro muy bonitas, y respectivamente yo también le envié uno o dos regalos, pero nunca nos habíamos visto otra vez.

Ahora que mi madre le mencionó a él, lo que me resucitó todo el recuerdo infantil como un relámpago, me pareció haber visto mi hermosa tierra natal de nuevo. Yo respondí:

"¡Fantástico! Y él... ¿cómo ha estado?"

"¿Él?... Sus cosas van también lejos de lo deseado..." mientras mi mamá hablaba, miró hacia afuera. "Esa gente está aquí otra vez. Dicen que vienen a comprar artículos de madera, pero también les conviene escabullirse con alguna cosa. Tengo que ir a vigilarlos".

Mi madre se levantó y salió. Se oyó voces de algunas mujeres afuera de la puerta.

Le llamé a Hong'er a venir cerca y conversé con él. Le pregunté si sabía escribir y si estaba dispuesto a viajar lejos.

"¿Tomaremos un tren?"

"Si, vamos en tren".

"Y también el barco?"

"Primero viajamos en barco y..."

"¡Ja! ¡Así se ve ahora! ¡Ya con el bigote tan largo!" sonó súbitamente una voz alta, extraña y chillona.

Esto me dio un susto y me levanté la cabeza apresuradamente. Vi a una mujer de pómulos convexos, labios finos y de cincuenta años más o menos, parada frente a mí, descansando sus dos manos en las caderas, sin llevar el delantal, y sus piernas estaban separadas hacia fuera pareciéndose a un compás con pies finos y solitarios de esos instrumentos de dibujo.

Me quedé estupefacto.

"¿No me reconoces? ¡Te he sostenido en mis brazos!"

Me volví más atónito. Afortunadamente, mi madre entró e intervino:

"Él ha estado fuera por muchos años y lo ha olvidado todo. Te acuerdas," y giró a decirme a mí, "esta es la cuñada Yang el Segundo[⑦] de la puerta opuesta diagonal..., que tiene una tienda de tofu".

Oh, ya me acordé. Cuando era niño, en la tienda de la puerta opuesta diagonal solía sentarse casi todo el día una cuñada Yang el Segundo, a quien la gente le llamaba la "Belleza Xishi de Tofu"[⑧]. Pero, entonces ella tenía maquillaje en polvo blanco, y los pómulos no eran tan prominentes, los labios tampoco eran tan delgados, además, estaba todo el día sentada, así que yo nunca había visto esta postura de compás. En ese tiempo la gente decía que gracias a ella, esta tienda de tofu mantenía muy buenos negocios. Y parecía que debido a la corta edad que tenía yo, no había sido influenciado por la mínima afectividad, por eso me había olvidado por completo de ella. Sin embargo, la señora Compás se sintió muy resentida, mostrando una mirada de desdén como si se riera entre dientes de un francés que no supiera a Napoleón[⑨] o de un estadounidense que no supiera a Washington[⑩], y dijo riéndose sarcásticamente:

"¿Me has olvidado? Realmente los nobles tienen mirada hacia arriba..."

"¿Cómo puede ser eso?... Yo..." caí nervioso y me puse de pie

---

⑦ "Cuñada Yang el Segundo": Significa la esposa del segundo hijo de la familia Yang. En las familias de varios hijos, los padres muchas veces los denominan vocalmente por su número ordinal.

⑧ "Belleza Xishi de Tofu": Xishi es el nombre de una de las más famosas bellezas en la historia de China. La gente suele usar este nombre como la metáfora para llamar a una mujer bella. Pero el uso aquí tiene un sentido satírico.

⑨ "Napoleón": Napoleón Bonaparte (1769–1821), estratega y político durante la Revolución burguesa francesa. En 1799, estuvo al timón de la República. En 1804, se estableció el Primer Imperio de Francia y se proclamó Napoleón I.

⑩ "Washington": George Washington (1732–1799), el primer presidente de los Estados Unidos.

respondiéndole.

“Entonces, escúchame, hermanito Xun, ahora que te has vuelto rico, y además moverlos es demasiado corpulento y pesado, ¿por qué aún conservas estos viejos y desgastados muebles? Déjame llevarlos. Somos una familia humilde y serán útiles para nosotros”.

“Pero no me he hecho rico. Tengo que venderlos para comprar...”

“¡Ay, ya, ya! Te habrán hecho intendente municipal[11], ¿cómo puedes decir que no eres rico? Debes tener tres concubinas ahora, y cuando sales, te servirá un gran sillón sedán portado por ocho hombres. ¿Todavía dices que no eres rico? ¡Oh! No puedes ocultarme nada”.

Sabiendo que no tendría nada que decir, me callé, parado allí en silencio.

“¡Ay, ay! Eso es verdad. Cuando más rico seas, no dejarás irse ni un céntimo, y cuando más te niegues a dejar irse cada céntimo, te volverás más rico...” La señora Compás se dio la vuelta con resentimiento, murmurando, caminó lentamente hacia fuera, y de paso, recogió un par de guantes de mi madre metiéndolos en su cintura, y salió.

Después, otros cuantos miembros del clan y parientes en la cercanía vinieron a visitarme. Mientras que los atendía con la debida cortesía aproveché los intervalos de tiempo para empacar algo de equipaje, y así pasaron tres o cuatro días.

Un día, posterior al mediodía, hacía mucho frío. Después de tomar el almuerzo, estaba tomando el té, cuando sentí haber entrado alguna persona desde fuera, y me volví la cabeza. Al verlo, me quedé

---

[11] “Intendente municipal”: Título de funcionario de un nivel alto en la dinastía Qing y en los primeros tiempos de la República de China, pero en realidad, el protagonista en la primera persona en este artículo no había tenido ese cargo y esta forma de decir en todo ese párrafo fue la exageración o disparate de la cuñada Yang el Segundo.

muy sorprendido instintivamente y me apresuré a levantarme y dirigirme a acogerlo.

El que había entrado fue Runtu. Lo reconocí a la primera vista, pero ya no fue el mismo Runtu de mis recuerdos. Se duplicó su estatura, el rostro redondo de color púrpura anteriormente se había vuelto amarillo griseo y se habían agregado algunas hondas arrugas. Los ojos se parecían a los de su padre también y se hinchaban de rojo en los alrededores, eso yo sabía, porque los que labraban terrenos en la orilla del mar, expuestos al viento marino todo el día, siempre se quedaban como así. Llevaba un desgastado gorro de fieltro, se cubría con una chaqueta acolchada de algodón pero muy delgada, y se temblaba todo el cuerpo. En la mano era un paquete de papel y una pipa de largo tallo, y esas manos tampoco eran las manos tan rojizas y regordetas como de mis recuerdos, sino gruesas, voluminosas y grietadas, como la corteza de pino.

En este momento yo estuve muy emocionado, pero no supe qué decir para ser apropiado, y solo le dije:

"¡Ah! Hermano Runtu, ¿así que has sido tú?"

Siguientemente yo tendría muchas palabras y quería verterlas como perlas en sucesión: el pollo cuerno, los peces saltantes, las conchas, el cha... pero me sentí como si fueran obstaculizadas por algo y solo circulaban dentro de la mente sin poder brotar de la boca.

Él se detuvo, mostrando un gesto mezclado de alegría y tristeza; movió sus labios, pero no emitió ningún sonido. Su actitud finalmente se volvió respetuosa y me llamó inconfundiblemente:

"¡Señor!..."

Pareció que me di un escalofrío; supe que se habría interpuesto un muro grueso y triste entre nosotros. Ya no pude pronunciar más.

Él volvió la cabeza diciendo: "Shuisheng, arrodíllate y haz

kowtow[12] al señor". Agarró al niño escondido detrás de él jalándolo para el frente. Era precisamente un Runtu de veinte años atrás, no más que parecía un poco más delgado, sin un collar plateado en el cuello. "Este es el quinto hijo. No ha visto el mundo exterior y siempre está esquivando..."

Mi madre y Hong'er bajaron de arriba. Tal vez hubieran oído nuestras voces.

"Señora mayor, recibí su carta hace algún tiempo. Estaba muy contento de saber que el señor iba a regresar..." Runtu dijo.

"Ah, ¿por qué te vuelves tan cortés? ¿No os llamabais hermanos mutuamente antes? Continuad como de costumbre, llámalo con hermano Xun," mamá lo dijo alegremente.

"Ay, señora mayor, siempre tan amable... ¿qué clase de norma será eso? En el pasado éramos niños, no comprensivos de los asuntos..." Diciendo esto, llamó a Shuisheng a hacerle reverencia, pero el niño era tímido y se pegaba estrechamente contra su espalda.

"¿Es este Shuisheng? ¿El quinto? Aquí todos somos extraños para él, no es raro que tema a gente nueva. Es mejor que Hong'er le acompañe a dar una vuelta fuera," mi madre dijo.

Al escuchar esto, Hong'er vino a llamar a Shuisheng, y este se fue con él bastante relajado y refrescado. Mi madre dijo a Runtu a sentarse, y él, se vaciló un poco, pero finalmente se sentó, apoyando la larga pipa al lado de la mesa, me entregó el paquete de papel, diciendo:

"En el invierno no hay nada que valga la pena traer. Estas judías verdes se secaron al sol en casa, por favor, señor..."

Cuando le pregunté cómo estaban las cosas, solo sacudió la

---

⑫ "Hacer kowtow": La vieja forma ritual de arrodillarse en el suelo con ambas manos en el suelo y dar cabezadas al suelo, la que se usaba generalmente para rendir respeto a dioses, antepasados, gente de alta generación, de mayor edad, de alta categoría o de respeto.

cabeza.

"Muy duro. Incluso mi sexto hijo puede ayudar en hacer algo, pero nunca tenemos suficiente para comer... No hay paz ni seguridad... Se requiere dinero por hacer cualquier cosa, no hay reglas normales... y las cosechas son malas. Cuando tú cosechas unos cultivos y los llevas al hombro para vender en el mercado, siempre tienes que pagar contribuciones varias veces, y te pierdes el costo; si no los vendes, solo podrás dejarlos podrirse..."

Solo agitaba la cabeza y su rostro, pese a muchas arrugas grabadas, se quedó inmóvil, como si fuera una estatua de piedra. Probablemente él sentía la pura amargura y no pudo describirla, por eso después de quedarse calladito por un rato, tomó la pipa y comenzó a fumar en silencio.

Mi madre le hizo algunas preguntas y se enteró de que él tenía muchos asuntos que hacer en casa y tendría que volver al día siguiente. Suponiendo que todavía no había almorzado, le dijo que fuera a la cocina a hacer el arroz frito para comer.

Después de que salió, mi madre y yo lamentamos por sus difíciles circunstancias: muchos hijos, malas cosechas y la hambruna, más severos impuestos, militares, bandidos, oficiales e hidalgos locales, todos ellos lo habían exprimido hasta tan seco y amargo como un títere. Mi madre me dijo que le diera todos los artículos innecesarios para que se los llevara y le permitiera escogerlos por sí mismo.

Por la tarde, él escogió unas piezas: dos mesas largas, cuatro sillas, un juego de incensario y candelabros y una enorme romana. Además, quería toda la ceniza de paja (en nuestra región cocinamos con paja de arroz como combustible y esa ceniza podía usarse de fertilizante en el campo de arena), y dijo que cuando emprendiéramos el viaje, él vendría a llevársela en un bote.

Por la noche, volvimos a platicar sobre unos temas ociosos,

que eran unas palabras irrelevantes, y a la mañana siguiente, llevó a Shuisheng para regresar a casa.

Otros nueve días habían pasado, cuando llegó la fecha para nuestra marcha. Runtu llegó muy temprano, pero Shuisheng no vino con él sino que había traído a una hija de cinco años para cuidar el bote. Estábamos todo el día muy ocupados y no tuvimos más tiempo para platicar. No eran pocos los huéspedes. Unos vinieron para hacer la despedida, otros para recoger las cosas, también llegaron otros que tanto para la despedida como para las cosas. Al atardecer, cuando fuimos a embarcar en el barco, esta antigua mansión había sido vaciada como un barrido, de todas las cosas, viejas y desgastadas, grandes y pequeñas, así como las toscas y refinadas.

Mientras nuestro barco avanzaba, en medio del crepúsculo, las verdes montañas se volvían azules ennegrecidos retrocediendo en rápida sucesión hacia la dirección de la popa del barco.

Hong'er y yo estamos sentados a la ventana contemplando juntos el borroso paisaje de fuera, y de repente me preguntó:

"¡Tío! ¿Cuándo volveremos?"

"¿Volver? ¿Por qué piensas en volver antes de partir?"

"Pero sabe usted, Shuisheng me invita a su casa a jugar..." diciéndolo, se quedó pensando obsesivamente, con sus negros ojos bien abiertos.

Mi madre y yo nos sentimos un poco perplejos y perdidos y volvimos a hablar de Runtu... Mi madre dijo que aquella Belleza Xishi de Tofu, es decir, la cuñada Yang el Segundo, había estado viniendo a nuestra casa diariamente desde que empezamos a empacar. Anteayer ella sacó más de diez tazones y platos en la pila de ceniza. Después de unas discusiones, insistió en que habían sido enterrados por Runtu, porque él podría llevarlos consigo cuando transportara la ceniza a su casa.

La cuñada Yang el Segundo, por haber tenido este hallazgo, se creyó muy meritoria, entonces agarró el comedero llamado "Irritador al Perro" (este era un dispositivo de alimentación de pollos con una malla de alambre sobre un comedero de madera. Los pollos podían meter la cabeza adentro para alimentarse de la comida mientras que los perros no podían tocarla y estarían airados hasta muertos de desesperación), y se echó a correr volando. A pesar de llevar esos pequeños pies tan desiguales, ella pudo correr tan rápido inesperadamente.

La vieja casa se alejaba cada vez más lejos de mí y las aguas y montañas de la tierra natal también se veía distanciándose de mí gradualmente, sin embargo, no me sentía muy nostálgico por apartarme. Solo percibía la existencia de los altos muros invisibles en los cuatro lados que me habían aislado en un estado solitario, de lo cual me sentí muy indignado y deprimido. La imagen del pequeño héroe con collar plateado en el terreno de sandías fue muy clara en un principio, pero ahora de repente se volvió borrosa de repente, lo que me hizo muy apenado.

Mi madre y Hong'er ya quedaron dormidos.

Yo estaba acostado, escuchando el murmuuo del agua que se arrastraba por debajo del barco, y sabía que yo estaba yendo por mi propio camino. Pensé: inesperadamente Runtu y yo nos hemos quedado separados tan severamente, pero nuestros descendientes todavía están muy en sintonía entre sí, ¿no es que Hong'er está echando de menos a Shuisheng? Espero que no sean como nosotros, volviéndose separados uno del otro por un diafragma en medio... Sin embargo, no deseo que para mantener todo en común tengan una vida tan dura y tortuosa como yo, ni tan dura y entumecida como Runtu, ni tampoco tan dura y desenfrenada como los otros. Ellos deben tener una vida nueva, la que no hayamos experimentado.

Al pensar en el deseo, de repente sentí un temor. Cuando Runtu pidió el incensario y los candeleros, yo me reí sigilosamente de su adoración de ídolos en todo momento sin olvidarla nunca. Ahora, el llamado deseo mío, ¿no es también un ídolo que yo he hecho con mis propias manos? No más que su deseo es práctico y cercano, y el mío, vago y remoto.

En medio de la luz brumosa, se extendía un verde campo de arena a la orilla del mar y en el cielo azul oscuro se colocaba una redonda luna dorada. Pensé: en cuanto al deseo, en lo fundamental, no se trata de su existencia, ni de su inexistencia, tal como el camino en el suelo, que de hecho no existió en el principio, pero como mucha gente pasa pisando, se ha formado un camino.

Enero de 1921

# 阿Q正传[1]

## 第一章 序

我要给阿Q做正传，已经不止一两年了。但一面要做，一面又往回想，这足见我不是一个“立言”[2]的人，因为从来不朽之笔，须传不朽之人，于是人以文传，文以人传——究竟谁靠谁传，渐渐的不甚了然起来，而终于归结到传阿Q，仿佛思想里有鬼似的。

然而要做这一篇速朽的文章，才下笔，便感到万分的困难了。第一是文章的名目。孔子曰，“名不正则言不顺”。[3]这原是应该极注意的。传的名目很繁多：列传，自传，内传[4]，外传，别传，家传，小传……，而可惜都不合。“列传”么，这一篇并非和许多阔人排在“正史”[5]里；“自传”么，我又并非就是阿Q。说是“外传”，“内传”在那里呢？倘用“内传”，阿Q又决不是神仙。“别传”呢，阿Q实在未曾有大总统上谕宣付国史馆立“本传”[6]——虽说英国正史上并无“博徒列传”，而文豪迭更司也做过《博徒别传》这一部书[7]，但文豪则可，在我辈却不可的。其次是“家传”，则我既不知与阿Q是否同宗，也未曾受他子孙的拜托；或“小传”，则阿Q又更无别的“大传”了。总而言之，这一篇也便是“本传”，但从我的文章着想，因为文体卑下，是“引车卖浆者流”所用的话[8]，所以不敢僭称，便从不入三教九流的小说家[9]所谓“闲话休题言归正传”这一句套话里，取出“正传”两个字来，作为名目，即使与古人所撰《书法正传》[10]的“正传”字面上很相混，也顾不得了。

第二，立传的通例，开首大抵该是“某，字某，某地人也”，而我并不知道阿Q姓什么。有一回，他似乎是姓赵，但第二日便模糊了。那是赵太爷[11]的儿子进了秀才[12]的时候，锣声镗镗的报到村里来，阿Q正喝了两碗黄酒，便手舞足蹈的说，这于他也很光采，因为他和赵太爷原来是本家，细细的排起来他还比秀才长三辈呢。其时几个旁听人倒也肃然的有些起敬了。那知道第二天，地保便叫阿Q到赵太爷家里去；太爷一见，满脸溅朱，喝道：

“阿Q，你这浑小子！你说我是你的本家么？”

阿Q不开口。

赵太爷愈看愈生气了，抢进几步说：“你敢胡说！我怎么会有你这样的本家？你姓赵么？”

阿Q不开口，想往后退了；赵太爷跳过去，给了他一个嘴巴。

“你怎么会姓赵！——你那里配姓赵！”

阿Q并没有抗辩他确凿姓赵，只用手摸着左颊，和地保退出去了；外面又被地保训斥了一番，谢了地保二百文酒钱。知道的人都说阿Q太荒唐，自己去招打；他大约未必姓赵，即使真姓赵，有赵太爷在这里，也不该如此胡说的。此后便再没有人提起他的氏族来，所以我终于不知道阿Q究竟什么姓。

第三，我又不知道阿Q的名字是怎么写的。他活着的时候，人都叫他阿Quei，死了以后，便没有一个人再叫阿Quei了，那里还会有“著之竹帛”[13]的事。若论“著之竹帛”，这篇文章要算第一次，所以先遇着了这第一个难关。我曾经仔细想：阿Quei，阿桂还是阿贵呢？倘使他号叫月亭，或者在八月间做过生日，那一定是阿桂了。而他既没有号——也许有号，只是没有人知道他，——又未尝散过生日征文的帖子：写作阿桂，是武断的。又倘若他有一位老兄或令弟叫阿富，那一定是阿贵了；而他又只是一个人：写作阿贵，也没有佐证的。其余音Quei的偏僻字样，更加凑不上了。先前，我也曾问过赵太爷的儿子茂才[14]先生，谁料博雅如此公，竟也茫然，但据结论说，是因为陈独秀办了《新青年》提倡洋字[15]，所以国粹沦亡，无可查考了。我的最后的手段，只有托一个同乡去查阿Q犯事的案卷，八个月之后才有回信，说案卷里并无与阿Quei的声音相近的人。我虽不知道是真没有，还是没有查，然而也再没有别的方法了。生怕注音字母还未通行，只好用了“洋字”，照英国流行的拼法写他为阿Quei，略作阿Q。这近于盲从《新青年》，自己也很抱歉，但茂才公尚且不知，我还有什么好办法呢。

第四，是阿Q的籍贯了，倘他姓赵，则据现在好称郡望的老例，可以照《郡名百家姓》[16]上的注解，说是“陇西天水人也”，但可惜这姓是不甚可靠的，因此籍贯也就有些决不定。他虽然多住未庄[17]，然而也常常宿在别处，不能说是未庄人，即使说是“未庄人也”，也仍然有乖史法的。

我所聊以自慰的，是还有一个“阿”字非常正确，绝无附会假借的缺点，颇可以就正于通人。至于其余，却都非浅学所能穿凿，只希望有“历史癖与考据癖”的胡适之[18]先生的门人们，将来或者能够寻出许多新端绪来，但是我这《阿Q正传》到那时却又怕早经消灭了。

以上可以算是序。

## 第二章　优胜记略

阿Q不独是姓名籍贯有些渺茫，连他先前的“行状”也渺茫。因为未庄的人们之于阿Q，只要他帮忙，只拿他玩笑，从来没有留心他的“行状”的。而阿Q自己也不说，独有和别人口角的时候，间或瞪着眼睛道：

“我们先前——比你阔的多啦！你算是什么东西！”

阿Q没有家，住在未庄的土谷祠[19]里；也没有固定的职业，只给人家做短工，割麦便割麦，舂米便舂米，撑船便撑船。工作略长久时，他也或住在临时主人的家里，但一完就走了。所以，人们忙碌的时候，也还记起阿Q来，然而记起的是做工，并不是“行状”；一闲空，连阿Q都早忘却，更不必说“行状”了。只是有一回，有一个老头子颂扬说：“阿Q真能做！”这时阿Q赤着膊，懒洋洋的瘦伶仃的正在他面前，别人也摸不着这话是真心还是讥笑，然而阿Q很喜欢。

阿Q又很自尊，所有未庄的居民，全不在他眼睛里，甚而至于对于两位“文童”[20]也有以为不值一笑的神情。夫文童者，将来恐怕要变秀才者也；赵太爷、钱太爷大受居民的尊敬，除有钱之外，就因为都是文童的爹爹，而阿Q在精神上独不表格外的崇奉，他想：我的儿子会阔得多啦！加以进了几回城，阿Q自然更自负，然而他又很鄙薄城里人，譬如用三尺长三寸宽的木板做成的凳子，未庄叫“长凳”，他也叫“长凳”，城里人却叫“条凳”，他想：这是错的，可笑！油煎大头鱼，未庄都加上半寸长的葱叶，城里却加上切细的葱丝，他想：这也是错的，可笑！然而未庄人真是不见世面的可笑的乡下人呵，他们没有见过城里的煎鱼！

阿Q“先前阔”，见识高，而且“真能做”，本来几乎是一个“完人”了，但可惜他体质上还有一些缺点，最恼人的是在他头皮上，颇有几处不知起于何时的癞疮疤。这虽然也在他身上，而看阿Q的意思，倒也似乎以为不足贵的，因为他讳说“癞”以及一切近于“赖”的音，后来推而广之，“光”也讳，“亮”也讳，再后来，连“灯”“烛”都讳了。一犯讳，不问有心与无心，阿Q便全疤通红的发起怒来，估量了对手，口讷的他便骂，气力小的他便打；然而不知怎么一回事，总还是阿Q吃亏的时候多，于是他渐渐的变换了方针，大抵改为怒目而视了。

谁知道阿Q采用怒目主义之后，未庄的闲人们便愈喜欢玩笑他。一见面，他们便假作吃惊的说：

“哙，亮起来了。”

阿Q照例的发了怒，他怒目而视了。

“原来有保险灯在这里！”他们并不怕。

阿Q没有法，只得另外想出报复的话来：

“你还不配……”这时候，又仿佛在他头上的是一种高尚的光荣的癞头疮，并非平常的癞头疮了；但上文说过，阿Q是有见识的，他立刻知道和“犯忌”有点抵触，便不再往底下说。

闲人还不完，只撩他，于是终而至于打。阿Q在形式上打败了，被人揪住黄辫子[21]，在壁上碰了四五个响头，闲人这才心满意足的得胜的走了，阿Q站了一刻，心里想，“我总算被儿子[22]打了，现在的世界真不像样……”于是也心满意足的得胜的走了。

阿Q想在心里的，后来每每说出口来，所以凡有和阿Q玩笑的人们，几乎全知道他有这一种精神上的胜利法，此后每逢揪住他黄辫子的时候，人就先一着对他说：

“阿Q，这不是儿子打老子，是人打畜生。自己说，人打畜生！”

阿Q两只手都捏住了自己的辫根，歪着头，说道：

“打虫豸，好不好？我是虫豸——还不放么？”

但虽然是虫豸，闲人也并不放，仍旧在就近什么地方给他碰了五六个响头，这才心满意足的得胜的走了，他以为阿Q这回可遭了瘟。然而不到十秒钟，阿Q也心满意足的得胜的走了，他觉得他是第一个能够自轻自贱的人，除了“自轻自贱”不算外，余下的就是“第一个”。状元[23]不也是“第一个”么？“你算是什么东西”呢？

阿Q以如是等等妙法克服怨敌之后，便愉快的跑到酒店里喝几碗酒，又和别人调笑一通，口角一通，又得了胜，愉快的回到土谷祠，放倒头睡着了。假使有钱，他便去押牌宝，一堆人蹲在地面上，阿Q即汗流满面的夹在这中间，声音他最响：

“青龙四百！”

“咳——开——啦！”桩家揭开盒子盖，也是汗流满面的唱。“天门啦——角回啦——！人和穿堂空在那里啦——！阿Q的铜钱拿过来——！”

“穿堂一百——一百五十！”

阿Q的钱便在这样的歌吟之下，渐渐的输入别个汗流满面的人物的腰间。他终于只好挤出堆外，站在后面看，替别人着急，一直到散场，然后恋恋的回到土谷祠，第二天，肿着眼睛去工作。

但真所谓“塞翁失马安知非福”[24]罢，阿Q不幸而赢了一回，他倒几乎失败了。

这是未庄赛神的晚上。这晚上照例有一台戏，戏台左近，也照例有许多的赌摊。做戏的锣鼓，在阿Q耳朵里仿佛在十里之外；他只听得桩家的歌唱了。他赢而又赢，铜钱变成角洋，角洋变成大洋，大洋又成了迭。他兴高采烈得非常：

“天门两块！”

他不知道谁和谁为什么打起架来了。骂声、打声、脚步声，昏头昏脑的一大阵，他才爬起来，赌摊不见了，人们也不见了，身上有几处很似乎有些痛，似乎也挨了几拳几脚似的，几个人诧异的对他看。他如有所失的走进土谷祠，定一定神，知道他的一堆洋钱不见了。赶赛会的赌摊多不是本村人，还到那里去寻根柢呢？

很白很亮的一堆洋钱！而且是他的——现在不见了！说是算被儿子拿去了罢，总还是忽忽不乐；说自己是虫豸罢，也还是忽忽不乐：他这回才有些感到失败的苦痛了。

但他立刻转败为胜了。他擎起右手，用力的在自己脸上连打了两个嘴巴，热剌剌的有些痛；打完之后，便心平气和起来，似乎打的是自己，被打的是别一个自己，不久也就仿佛是自己打了别个一般，——虽然还有些热剌剌，——心满意足的得胜的躺下了。

他睡着了。

## 第三章　续优胜记略

然而阿Q虽然常优胜，却直待蒙赵太爷打他嘴巴之后，这才出了名。

他付过地保二百文酒钱，忿忿的躺下了，后来想："现在的世界太不成话，儿子打老子……"于是忽而想到赵太爷的威风，而现在是他的儿子了，便自己也渐渐的得意起来，爬起身，唱着《小孤孀上坟》[25]到酒店去。这时候，他又觉得赵太爷高人一等了。

说也奇怪，从此之后，果然大家也仿佛格外尊敬他。这在阿Q，或者以为因为他是赵太爷的父亲，而其实也不然。未庄通例，倘如阿七打阿八，或者李四打张三，向来本不算一件事，必须与一位名人如赵太爷者相关，这才载上他们的口碑。一上口碑，则打的既有名，被打的也就托庇有了名。至于错在阿Q，那自然是不必说。所以者何？就因为赵太爷是不会错的。但他既然错了为什么大家又仿佛格外尊敬他呢？这可难解，穿凿起来说，或者因为阿Q说是赵太爷的本家，虽然挨了打，大家也还怕有些真，总不如尊敬一些稳当。否则，也如孔庙里的太牢[26]一般，虽然与猪羊一样，同是畜生，但既经圣人下箸，先儒们便不敢妄动了。

阿Q此后倒得意了许多年。

有一年的春天，他醉醺醺的在街上走，在墙根的日光下，看见王胡在那里赤着膊捉虱子，他忽然觉得身上也痒起来了。这王胡，又癞又胡，别人都叫他王癞胡，阿Q却删去了一个癞字，然而非常渺视他。阿Q的意思，以为癞是不足为奇的，只有这一部络腮胡子，实在太新奇，令人看不上眼。他于是并排坐下去了，倘是别的闲人们，阿Q本不敢大意坐下去。但这王胡旁边，他有什么怕呢？老实说：他肯坐下去，简直还是抬举他。

阿Q也脱下破夹袄来，翻检了一回，不知道因为新洗呢还是因为粗心，许多工夫，只捉到三四个。他看那王胡，却是一个又一个，两个又三个，只放在嘴里毕毕剥剥的响。

阿Q最初是失望，后来却不平了：看不上眼的王胡尚且那么多，自己倒反这样少，这是怎样的大失体统的事呵！他很想寻一两个大的，然而竟没有，好容易才捉到一个中的，恨恨的塞在厚嘴唇里，狠命一咬，劈的一声，又不及王胡响。

他癞疮疤块块通红了，将衣服摔在地上，吐一口唾沫，说：

"这毛虫！"

"癞皮狗，你骂谁？"王胡轻蔑的抬起眼来说。

阿Q近来虽然比较的受人尊敬，自己也更高傲些，但和那些打惯的闲人们见面还胆怯，独有这回却非常武勇了。这样满脸胡子的东西，也敢出言无状么？

"谁认便骂谁！"他站起来，两手叉在腰间说。

"你的骨头痒了么？"王胡也站起来，披上衣服说。

阿Q以为他要逃了，抢进去就是一拳，这拳头还未达到身上，已经被他抓住了，只一拉，阿Q跄跄踉踉的跌进去，立刻又被王胡扭住了辫子，要拉到墙上照例去碰头。

"'君子动口不动手'！"阿Q歪着头说。

王胡似乎不是君子，并不理会，一连给他碰了五下，又用力的一推，至于阿Q跌出六尺多远，这才满足的去了。

在阿Q的记忆上，这大约要算是生平第一件的屈辱，因为王胡以络腮胡子的缺点，向来只被他奚落，从没有奚落他，更不必说动手了，而他现在竟动手，很意外，难道真如市上所说，皇帝已经停了考，不要秀才和举人[27]了，因此赵家减了威风。因此他们也便小觑了他么？

阿Q无可适从的站着。

远远的走来了一个人，他的对头又到了。这也是阿Q最厌恶的一个人，就是钱太爷的大儿子。他先前跑上城里去进洋学堂，不知怎么又跑到东洋[28]去了，半年之后他回到家里来，腿也直了，辫子也不见了，他的母亲大哭了十几场，他的老婆跳了三回井。后来，他的母亲到处说，“这辫子是被坏人灌醉了酒剪去的。本来可以做大官，现在只好等留长再说。”然而阿Q不肯信，偏称他“假洋鬼子”，也叫作“里通外国的人”，一见他，一定在肚子里暗暗的咒骂。

阿Q尤其“深恶而痛绝之”的，是他的一条假辫子。辫子而至于假，就是没有了做人的资格；他的老婆不跳第四回井，也不是好女人。

这“假洋鬼子”近来了。

“秃儿。驴……”阿Q历来本只在肚子里骂，没有出过声，这回因为正气忿，因为要报仇，便不由的轻轻的说出来了。

不料这秃儿却拿着一支黄漆的棍子——就是阿Q所谓哭丧棒——大踏步走了过来。阿Q在这刹那，便知道大约要打了，赶紧抽紧筋骨，耸了肩膀等候着，果然，拍的一声，似乎确凿打在自己头上了。

“我说他！”阿Q指着近旁的一个孩子，分辩说。

拍！拍拍！

在阿Q的记忆上，这大约要算是生平第二件的屈辱。幸而拍拍的响了之后，于他倒似乎完结了一件事，反而觉得轻松些，而且“忘却”这一件祖传的宝贝也发生了效力，他慢慢的走，将到酒店门口，早已有些高兴了。

但对面走来了静修庵里的小尼姑。阿Q便在平时，看见伊也一定要唾骂，而况在屈辱之后呢？他于是发生了回忆，又发生了敌忾了。

“我不知道我今天为什么这样晦气，原来就因为见了你！”他想。

他迎上去，大声的吐一口唾沫：

“咳，呸！”

小尼姑全不睬，低了头只是走。阿Q走近伊身旁，突然伸出手去摩着伊新剃的头皮，呆笑着，说：

“秃儿！快回去，和尚等着你……”

“你怎么动手动脚……”尼姑满脸通红的说，一面赶快走。

酒店里的人大笑了。阿Q看见自己的勋业得了赏识，便愈加兴高采烈起来：

“和尚动得，我动不得？”他扭住伊的面颊。

酒店里的人大笑了。阿Q更得意，而且为满足那些赏鉴家起见，再用力的一拧，才放手。

他这一战，早忘却了王胡，也忘却了假洋鬼子，似乎对于今天的一切“晦气”都报了仇；而且奇怪，又仿佛全身比拍拍的响了之后更轻松，飘飘然的似乎要飞去了。

“这断子绝孙的阿Q！”远远地听得小尼姑的带哭的声音。

“哈哈哈！”阿Q十分得意的笑。

“哈哈哈！”酒店里的人也九分得意的笑。

## 第四章　恋爱的悲剧

有人说：有些胜利者，愿意敌手如虎，如鹰，他才感得胜利的欢喜；假使如羊，如小鸡，他便反觉得胜利的无聊。又有些胜利者，当克服一切之后，看见死的死了，降的降了，“臣诚惶诚恐死罪死罪”，他于是没有了敌人，没有了对手，没有了朋友，只有自己在上，一个，孤另另，凄凉，寂寞，便反而感到了胜利的悲哀。然而我们的阿Q却没有这样乏，他是永远得意的：这或者也是中国精神文明冠于全球的一个证据了。

看哪，他飘飘然的似乎要飞去了！

然而这一次的胜利，却又使他有些异样。他飘飘然的飞了大半天，飘进土谷祠，照例应该躺下便打鼾。谁知道这一晚，他很不容易合眼，他觉得自己的大拇指和第二指有点古怪：仿佛比平常滑腻些。不知道是小尼姑的脸上有一点滑腻的东西粘在他指上，还是他的指头在小尼姑脸上磨得滑腻了？……

“断子绝孙的阿Q！”

阿Q的耳朵里又听到这句话。他想：不错，应该有一个女人，断子绝孙便没有人供一碗饭，……应该有一个女人。夫“不孝有三无后为大”，而“若敖之鬼馁而”，也是一件人生的大哀，所以他那思想，其实是样样合于圣经贤传的，只可惜后来有些“不能收其放心”了。

“女人，女人！……”他想。

“……和尚动得……女人，女人！……女人！”他又想。

我们不能知道这晚上阿Q在什么时候才打鼾。但大约他从此总觉得指头有些滑腻，所以他从此总有些飘飘然；“女……”他想。

即此一端，我们便可以知道女人是害人的东西。

中国的男人，本来大半都可以做圣贤，可惜全被女人毁掉了。商是妲己[29]闹亡的；周是褒姒[30]弄坏的；秦……虽然史无明文，我们也假定他因为女人，大约未必十分错；而董卓可是的确给貂蝉[31]害死了。

阿Q本来也是正人，我们虽然不知道他曾蒙什么明师指授过，但他对于“男女之大防”却历来非常严；也很有排斥异端——如小尼姑及假洋鬼子之类——的正气。他的学说是：凡尼姑，一定与和尚私通；一个女人在外面走，一定想引诱野男人；一男一女在那里讲话，一定要有勾当了。为惩治他们起见，所以他往往怒目而视，或者大声说几句“诛心”话，或者在冷僻处，便从后面掷一块小石头。

谁知道他将到“而立”之年，竟被小尼姑害得飘飘然了。这飘飘然的精神，在礼教上是不应该有的，——所以女人真可恶，假使小尼姑的脸上不滑腻，阿Q便不至于被蛊，又假使小尼姑的脸上盖一层布，阿Q便也不至于被蛊了，——他五六年前，曾在戏台下的人丛中拧过一个女人的大腿，但因为隔一层裤，所以此后并不飘飘然，——而小尼姑并不然，这也足见异端之可恶。

“女……”阿Q想。

他对于以为“一定想引诱野男人”的女人，时常留心看，然而伊并不对他笑。他对于和他讲话的女人，也时常留心听，然而伊又并不提起关于什么勾当的话来。哦，这也是女人可恶之一节：伊们全都要装“假正经”的。

这一天，阿Q在赵太爷家里舂了一天米，吃过晚饭，便坐在厨房里吸旱烟。倘在别家，吃过晚饭本可以回去的了，但赵府上晚饭早，虽说定例不准掌灯，一吃完便睡觉，然而偶然也有一些例外：其一，是赵大爷未进秀才的时候，准其点灯读文章；其二，便是阿Q来做短工的时候，准其点灯舂米。因为这一条例外，所以阿Q在动手舂米之前，还坐在厨房里吸旱烟。

吴妈，是赵太爷家里唯一的女仆，洗完了碗碟，也就在长凳上坐下了，而且和阿Q谈闲天：

“太太两天没有吃饭哩，因为老爷要买一个小的……”

“女人……吴妈……这小孤孀……”阿Q想。

“我们的少奶奶是八月里要生孩子了……”

“女人……”阿Q想。

阿Q放下烟管，站了起来。

“我们的少奶奶……”吴妈还唠叨说。

“我和你困觉，我和你困觉！”阿Q忽然抢上去，对伊跪下了。

一刹时中很寂然。

“阿呀！”吴妈楞了一息，突然发抖，大叫着往外跑，且跑且嚷，似乎后来带哭了。

阿Q对了墙壁跪着也发楞，于是两手扶着空板凳，慢慢的站起来，仿佛觉得有些糟。他这时确也有些忐忑了，慌张的将烟管插在裤带上，就想去舂米。蓬的一声，头上着了很粗的一下，他急忙回转身去，那秀才便拿了一支大竹杠站在他面前。

“你反了，……你这……”

大竹杠又向他劈下来了。阿Q两手去抱头，拍的正打在指节上，这可很有一些痛。他冲出厨房门，仿佛背上又着了一下似的。

“忘八蛋！”秀才在后面用了官话这样骂。

阿Q奔入舂米场，一个人站着。还觉得指头痛，还记得“忘八蛋”，因为这话是未庄的乡下人从来不用，专是见过官府的阔人用的，所以格外怕，而印象也格外深。但这时，他那“女……”的思想却也没有了。而且打骂之后，似乎一件事也已经收束，倒反觉得一无挂碍似的，便动手去舂米。舂了一会，他热起来了，又歇了手脱衣服。

脱下衣服的时候，他听得外面很热闹，阿Q生平本来最爱看热闹，便即寻声走出去了。寻声渐渐的寻到赵太爷的内院里，虽然在昏黄中，却辨得出许多人，赵府一家连两日不吃饭的太太也在内，还有间壁的邹七嫂[32]，真正本家的赵白眼，赵司晨。

少奶奶正拖着吴妈走出下房来，一面说：

“你到外面来，……不要躲在自己房里想……”

“谁不知道你正经，……短见是万万寻不得的。”邹七嫂也从旁说：

吴妈只是哭，夹些话，却不甚听得分明。

阿Q想：“哼，有趣，这小孤孀不知道闹着什么玩意儿了？”他想打听，走近赵司晨的身边。这时他猛然间看见赵大爷向他奔来，而且手里捏着一支大竹杠。他看见这一支大竹杠，便猛然间悟到自己曾经被打。和这一场热闹似乎有点相关。他翻身便走，想逃回舂米场，不图这支竹杠阻了他的去路，于是他又翻身便走，自然而然的走出后门，不多工夫，已在土谷祠内了。

阿Q坐了一会，皮肤有些起粟，他觉得冷了，因为虽在春季，而夜间颇有余寒，尚不宜于赤膊。他也记得布衫留在赵家，但倘若去取，又深怕秀才的竹杠。然而地保进来了。

“阿Q，你的妈妈的！你连赵家的用人都调戏起来，简直是造反。害得我晚上没有觉睡，你的妈妈的！……”

如是云云的教训了一通，阿Q自然没有话。临末，因为在晚上，应该送地保加倍酒钱四百文，阿Q正没有现钱，便用一顶毡帽做抵押，并且订定了五条件：

一、明天用红烛——要一斤重的——一对，香一封，到赵府上去赔罪。

二、赵府上请道士祓除缢鬼，费用由阿Q负担。

三、阿Q从此不准踏进赵府的门槛。

四、吴妈此后倘有不测，惟阿Q是问。

五、阿Q不准再去索取工钱和布衫。

阿Q自然都答应了，可惜没有钱。幸而已经春天，棉被可以无用，便质了二千大钱，履行条约。赤膊磕头之后，居然还剩几文，他也不再赎毡帽，统统喝了酒了。但赵家也并不烧香点烛，因为太太拜佛的时候可以用，留着了。那破布衫是大半做了少奶奶八月间生下来的孩子的衬尿布，那小半破烂的便都做了吴妈的鞋底。

## 第五章　生计问题

阿Q礼毕之后，仍旧回到土谷祠，太阳下去了，渐渐觉得世上有些古怪。他仔细一想，终于省悟过来：其原因盖在自己的赤膊。他记得破夹袄还在，便披在身上，躺倒了，待张开眼睛，原来太阳又已经照在西墙上头了。他坐起身，一面说道："妈妈的……"

他起来之后，也仍旧在街上逛，虽然不比赤膊之有切肤之痛，却又渐渐的觉得世上有些古怪了。仿佛从这一天起，未庄的女人们忽然都怕了羞，伊们一见阿Q走来，便个个躲进门里去。甚而至于将近五十岁的邹七嫂，也跟着别人乱钻，而且将十一岁的女儿都叫进去了。阿Q很以为奇，而且想："这些东西忽然都学起小姐模样来了。这娼妇们……"

但他更觉得世上有些古怪，却是许多日以后的事。其一，酒店不肯赊欠了；其二，管土谷祠的老头子说些废话，似乎叫他走；其三，他虽然记不清多少日，但确乎有许多日，没有一个人来叫他做短工。酒店不赊，熬着也罢了；老头子催他走，噜嗦一通也就算了；只是没有人来叫他做短工，却使阿Q肚子饿：这委实是一件非常"妈妈的"的事情。

阿Q忍不下去了，他只好到老主顾的家里去探问，——但独不许踏进赵府的门槛，——然而情形也异样：一定走出一个男人来，现了十分烦厌的相貌，像回复乞丐一般的摇手道：

"没有没有！你出去！"

阿Q愈觉得稀奇了。他想，这些人家向来少不了要帮忙，不至于现在忽然都无事，这总该有些蹊跷在里面了。他留心打听，才知道他们有事都去叫小Don。这小D，是一个穷小子，又瘦又乏，在阿Q的眼睛里，位置是在王胡之下的，谁料这小子竟谋了他的饭碗去。所以阿Q这一气，更与平常不同，当气愤愤的走着的时候，忽然将手一扬，喝道：

"我手执钢鞭将你打！……"[33]

几天之后，他竟在钱府的照壁前遇见了小D。"仇人相见分外眼明"，阿Q便迎上去，小D也站住了。

"畜生！"阿Q怒目而视的说，嘴角上飞出唾沫来。

“我是虫豸，好么？……”小D说。

这谦逊反使阿Q更加愤怒起来，但他手里没有钢鞭，于是只得扑上去，伸手去拔小D的辫子。小D一手护住了自己的辫根，一手也来拔阿Q的辫子，阿Q便也将空着的一只手护住了自己的辫根。从先前的阿Q看来，小D本来是不足齿数的，但他近来挨了饿，又瘦又乏已经不下于小D，所以便成了势均力敌的现象，四只手拔着两颗头，都弯了腰，在钱家粉墙上映出一个蓝色的虹形，至于半点钟之久了。

“好了，好了！”看的人们说，大约是解劝的。

“好，好！”看的人们说，不知道是解劝，是颂扬，还是煽动。

然而他们都不听。阿Q进三步，小D便退三步，都站着；小D进三步，阿Q便退三步，又都站着。大约半点钟，——未庄少有自鸣钟，所以很难说，或者二十分，——他们的头发里便都冒烟，额上便都流汗，阿Q的手放松了，在同一瞬间，小D的手也正放松了，同时直起，同时退开，都挤出人丛去。

“记着罢，妈妈的……”阿Q回过头去说。

“妈妈的，记着罢……”小D也回过头来说。

这一场“龙虎斗”似乎并无胜败，也不知道看的人可满足，都没有发什么议论，而阿Q却仍然没有人来叫他做短工。

有一日很温和，微风拂拂的颇有些夏意了，阿Q却觉得寒冷起来，但这还可担当，第一倒是肚子饿。棉被、毡帽、布衫早已没有了，其次就卖了棉袄；现在有裤子，却万不可脱的；有破夹袄，又除了送人做鞋底之外，决定卖不出钱。他早想在路上拾得一注钱，但至今还没有见；他想在自己的破屋里忽然寻到一注钱，慌张的四顾，但屋内是空虚而且了然。于是他决计出门求食去了。

他在路上走着要“求食”，看见熟识的酒店，看见熟识的馒头，但他都走过了，不但没有暂停，而且并不想要。他所求的不是这类东西了；他求的是什么东西，他自己不知道。

未庄本不是大村镇，不多时便走尽了。村外多是水田，满眼是新秧的嫩绿，夹着几个圆形的活动的黑点，便是耕田的农夫。阿Q并不赏鉴这田家乐，却只是走，因为他直觉的知道这与他的“求食”之道是很辽远的。但他终于走到静修庵的墙外了。

庵周围也是水田，粉墙突出在新绿里，后面的低土墙里是菜园。阿Q迟疑了一会，四面一看，并没有人。他便爬上这矮墙去，扯着何首乌藤，但泥土仍然簌簌的掉，阿Q的脚也索索的抖；终于攀着桑树枝，跳到里面了。里面真是郁郁葱葱，但似乎并没有黄酒馒头，以及此外可吃的之类。靠西墙是竹丛，下面许多笋，只可惜都是并未煮熟的，还有油菜早经结子，芥菜已将开花，小白菜也很老了。

阿Q仿佛文童落第似的觉得很冤屈，他慢慢走近园门去，忽而非常惊喜了，这分明是一畦老萝卜。他于是蹲下便拔，而门口突然伸出一个很圆的头来，又即缩回去了，这分明是小尼姑。小尼姑之流是阿Q本来视若草芥的，但世事须"退一步想"，所以他便赶紧拔起四个萝卜，拧下青叶，兜在大襟里。然而老尼姑已经出来了！

"阿弥陀佛，阿Q，你怎么跳进园里来偷萝卜！……阿呀，罪过呵，阿唷，阿弥陀佛！……"

"我什么时候跳进你的园里来偷萝卜？"阿Q且看且走的说。

"现在……这不是？"老尼姑指着他的衣兜。

"这是你的？你能叫得他答应你么？你……"

阿Q没有说完话，拔步便跑；追来的是一匹很肥大的黑狗。这本来在前门的，不知怎的到后园来了。黑狗哼而且追，已经要咬着阿Q的腿，幸而从衣兜里落下一个萝卜来，那狗给一吓，略略一停，阿Q已经爬上桑树，跨到土墙，连人和萝卜都滚出墙外面了。只剩着黑狗还在对着桑树嗥，老尼姑念着佛。

阿Q怕尼姑又放出黑狗来，拾起萝卜便走，沿路又检了几块小石头，但黑狗却并不再出现。阿Q于是抛了石块，一面走一面吃，而且想道，这里也没有什么东西寻，不如进城去。……

待三个萝卜吃完时，他已经打定了进城的主意了。

## 第六章　从中兴到末路

在未庄再看见阿Q出现的时候，是刚过了这年的中秋。人们都惊异，说是阿Q回来了，于是又回上去想道，他先前那里去了呢？阿Q前几回的上城，大抵早就兴高采烈的对人说，但这一次却并不，所以也没有一个人留心到。他或者也曾告诉过管土谷祠的老头子，然而未庄老例，只有赵太爷、钱太爷和秀才大爷上城才算一件事。假洋鬼子尚且不足数，何况是阿Q：因此老头子也就不替他宣传，而未庄的社会上也就无从知道了。

但阿Q这回的回来，却与先前大不同，确乎很值得惊异。天色将黑，他睡眼朦胧的在酒店门前出现了，他走近柜台，从腰间伸出手来，满把是银的和铜的，在柜上一扔说："现钱！打酒来！"穿的是新夹袄，看去腰间还挂着一个大搭连，沉钿钿的将裤带坠成了很弯很弯的弧线。未庄老例，看见略有些醒目的人物，是与其慢也宁敬的，现在虽然明知道是阿Q，但因为和破夹袄的阿Q有些两样了，古人云："士别三日便当刮目相待"，所以堂倌、掌柜、酒客、路人，便自然显出一种疑而且敬的形态来。掌柜既先之以点头，又继之以谈话：

"嚄，阿Q，你回来了！"

"回来了。"

"发财发财，你是——在……"

"上城去了！"

这一件新闻，第二天便传遍了全未庄。人人都愿意知道现钱和新夹袄的阿Q的中兴史，所以在酒店里，茶馆里，庙檐下，便渐渐的探听出来了。这结果，是阿Q得了新敬畏。

据阿Q说，他是在举人老爷家里帮忙，这一节，听的人都肃然了。这老爷本姓白，但因为合城里只有他一个举人，所以不必再冠姓，说起举人来就是他。这也不独在未庄是如此，便是一百里方圆之内也都如此，人们几乎多以为他的姓名就叫举人老爷的了。在这人的府上帮忙，那当然是可敬的。但据阿Q又说，他却不高兴再帮忙了，因为这举人老爷实在太"妈妈的"了。这一节，听的人都叹息而且快意，因为阿Q本不配在举人老爷家里帮忙，而不帮忙是可惜的。

据阿Q说，他的回来，似乎也由于不满意城里人，这就在他们将长凳称为条凳，而且煎鱼用葱丝，加以最近观察所得的缺点，是女人的走路也扭得不很好，然而也偶有大可佩服的地方，即如未庄的乡下人不过打三十二张的竹牌，只有假洋鬼子能够叉“麻酱”，城里却连小乌龟子都叉得精熟的。什么假洋鬼子，只要放在城里的十几岁的小乌龟子的手里，也就立刻是“小鬼见阎王”。这一节，听的人都赧然了。

“你们可看见过杀头么？”阿Q说，“咳，好看。杀革命党。唉，好看好看，……”他摇摇头，将唾沫飞在正对面的赵司晨的脸上。这一节，听的人都凛然了。但阿Q又四面一看，忽然扬起右手，照着伸长脖子听得出神的王胡的后项窝上直劈下去道：

“嚓！”

王胡惊得一跳，同时电光石火似的赶快缩了头，而听的人又都悚然而且欣然了。从此王胡瘟头瘟脑的许多日，并且再不敢走近阿Q的身边；别的人也一样。

阿Q这时在未庄人眼睛里的地位，虽不敢说超过赵太爷，但谓之差不多，大约也就没有什么语病的了。

然而不多久，这阿Q的大名忽又传遍了未庄的闺中。虽然未庄只有钱、赵两姓是大屋，此外十之九都是浅闺，但闺中究竟是闺中，所以也算得一件神异。女人们见面时一定说，邹七嫂在阿Q那里买了一条蓝绸裙，旧固然是旧的，但只化了九角钱，还有赵白眼的母亲，——一说是赵司晨的母亲，待考，——也买了一件孩子穿的大红洋纱衫，七成新，只用三百大钱九二串[34]，于是伊们都眼巴巴的想见阿Q，缺绸裙的想问他买绸裙，要洋纱衫的想问他买洋纱衫，不但见了不逃避，有时阿Q已经走过了，也还要追上去叫住他，问道：

“阿Q，你还有绸裙么？没有？纱衫也要的，有罢？”

后来这终于从浅闺传进深闺里去了，因为邹七嫂得意之余，将伊的绸裙请赵太太去鉴赏，赵太太又告诉了赵太爷而且着实恭维了一番。赵太爷便在晚饭桌上，和秀才大爷讨论，以为阿Q实在有些古怪，我们门窗应该小心些；但他的东西，不知道可还有什么可买，也许有点好东西罢。加以赵太太也正想买一件价廉物美的皮背心。于是家族决议，便托邹七嫂即刻去寻阿Q，而且为此新辟了第三种的例外：这晚上也姑且特准点油灯。

油灯干了不少了，阿Q还不到。赵府的全眷都很焦急，打着呵欠，或恨阿Q太飘忽，或怨邹七嫂不上紧。赵太太还怕他因为春天的条件不敢来，而赵太爷以为不足虑；因为这是“我”去叫他的。果然，到底赵太爷有见识，阿Q终于跟着邹七嫂进来了。

“他只说没有没有，我说你自己当面说去，他还要说，我说……”邹七嫂气喘吁吁的走着说。

“太爷！”阿Q似笑非笑的叫了一声，在檐下站住了。

“阿Q，听说你在外面发财。”赵太爷踱开去，眼睛打量着他的全身，一面说。“那很好，那很好的。这个，……听说你有些旧东西，……可以都拿来看一看，……这也并不是别的，因为我倒要……”

“我对邹七嫂说过了。都完了。”

“完了？”赵太爷不觉失声的说，“那里会完得这样快呢？”

“那是朋友的，本来不多。他们买了些。……”

“总该还有一点罢。”

“现在，只剩了一张门幕了。”

“就拿门幕来看看罢。”赵太太慌忙说。

“那么，明天拿来就是，”赵太爷却不甚热心了。“阿Q，你以后有什么东西的时候，你尽先送来给我们看，……”

“价钱决不会比别家出得少！”秀才说。秀才娘子忙一瞥阿Q的脸，看他感动了没有。

“我要一件皮背心。”赵太太说。

阿Q虽然答应着，却懒洋洋的出去了，也不知道他是否放在心上。这使赵太爷很失望，气忿而且担心，至于停止了打呵欠。秀才对于阿Q的态度也很不平，于是说，这忘八蛋要提防，或者竟不如吩咐地保，不许他住在未庄。但赵太爷以为不然，说这也怕要结怨，况且做这路生意的大概是“老鹰不吃窝下食”，本村倒不必担心的；只要自己夜里警醒点就是了。秀才听了这“庭训”[35]，非常之以为然，便即刻撤消了驱逐阿Q的提议，而且叮嘱邹七嫂，请伊万不要向人提起这一段话。

但第二日，邹七嫂便将那蓝裙去染了皂，又将阿Q可疑之点传扬出去了，可是确没有提起秀才要驱逐他这一节。然而这已经于阿Q很不利。最先，地保寻上门了，取了他的门幕去，阿Q说是赵太太要看的，而地保也不还，并且要议定每月的孝敬钱。其次，是村人对于他的敬畏忽而变相了，虽然还不敢来放肆，却很有远避的神情，而这神情和先前的防他来“嚓”的时候又不同，颇混着“敬而远之”的分子了。

只有一班闲人们却还要寻根究底的去探阿Q的底细。阿Q也并不讳饰，傲然的说出他的经验来。从此他们才知道，他不过是一个小脚色，不但不能上墙，并且不能进洞，只站在洞外接东西。有一夜，他刚才接到一个包，正手再进去，不一会，只听得里面大嚷起来，他便赶紧跑，连夜爬出城，逃回未庄来了，从此不敢再去做。然而这故事却于阿Q更不利，村人对于阿Q的“敬而远之”者，本因为怕结怨，谁料他不过是一个不敢再偷的偷儿呢？这实在是“斯亦不足畏也矣”。

## 第七章　革命

宣统三年九月十四日——即阿Q将搭连卖给赵白眼的这一天——三更四点，有一只大乌篷船到了赵府上的河埠头。这船从黑魆魆中荡来，乡下人睡得熟，都没有知道；出去时将近黎明，却很有几个看见的了。据探头探脑的调查来的结果，知道那竟是举人老爷的船！

那船便将大不安载给了未庄，不到正午，全村的人心就很摇动。船的使命，赵家本来是很秘密的，但茶坊酒肆里却都说，革命党要进城，举人老爷到我们乡下来逃难了。惟有邹七嫂不以为然，说那不过是几口破衣箱，举人老爷想来寄存的，却已被赵太爷回复转去。其实举人老爷和赵秀才素不相能，在理本不能有“共患难”的情谊，况且邹七嫂又和赵家是邻居，见闻较为切近，所以大概该是伊对的。

然而谣言很旺盛，说举人老爷虽然似乎没有亲到，却有一封长信，和赵家排了“转折亲”。赵太爷肚里一轮，觉得于他总不会有坏处，便将箱子留下了，现就塞在太太的床底下。至于革命党，有的说是便在这一夜进了城，个个白盔白甲：穿着崇正皇帝的素[36]。

阿Q的耳朵里，本来早听到过革命党这一句话，今年又亲眼见过杀掉革命党。但他有一种不知从那里来的意见，以为革命党便是造反，造反便是与他为难，所以一向是“深恶而痛绝之”的。殊不料这却使百里闻名的举人老爷有这样怕，于是他未免也有些“神往”了，况且未庄的一群鸟男女的慌张的神情，也使阿Q更快意。

“革命也好罢，”阿Q想，“革这伙妈妈的命，太可恶！太可恨！……便是我，也要投降革命党了。”

阿Q近来用度窘，大约略略有些不平；加以午间喝了两碗空肚酒，愈加醉得快，一面想一面走，便又飘飘然起来。不知怎么一来，忽而似乎革命党便是自己，未庄人却都是他的俘虏了，他得意之余，禁不住大声的嚷道：

“造反了！造反了！”

未庄人都用了惊惧的眼光对他看。这一种可怜的眼光，是阿Q从来没有见过的，一见之下，又使他舒服得如六月里喝了雪水。他更加高兴的走而且喊道：

“好，……我要什么就是什么，我欢喜谁就是谁。

得得，锵锵！

悔不该，酒醉了错斩了郑贤弟。

悔不该，呀呀呀……

得得，锵锵，得，锵令锵！

我手执钢鞭将你打……”

赵府上的两位男人和两个真本家，也正站在大门口论革命。阿Q没有见，昂了头直唱过去。

“得得，……”

“老Q，”赵太爷怯怯的迎着低声的叫。

“锵锵，”阿Q料不到他的名字会和“老”[37]字联结起来，以为是一句别的话，与己无干；只是唱。“得，锵，锵令锵，锵！”

“老Q。”

“悔不该……”

“阿Q！”秀才只得直呼其名了。

阿Q这才站住，歪着头问道：“什么？”

“老Q，……现在……”赵太爷却又没有话，“现在……发财么？”

“发财？自然。要什么就是什么……”

“阿……Q哥，像我们这样穷朋友是不要紧的……”赵白眼惴惴的说，似乎想探革命党的口风。

“穷朋友？你总比我有钱。”阿Q说着自去了。

大家都怃然，没有话，赵太爷父子回家，晚上商量到点灯。赵白眼回家，便从腰间扯下搭连来，交给他女人藏在箱底里。

阿Q飘飘然的飞了一通，回到土谷祠，酒已经醒透了。这晚上，管祠的老头子也意外的和气，请他喝茶；阿Q便向他要了两个饼，吃完之后，又要了一支点过的四两烛[38]和一个树烛台，点起来，独自躺在自己的小屋里。他说不出的新鲜而且高兴，烛火像元夜似的闪闪的跳，他的思想也迸跳起来了：——

“造反？有趣，……来了一阵白盔白甲的革命党，都拿着板刀、钢鞭、炸弹、洋炮、三尖两刃刀、钩镰枪，走过土谷祠，叫道：‘阿Q！同去同去！’于是一同去。……

“这时未庄的一伙鸟男女才好笑哩，跪下叫道：‘阿Q，饶命！’谁听他！第一个该死的是小D和赵太爷，还有秀才，还有假洋鬼子，……留几条么？王胡本来还可留，但也不要了。……

“东西，……直走进去打开箱子来；元宝、洋钱、洋纱衫，……秀才娘子的一张宁式床先搬到土谷祠，此外便摆了钱家的桌椅，——或者也就用赵家的罢。自己是不动手的了，叫小D来搬，要搬得快，搬得不快打嘴巴。……

“赵司晨的妹子真丑。邹七嫂的女儿过几年再说。假洋鬼子的老婆会和没有辫子的男人睡觉，吓，不是好东西！秀才的老婆是眼胞上有疤的。……吴妈长久不见了，不知道在那里，——可惜脚太大。”

阿Q没有想得十分停当，已经发了鼾声，四两烛还只点去了小半寸，红焰焰的光照着他张开的嘴。

“荷荷！”阿Q忽而大叫起来，抬了头仓皇的四顾。待到看见四两烛，却又倒头睡去了。

第二天他起得很迟，走出街上看时，样样都照旧。他也仍然肚饿，他想着，想不起什么来；但他忽而似乎有了主意了，慢慢的跨开步，有意无意的走到静修庵。

庵和春天时节一样静，白的墙壁和漆黑的门。他想了一想，前去打门，一只狗在里面叫。他急急拾了几块断砖，再上去较为用力的打，打到黑门上生出许多麻点的时候，才听得有人来开门。

阿Q连忙捏好砖头，摆开马步，准备和黑狗来开战。但庵门只开了一条缝，并无黑狗从中冲出，望进去只有一个老尼姑。

“你又来什么事？”伊大吃一惊的说。

“革命了……你知道？……”阿Q说得很含胡。

“革命革命，革过一革的，……你们要革得我们怎么样呢？”老尼姑两眼通红的说。

“什么？……”阿Q诧异了。

“你不知道，他们已经来革过了！”

“谁？……”阿Q更其诧异了。

“那秀才和洋鬼子！”

阿Q很出意外，不由的一错愕，老尼姑见他失了锐气，便飞速的关了门，阿Q再推时，牢不可开，再打时，没有回答了。

那还是上午的事。赵秀才消息灵，一知道革命党已在夜间进城，便将辫子盘在顶上，一早去拜访那历来也不相能的钱洋鬼子。这是“咸与维新”[39]的时候了，所以他们便谈得很投机，立刻成了情投意合的同志，也相约去革命。他们想而又想：才想出静修庵里有一块“皇帝万岁万万岁”的龙牌，是应该赶紧革掉的，于是又立刻同到庵里去革命。因为老尼姑来阻挡，说了三句话，他们便将伊当作满政府，在头上很给了不少的棍子和栗凿。尼姑待他们走后，定了神来检点，龙牌固然已经碎在地上了，而且又不见了观音娘娘座前的一个宣德炉[40]。

这事阿Q后来才知道。他颇悔自己睡着，但也深怪他们不来招呼他。他又退一步想道：

“难道他们还没有知道我已经投降了革命党么？”

## 第八章　不准革命

未庄的人心日见其安静了。据传来的消息，知道革命党虽然进了城，倒还没有什么大异样。知县大老爷还是原官，不过改称了什么，而且举人老爷也做了什么——这些名目，未庄人都说不明白——官，带兵的也还是先前的老把总[41]。只有一件可怕的事是另有几个不好的革命党夹在里面捣乱，第二天便动手剪辫子，听说那邻村的航船七斤便着了道儿，弄得不像人样子了。但这却还不算大恐怖，因为未庄人本来少上城，即使偶有想进城的，也就立刻变了计，碰不着这危险。阿Q本也想进城去寻他的老朋友，一得这消息，也只得作罢了。

但未庄也不能说是无改革。几天之后，将辫子盘在顶上的逐渐增加起来了，早经说过，最先自然是茂才公，其次便是赵司晨和赵白眼，后来是阿Q。倘在夏天，大家将辫子盘在头顶上或者打一个结，本不算什么稀奇事，但现在是暮秋，所以这“秋行夏令”的情形，在盘辫家不能不说是万分的英断，而在未庄也不能说无关于改革了。

赵司晨脑后空荡荡的走来，看见的人大嚷说：

“嚄，革命党来了！”

阿Q听到了很羡慕。他虽然早知道秀才盘辫的大新闻，但总没有想到自己可以照样做，现在看见赵司晨也如此，才有了学样的意思，定下实行的决心。他用一支竹筷将辫子盘在头顶上，迟疑多时，这才放胆的走去。

他在街上走，人也看他，然而不说什么话，阿Q当初很不快，后来便很不平。他近来很容易闹脾气了；其实他的生活，倒也并不比造反之前反艰难，人见他也客气，店铺也不说要现钱。而阿Q总觉得自己太失意：既然革了命，不应该只是这样的。况且有一回看见小D，愈使他气破肚皮了。

小D也将辫子盘在头顶上了，而且也居然用一支竹筷。阿Q万料不到他也敢这样做，自己也决不准他这样做！小D是什么东西呢？他很想即刻揪住他，拗断他的竹筷，放下他的辫子，并且批他几个嘴巴，聊且惩罚他忘了生辰八字[42]，也敢来做革命党的罪。但他终于饶放了，单是怒目而视的吐一口唾沫道：“呸！”

这几日里，进城去的只有一个假洋鬼子。赵秀才本也想靠着寄存箱子的渊源，亲身去拜访举人老爷的，但因为有剪辫的危险，所以也就中止了。他写了一封“黄伞格”的信，托假洋鬼子带上城，而且托他给自己绍介绍介，去进自由党。假洋鬼子回来时，向秀才讨还了四块洋钱，秀才便有一块银桃子挂在大襟上了；未庄人都惊服，说这是柿油党的顶子[43]，抵得一个翰林[44]，赵太爷因此也骤然大阔，远过于他儿子初隽秀才的时候，所以目空一切，见了阿Q，也就很有些不放在眼里了。

阿Q正在不平，又时时刻刻感着冷落，一听得这银桃子的传说，他立即悟出自己之所以冷落的原因了：要革命，单说投降，是不行的；盘上辫子，也不行的；第一着仍然要和革命党去结识。他生平所知道的革命党只有两个，城里的一个早已"嚓"的杀掉了，现在只剩了一个假洋鬼子。他除却赶紧去和假洋鬼子商量之外，再没有别的道路了。

钱府的大门正开着，阿Q便怯怯的躄进去，他一到里面，很吃了惊，只见假洋鬼子正站在院子的中央，一身乌黑的大约是洋衣，身上也挂着一块银桃子，手里是阿Q曾经领教过的棍子，已经留到一尺多长的辫子都拆开了披在肩背上，蓬头散发的像一个刘海仙[45]。对面挺直的站着赵白眼和三个闲人，正在必恭必敬的听说话。

阿Q轻轻的走近了，站在赵白眼的背后，心里想招呼，却不知道怎么说才好：叫他假洋鬼子固然是不行的了，洋人也不妥，革命党也不妥，或者就应该叫洋先生了罢。

洋先生却没有见他，因为白着眼睛讲得正起劲：

"我是性急的，所以我们见面，我总是说：洪哥[46]！我们动手罢！他却总说道No！——这是洋话，你们不懂的。否则早已成功了，然而这正是他做事小心的地方。他再三再四的请我上湖北，我还没有肯。谁愿意在这小县城里做事情。……"

"唔，……这个……"阿Q候他略停，终于用十二分的勇气开口了，但不知道因为什么，又并不叫他洋先生。

听着说话的四个人都吃惊的回顾他。洋先生也才看见：

"什么？"

"我……"

"出去！"

"我要投……"

"滚出去！"洋先生扬起哭丧棒来了。

赵白眼和闲人们便都吆喝道："先生叫你滚出去，你还不听么！"

阿Q将手向头上一遮，不自觉的逃出门外；洋先生倒也没有追。他快跑了六十多步，这才慢慢的走，于是心里便涌起了忧愁：洋先生不准他革命，他再没有别的路；从此决不能望有白盔白甲的人来叫他，他所有的抱负、志向、希望、前程，全被一笔勾销了。至于闲人们传扬开去，给小D、王胡等辈笑话，倒是还在其次的事。

他似乎从来没有经验过这样的无聊。他对于自己的盘辫子，仿佛也觉得无意味，要侮蔑；为报仇起见，很想立刻放下辫子来，但也没有竟放。他游到夜间，赊了两碗酒，喝下肚去，渐渐的高兴起来了，思想里才又出现白盔白甲的碎片。

有一天，他照例的混到夜深，待酒店要关门，才踱回土谷祠去。

拍，吧——！

他忽而听得一种异样的声音，又不是爆竹。阿Q本来是爱看热闹，爱管闲事的，便在暗中直寻过去。似乎前面有些脚步声；他正听，猛然间一个人从对面逃来了。阿Q一看见，便赶紧翻身跟着逃。那人转弯，阿Q也转弯，既转弯，那人站住了，阿Q也站住。他看后面并无什么，看那人便是小D。

“什么？”阿Q不平起来了。

“赵……赵家遭抢了！”小D气喘吁吁的说。

阿Q的心怦怦的跳了。小D说了便走；阿Q却逃而又停的两三回，但他究竟是做过“这路生意”的人，格外胆大，于是躄出路角，仔细的听，似乎有些嚷嚷，又仔细的看，似乎许多白盔白甲的人，络绎的将箱子抬出了，器具抬出了，秀才娘子的宁式床也抬出了，但是不分明，他还想上前，两只脚却没有动。

这一夜没有月，未庄在黑暗里很寂静，寂静到像羲皇[47]时候一般太平。阿Q站着看到自己发烦，也似乎还是先前一样，在那里来来往往的搬，箱子抬出了，器具抬出了，秀才娘子的宁式床也抬出了，……抬得他自己有些不信他的眼睛了。但他决计不再上前，却回到自己的祠里去了。

土谷祠里更漆黑；他关好大门，摸进自己的屋子里。他躺了好一会，这才定了神，而且发出关于自己的思想来：白盔白甲的人明明到了，并不来打招呼，搬了许多好东西，又没有自己的份，——这全是假洋鬼子可恶，不准我造反，否则，这次何至于没有我的份呢？阿Q越想越气，终于禁不住满心痛恨起来，毒毒的点一点头："不准我造反，只准你造反？妈妈的假洋鬼子，——好，你造反！造反是杀头的罪名呵，我总要告一状，看你抓进县里去杀头，——满门抄斩，——嚓！嚓！"

## 第九章　大团圆

赵家遭抢之后，未庄人大抵很快意而且恐慌，阿Q也很快意而且恐慌。但四天之后，阿Q在半夜里忽被抓进县城里去了。那时恰是暗夜一队兵，一队团丁，一队警察，五个侦探，悄悄地到了未庄，乘昏暗围住土谷祠，正对门架好机关枪。然而阿Q不冲出。许多时没有动静，把总焦急起来了，悬了二十千的赏，才有两个团丁冒了险，逾垣进去，里应外合，一拥而入，将阿Q抓出来；直待擒出祠外面的机关枪左近，他才有些清醒了。

到进城，已经是正午，阿Q见自己被搀进一所破衙门，转了五六个弯，便推在一间小屋里。他刚刚一跄踉，那用整株的木料做成的栅栏门便跟着他的脚跟阖上了，其余的三面都是墙壁，仔细看时，屋角上还有两个人。

阿Q虽然有些忐忑，却并不很苦闷，因为他那土谷祠里的卧室，也并没有比这间屋子更高明。那两个也仿佛是乡下人，渐渐和他兜搭起来了，一个说是举人老爷要追他祖父欠下来的陈租，一个不知道为了什么事。他们问阿Q，阿Q爽利的答道："因为我想造反。"

他下半天便又被抓出栅栏门去了，到得大堂，上面坐着一个满头剃得精光的老头子。阿Q疑心他是和尚，但看见下面站着一排兵，两旁又站着十几个长衫人物，也有满头剃得精光像这老头子的，也有将一尺来长的头发披在背后像那假洋鬼子的，都是一脸横肉，怒目而视的看他；他便知道这人一定有些来历，膝关节立刻自然而然的宽松，便跪了下去了。

"站着说！不要跪！"长衫人物都吆喝说。

阿Q虽然似乎懂得，但总觉得站不住，身不由己的蹲了下去，而且终于趁势改为跪下了。

“奴隶性！……”长衫人物又鄙夷似的说，但也没有叫他起来。

“你从实招来罢，免得吃苦。我早都知道了。招了可以放你，”那光头的老头子看定了阿Q的脸，沉静的清楚的说。

“招罢！”长衫人物也大声说。

“我本来要……来投……”阿Q胡里胡涂的想了一通，这才断断续续的说。

“那么，为什么不来的呢？”老头子和气的问。

“假洋鬼子不准我！”

“胡说！此刻说，也迟了。现在你的同党在那里？”

“什么？……”

“那一晚打劫赵家的一伙人。”

“他们没有来叫我。他们自己搬走了。”阿Q提起来便愤愤。

“走到那里去了呢？说出来便放你了。”老头子更和气了。

“我不知道，……他们没有来叫我……”

然而老头子使了一个眼色，阿Q便又被抓进栅栏门里了。他第二次抓出栅栏门，是第二天的上午。

大堂的情形都照旧。上面仍然坐着光头的老头子，阿Q也仍然下了跪。

老头子和气的问道，“你还有什么话说么？”

阿Q一想，没有话，便回答说，“没有。”

于是一个长衫人物拿了一张纸，并一支笔送到阿Q的面前，要将笔塞在他手里。阿Q这时很吃惊，几乎“魂飞魄散”了：因为他的手和笔相关，这回是初次。他正不知怎样拿；那人却又指着一处地方教他画花押。

“我……我……不认得字。”阿Q一把抓住了笔，惶恐而且惭愧的说。

“那么，便宜你，画一个圆圈！”

阿Q要画圆圈了。那手捏着笔却只是抖。于是那人替他将纸铺在地上。阿Q伏下去，使尽了平生的力画圆圈。他生怕被人笑话，立志要画得圆，但这可恶的笔不但很沉重，并且不听话，刚刚一抖一抖的几乎要合缝，却又向外一耸，画成瓜子模样了。

阿Q正羞愧自己画得不圆，那人却不计较，早已掣了纸笔去，许多人又将他第二次抓进栅栏门。

他第二次进了栅栏，倒也并不十分懊恼。他以为人生天地之间，大约本来有时要抓进抓出，有时要在纸上画圆圈的，惟有圈而不圆，却是他“行状”上的一个污点。但不多时也就释然了，他想：孙子才画得很圆的圆圈呢。于是他睡着了。

然而这一夜，举人老爷反而不能睡：他和把总呕了气了。举人老爷主张第一要追赃。把总主张第一要示众。把总近来很不将举人老爷放在眼里了，拍案打凳的说道：“惩一儆百！你看，我做革命党还不上二十天，抢案就是十几件，全不破案，我的面子在那里？破了案，你又来迂。不成！这是我管的！”举人老爷窘急了，然而还坚持，说是倘若不追赃，他便立刻辞了帮办民政的职务。而把总却道：“请便罢！”于是举人老爷在这一夜竟没有睡，但幸而第二天倒也没有辞。

阿Q第三次抓出栅栏门的时候，便是举人老爷睡不着的那一夜的明天的上午了。他到了大堂，上面还坐着照例的光头老头子；阿Q也照例的下了跪。

老头子很和气的问道，“你还有什么话么？”

阿Q一想，没有话，便回答说，“没有。”

许多长衫和短衫人物，忽然给他穿上一件洋布的白背心，上面有些黑字。阿Q很气苦；因为这很象是带孝，而带孝是晦气的。然而同时他的两手反缚了，同时又被一直抓出衙门外去了。

阿Q被抬上了一辆没有篷的车，几个短衣人物也和他同坐在一处。这车立刻走动了，前面是一班背着洋炮的兵们和团丁，两旁是许多张着嘴的看客，后面怎样，阿Q没有见。但他突然觉到了；这岂不是去杀头么？他一急，两眼发黑，耳朵里嗡的一声，似乎发昏了。然而他又没有发昏，有时虽然着急，有时却也泰然；他意思之间，似乎觉得人生天地间，大约本来有时也未免要杀头的。

他还认得路，于是有些诧异了：怎么不向着法场走呢？他不知道这是在游街，在示众。但即使知道也一样，他不过以为人生天地间，大约本来有时也未免要游街要示众罢了。

他省悟了，这是绕到法场去的路，这一定是“嚓”的去杀头。他惘惘的向左右看，全跟着蚂蚁似的人，而在无意中，却在路旁的人丛中发见了一个吴妈。很久违，伊原来在城里做工了。阿Q忽然很羞愧自己没志气；竟没有唱几句戏。他的思想仿佛旋风似的在脑里一回旋：《小孤孀上坟》欠堂皇，《龙虎斗》里的“悔不该……”也太乏，还是“手执钢鞭将你打”罢。他同时想将手一扬，才记得这两手原来都捆着，于是“手执钢鞭”也不唱了。

“过了二十年又是一个……”阿Q在百忙中，“无师自通”的说出半句从来不说的话。

“好！”从人丛里，便发出豺狼的嗥叫一般的声音来。

车子不住的前行，阿Q在喝采声中，轮转眼睛去看吴妈，似乎伊一向并没有见他，却只是出神的看着兵们背上的洋炮。

阿Q于是再看那些喝采的人们。

这刹那中，他的思想又仿佛旋风似的在脑里一回旋了。四年之前，他曾在山脚下遇见一只饿狼，永是不近不远的跟定他，要吃他的肉。他那时吓得几乎要死，幸而手里有一柄斫柴刀，才得仗这壮了胆，支持到未庄；可是永远记得那狼眼睛，又凶又怯，闪闪的像两颗鬼火，似乎远远的来穿透了他的皮肉。而这回他又看见从来没有见过的更可怕的眼睛了，又钝又锋利，不但已经咀嚼了他的话，并且还要咀嚼他皮肉以外的东西，永是不远不近的跟他走。

这些眼睛们似乎连成一气，已经在那里咬他的灵魂。

“救命，……”

然而阿Q没有说。他早就两眼发黑，耳朵里嗡的一声，觉得全身仿佛微尘似的迸散了。

至于当时的影响，最大的倒反在举人老爷，因为终于没有追赃，他全家都号咷了。其次是赵府，非特秀才因为上城去报官，被不好的革命党剪了辫子，而且又破费了二十千的赏钱，所以全家也号咷了。从这一天以来，他们便渐渐的都发生了遗老的气味。

至于舆论，在未庄是无异议，自然都说阿Q坏，被枪毙便是他的坏的证据；不坏又何至于被枪毙呢？而城里的舆论却不佳，他们多半不满足，以为枪毙并无杀头这般好看；而且那是怎样的一个可笑的死囚呵，游了那么久的街，竟没有唱一句戏：他们白跟一趟了。

（一九二一年十二月。）

# 注释

［1］《阿Q正传》最初分章发表于北京《晨报副刊》，自1921年12月4日起至1922年2月12日止，每周或隔周刊登一次，署名巴人。作者在1925年曾为这篇小说的俄文译本写过一篇短序，后收在《集外集》中；1926年又写过《阿Q正传的成因》一文，收在《华盖集续编》中，都可参看。

［2］“立言”：我国古代所谓“三不朽”之一。《左传》襄公二十四年载鲁国大夫叔孙豹的话：“太上有立德，其次有立功，其次有立言，虽久不废，此之谓不朽。”

［3］“名不正则言不顺”：语见《论语·子路》。

［4］“内传”：小说体传记的一种。作者在1931年3月3日给《阿Q正传》日译者山上正义的校释中说：“昔日道士写仙人的事多以‘内传’题名。”

［5］“正史”：封建时代由官方撰修或认可的史书。清代乾隆时规定自《史记》至《明史》历代二十四部纪传体史书为“正史”。“正史”中的“列传”部分，一般都是著名人物的传记。

［6］“宣付国史馆立‘本传’”：旧时效忠于统治阶级的重要人物或所

谓名人，死后由政府明令褒扬，令文末常有“宣付国史馆立传”的话。历代编纂史书的机构，名称不一，清代叫国史馆。辛亥革命后，北洋军阀及国民党政府都曾沿用这一名称。

[7]“文豪迭更司做过《博徒别传》这一部书”：迭更司（1812—1870），通译狄更斯，英国小说家，著有《大卫·科波菲尔》《双城记》等。《博徒别传》原名《劳特奈·斯吞》，英国小说家柯南·道尔（1859—1930）著。鲁迅在1926年8月8日致韦素园信中对本文做过更正，言道：“《博徒别传》是Rodney Stone的译名，但是C. Doyle做的。《阿Q正传》中说是迭更司作，乃是我误记。”

[8]“‘引车卖浆者流’所用的话”：指白话文。1931年3月3日作者给日本山上正义的校释中说：“‘引车卖浆’，即拉车卖豆腐浆之谓。”作者提倡“白话”的使用，因为这一直被顽固文人所嘲笑，他们坚持使用古典中文。而且这里作者此言是出于讽刺目的而使用的自嘲语气。

[9]“不入三教九流的小说家”：三教，指儒教、佛教、道教；九流，即九家。《汉书·艺文志》中分古代诸子为十家，即儒家、道家、阴阳家、法家、名家、墨家、纵横家、杂家、农家、小说家，并说：“诸子十家，其可观者九家而已。”“小说家者流，盖出于稗官。街谈巷语，道听途说者之所造也。……是以君子弗为也。”

[10]《书法正传》：一部关于书法的书，清代冯武著，共十卷。这里的“正传”是“正确的传授”的意思。

[11]“赵太爷”：“太爷”是一种称呼的形式，无论是否有姓氏，通常用于一个声望很高或有巨大财富的人，或者因其年龄或地理位置而受到尊重，汉字在其他情况下相应的意思是“曾祖父”“大老爷”等。

[12]“秀才”：中国古代选拔官吏的科目，意为优秀人才。参见此译版本《孔乙己》注释［8］。

[13]“著之竹帛”：语出《吕氏春秋·仲春纪》：“著乎竹帛，传乎后世。”竹，竹简；帛，绢绸。我国古代未发明造纸前曾用来书写文字。

[14]“茂才”：即秀才。东汉时，因为避光武帝刘秀的名讳，改秀才为茂才；三国时期又改回秀才。后来有时也沿用作秀才的别称。

[15]“陈独秀办了《新青年》提倡洋字”：指1918年前后钱玄同等人在《新青年》杂志上开展关于废除汉字、改用罗马字母拼音的讨论一事。1931年3月3日作者在给山上正义的校释中说：“主张使用罗马字母的是钱玄同，这里说是陈独秀，系茂才公之误。”关于《新青年》，还可参见此译版本《〈呐喊〉自序》注释[7]。

[16]《郡名百家姓》：《百家姓》是以前学塾所用的识字课本之一，宋初人编纂。为便于诵读，将姓氏连缀为四言韵语。《郡名百家姓》则在每一姓上都附注郡（古代地方区域的名称）名，表示某姓望族曾居古代某地，如赵为“天水”、钱为“彭城”之类。

[17]“未庄”：作者以“未庄”命名这个村庄，可以认为它包含了“不存在”的内涵，意味深长。因为汉字“未”具有“尚未存在”的感觉。作者使用它具有讽刺意味，与这部小说的讽刺风格相同，所以最好将这个名称翻译成“aldea de Inexistencia”（未存在的村庄）。

[18]胡适之：即胡适（1891—1962），安徽绩溪人，买办资产阶级文人、政客。他在1920年7月所作《〈水浒传〉考证》中自称“有历史癖与考据癖”。

[19]“土谷祠”：即土地庙。土谷，指土地神和五谷神。

[20]“文童”：也称“童生”，指科举时代习举业而尚未考取秀才的人。

[21]“黄辫子”：指清初时期清朝统治者强令其统治下包括汉族及其他南方少数民族的男子改剃满族髡发发型的“剃发令”，涉及民族文化认同，主要是为了区别服从者和反抗者，方便统治。剃发令在明末清初引起强烈反对与抵抗，结果反抗者在清初一度遭到清廷的血腥镇压。1911年辛亥革命推翻满清王朝，此令予以废除。

[22]“儿子”：在中国人的低俗生活中，一个人用“儿子”称呼另一个人，是一种蔑视和谩骂，意味着他至少在心理上获得优势或胜利。

[23]“状元”：科举时代，经皇帝殿试取中的第一名。一旦殿试第一，

马上就由吏部考试任其官位，或翰林院修撰，或著作郎、秘书郎，或掌修国史，或做天子侍讲，从此也就步入了仕途，开始了宦海人生。他们中的相当一部分人，最后登上了显赫的高位。

[24]“塞翁失马安知非福”：据《淮南子·人间训》：“近塞上之人有善术者，马无故亡胡中，人皆吊之。其父曰：此何遽不能为福乎？居数月，其马将胡骏马而归，人皆贺之。其父曰：此何遽不能为祸乎？家富马良，其子好骑，堕而折髀，人皆吊之。其父曰：此何遽不能为福乎？居一年，胡人大入塞，丁壮者控弦而战，塞上之人死者十九，此独以跛之故，父子相保。故福之为祸，祸之为福，化不可极，深不可测也。”

[25]《小孤孀上坟》：当时流行的一出绍兴地方戏。

[26]“太牢”：指的是中国古代祭祀使用的牺牲的最高规格，一般是指全牛一只，牺牲祭天。此规格古时只有天子可以使用。关于朝臣的屠宰标准，使用称为“小牛栏”的级别——包括羊和猪。清代以后指牛肉、羊肉、猪肉。不一定是全是整只。牢之意是指在祭祀之前将牲畜圈养起来，就像在监牢里一样。

[27]“举人”：中国古代选拔官吏的科目，意为指被荐举之人。举人高于秀才。参见此译版本《孔乙己》注释[10]。

[28]“东洋”：指日本，因为中国人历来认为日本位于东海。

[29]“妲己”：殷纣王的妃子。《史记》中有商因妲己而亡的记载。作者在这里是讽刺那种把历史上亡国败家的原因都归罪于妇女的观点。

[30]“褒姒”：周幽王的妃子。《史记》中有周因褒姒而衰的记载。周幽王三年（前779年），周幽王攻打褒国，褒国兵败，于是献出美女褒姒乞求投降。周幽王得到褒姒后，对她非常宠爱。前774年，周幽王竟然废黜王后申后，而立褒姒为王后。最后，周朝毁于褒姒祸端。

[31]“貂蝉”：貂蝉是《三国演义》中王允家的一个歌妓，书中有吕布为争夺她而杀死董卓的故事。

[32]“邹七嫂”：即邹姓男子的妻子，邹在家中排行第七。

[33]“我手执钢鞭将你打！”：这一句及下文的“悔不该，酒醉错斩了郑贤弟”，都是当时绍兴地方戏《龙虎斗》中的唱词。

[34]“只用三百大钱九二串”：即“三百大钱，以九十二文作为一百”。旧时中国用的铜钱，中心有方孔，可用绳子串在一起，每千枚（或每枚“当十”的大钱一百枚）为一串，称作一吊，但实际上常不足数，此时的每个铜钱称为“大钱”。

[35]“庭训”：《论语·季氏》载：孔丘“尝独立，鲤（按：即孔丘的儿子）趋而过庭”，孔丘要他学“诗”、学“礼”。后来就常有人称父亲的教训为“庭训”或“过庭之训”。

[36]“穿着崇正皇帝的素”：崇正，作品中人物对崇祯的讹称。崇祯是明思宗（朱由检）的年号。明亡于清，后来有些农民起义的部队，常用“反清复明”的口号来反对清朝统治，因此直到清末还有人认为革命军起义是替崇祯皇帝报仇。

[37]“老”：在平日使用中，“老”字冠于姓或名前，带有亲切，尊重的感觉。文中此处赵太爷对阿Q称“老Q”属出于对革命局面的一种恐惧，而对于阿Q来说，实属突然，所以甚至于都没反应过来。

[38]“四两烛”：重为四两的蜡烛，这里意指“正规的蜡烛”，衬托当时阿Q在冲动之时敢于向管祠的老头提一点小要求。

[39]“咸与维新”：语见《尚书·胤征》：“旧染污俗，咸与维新。”原意是对一切受恶习影响的人都给以弃旧从新的机会。这里指辛亥革命时革命派与反对势力妥协，地主官僚等乘此投机的现象。

[40]“宣德炉”：明宣宗宣德年间（1426—1435）制造的一种比较名贵的小型铜香炉，炉底有“大明宣德年制”。

[41]“把总”：清代最下一级的武官，一般是县一级驻军长官。

[42]“生辰八字”：简称八字，是指一个人出生时的干支历日期；年月日时共四柱干支，每柱两字，合共八个字。生辰八字在中国民俗信仰中占有重要地位，古代中国道家、星相家据此推算人的命运的好坏。

[43]“柿油党的顶子”：柿油党是“自由党”。“自由”的中文发音是

zì yóu，但当时中国农民没有自由，也不懂自由，只会谐音模仿着说，就说成“柿油”（shì yóu），于是“自由党”成了“柿油党”。作者揭示在1911年的复兴之后，各种具有混乱信仰和不同思想的政党冒了出来。人民或下层阶级对他们不了解也不信任，常常把将他们帽子的徽章比作封建王朝官员的珍珠“顶子”。

[44]“翰林”：唐代以来皇帝的文学侍从的名称，负责起草皇帝的诏书。从宋代起它成为正式官职，并兼任科举考试考官，是一种名望较高的文职官衔。翰林院是聚集人才的地方，具有崇高的地位声望。

[45]“刘海仙”：指五代（907—979）时的刘海蟾，相传他在终南山修道成仙。流行于民间的他的画像，一般都是披着长发，前额覆有短发。

[46]“洪哥”：似指黎元洪。他原任清朝新军第二十一混成协的协统（相当于以后的旅长）。当革命起义于1911年首次在武昌市爆发时，他被大炮射击吓得躲了起来，但是士兵把他从朋友家里拉出，把他放在了湖北省革命军队的军事总督的位置上。在这篇文章中，假洋鬼子夸大并展示了他与革命领导人之间的关系。

[47]“羲皇”：指伏羲氏，是传说中我国上古时代的帝王，所处时代约为旧石器时代中晚期。他是古代传说中的中华民族人文始祖，是中国古籍中记载的最早的王，是中国医药鼻祖之一。他的时代过去曾被形容为太平盛世。

# Historia original de Ah Q[①]

## Capítulo I  Introducción

Hace no menos de un año o dos desde que quise escribir una biografía original para Ah Q. Pero mientras que iba a hacerlo, a menudo miraba hacia atrás, lo que demuestra que no soy un hombre tipo de establecer doctrina"[②]. Como una pluma perpetua debe biografiar a hombres inmortales, así el personaje se hereda en la historia mediante el texto y el texto se transmite en la historia a través del personaje, pero al fin y al cabo, ¿quién depende de quién para transmitirse? Cosa que ha venido a ser gradualmente menos clara, y finalmente se reduce a biografiar a Ah Q, es como si hubiera un fantasma en mi mente.

Sin embargo, para escribir este artículo de decaimiento rápido, tan pronto como empiezo a usar la pluma, lo siento extremadamente difícil. El primero es el título del artículo. Confucio decía: "Sin el nombre justificado, el habla no se juzgará razonable".[③] Esto debería ser una advertencia de suma atención. Hay muy variados géneros de biografía: biografía histórica, autobiografía, biografía interna[④],

---

① Este artículo se publicó originalmente en el *Suplemento de Noticias Matutinas* de Beijing del 4 de diciembre de 1921 al 12 de febrero de 1922. Se publicó semanalmente o a cada dos semanas, bajo el seudónimo de Ba Ren. En 1925, el autor escribió un breve prefacio para la traducción en ruso de esta novela y luego recopilado en la *Colección de adiciones*; en 1926, escribió el artículo "La causa de la historia original de Ah Q", en la *Colección continua de Hua Gai*. Ambos sirven para su consulta.

② "Establecer doctrina": Según *Zuo Zhuan* (*Crónica de Zuo*, que cubre el período de 722 a. C. a 468 a. C.), el primer ejecutivo Shusun Bao del reino Lu dijo al rey que "La causa superior es la moralidad, seguida de acción meritoria, y luego el establecimiento de doctrina, que no se abandonan nunca, y se llaman causas inmortales".

③ "Sin el nombre justificado, el habla no se juzgará razonable": Vea las *Analectas de Confucio – Zi Lu.*

④ "Biografía interna": Una especie de biografía de novela, con la cual los practicantes taoístas anteriores solían escribir cuentos sobre los inmortales.

biografía extra, biografía suplementaria, biografía familiar, biografía breve..., pero desafortunadamente ninguna de ellas coincide con este caso. ¿Atribuyéndola a la "biografía histórica"? Obviamente este artículo no se puede colocar paralelamente a muchos ilustres personajes en la "historia ortodoxa"⑤; ¿a la "autobiografía"? Pero yo no soy propiamente Ah Q en sí mismo. Si se la incluye a la "biografía extra", entonces, ¿dónde estará la "biografía interna"? Y si se usa "biografía interna", Ah Q no es absolutamente ningún santo o genio. ¿Qué parece usarse "biografía suplementaria"? Pero Ah Q no ha sido objeto de un decreto superior por el presidente para que la Academia de Historia Nacional escribiera su "biografía auténtica"⑥ —pese a que en la historia ortodoxa de Inglaterra no hubiera existido "Biografía histórica de escorias sociales"—, el gigante literato Dickens escribió un libro titulado *Biografía suplementaria de escorias sociales.*⑦ Pero, solo los gigantes literatos pueden hacer esto, que no está dentro del alcance de la gente como yo. El género que le sigue es la "biografía familiar", pero yo no sé si pertenezco al mismo clan de Ah Q, ni tampoco he sido encargado por su descendencia; o ¿la llamamos "biografía breve"? Pero, Ah Q ni siquiera tiene otra "biografía larga" en contraste. En resumen, esta debe pertenecer a la "biografía auténtica", pero tomando en cuenta la escritura mía, como es de un estilo humilde y con las palabras usadas por los

---

⑤ "Historia ortodoxa": Historia escrita o reconocida por el gobierno durante la era feudal. Una especie de género en ella es la " biografía histórica", que generalmente se compone de las biografías de personajes eminentes en la historia.

⑥ "Biografía auténtica": Libro de historia para escribir cuentos de las figuras importantes de la clase dominante o de las celebridades con plena lealtad al gobierno feudal.

⑦ "El gigante literato Dickens escribió un libro titulado *Biografía suplementaria de escorias sociales*": Fue una equivocación del autor, quien, en la carta a Wei Suyuan el 8 de agosto de 1926, lo admitió y aclaró que debería ser Conan Doyle, o sea, Ignatius Conan Doyle (1859–1930), escritor y médico británico, creador del célebre detective de ficción Sherlock Holmes.

"conductores y buhoneros"⑧, no me atrevo a exceder en darle un título tan estandarizado, sino que he sacado las dos palabras de "historia original" sirviendo de género y título desde la frase formulista de los novelistas al relatar "ya no más en la digresión sino volvamos a la historia original", quienes no pertenecen a los tres cultos ni a las nueve escuelas⑨, y a pesar de que esto pueda traer alguna confusión con la *Historia original de la Caligrafía*⑩ del autor antiguo, de lo cual ya no puedo cuidarme más.

El segundo punto difícil reside en la práctica habitual de la biografía, según la cual al inicio debería escribir "fulano de tal, alias de tal, y de lugar tal", pero yo no sé cuál fue el apellido de Ah Q. Una vez, parecía que él se había apellidado Zhao, pero al día siguiente se volvió borroso. Eso ocurrió cuando el hijo del gran señor Zhao⑪ logró el título de Letrado-talentoso⑫, los sonoros gongs llegaron a reportarlo a la aldea, y en ese momento, Ah Q acabó de tomar dos tazones de vino amarillo y dijo, bailando de alegría con las manos y patas, que esto le traería gloria también, porque él pertenecía al mismo clan del gran

---

⑧ "Las palabras usadas por los 'conductores y buhoneros'": El autor abogó por el uso de la lengua vernácula, que había sido burlado por los recalcitrantes señores que insistieron en usar el chino clásico. Y esta cita se usa en un tono de burla de sí mismo con el fin satírico.

⑨ "Los tres cultos" y "las nueve escuelas": El libro publicado en la dinastía Han (siglo I d. C.) titulado *Han Shu–Yiwenzhi* (*Libro de Han–Textos de Literatura General*) es la biografía (literatura de catálogo) más antigua existente en China, según el cual, existían diez escuelas en la filosofía y literatura como las siguientes: la escuela confucianista, taoísta, Yin-Yang (Positivas y Negativas), legalista, lógica, mohísta, estratégica política, miscelánea, agricultor y novelista. Entre ellas las primeras nueve escuelas eran consideradas serias y recomendables, solo la última, o sea, la escuela novelista no pertenecía a la misma categoría, porque sus textos eran escritos por los bajos oficiales, o colectos de las charlas callejeras, rumores en el camino, que no eran productos de los serios caballeros o gentilhombres.

⑩ "*Historia original de la Caligrafía*": Libro sobre la caligrafía, escrito por Feng Wu en la dinastía Qing, que contiene un total de diez volúmenes. La "historia original" aquí significa "enseñanza correcta".

⑪ "El gran señor": Es una forma de llamada o tratamiento junto con o sin el apellido, que se dedica generalmente a un señor de alto prestigio o con mucha fortuna, o muy respetado por su edad o su mérito para un lugar. Los caracteres chinos correspondientes significan en otros casos "bisabuelo", "tatarabuelo" o "magistrado del distrito" (pronunciación del chino es "taiye"). Se debe evitar la confusión entre sus significados y los casos de su uso.

⑫ "Letrado-talentoso" (pronunciación en el chino como "xiucai"): Indica a un estudioso que pasó el examen imperial a nivel de distrito o un grado más alto en las dinastías Ming y Qing. Véase la Nota [8] del artículo "Kong Yiji" de este libro.

señor Zhao, y si se alinearan seriamente, él sería tres generaciones mayor que el Letrado-talentoso. De inmediato, unos espectadores a su alrededor comenzaron a rendirle cierta veneración solemnemente. Quién sabía que al día siguiente, el alguacil del pueblo llamó a Ah Q para que fuese a la casa del gran señor Zhao, quien, al verlo, se enrojeció toda la cara, y gritó:

"¡Bastardo de ti, Ah Q! ¿Dices que soy de tu clan?"

Ah Q se quedó callado.

El gran señor Zhao se enojó cada vez más mientras lo miraba, se adelantó unos pasos y le dijo: "¡Por qué te atreviste a decir tonterías! ¿Cómo que terminé por tener un pariente de clan como tú? ¿Te apellidas Zhao?"

Ah Q no respondió y estuvo por retirarse; pero el gran señor Zhao se acercó de un salto y le dio una bofetada.

"¿Cómo pudiste ser apellidado Zhao?... ¡En qué parte eres digno del apellido Zhao!"

Ah Q no defendió que su apellido fuera Zhao exactamente, y solo se tocó la mejilla izquierda y se retiró con el alguacil; y este último lo regañó otra vez fuera de la puerta. Ah Q le entregó 200 centavos de moneda de cobre como propina. Todos los enterados de esto decían que Ah Q fue demasiado absurdo y buscó la bofetada para sí. Su apellido podía no ser necesariamente Zhao, y aunque lo fuese de veras, con el gran señor Zhao viviendo aquí, no debería decir esas tonterías. De allí en adelante nadie mencionaría más su apellido, y por consiguiente, no he logrado finalmente saber cuál fue su apellido.

El tercero es que, no sé cómo se escribe el nombre de Ah Q. Cuando estuvo en vida, la gente lo llamaba Ah Quei, pero después de su muerte nadie le mencionó más como Ah Quei, y cómo podría tener similar caso a otros con nombre "escrito en tablillas de bambú o seda"?[13] Si se trata de preservar su nombre "grabado en bambú o seda", este artículo deberá ser de la primera vez, y por consiguiente se encontró con la primera barrera en este momento inicial. También he pensado meticulosamente: ¿cuál es el carácter pronunciado "Quei" en Ah Quei? Si su alias hubiera sido Yueting (Pabellón Lunar) o hubiera celebrado su cumpleaños en agosto (mes de luna), entonces habría de ser el Quei de laurel (que florece en el mes de luna); pero como él no tuvo alias —tal vez lo tuviera, pero nadie lo sabía—, ni tampoco había enviado invitaciones para celebrar su cumpleaños: así que si se escribe con el Quei de laurel, sería una decisión arbitraria. O tal vez él tuviera un hermano mayor o menor que se llamara Ah Fu ("riqueza"), entonces debería ser el Quei que significa nobleza (por aparecer siempre seguidas); pero él fue solo, si se escribe en esta forma, también faltará evidencia. Otros caracteres que se pronuncian Quei de muy poco uso tienen mucho menos enlazos todavía. En el pasado, también pregunté al respecto una vez al hijo del gran señor Zhao, el señor Maocai[14], pero quién sabía que incluso un señor tan erudito y refinado como él también estaba perplejo acerca de esto, pero según su conclusión, esa falta se atribuyó a que Chen Duxiu[15] había fundado la revista *Nueva Juventud*, abogando por el uso de letras occidentales, de modo que la quintaesencia de la cultura china hubiera caído a la muerte y no se podría examinar ni investigar. El último recurso con que me quedé fue solo encargar a un paisano a consultar el

---

⑬ "Tablillas de bambú o seda": En la antigua China, antes de la invención del papel, se usaba astilla de bambú y tela de seda para escribir, o a veces, grabar.

⑭ "Maocai": Fue el mismo concepto como "Xiucai" (el Letrado-talentoso).

⑮ Chen Duxiu (1879–1942): Fue el principal abogado por la campaña de Nueva Cultura China. Fundó la primera revista la *Nueva Juventud* en el chino vernáculo en sustitución del chino clásico a que no tenían acceso las masas comunes. En China Chen Duxiu fue el primero de levantar la bandera de la Democracia y la Ciencia. Fue también el líder espiritual del famoso Movimiento del 4 de mayo. Más tarde fue el primer secretario general del Partido Comunista de China en el tiempo de su fundación. Con respecto a la *Nueva Juventud*, véase también la Nota [7] del "Prefacio del autor a *Gritos a la batalla*" de este libro.

expediente de crimen de Ah Q, y solo me dio la respuesta ocho meses después, diciendo que en el expediente no había una persona con la pronunciación similar a Ah Quei. Aunque yo ignoraba si no había aparecido realmente el nombre o él no había consultado el expediente, ya no había más remedio. Temiendo que el sistema fonético con letras latinas no se hubiera popularizado, tuve que utilizar la "palabra extranjera" y lo deletreé según la corriente norma inglesa en "Quei", abreviándolo en forma de "Q". Esto es casi como seguir a la *Nueva Juventud* a ciegas, y lo siento mucho también, pero si ni siquiera el don Maocai lo sabía, ¿qué más podría hacer yo?

El cuarto debería ser el lugar de origen de Ah Q. Si se apellidara Zhao, se podría poner una nota, según la práctica habitual de las familias distinguidas locales por el *Libro de cien apellidos con nombre de prefectura*[16], diciendo "origen del distrito Tianshui del Oeste de la provincia Gansu". Pero es lástima que este apellido en cuestión no fuera muy fidedigno, entonces su lugar de origen tampoco se podía decidir. Aunque vivía por su mayor tiempo en la aldea Wei Zhuang (aldea de Inexistencia)[17], pero también hospedaba en otros lugares con frecuencia, entonces no puede calificarse como habitante de la Inexistencia, a pesar de afirmar que es "original de la aldea de Inexistencia" todavía va incompatible con las reglas para escribir una historia.

Lo que puede consolarme ligeramente es la sola palabra "ah"

---

⑯ *Libro de cien apellidos con nombre de prefectura*: Es uno de los libros de texto de alfabetización utilizados en las escuelas, con el cual, la gente añadió nombres de la prefectura de cada apellido para anotar el lugar de origen o donde reside más largo tiempo.

⑰ "La aldea de Inexistencia": En el nombre chino de la aldea (Wei Zhuang, literalmente "la aldea de Wei"), el carácter Wei implica el significado de "no existir todavía", por lo que se puede creer que el autor ha sembrado aquí un sentido muy profundo de "la inexistencia". Además, este uso en sentido irónico del autor concuerda con el mismo estilo satírico de esta novela, lo que también fue aclarado en otro artículo del autor titulado "La causa de la historia original de Ah Q". Así que aquí no se usa el nombre Wei Zhuang deletreado con Pinyin sino con este nombre significativo de "la aldea de Inexistencia".

que todavía se queda y es muy correcta, no tiene ningún defecto por analogía o falsificación, y está dispuesta a orientarse y corregirse por gente de amplio conocimiento. En cuanto al resto, no podrá ser descifrado forzosamente por una persona de conocimiento tan somero como yo, solo deseo que los discípulos del señor Hu Shizhi⑱ que tienen "fetichismo histórico y fetichismo de evidencia textual" puedan encontrar bastantes indicios y novedades, pero temo que esta obra mía la *Historia original de Ah Q* haya desaparecido en aquel tiempo.

Lo de arriba puede estimarse como una Introducción.

## Capítulo II Breves notas de las victorias

Respecto de Ah Q, no solo su apellido y el lugar de su origen eran un poco vagos, incluso sus "antecedentes" también eran muy vagos, porque para los aldeanos de la Inexistencia, solo le pedían su ayuda y bromeaban con él, nunca se habían dado cuenta de sus "antecedentes". Y el propio Ah Q tampoco los reveló, solo cuando reñía con otros, gritaba con los ojos ensanchados desmesuradamente:

"¡Éramos... mucho más ricos que tú! ¡Qué clase de cosa eres!"

Ah Q no tenía casa, vivía generalmente en el Templo de la Tierra y los Granos⑲; sin empleo fijo, solo trabajaba como jornalero para diferentes casas, cortando en la temporada de cortar el trigo, moliendo arroz en el mortero a solicitación, e impeliendo embarcaciones de acuerdo con la necesidad. Cuando trabajaba por algún largo tiempo,

---

⑱ Hu Shizhi (1891–1962): Originario del distrito Jixi, Anhui, pero nació en Shanghai. Fue gran erudito, conocedor en muchas áreas de la Ciencia. Estuvo interesado en una amplia gama de obras, como la literatura, filosofía, historia, estudios de texto, pedagogía, ética y muchas otras áreas con un estudio en profundidad. Debido a la promoción de la revolución literaria, se convirtió en uno de los líderes del movimiento de la nueva cultura. Sirvió como presidente de la Universidad de Beijing, presidente del Instituto Central de Investigación, embajador de la República de China en los Estados Unidos y otros cargos.

⑲ "Templo de la Tierra y los Granos": Es el templo del dios de la tierra y los granos. Por "los granos" generalmente se habla de los granos más consumidos como arroz, trigo, mijo, sorgo y legumbre.

también podía alojarse temporalmente en la casa del dueño, pero se marchaba al terminar el trabajo. Por lo tanto, siempre cuando había mucho trabajo por hacer, la gente se acordaba de Ah Q, pero lo que recordaba era su labor y no sus "antecedentes"; en los tiempos de ocio, se olvidaba incluso del propio Ah Q, ni menos mencionar sus "antecedentes". Solo una vez, un anciano lo elogió: "¡Qué competente es Ah Q!", y en este momento Ah Q se encontraba a su frente, desnudo de medio cuerpo superior, relajado con toda pereza, flaco y escuálido, así que otros no sabían si eran palabras sinceras o de burla, pero de esas Ah Q se alegró mucho.

Además, Ah Q tenía un gran autorrespeto, todos los habitantes de la aldea de Inexistencia no estaban en sus ojos, e incluso mostraba cierto gesto de que los dos "Letrado-alumnos"[20] tampoco merecerían una sonrisa suya. Los llamados "Letrado-alumnos" eran los candidatos que podrían convertirse en Letrado-talentosos (a través del examen provincial); la razón por la que el gran señor Zhao y el gran señor Qian eran tan respetados por los residentes locales radicaba en que, además de tener mucho dinero, eran padres de los Letrado-alumnos, pero Ah Q no les llevaba un respeto excepcional en el espíritu, porque pensaba para sí: ¡mis hijos podrían ser mucho más estupendos! Adicionalmente, debido a haber ingresado en la capital del distrito unas veces, Ah Q se sentía naturalmente más presumido. Sin embargo, él desdeñaba también a la gente de la ciudad. Por ejemplo, para el banco hecho de tabla con el tamaño de tres pies de largo por tres pulgadas de ancho, lo llamaban en la aldea de Inexistencia por "banco largo", Ah Q también lo llamaba "banco largo", pero los urbanos lo llamaban "banco de vara", y pensaba: esto

---

⑳ "Letrado-alumnos": Son los estudiosos que no han asistido o no han pasado el examen imperial a nivel distrital o más alto en las dinastías Ming y Qing.

es una equivocación, ¡qué ridículo! Y también con el frito pescado cabezón, en la aldea de Inexistencia le añadían hojas de cebollín a corte de medio cun (centímetro y medio) de largo, mientras la gente de la ciudad le añadía finas tirillas de cebollín, entonces Ah Q pensaba: esto también es incorrecto, ¡qué absurdo! No obstante, los aldeanos de Inexistencia son los verdaderos villanos irrisibles sin haber visto este mundo exterior, ¡incluso no han visto el pescado frito de la ciudad!

Ah Q "había sido mucho más rico", de mucha perspicacia, y "muy competente", ya era originalmente casi un "hombre perfecto", pero era una lástima que aún tuviera algunas deficiencias en su físico, y lo más molesto era que en su cuero cabelludo tenía varias cicatrices de sarna muy feas crecidas sin saber desde cuándo. Aunque esas cosas estaban también en su cuerpo, según la idea de Ah Q, no le parecían cosa para ser noble porque para él ya era un tabú la mención de "sarna" o cualquier pronunciación similar, y luego lo extendió a las palabras de "luz" y "brillo", más tarde también incluyó "lámpara" y "vela". Si alguien violaba su tabú, independientemente de si era intencional o no, Ah Q se ponía airado con su cicatriz totalmente enrojecida. Al evaluar a su rival, lo reprochaba si era lento de habla, o lo golpeaba de inmediato si era menos fuerte; sin embargo, sin saber por qué, al fin y al cabo, en mayoría de los casos siempre era Ah Q el que sufría la pérdida, así que poco a poco cambió su táctica, generalmente, a proyectar su mirada llena de enojo.

Quién iba a saber que después de que Ah Q adoptara la doctrina de lanzar miradas enojadas, a los ociosos de la aldea de Inexistencia les gustaba bromear sobre él cada vez más. Apenas le veían, fingían estar sorprendidas y decían:

"¡Oh, aquí está más iluminado!"

Entonces Ah Q se ponía irritado como de costumbre y le

proyectaba la mirada furiosa.

"¡Resulta que aquí hay una lámpara de seguridad!" Ellos no le tenían miedo.

Entonces, Ah Q no tenía más remedio que buscar otras palabras de represalia:

"Pero ni siquiera eres digno de eso..." En este momento, pareció que las que estaban encima de su cuero cabelludo fueran una serie de cicatrices de sarna de nobleza y gloria, y no como unas ordinarias; sin embargo, como se mencionó arriba, Ah Q era gente de perspicacia, de inmediato se dio cuenta de alguna contradicción con su "tabú" y dejaba de hablar de ello continuamente.

Pero la gente ociosa no cesaba e insistía en excitarle, hasta que terminaban en peleas, y por fin Ah Q era derrotado en forma, siendo prendido por su coleta[21] amarilla, forzado a chocar cuatro a cinco veces resonantemente contra la pared, y solo hasta allí esos hombres ociosos se marchaban con satisfacción y placer por su triunfo; entonces Ah Q, se quedó parado un ratito, pensaba para sí: "He sido golpeado por fin por unos hijos míos[22], ¡qué deformado ha estado este mundo!..." Luego, también se iba con satisfacción y placer como si hubiera triunfado.

Lo que Ah Q guardaba pensado en su mente, luego a menudo lo decía claro, por eso casi todos los que bromeaban con Ah Q sabían que él tenía esta manera de victoria espiritual. Más tarde siempre que la

---

㉑ "Coleta": Después de medianos del siglo XVII, la etnia Manchú, que vivía en el lejano norte de China, agredió y derrotó a la dinastía Ming de la etnia Han, obligando a todos los habitantes masculinos reservar una sola trenza en la parte posterior de la cabeza, que se parecía una cola, así que se llamaba coleta, mientras tanto, tenían que pelar todo el pelo alrededor de ella. Esto fue utilizado para distinguir la obediencia o no de los habitantes en las amplias zonas conquistadas. Los que no guardaran la trenza serían masacrados. Esa mala y fea costumbre se acabó en 1911 cuando la dinastía Qing fue derrocado por la Revolución de 1911.

㉒ "Hijos míos": En la vida vulgar de los chinos, el que llame a otro con "hijo" connota que ha obtenido una ventaja o un triunfo sobre él, por lo menos, psicológicamente.

gente lo prendía por su coleta amarilla, le diría, primeramente:

"Ah Q, ahora no es que el hijo golpee al padre, sino que el hombre golpea la bestia. Dilo tú mismo: ¡Hombre golpea bestia!"

Y Ah Q, pellizcando las raíces de su trenza con ambas manos, con la cara hacia un lado, decía:

"Es golpear a un bicho, ¿qué te parece? Soy un bicho... ¿no me sueltas aún?"

Pese a admitir ser bicho, ese hombre ocioso aún no lo soltaba e insistía en forzarle a chocar la cabeza cinco a seis veces contra alguna pared de cerca antes de irse con satisfacción y placer, creyendo que esta vez Ah Q había sufrido un pesado daño desgraciado. Pero, en menos de diez segundos, Ah Q también se alejaba con satisfacción y placer como si fuera triunfador, pensando que él era el primero en ser capaz de menospreciarse y humillarse a sí mismo, excepto "menospreciarse y humillarse", todavía le quedaría "el primero". ¿No es que el Zhuangyuan, o sea, el Erudito-campeón[23] también haya salido "el primero" del examen imperial? "¿Oh, y qué clase de cosas eres tú?"

Después de superar a los enemistados con tales métodos maravillosos, Ah Q iba alegremente a la taberna para beber varios tazones de vino, bromeando un rato y riñendo un rato con otros, y también salía triunfante, entonces regresaba contentamente al Templo de la Tierra y los Granos y caía dormido al colocar su cabeza en la almohada. Si tuviera dinero, iría a apostar en las cartas. Un grupo de personas se agacharon en el suelo, y Ah Q quedó atrapado en el medio con la cara sudorosa y con la voz que era la más alta:

---

[23] "Erudito-campeón": En la era de la "Selección de Eruditos", el erudito que sale primero del examen presidido personalmente por el emperador en el palacio imperial se llama Erudito-campeón (pronunciación de chino es Zhuangyuan), quien es calificado de designarse para un cargo de funcionario bastante alto de la corte.

"¡Cuatrocientos al cian-dragón!"

"¡Oh... abriendo... ya!" el apilador abrió la tapa de la caja cantando, también con la cara sudorosa. "¡La puerta celestial... a esquina de la mesa...! ¡Libres allá hombre y pasillo...! ¡Pásenme el dinero de Ah Q...!"

"Cien para el pasillo... Ciento cincuenta!"

Así bajo tales cánticos, el dinero de Ah Q se fue metiendo poco a poco en el bolsillo de cintura del otro hombre con rostro sudoroso. Por fin, Ah Q fue sacado a apretones de la pila de gente, quedándose detrás, de pie y mirando, ansioso por los demás, hasta el término de la escena. Después, reacio a dejar el lugar, regresaba al Templo de la Tierra y los Granos, y al día siguiente iba al trabajo con los ojos hinchados.

Fue exactamente como la moraleja de la fábula de "¿Cómo sabe que no sería una bendición cuando el viejo perdió el caballo?"[24], Ah Q había ganado una vez por suerte equivocada, pero esto le condujo, en cambio, a sufrir una derrota casi total.

Eso fue la noche del festival del concurso idolátrico en la aldea de Inexistencia, en la que había una obra de teatro como de costumbre, y en su cercanía había como de siempre muchos puestos de juego. Los gongs y tambores que hacían la obra, para los oídos de Ah Q eran como si estuvieran a diez li de distancia; él solo escuchaba el canto del banquero. Ganaba y ganaba. Las monedas de cobre en

---

㉔ "¿Cómo sabe que no sería una bendición cuando el viejo perdió el caballo?": Es el proverbio como resumen de un cuento. En la dinastía Han, cerca de la frontera, había una persona competente en la equitación. Un día su caballo se metió en la tropilla de una tribu del norte más allá de la frontera. Entonces todos vinieron a consolarlo. El padre de la familia dijo: "¿Por qué saben que esto no es buena fortuna?" Después de unos meses, su caballo regresó trayendo un corcel de la tribu, y todos vinieron a felicitárselo. El padre dijo: "¿Por qué esto no será una mala fortuna?" A su hijo le gustaba montar, pero una vez se cayó del caballo rompiendo el fémur, todos vinieron a consolarlo. El padre dijo: "¿Por qué esto no es buena suerte?" Un año más tarde, las tribus salvajes agredieron, y todos los hombres robustos fueron a la batalla y se murieron el noventa por ciento, pero su hijo no fue reclutado por ser cojo, y se quedó en vida junto con el padre.

centavo se convirtieron en monedas de plata de diez centavos, y estas se convirtieron en discos de plata de dólar chino, y los discos se amontonaron, así que él estaba lleno de gran euforia:

"¡Dos discos para la Puerta celestial!"

Él no sabía cómo empezaron a pelearse unos con otros y por qué. Maldiciones, golpetazos y ruido de pasos se mezclaron en un buen momento de mareo, hasta que se levantó, encontrando que el puesto de juego se había ido y la muchedumbre también se había perdido de vista, mientras que sintió graves dolores en varias partes del cuerpo, pareciendo haber sufrido varios puñetazos y patadas, y entretanto unas personas le miraron asombrosamente en frente. Distraído, como si algo estuviera mal, entró caminando en el Templo de la Tierra y los Granos, y cuando se volvió concentrado en sí, se dio cuenta de que el montón de sus discos de plata habían desaparecido. La mayor parte de los hombres que acudieron a los puestos del festival no eran locales de esta aldea, y ¿adónde podría ir para averiguar su pista?

¡Fue un montón de discos de plata muy blancos y brillantes! ¡Además, todos eran suyos pero ahora habían desaparecido! Si contara como si fueran quitados por aquellos hijos, aún se sentiría decepcionado e infeliz; si dijera que él mismo fuera un bicho, seguiría teniendo la misma sensación; solo hasta esta vez empezó a percibir realmente cierto dolor de fracaso.

Pero de inmediato él convirtió la derrota en victoria. Levantó la mano derecha y dio dos fuertes bofetadas seguidas a su propia cara. Sintió algún dolor caliente y picante, y después de dárselas, se puso ecuánime y apaciguado, como si el que golpeó fuera él mismo y el que fue golpeado fuera otro él, y pronto le pareció exacto haber golpeado él mismo a otro, —a pesar de que el dolor seguía un poco caliente y picante— se acostó con satisfacción y placer con el triunfo.

Él se quedó dormido.

## Capítulo III Breves notas de las victorias - continuación

Ah Q salía victorioso a menudo, pero solo se hizo famoso hasta que el Sr. Zhao le dio una bofetada en la mejilla.

Pagó al alguacil local doscientos centavos de propina y se acostó enojado, pensando: "Ahora este mundo es demasiado infame, el hijo golpea al padre..." Y de repente recordó el poder y prestigio del gran señor Zhao, a quien ahora lo vio como hijo suyo, de lo cual se sintió poco a poco orgulloso de sí mismo. Se levantó y fue a la taberna cantando *La pequeña viudita solitaria yendo a la tumba*[25]. Y en ese momento, volvió a sentir que el gran señor Zhao era de una clase por encima de los demás.

Es extraño de mencionarlo, de ahí en adelante, pareció efectivamente que todos le llevaban un respeto extraordinario. A juicio de Ah Q, tal vez esto se debiera a que él fuese el padre del gran señor Zhao, pero de hecho no era así. De acuerdo con la práctica habitual de la aldea de Inexistencia, si fulano golpeara a mengano, o zutano pegara a perengano, el suceso no se tomaría como un evento; solo cuando se asociaba con alguna celebridad como el gran señor Zhao, podría ser contado en su monumento oral. Una vez incluido en el monumento oral, si el que golpeara era un famoso, gracias a su influencia, el que fuera golpeado también se haría famoso. En cuanto a la culpa recaída siempre en Ah Q, eso era por supuesto sin discusión. ¿Por qué? Simplemente porque el gran señor Zhao nunca estaba equivocado. Ya que la falta siempre era de Ah Q, ¿por qué parecía que todos todavía le llevaban un respeto excepcional? Esto

---

[25] "*La pequeña viudita solitaria yendo a la tumba*": Fue una ópera local popular en el distrito Shaoxing de la provincia Zhejiang en aquel tiempo.

es difícil de descifrar, si damos una interpretación en forma forzada, tal vez porque Ah Q hubiera dicho ser del mismo clan del gran señor Zhao. Pese a que fue golpeado, los demás todavía temían que lo del mismo clan fuera algo verosímil y por tanto les sería más seguro mantenerle cierto respeto. De otro modo, sería como en el Mayor Encierro Vacuno[26] del Templo de Confucio, aunque el ganado vacuno era animal igual al cerdo y la oveja, siendo animales igualmente, pero una vez que el Sabio lo saboreó con sus palillos primero, nuestros predecesores confucianistas ya no se atreverían a tocarlo temerariamente.

De allí en adelante, Ah Q continuó sintiéndose efectivamente orgulloso durante bastantes años.

En la primavera de un año, él estaba caminando en la calle, ligeramente borracho. Bajo la luz del sol, vio que a la base del muro el Barba Wang estaba allí, medio desnudo, atrapando piojos. Entonces repentinamente él también sintió comezón en todo el cuerpo. Ese Barba Wang, teniendo sarna y pesadamente barbudo, los demás le llamaban Sarna Barba Wang, pero Ah Q le eliminó la palabra "sarna", mientras lo despreciaba mucho. A juicio de Ah Q, la sarna no era cosa tan rara, solo ese montón de barba era demasiado distinto y singular, que no cuadrara a los ojos. Entonces se sentó paralelo a él. Si fuera otro tipo ocioso, Ah Q no se atrevería a sentarse así descuidadamente. Pero ¿qué miedo tendría por estar al lado de ese Barba Wang? A decir verdad, la disposición de sentarse aquí sería absolutamente una

---

㉖ "Mayor Encierro Vacuno": Se refiere al más alto nivel del sacrificio de animal, utilizado en la antigua China, normalmente un toro (o vaca) entero a ser sacrificado al cielo, y es el criterio o especificación solo para el emperador. Con respecto al criterio de sacrificio para los cortesanos se utiliza el nivel llamado "Menor Encierro Vacuno", que incluye cordero y cerdo. Desde la dinastía Qing, el Mayor Encierro Vacuno se utiliza para referirse a la carne de vacuno, cordero y cerdo, y no necesariamente todos están enteros. El significado de Encierro es mantener criando el ganado en cautiverio antes del sacrificio, como en prisión.

estima extra para él.

Ah Q también se quitó su desgastada chaqueta forrada, la volteó y registró, sin saber por ser recién lavada o por descuido, solo atrapó tres a cuatro piojos durante mucho rato, mientras que al ver su lado, ese Barba Wang atrapaba uno tras otro, dos, y tres más, y se los metía en la boca emitiendo un sonido chirriante como "crac".

Al inicio, Ah Q se quedó decepcionado, luego se puso resentido: incluso ese despreciable Barba Wang ha atrapado tan muchos, en cambio, yo solo puedo apresar tan pocos, ¡qué cosa más indecorosa fuera de norma y estatus! Él quiso buscar uno o dos de tamaño grande, pero inesperadamente no los encontró, luego le costó mucho para atrapar a uno mediano y se lo puso odiosamente entre los dos gruesos labios, le dio una cruel mordedura produciendo un ruido "bi", pero menos sonoro que el del Barba Wang.

Ya se enrojecieron todas las cicatrices de sarna. Arrojando su ropa al suelo, lanzó una escupida y dijo:

"¡Esta oruga!"

"Perro sarnoso, ¿a quién estás insultando?" dijo el Barba Wang levantando la vista con desprecio.

Recientemente, Ah Q era más respetado relativamente y se sentía un poco más orgulloso, pero todavía tenía miedo a los sujetos que solían golpearlo. Solo esta vez se mostró muy valentón. ¿Un tipo de tan barbudas mejillas también se atrevía a hablar desenfrenado?

"¡Quien lo admita será maldecido!" se puso de pie y dijo con los brazos cruzados en la cintura.

"¿Te pican los huesos?" el Barba Wang también se levantó, se puso la ropa y dijo.

Ah Q creyó que él iba a huir, se adelantó precipitadamente para darle un puñetazo, pero el cual no logró golpear al cuerpo de Wang sino había sido atrapado por él. Este le dio un solo jalón, Ah Q se tambaleó cayendo hacia delante, el Barba Wang instantáneamente lo agarró en su coleta e iba a arrastrarlo a chocar su cabeza contra la pared como los ejemplos de costumbre.

"¡'Un caballero usa la boca y no el puño'!" dijo Ah Q con la cabeza hacia un lado.

El Barba Wang no parecía ser un caballero. Lo ignoró y le hizo chocar cinco veces seguidas contra la pared, y luego le dio un empujón tan fuerte que se cayó a seis pies lejos, solo hasta allí el Barba Wang se alejó con satisfacción.

En la memoria de Ah Q, esta debió ser la primera humillación en su vida, porque el Barba Wang con su propia deficiencia siempre había sido burlado por él, y no al contrario, ni mucho menos le había usado los puños. Y ahora, él se atrevió a atacar, lo que fue muy inesperado. Acaso era realmente como lo decían en la sociedad: el emperador había detenido los exámenes y no quería más a Letrado-talentosos y Erudito-recomendados[27], ¿así que se había reducido el prestigio del clan de Zhao y por eso ellos también lo miraron hacia abajo?

Ah Q se quedó parado sin saber qué hacer.

Vio acercarse a una persona desde muy lejos. Estaba llegando su adversario de nuevo, quien era el hombre que Ah Q más detestaba también, o sea, el hijo mayor del gran señor Qian. En un principio, él fue a la ciudad para ingresar en una escuela establecida por los extranjeros, y se ignoraba por qué más tarde fue al Océano Este[28]. Medio año después regresó a casa, entonces, sus piernas se habían vuelto rectas y su coleta de cabello también había desaparecido, para lo

---

㉗ "Erudito-recomendado": Significa "erudito referido o estimado", seleccionado a través del examen imperial a nivel provincial, con la categoría más alta que el Letrado-talentoso. Véase la Nota [10] del artículo "Kong Yiji" de este libro.

㉘ "Océano Este": Aquí se refiere a Japón, porque los chinos siempre consideran que Japón se encuentra en el Océano Este.

cual su madre lloró a gritos más de diez veces y su mujer se arrojó tres veces al pozo intentando suicidarse. Después, su madre decía en todas partes: "La coleta fue cortada por un tipo maligno después de embriagarlo. Originalmente podría ser un oficial de alto rango, ahora tiene que esperar hasta que el pelo crezca más largo". Sin embargo, Ah Q no lo creía, insistía deliberadamente en llamarle "falso diablo extranjero", también conocido como "un infiltrado de países extranjeros". Siempre que le veía, lo maldecía secretamente en su corazón.

Lo "más odioso y repugnante hasta el colmo" para Ah Q era su coleta falsa. Si usaba una coleta hasta que era falsa, perdería la calificación para ser hombre; y si su mujer no saltara la cuarta vez en el pozo, tampoco sería una buena mujer.

Este "falso diablo extranjero" le estaba acercándose.

"Calvo. Burro..." Desde siempre Ah Q solo le insultaba así en su corazón sin emitirlo en sonido, esta vez como estaba indignado y quería vengarse, lo dejó soltar en voz baja involuntariamente.

Inesperadamente, ese calvo se aproximó a grandes pasos con un palo lacado amarillo en la mano, al que Ah Q llamaba bastón de lamentos funerales. En ese instante, Ah Q notó que él iba a atacar, entonces se precipitó a apretar los músculos y huesos y encoger los hombros para prepararse, y efectivamente, se oyó "¡paf!" y parecía que el golpe cayó definitivamente en su cabeza.

"¡Me referí a él!" se justificó indicando a un niño cerca de él.

"¡Paf! ¡Paf! ¡Paf!"

En la memoria de Ah Q, esta debió ser la segunda humillación en su vida. Gracias a los sonoros de paf, se le había acabado un asunto para él y se sintió a su vez un poco más aliviado. Y su tesoro patrimonial de "olvidarse" también desplegó su efecto, de modo que se fue en pasos lentos, y apenas llegó a la puerta de la taberna ya se había vuelto algo contento.

Pero ahora en frente estaba viniendo la pequeña monja budista del Convento de Meditación. Incluso en los días ordinarios, cuando la veía, Ah Q le escupiría y maldeciría seguramente, y ahora, ¿qué otra cosa pasaría después de haber sido humillado por otra gente? Entonces se le ocurrió un recuerdo y se le subió un odio enemistado.

"No sabía por qué hoy he tenido la suerte tan sombría, resulta condenado a verte a ti," pensó así.

Se dirigió hacia ella de frente y arrojó sonoramente un fuerte escupitajo.

"¡Ay! ¡Puaf!"

La pequeña monja no le hizo ningún caso, solo siguió caminando cabizbajo. Ah Q se le acercó y súbitamente tendió el brazo para manosear el cuero cabelludo recién afeitado, riendo tontamente, y dijo:

"¡Calva! Vete de prisa, el monje te está esperando..."

"¿Por qué abusas con las patas?" la monjita dijo con la cara sonrojada y se alejó apuradamente.

Los hombres en la taberna se rieron a carcajadas. Ah Q vio que su hazaña fue apreciada y se puso más excitado y alborozado:

"El monje puede tocarte, ¿pero no me dejas a mí?" dijo y le torció su mejilla.

Los hombres en la taberna se rieron a carcajadas. Ah Q se complació más consigo. Y para satisfacer a los apreciadores, le dio otro pellizco fuerte antes de soltarla.

Con esta batalla, él se había olvidado del Barba Wang, y también del falso diablo extranjero. Le pareció haber vengado toda la "sombría suerte" de hoy; además, fue extraño que se sintiera más ligero que cuando había recibido las paf en todo el cuerpo, ya estaba flotante pareciendo irse volando.

"¡Que mueras sin hijo y nieto, Ah Q!" se oyó de lejos a la pequeña monja maldecir llorando.

“¡Ja, ja, ja!” Ah Q se rio con pleno engreimiento.

“¡Ja, ja, ja!” los hombres en la taberna también se rieron con nueve puntos de satisfacción.

## Capítulo IV La tragedia de amor

Dicen que, para algunos vencedores, solo cuando sus enemigos sean como tigres o águilas, podrán percibir el placer de la victoria; en cambio, si los enemigos sean como ovejas o pollos, se sentirán aburridos con el triunfo. Hay otro tipo de vencedor, quien, después de haberlo superado todo, ve a unos enemigos muertos y a otros rendidos, quienes le dicen: “Estamos con la sincera veneración y temor por el delito capital merecido”. Así que ya no cuenta con enemigos, ni rivales, ni tampoco amigos, solo él mismo en la cima, uno solo, aislado, desolado y solitario, lo que, en cambio, le da una sensación de tristeza por la victoria. Pero nuestro Ah Q no era tan insípido, sino que siempre estaba orgulloso de sí mismo: probablemente esto es una evidencia de que la civilización espiritual china haya llegado a coronar al globo entero.

¡Mira, estaba flotando como si fuera a volar lejos!

Sin embargo, esta victoria le hizo sentir algo extraño. Después de volar flotando la mayor parte del día, entró en el Templo de la Tierra y los Granos y de costumbre debería roncar una vez acostado. Quién sabía que esta noche no le era fácil cerrar los ojos, sintiendo sus pulgar y segundo dedo un poco raros, que parecían algo más suaves y untuosos de lo habitual. Se preguntaba: ¿si algún material untuoso en la cara de la monjita se había pegado a sus dedos, o sus dedos se había convertido suaves y untuosos por haberse frotado en la cara de ella?...

“¡Que mueras sin hijo y nieto, Ah Q!”

Ah Q oyó esta frase otra vez en su oído y pensó: es cierto, ya debería tener una mujer, porque si no tengo hijo ni nieto, no tendré a nadie para proveerme un tazón el caso de arroz después de mi muerte... ya debo tener a una mujer. Como dicen que "la irreverencia filial se presenta en tres aspectos, el peor es no tener descendientes", y el caso de "los fantasmas de la familia Ruo Ao sufren hambre", también sería una gran tristeza para la vida de una persona, por eso, el pensamiento de Ah Q, de hecho, estaba todo en línea con los clásicos de santos y las obras de sabios. Solo era lamentable que después "no pudiera controlar su mente desenfrenada".

"¡Mujer, mujer!..." pensó.

"... El monje puede tocarte... la mujer, mujer... ¡mujer!" pensó también.

No podemos saber esa noche a qué hora Ah Q empezó a roncar. Pero parecía que desde entonces sentía sus dedos algo suaves y untuosos, por consiguiente, siempre se sentía un poco flotante en aire. "Muj..." pensaba.

Con este solo asunto podemos saber que la mujer es cosa perjudicial.

La mayoría de los hombres en China podrían haber sido santos y sabios, pero lamentablemente todos han sido arruinados por las mujeres. La dinastía Shang fue destruida por Da Ji[29], la dinastía Zhou fue descompuesta por Bao Si[30]; en cuanto a la dinastía Qin..., pese a no haber encontrado textos explícitos en la historia, si suponemos que también fuera arruinada por la mujer, no estaríamos necesariamente

---

㉙ "Da Ji": Fue la concubina muy mimada del rey Zhou de la dinastía Shang. Según *Registros históricos*, los caprichos y disparates de ella hicieron echar a perder la dinastía Yin. Aquí el autor está ridiculizando la costumbre de siempre culpar a las mujeres por las derrotas o decaimientos de un reino en la historia.

㉚ "Bao Si": En el año 779 a. C. el rey You de la dinastía Zhou atacó al reino Bao, y este último fracasó, por lo que el rey de Bao contribuyó la bella mujer al rey You para suplicar la rendición. Después de llevarla de regreso a Zhou, el rey You la quería mucho, primero la tomó como concubina, y más tarde la hizo su reina. Fue precisamente esta mujer quien le hizo echar a perder su dinastía.

muy equivocados; mientras Dong Zhuo fue asesinado con artimañas exactamente por Diao Chan[31].

En un principio, Ah Q era un hombre decente también. Aunque no sabemos si había sido orientado por algún sabio maestro, siempre se había mantenido muy serio en cuanto a "los estrictos límites entre hombre y mujer"; y también tenía el recto aire para rechazar a los herejes —tipos como la pequeña monja o el falso diablo extranjero—. Según su doctrina, toda monja debía fornicar con un monje; si una mujer caminaba afuera, seguramente quería seducir a hombres ajenos a su matrimonio; cuando un hombre y una mujer hablaban a solas allí, deberían tener un asunto. Para castigarlos, siempre les proyectaba miradas con enojo, o lanzaba en voz alta algunas frases molestas por "pinchar al corazón", o les arrojaba una pequeña piedra por atrás en algún lugar apartado.

¿Quién había pensado que ya cuando iba a cumplir los treinta años, edad de establecerse en la sociedad, fue enmarañado en un estado flotante por esta pequeña monja, y este espíritu flotante era injustificado para el código ritual, así que las mujeres eran odiables. Si la cara de la pequeña monja no hubiera sido suave y untuosa, Ah Q no habría sido hechizado, y si su cara se hubiera cubierta de un pañuelo, Ah Q tampoco se habría embrujado. Hacía cinco o seis años, él pellizcó el muslo de una mujer entre el gentío ante el teatro, pero debido a ser separado por la tela de pantalón, no resultó sentirse flotante después de eso, y fue diferente el caso con la monjita, lo cual también fue suficiente para demostrar la abominación de la herejía.

"¡Muj..." pensaba Ah Q.

Él mantenía observando con atención a menudo a las mujeres

---

[31] "Diao Chan": Fue una prostituta cantante de Wang Yun, cortesano leal a la dinastía Han, quien motivó a Diao Chan a seducir al malvado primer ministro Dong Zhuo a la vez que al gran general Lü Bu de modo que este último mató a Dong por ella.

que él creía que “seguramente quieren seducir a un hombre ajeno a su matrimonio”, pero ellas no le sonreían a él. También escuchaba con atención a menudo a las mujeres que hablaban con él, pero ellas nunca se referían a ningún asunto sucio. Eh, esto también constituiría un aspecto de la odiosidad de las mujeres: todas ellas quieren fingir ser “mojigatas”.

Ese día, Ah Q había estado machacando arroz durante todo el día en la casa del gran señor Zhao. Después de tomar la cena, se sentó en la cocina y fumó el tabaco seco con una pipa de tallo largo. Si fuera en otras casas, debería irse después de la cena, pero en la Mansión de Zhao se tomaba la cena temprano, según la norma no se permitía encender las linternas, y todos se iban a la cama después de comer. Pero también había unas excepciones ocasionales: primero, antes de que el joven señor Zhao obtuviera el título de Letrado-talentoso, estaba permitido a encender la luz para leer; segundo, cuando Ah Q venía a trabajar como jornalero, estaba permitido a encender una lámpara para machacar el arroz. Por la última, Ah Q podía fumar en la cocina antes de comenzar a golpear el arroz.

Ama Wu, la única sirvienta de la Mansión de Zhao, después de fregar los platos, también tomó asiento en el banco largo y platicó con Ah Q:

“La señora no ha comido durante dos días, porque el señor quiere comprar una pequeña...”

“La mujer... Ama Wu... esta pequeña viuda...” Ah Q pensó.

“Nuestra señora joven va a parir en agosto...”

“Mujer...” Ah Q siguió pensando.

Ah Q dejó la pipa de largo tallo y se levantó.

“Nuestra señora joven...” Ama Wu continuaba picoteando.

“¡Quiero acostarme contigo, acostarme contigo!” Repentinamente Ah Q se arrojó hasta ante ella y se puso de rodillas.

Hubo un instante de absoluto silencio.

"¡Ay, ah!" Ama Wu se quedó atónita por un momento, luego súbitamente se tembló, salió corriendo, gritando, corriendo y gritando, y pareció sumar sus llantos más tarde.

En ese momento Ah Q también se atontó, de rodillas frente a la pared, soportándose con las manos en el banco vacío se levantó lentamente, como si pensara que algo iba mal. Ahora sintió realmente ciertos altibajos de su corazón, insertó nerviosamente la pipa de largo tallo en su cinturón, y preparado a machacar el arroz. Sonando un estallido de "¡bang!", su cabeza recibió un golpe muy pesado, se dio la vuelta apresuradamente, ese Letrado-talentoso se puso delante de él con un grueso palo de bambú.

"¡Te estás rebelando!... Has hecho que..."

El gran palo cayó a batirlo de nuevo. Al cubrir Ah Q la cabeza con las manos, el "paf" acertó justamente a sus nudillos, lo que realmente causó un dolor muy fuerte. Salió corriendo por la puerta de la cocina y pareció recibir otro golpe en la espalda.

"¡Huevo de tortuga (hijo de puta)!" el Letrado-talentoso le maldijo en el mandarín oficial por detrás.

Ah Q corrió hasta el patio de machacadura de arroz y se quedó solito. Todavía sentía el dolor de sus nudillos y todavía recordaba el "huevo de tortuga", porque este modismo nunca lo usaban los aldeanos de la Inexistencia, era usado especialmente por los hombres ricos que habían visto escenas a nivel de gobierno, así que sintió un temor excepcional y una impresión extremadamente profunda. Sin embargo, en ese momento, su idea sobre "muj..." también desapareció. Además, después de sufrir los golpes y regaños, pareció haber marcado el término de un asunto, sintió, en cambio, no tener ninguna preocupación, y comenzó a machacar el arroz. Después de trabajar un rato, empezó a sentir el calor y por tanto se detuvo para quitarse la ropa.

Mientras quitándose la ropa, oyó mucho bullicio afuera. Como a Ah Q siempre le encantaba ver la escena de bullicios, salió a buscarlo vía el ruido, y este le guió poco a poco a entrar en el patio interior del gran señor Zhao, donde, aunque era al anochecer, podía distinguir a muchas personas, entre ellas también se encontraba la señora de Zhao que no había tomado comida durante dos días seguidos de la Mansión de Zhao, también estaba la cuñada Zou el Séptimo[32], así como los verdaderos parientes del mismo clan de la familia Zhao, o sea, el Ojo-blanco Zhao y el Sichen Zhao.

La señora joven arrastraba a Ama Wu saliendo del cuarto de sirvientes, mientras le decía:

"Ven fuera..., no te encierres en tu cuarto pensando..."

"¿Quién no sabe que tú eres muy decente?... No puedes pensar en el suicidio de ninguna manera," la cuñada Zou el Séptimo también añadió.

Ama Wu solo lloraba y lloraba, mezclando con algunas palabras, que no se escuchaban claramente.

Ah Q pensó: "Je, interesante, ¿qué demonios está articulando esta pequeña viudita?" Quiso averiguarlo y se acercó al lado de Sichen Zhao. En ese momento de repente vio al señor Zhao corriendo hacia él con un gran palo de bambú en la mano. Al ver ese palo, recordó súbitamente haber sido golpeado, lo que parecía ser algo relacionado con este bullicio. Se dio la vuelta para irse, queriendo escapar de nuevo al patio de machacadura de arroz, pero inesperadamente ese gran palo le había bloqueado su camino. Entonces, él se dio otra vuelta para marcharse, y por natural salió de la puerta trasera y dentro

---

[32] "La cuñada Zou el Séptimo": Se refiere a la esposa del hombre de apellido Zou que es el séptimo hijo de la familia.

de poco ya se encontró en el Templo de la Tierra y los Granos.

Después de sentarse un rato, ya estuvo de gallina en la piel, sentía frío, pues aunque era primavera, hacía un frío restante en la noche y no era apta para estar a medio cuerpo desnudo. Todavía recordó que su ropa se había quedado en la Mansión de Zhao, pero si iba a recoger, tenía temor profundo al grueso palo del Letrado-talentoso. Pero ahora, el alguacil local entró.

"¡Ah Q, maldita madre tuya! Incluso te propasaste con la sirvienta de la Mansión de Zhao, ¡estás simplemente rebelándote! Me hiciste tan gran perjuicio que no pudiera dormir anoche. ¡La maldita tuya!

Así y así, lo regañó con un sermón y Ah Q no respondió por supuesto. Al final, por ser de noche, como se suponía que iba a dar al alguacil cuatrocientos centavos como doble propina, pero Ah Q no tuvo efectivo, utilizó un gorro de fieltro como garantía, más aceptó cinco condiciones establecidas:

1. Al día siguiente Ah Q tendría que llevar un par de velas rojas de peso de un jin (medio kilo) y un atado de varillas de incienso a la Mansión de Zhao para pedir la disculpa.

2. Ah Q tendría que pagar a los practicantes taoístas invitados por la Mansión de Zhao para exorcizar a los fantasmas de los ahorcados.

3. Desde ese momento Ah Q no estaría permitido a entrar por el umbral para entrar en la Mansión de Zhao.

4. A partir de entonces, si le pasara alguna desgracia a Ama Wu, Ah Q sería responsable.

5. Ah Q no podría ir allá a reclamar su jornal ni su camisa de tela.

Ah Q las aceptó todas naturalmente pero por desgracia no tenía dinero. Afortunadamente, habiendo entrado en primavera, ya no necesitaría el edredón, entonces lo empeñó por dos mil monedas grandes y cumplió las estipulaciones. Después de pedir disculpe mediante arrodillarse a hacer kowtow a medio cuerpo desnudo, todavía le sobraron varios centavos inesperadamente, pero ya no quiso redimir el gorro de fieltro sino los usó todos para tomar vino. En realidad, la Mansión de Zhao no solía quemar incienso ni encender velas, solo los usaría cuando la señora mayor rendía culto al Buda, entonces los aceptaron. En cuanto a la vieja camisa de tela, la mayor parte se utilizaría para hacer el forro de pañal del niño de la señora joven en agosto, y el resto debería hacerse material para las suelas de Ama Wu.

## Capítulo V Problema de la subsistencia

Después de realizar todo el rito necesario, Ah Q regresó como de costumbre al Templo de la Tierra y los Granos. El sol se había puesto. Le pareció gradualmente un poco extraño este mundo. Pensó detalladamente en ello y por fin se dio cuenta de que: todo se debió a su medio cuerpo desnudo. Recordó que todavía tenía una gastada chaqueta forrada, se la puso y se acostó. Cuando abrió los ojos, el sol ya iluminaba la parte superior de la pared oeste. Se incorporó, murmurando: "La maldita tuya..."

Después de levantarse, todavía fue a vagar por las calles como de costumbre. Aunque no sintió un dolor igual al corte del frío como estaba medio desnudo, percibió poco a poco que los alrededores se habían vuelto algo extraños, pareció haberse vuelto súbitamente avergonzadas desde ese día las mujeres de la aldea de Inexistencia, quienes, cuando vieron a Ah Q acercarse, todas se evadieron detrás de la puerta. Incluso la cuñada Zou el Séptimo, de casi cincuenta años, también se zampó a ciegas junto con otras y llamó a su hija de once años adentro. De esto Ah Q se sorprendió mucho y pensó: "Estas criaturas de repente imitan los modales de señoritas. Estas meras putas..."

Sin embargo, las cosas que le parecían un poco más extrañas en este mundo fueron los sucesos que pasaron muchos días después de de ese incidente. Primero, la taberna ya no quiso venderle al fiado; segundo, el viejo a cargo del Templo de la Tierra y los Granos dijo unas tonterías, como para decirle que se fuera; tercero, ya no recordó exactamente cuántos días hubieran pasado, pero en realidad durante muchos días nadie vino a llamarlo por un trabajo a corto plazo. Sin el crédito de la taberna, no más que soportarlo; en cuanto al viejo que le precipitó a irse, eso se acabaría dejándole decir su verbosas palabritas; solo el hecho de que nadie viniera a llamarlo por un trabajo corto le hizo sufrir hambre, lo que constituyó realmente una cosa muy de "la madre suya".

Ah Q ya no pudo aguantar más, tuvo que ir a las casas de los antiguos clientes para averiguar —lo único prohibido era cruzar el umbral de la Mansión de Zhao—, pero la recepción de otras casas también era anormal: siempre saldría un hombre, con un aspecto muy fastidioso, agitando la mano como si respondiera a un mendigo:

"¡No hay nada! ¡Nada! ¡Vete!"

Ah Q lo sintió más extraño. Pensó que como estas casas nunca prescindían de ayuda, no podían llegar hasta tal punto de no tener nada que hacer repentinamente y en eso habría algo sospechoso. Entonces averiguó cuidadosamente y se enteró de que, cuando había necesidad, ellos llamaban al pequeño Don (en adelante: pequeño D), quien era un chico pobre, delgado y débil, y que en los ojos de Ah Q, pertenecía a la clase por debajo del Barba Wang. Quién sabía que este pinche había arrebatado su tazón para la comida. Así que se puso mucho más indignado que lo habitual. Cuando fue caminando airado, de repente alzó la mano, gritando:

"¡Te voy a azotar con el látigo de acero!..."[33]

---

[33] "¡Te voy a azotar con el látigo de acero!...": Esta frase y la oración en los siguientes párrafos de "me arrepentí de, ..." eran letras en el drama local de Shaoxing *Combate entre dragón y tigre*.

Varios días después, se encontró casualmente con el pequeño D ante el muro de pantalla de la Mansión de Qian. Dice el refrán que "al encontrarse los enemigos, brillan los ojos excepcionalmente". Ah Q así se dirigió al pequeño D y este también se detuvo.

"¡Bestia!" Ah Q dijo, mirándole con enojo y brotando espumas de saliva por la comisura de su boca.

"Soy un bicho, ¿qué te parece?..." dijo el pequeño D.

Pero esta modestia provocó más ira de Ah Q. Como no tenía el látigo de acero en la mano, tuvo que saltar sobre él y estirar la mano para agarrar la trenza del pequeño D. Y este protegió la coleta con una mano mientras con la otra iba a arrancar la de Ah Q, por su parte, Ah Q también la protegió con la mano vacía. En los ojos de Ah Q, en el pasado, el pequeño D no valía la pena ser mencionado fundamentalmente, pero recientemente él mismo había sufrido hambre de manera que se volvía no menos delgado y débil que el pequeño D, así que se quedaron en una situación de igual a igual. Las cuatro manos agarrando las dos cabezas, con cuerpos inclinados ambos, proyectaron una imagen de arco iris azul en la blanqueada pared de la casa Qian durante más de media hora.

"¡Ya basta, basta!" los espectadores gritaban, tal vez por conciliarlos.

"¡Bien, bien!" otros exclamaban, sin saber si por conciliarlos, aplaudirlos, o incitarlos.

Sin embargo, ninguno de los dos las escuchó. Al avanzar tres pasos Ah Q, el pequeño D retrocedió tres pasos, ambos parados; y mientras el pequeño D adelantó tres pasos, Ah Q dio tres pasos hacia atrás, todavía parados los dos. Así duró media hora más o menos —en la aldea de Inexistencia no había reloj con campana, fue difícil calcular, o podría durar veinte minutos—. Humeaban desde sus pelos y sudaban en sus frentes. Ah Q soltó las manos, y al mismo instante, el pequeño D también dejó caídos sus brazos. Se irguieron y se retrocedieron al mismo tiempo y después, ambos salieron abriendo paso a apretones atravesando la multitud.

"¡Acuérdate, maldita la tuya!" Ah Q volvió la cabeza diciéndole.

"¡Maldita la tuya, acuérdatelo tú!" volvió la cabeza respondiéndole el pequeño D también.

Pareció no haber victoria ni derrota en este épico "combate entre dragón y tigre", y no se sabía si los espectadores se quedaran satisfechos, porque ni siquiera expresaron comentarios, pero lo cierto era que todavía no había nadie que llamara a Ah Q a hacer trabajo a corto plazo.

Un día templado, las ondas de brisa eran bastante veraniegas, pero Ah Q sintió frío, lo cual podía aguantar todavía, en cambio, el primer sufrimiento fue el hambre. Sus cosas como el edredón, el gorro de fieltro y la camisa de tela se habían ido desde hacía mucho, y más tarde se vendió la chaqueta guateada. Ahora todavía tenía los pantalones, pero no debían quitarse absolutamente. También tenía una vieja chaqueta forrada, que no podría cambiarse por algún dinero exceptuando dársela a la gente para hacer suelas. Esperaba desde hacía mucho tiempo encontrar una suma de dinero en el camino, pero no lo había visto aún; deseaba hallar casualmente una cuantía de dinero en su viejo tabuco, mirando alrededor ansiosamente, pero el cuarto estaba vacío y despejado. Así que decidió salir en busca de la comida.

Caminaba en la calle para "buscar la comida". Vio tabernas conocidas y panecillos a vapor que solía comer, pero los pasó por todos, no solo sin detenerse, sino sin quererlos. Las cosas que él buscaba ya no serían como esas; pero ¿qué cosas estaba buscando? Él mismo tampoco sabía.

Como la aldea de Inexistencia no era por sí un pueblo extenso, no usó mucho tiempo para recorrer hasta el final. En las afueras de la aldea había mayormente campos irrigados, llenos del verdín de los nuevos trasplantes de arroz; con unos toques negritos redondos y móviles, que eran los agricultores trabajando los terrenos. Ah Q no apreciaba este tipo de paz y felicidad campesina, sino que simplemente caminó, porque sabía intuitivamente que eso estaba muy distante de la manera suya para "buscar la comida". Pero, finalmente, llegó fuera de los muros del Convento de Meditación.

Alrededor del Convento también era el arrozal irrigado. Las paredes blanqueadas se destacaban en medio del verdín reciente y dentro de los bajos muros de barro de atrás estaba la huerta de hortalizas. Ah Q se vaciló un ratito, miró alrededor y no halló a nadie. Así que trepó el muro bajo, tirando de la enredadera del polygonum. Se oía el susurro de la caída de pedazos de barro y las piernas de Ah Q también estaban temblando. Por fin atrapó las ramas de la morera y saltó adentro. Ahí dentro era un verdor y espesor exuberante, pero no parecía haber vino ni panecillos, ni nada más para comer. Contra la pared oeste había arbustos de bambú, con muchos brotes debajo, pero solo fue lástima que no estuvieran cocidos. También vio la colza que ya había tenido semillas, la mostaza que estaba a punto de florecer y el pak choy que ya estaba demasiado madurado.

Ah Q se sintió agraviado como si fuera un Letrado-alumno que había fallado en el examen imperial. Entró lentamente en la puerta del huerto y de repente, se volvió muy sorprendido: aquí estaba palpablemente una amelga de rábano tardío. Entonces se encuclilló para arrancarlo, mientras tanto, se asomó una cara redonda a la puerta y de inmediato se retiró, quien fue obviamente la pequeña monja. A la pequeña monja y sus semejantes Ah Q siempre les consideraba insignificantes como maleza, pero respecto de los asuntos mundanos habría que "dar un paso atrás para pensar", así que se apresuró a arrancar cuatro rábanos, retorció las hojas verdes para quitarlas, y los envolvió en la delantera de la chaqueta. ¡Pero en este momento la monja vieja había salido!

"Amitabha, Ah Q, ¿por qué has saltado al huerto para robar los rábanos?... Ay, ya, ¡qué pecado es! ¡Ay, ye, Amitabha!..."

"¿Cuándo salté en tu huerto para robar rábanos?" Ah Q le respondió, mirándola mientras retirándose.

"Ahora mismo... ¿No son estos?" la monja dijo indicando la delantera de su chaqueta.

"¿Son estos tuyos? ¿Puedes llamarlos para que te respondan? Tú..."

Antes de terminar sus palabras, Ah Q se echó a correr; el que le persiguió fue un perro negro muy gordo, que había estado a la puerta delantera y no se sabía cómo vino al huerto trasero. El perro gruñía mientras le perseguía y ahora estaba por morder la pierna de Ah Q. Afortunadamente, un rábano cayó de la delantera de su ropa, el perro se asustó y se detuvo por un instante, entretanto, Ah Q había escalado al árbol de la morera, y de un salto alcanzó a la cima del muro de barro, por consiguiente, el cuerpo y los rábanos resbalaron del muro rodando hacia fuera. Así que el perro negro se quedó allí aullando en vano contra la morera y la vieja monja siguió rezando a Buda.

Temiendo que la monja dejara salir otra vez el perro negro, Ah Q recogió los rábanos desde el suelo y se huyó. Recogió varias piedrecitas a lo largo del camino, pero el perro negro no volvió a aparecer. Entonces Ah Q abandonó las piedras, siguió caminando y comiendo, mientras pensaba: por aquí tampoco había más cosas que encontrar, sería mejor ir a la capital del distrito...

Al acabar de comer los tres rábanos, ya había hecho su decisión de entrar en la ciudad.

## Capítulo VI Del resurgimiento al declive

Cuando se vio a Ah Q reaparecer en la aldea de Inexistencia fue justo después del Festival de Medio Otoño de este año. Todos se sorprendieron, difundiendo que Ah Q había regresado, y se pusieron a pensar retrospectivamente, ¿adónde había ido antes? De las visitas anteriores a la ciudad, Ah Q había reportado en tiempo muy temprano y lleno de alegría, pero esta vez no, así que nadie se dio cuenta. Tal vez él lo hubiera dicho al viejo encargado del Templo de la Tierra y los Granos, pero según el hábito de la aldea de Inexistencia, solo el viaje del gran señor Zhao, el gran señor Qian y el señor Letrado-talentoso merecía ser contado como un evento, ni siquiera el del falso diablo extranjero valía la pena de ser mencionado, mucho menos el caso de Ah Q. Por lo cual, ese viejo tampoco propagaría por él, y nadie en la sociedad de la Inexistencia tenía por donde saberlo.

Sin embargo, el regreso de Ah Q esta vez se diferenció mucho de las anteriores, lo que valdría realmente una sorpresa. Un día cuando estaba oscureciendo, él apareció ante la puerta de la taberna con los ojos soñolientos. Se acercó al mostrador, del cinturón sacó las manos, llenas de monedas de plata y de cobre, y las arrojó sobre el tablero, diciendo: "¡Efectivos ahora! ¡Tráeme vino!" Estaba vestido de una nueva chaqueta forrada. Al parecer, se colgaba una alforja en la cintura, que pesaba tanto que el cinturón se caía en un arco muy curvado. Según la práctica tradicional de la aldea de Inexistencia, cuando veían a algún personaje que atrapara los ojos, deberían tratarlo con respecto en lugar de ser menos atento. Ahora sabían claramente que era Ah Q, pero ya se presentó bastante diferente de ese Ah Q con la gastada chaqueta forrada. Los antiguos decían: "Cuando un hombre se ha despedido tres días, deberá ser estimado con ojos nuevos". Así que los camareros, el tabernero, los clientes bebedores y los transeúntes mostraron una actitud muy atenta y respetuosa. El dueño de la taberna le saludó con cabezadas primero y luego abrió la conversación:

"Hola, Ah Q, ¡así que has vuelto!"

"Sí, así es".

"Habrás hecho una gran fortuna, y ahora, ¿estás...?"

"¡Fui a la ciudad!"

Esta pieza de noticia se divulgó rápidamente el día siguiente por toda la aldea de Inexistencia. A todo el mundo le gustaría conocer sobre los efectivos y la historia de resurgimiento de Ah Q incluido su dinero en efectivo y su nueva chaqueta forrada, entonces la gente inquiría en las tabernas, en las casas de té, y bajo el alero del templo, y poco a poco lo descubrió. El resultado de esto fue que Ah Q obtuvo un nuevo temor o veneración.

Según Ah Q, estaba ayudando en la casa del maestro del señor Erudito-recomendado. Al escuchar esta sección, todos se pusieron muy solemnes. Este gran señor se apellidaba Bai, pero como en toda la ciudad vivía un solo Erudito-recomendado, no hacía falta llamarle con el apellido y la simple mención del Erudito-recomendado ya se refería a él mismo. Y esto no solo se entendía así en la aldea de Inexistencia, incluso en un radio de cien li también daba lo mismo. La gente casi mayoritariamente creía que su nombre era justamente Señor Erudito-recomendado. Prestar ayuda en la mansión de este personaje merecería respeto naturalmente. Pero según Ah Q, ya no le gustaba ayudar, porque este señor Erudito-recomendado era demasiado "maldita la suya". Y de esta sección, todos los que la escuchaban dieron suspiros a la vez que sintieron placeres, porque desde el principio Ah Q no era digno de prestar ayuda en la casa de un señor Erudito-recomendado, mientras que habría sido una lástima no hacerlo.

De acuerdo con lo que Ah Q decía, parecía que su regreso se debió también a su descontento con la gente de la ciudad. Esto residía en que ellos llamaban al “banco largo” por el “banco de varilla”, y al cocinar pescado frito le añadían tirillas de cebollín, más el defecto recién observado: la postura retorcida del andar de las mujeres tampoco lucía muy graciosa. No obstante, también había puntos ocasionales que admirar. Por ejemplo, los aldeanos de la Inexistencia sabían nada más que jugar a treinta y dos fichas de bambú, solo el falso diablo extranjero sabía jugar al mahjong, mientras en la ciudad incluso los hijitos de tortugas de callejuela eran diestros y hábiles en eso. ¿De qué servirá el falso diablo extranjero? Con tal que se lo colocara ante un hijito de tortuga adolescente en la ciudad, se volvería de inmediato como “un pequeño demonio ante el rey del infierno”. Al escuchar esto, todos se pusieron sonrojados por vergüenza.

“¿Han visto alguna escena de la decapitación?” Ah Q dijo. “Eh, buen espectáculo. Matar a los revolucionarios. Ay, buen espectáculo, buen espectáculo, ...” Agitó la cabeza salpicando la espuma de su saliva a la cara de Zhao Sichen que estaba frente a él. Al escuchar esta sección, todos los oyentes se sintieron asustados. Pero enseguida Ah Q miró a su alrededor, de repente levantó la mano derecha y cortó directamente hacia el nido de la nuca del cuello tendido del Barba Wang que estaba escuchándole fascinado, y gritó:

“¡Cha!”

El Barba Wang dio un brinco de susto y se redujo el cuello tan rápido como relámpago o chispas de sílex. Todos los oyentes se quedaron aterrorizados, y luego se aliviaron con agrado. De allí en adelante, el Barba Wang, abatido y aturdido durante muchos días, dejó de tener valor de acercarse a Ah Q, y pasó lo mismo a los demás.

Ahora el estatus de Ah Q en los ojos de la gente de la Inexistencia, aunque no me atrevía a decir que hubiera superado al gran señor Zhao, ya no parecería una formulación defectuosa de la lengua si dijera que no se diferencia mucho.

Además, sin tardar mucho, la fama de Ah Q ya se propagaba entre los gineceos o tocadores de las mujeres de la Inexistencia. En esta aldea solo las dos familias de Qian y Zhao habitaban en mansiones profundas, mientras que las nueve entre diez vivían en casas de poca profundidad, pero todos los tocadores, al fin y al cabo, eran de lo femenino, que podían contarse como un milagro misterioso. Cuando las mujeres se encontraban siempre dirían que la cuñada Zou el Séptimo compró de Ah Q una falda de seda azul, que era vieja por supuesto, pero solo le costó noventa centavos, además, la madre del Ojo Blanco Zhao —otra versión diciendo que fuera la madre de Zhao Sichen, lo que está por verificarse—, también compró una camisa de niño de gasa importada de color rojo brillante, era nueva en un 70% y solo usó 300 monedas grandes a valor de 92% (cada 920 monedas equivalen a mil por ristra, es decir, con un 8% de descuento[34]). Entonces, ellas querían ver a Ah Q con ojos anhelantes. Las que carecían de falda de seda querían comprarla de él y las que necesitaban camisa de gasa también querían comprarla de él. No solo ya no le evitaban al verlo, sino que a veces aun cuando Ah Q había pasado por delante, ellas alcanzaban desde atrás para detenerlo, preguntando:

"¿Ah Q, todavía tienes falda de seda? ¿Ya no? Camisa de gasa

---

㉞ "Con un 8% de descuento": En la vieja época de China, se usaban monedas de cobre, que tienen un hoyo en el centro para poder llevarse en sarta con cuerda. Una sarta formal debía tener mil monedas de cobre que constituía una unidad de nivel alto (o cien monedas en valor de diez). Pero a veces, de acuerdo con las partes de negocios, una sarta podía contar con menos monedas, por ejemplo, solo noventa y dos monedas equivalente al valor de 100 monedas, lo que implica esencialmente un 8% de descuento. En este caso, las llamaban "monedas grandes".

también la quiero, ¿te queda alguna?"

Más tarde, estas noticias se difundieron de todas maneras desde los tocadores femeninos de poca profundidad a los de las mansiones profundas. Como la cuñada Zou el Séptimo, además de su satisfacción de sí misma, le mostró su falda a la señora mayor Zhao para que ella la apreciara, y esta se lo dijo al gran señor Zhao mientras la admiró con enfatizadas fraseologías. Entonces, el gran señor Zhao habló de esto en la mesa de cena con su hijo, el señor Letrado-talentoso, creyendo que: de veras Ah Q ha venido siendo algo extravagante, tenemos que cuidar más nuestras puertas y ventanas; sin embargo, entre sus cosas no se sabe qué más valdrá comprar, tal vez tenga alguna cosa buena. En adición, la señora Zhao estaba pensando en comprar un chaleco de piel con un precio barato y calidad buena. Entonces la familia hizo una resolución y encargó a la cuñada Zou el Séptimo de buscar a Ah Q inmediatamente, y además, se instituyó la tercera excepción de la casa para esto: esa noche estaría permitido encender las linternas de aceite.

No menos aceite se había secado en las linternas, pero Ah Q todavía no había llegado. Toda la familia Zhao estaba ansiosa, bostezando, quejándose de Ah Q por irse sin rumbo y también de la falta de apremio por parte de la cuñada Zou el Séptimo. La señora Zhao se preocupó por no atreverse Ah Q a venir debido a los términos establecidos en la primavera pasada, pero el gran señor Zhao pensó que eso no valdría inquietarse, porque esto fue que "yo" le llamé. En efecto, el gran señor Zhao demostró su perspicacia. Por fin Ah Q vino siguiendo a la cuñada Zou el Séptimo.

"Él solo dice que ya no le quedan más cosas y le digo que ve tú mismo a decírselo a ustedes a la cara. Él todavía quiere decir pero digo..." la cuñada Zou el Séptimo dijo caminando sin aliento.

"¡Gran Señor!" Ah Q le saludó con una sonrisa forzada en la cara y se detuvo bajo el alero.

"Ah Q, he oído que estás haciendo una fortuna ahí fuera," el gran señor Zhao dio pasos hacia él, lo examinó de arriba abajo, diciendo. "Esto está muy bien, muy bien. Este..., dicen que tú tienes unas cosas viejas..., puedes traer todas para ver de una vez..., y esto no es por otra razón, sino que me gustaría..."

"Se lo he dicho a la cuñada Zou el Séptimo. Todo ha terminado".

"¿Terminado?" el gran señor Zhao soltó las palabras sin pensar. "¿Cómo puede acabarse tan rápido?"

"Eran cosas de un amigo y no traje muchas. Ellos han comprado..."

"Pero de todo modo debe haber un poco más".

"Ahora, solo queda una cortina de puerta".

"Entonces, trae la cortina a ver," la señora Zhao dijo apresuradamente.

"Pues, está bien traerla mañana," el gran señor Zhao, en cambio, lo dijo sin mucho entusiasmo. "Ah Q, en adelante, cuando tengas algunas cosas, tráelas aquí primero para que las veamos..."

"¡El precio nunca será menor de lo que otros te paguen!" el Letrado-talentoso dijo. Y la dama de este echó una mirada instantáneamente a la cara de Ah Q a ver si estaba movido.

"Yo necesito un chaleco de piel," la señora mayor Zhao añadió.

A pesar de responder que sí, Ah Q salió perezosamente, ni se sabía si él lo tomaría a pecho, lo que decepcionó mucho al gran señor Zhao, quien se indignó y se preocupó tanto que dejó de bostezar. El Letrado-talentoso también se sintió muy resentido por la actitud de Ah Q, y dijo: "Tenemos que precavernos contra este huevo de tortuga, o es mejor mandar al alguacil para prohibirle vivir en esta aldea". Sin embargo, el gran señor Zhao no lo pensó correcto, diciendo temer que eso pudiera incurrir en odio, y además, el que hacía este tipo de negocios parecía igual a “el águila no hace presa debajo de su nido”, la propia aldea suya no tendría de qué preocuparse, y bastaría con mantenerse un poco más alertas en la noche. Al escuchar esta “instrucción en la sala”[35], el Letrado-talentoso estuvo muy de acuerdo y abandonó inmediatamente su idea de expulsar a Ah Q y remachó a la cuñada Zou el Séptimo que no mencionara esto a nadie.

Pero al día siguiente, la cuñada Zou el Séptimo mandó su falda azul afuera a tenerla teñida de negro y divulgó el punto dudoso de Ah Q, pero no mencionó efectivamente la sección sobre el Letrado-talentoso de expulsar a Ah Q. Sin embargo, solo esto ya fue muy desfavorable a Ah Q. Primero, el alguacil llegó a la puerta y se llevó su cortina de puerta, aunque Ah Q dijo que era la señora mayor Zhao que quería verla. El alguacil no se la devolvió, y más aún, quiso negociar para fijar un pago mensual como el respeto tipo filial para él. En segundo lugar, se alteró repentinamente el temor o veneración hacia Ah Q por parte de los aldeanos, quienes, aunque todavía no se atrevían a venir a cometer insolencia, mostraban una expresión de eludirle de lejos, la cual se diferenciaba del pánico para evitar ese grito “¡cha!” de él, pero estaba bastante mezclada con el elemento de “mantenerse respetuoso pero alejado”.

Sin embargo, todavía había un grupo de ociosos insistiendo en indagar a fondo los detalles del asunto de Ah Q. Al respecto, Ah Q no quiso cubrirlo, sino que reveló altivamente sus experiencias. Solo desde entonces se enteraron de que él no era más que un papel pequeño que no solo no podía subir por la pared, sino que tampoco podía entrar en el agujero y sólo se quedaba fuera para recibir las cosas. Una noche, Ah Q recibió un paquete y el socio principal volvió

---

[35] “Instrucción en la sala”: Según las *Analectas de Confucio*, un día, Confucio estaba parado en la sala, por donde su hijo tendía a pasar. Entonces, Confucio le pidió que aprendiera “poesía” y “ritual”. De allí en adelante, a menudo llamaban la lección del padre “Instrucción en la sala”.

a entrar otra vez, en unos momentos se oyó estallar un fuerte gritería adentro y él se precipitó a correr aparte, trepó el muro para salir de la ciudad durante la noche y huyó de regreso a la aldea de Inexistencia, de allí ya no se atrevería a repetir ese negocio. Sin embargo, este cuento fue más desfavorable para Ah Q. El "mantenerse respetuoso pero alejado" por parte de los aldeanos en el principio se debió al temor anterior de incurrir en odio, ¿quién se imaginaba que él fuera nada más que un ladrón sin atreverse a robar más? Lo cual concordaba verdaderamente con el dicho de "esto ya no es suficiente para tener miedo".

## Capítulo VII La Revolución

El decimocuarto día del noveno mes del tercer año del reinado del emperador Xuantong (4 de noviembre de 1911 d. C.), o sea, el día en que Ah Q le vendió su alforja al Ojo Blanco Zhao, al cuarto toque de la tercera campanada de la media noche, un gran bote de toldo negro llegó al muelle de la orilla de la Mansión de Zhao. Este bote vino ondulando en la espesa oscuridad, cuando los aldeanos estaban hondamente dormidos, sin que nadie lo supiera; era casi el amanecer cuando salió, pero hubo unos pocos que lo habían visto. De acuerdo con los hallazgos de los que tendían el cuello y miraban al alrededor, se enteraron de que ¡era el bote del maestro Erudito-recomendado!

Entonces, esa nave trajo una gran inquietud a la aldea de Inexistencia, que, antes de llegar al justo mediodía, habían estado agitados los corazones de todos los aldeanos. Respecto de la misión de la nave, la familia Zhao la había guardado muy confidencial, pero en las tabernas y las casas de té la gente decía que el partido revolucionario iba a entrar en la ciudad, y que el señor Erudito-recomendado se había refugiado al campo. Solo la cuñada Zou el Séptimo no creyó lo mismo, diciendo que no fueron nada más que varios viejos baúles que el señor Erudito-recomendado quiso depositar aquí, pero se le habían negado y vuelto por el gran señor Zhao. En realidad, el señor Erudito-recomendado y el Letrado-talentoso Zhao no se llevaban muy bien, razón por la que no tenía la amistad para "soportar catástrofes juntos", y además, la cuñada Zou el Séptimo siendo vecina de la familia Zhao, sabría más aproximado a lo que estuvo sucediendo, y por eso, tal vez ella fuera correcta.

Pero los rumores se difundieron vigorosamente, diciendo que parecía que el señor Erudito-recomendado no había venido personalmente, pero había mandado una carta extensa enumerando "las relaciones parentescas de vueltas sinuosas" con la familia Zhao. El gran señor Zhao reflexionó sobre esta idea por una ronda en sus entrañas, creyendo que no le haría ningún daño a sí mismo, y por taroto aceptó guardar los baúles, que ahora mismo estaban embutidos debajo de la cama de la señora Zhao. En cuanto a los revolucionarios, unos decían que habían entrado en la ciudad esa misma noche, todos y cada uno de ellos en casco y armadura blancos, llevando el traje de luto en venganza por el emperador Chong Zhen de la anterior dinastía Ming.[36]

Al oído de Ah Q le había llegado desde hacía mucho la frase de los revolucionarios, y este año también había visto con sus propios ojos cómo decapitar a uno de ellos, pero él tenía una idea, sin saber de dónde enterarse, de que los revolucionarios significaban hacer rebelión, y rebelarse sería ponerle en dificultad a él mismo, por eso siempre "los había odiado y abominado profundamente". Pero fuera

---

㊱ "Llevando el traje de luto en venganza por el emperador Chong Zhen de la anterior dinastía Ming": Chong Zhen es el título del reinado del emperador Sicong (Zhu Yuzhen) de la dinastía Ming, que fue derrocado y destituido por la dinastía Qing de la etnia manchú. Posteriormente, algunas tropas de levantamiento campesino usaron el eslogan de "anti-Qing para Ming" para oponerse al gobierno de Qing. Por lo tanto, hasta el final de la dinastía Qing, todavía había personas que creían que el levantamiento del ejército revolucionario era para vengar al emperador de Chong Zhen.

de su imaginación, esto le hacía al señor Erudito-recomendado que era famoso en un radio de cien li tener tanto susto, entonces él no podía evitar sentirse “fascinado y curioso”. Además, el gesto pánico y nervioso de los pájaros machos y hembras de la aldea de Inexistencia también le hacía a Ah Q más complacido.

“También estará bien si se hace una revolución,” Ah Q pensó. “Acabar con la vida de estos malditos cabrones, ¡que son demasiado detestables! ¡demasiado odiables!... E incluso yo también me voy a rendir a los revolucionarios”.

Recientemente, Ah Q estaba un poco apretado en su desembolso y parecía ligeramente resentido. Con la toma de dos tazones de vino en el estómago vacío, se aceleró más la embriaguez. Caminaba y pensaba, volviéndose otra vez flotando. Sin saber qué se le hubiera pasado, de repente le pareció que él mismo fuera revolucionario, y los aldeanos de la Inexistencia se convirtieran en sus prisioneros. Al irse más allá de la autocomplacencia no pudo controlarse para lanzar gritos en voz alta:

“¡Ya la rebelión! ¡Ya la rebelión!”

Todos los aldeanos de la Inexistencia lo miraban con ojos temerosos. Este tipo de mirada conmiserativa era algo que Ah Q nunca había visto antes. Al verlas, se sintió tan cómodo como si hubiera bebido el agua de nieve en el cálido mes de junio, y por consiguiente continuó caminando con más alborozo, y gritando:

“¡Qué bien!... ¡Tomaré lo que yo quiera, tendré a quien me guste!

“¡Tei, tei... qiang, qiang!

“Me arrepentí de, haberme emborrachado y ejecutado por equívoco al hermano Zheng,

“Me arrepentí de, ya, ya, ya...

“¡Tei, tei... qiang, qiang, tei, qiang ling qiang!

“¡Te voy a azotar con este látigo de acero!...”

Los dos hombres amos de la Mansión de Zhao y los dos verdaderos parientes de su clan también estaban en la puerta hablando de la revolución, pero Ah Q no los vio y siguió avanzando mientras cantando, con la cabeza erguida.

"¡Tei, tei...!"

"Viejo Q," el gran señor Zhao lo llamó de frente con timidez y en voz baja.

"Qiang, qiang," Ah Q nunca esperó que su nombre pudiera asociarse con la palabra "viejo"[37], pensó que era palabra sobre otra cosa, que no tenía nada que ver con él mismo, y siguió cantando sin interrupción. "¡Tei, qiang, qiang ling qiang, qiang!"

"Viejo Q".

"Me arrepentí de, ..."

"¡Ah Q!" el Letrado-talentoso no tuvo otro remedio que llamarlo por su nombre directo.

Solo entonces se detuvo Ah Q, y preguntó, inclinando la cabeza hacia un lado: "¿Qué?"

"Viejo Q, ... ahora..." el gran señor Zhao sufrió pérdida de palabra. "Ahora... ¿todavía haciendo fortuna?"

"¿Hacer fortuna? Por supuesto. Tendré cualquier cosa que yo quiera..."

"Manito Ah... Q, para tus amigos pobres como nosotros no habrá de qué preocuparnos..." el Ojo Blanco Zhao dijo casi temblado de miedo, pareciendo tantear la intención de un revolucionario.

"¿Amigos pobres? Tienes más dinero que yo por lo menos," Ah Q le reprochó y se fue.

---

[37] "La palabra 'viejo'": El uso de la palabra "viejo" antepuesto al apellido o el nombre lleva cierto sentido de cariño o respeto. Aquí en el texto el gran señor Zhao la usó debido puramente a su miedo a la revolución, y esto para Ah Q fue un respeto verdaderamente inesperado, tan extraño que no tuvo una reacción ni comprensión inmediata, y siguió su camino.

Todos se quedaron desilusionados, sin más palabras. Padre e hijo Zhao entraron en la mansión y siguieron consultándose hasta la hora de encender la luz. El Ojo Blanco Zhao regresó a casa, se quitó la alforja desde el cinturón y se la entregó a su mujer para que la escondiera en el fondo del arca...

Ah Q se mantuvo flotando por un buen rato, y cuando volvió al Templo de la Tierra y los Granos, ya estaba completamente sobrio. Esta misma noche, inesperadamente, ese viejo encargado del Templo también se mostró afable y le invitó a tomar el té. Entonces Ah Q le pidió dos tortillas de harina, y al terminar de comerlas pidió una vela usada de cuatro liang[38] y un candelabro. Encendió la vela y se acostó en su pequeño dormitorio. Ahora él tenía un sentimiento inefablemente refrescado y feliz. La vela parpadeaba y bailaba como en el Festival de Faroles, y su pensamiento también se disparaba brincando.

"¿Rebelión? Interesante, ... Vendrá un grupo de revolucionarios en casco blanco y armadura blanca, todos con armas tales como el cuchillo de placa, el látigo de acero, la bomba, el rifle, el sable de dos filos y tres puntas, y la lanza con gancho. Pasarán por el Templo de la Tierra y los Granos, llamando: '¡Ah Q! ¡Vámonos juntos! ¡Vámonos juntos! ' Entonces, iré junto con ellos...

"En este momento, esos pájaros machos y hembras serán tan irisibles que se pondrán de rodillas exclamando: 'Ah Q, ¡perdona nuestra vida!' ¡Quién les escucha! Los primeros condenados a morir serán el pequeño D y el gran señor Zhao, más el Letrado-talentoso,

---

[38] "Vela usada de cuatro liang": Liang es unidad de peso de China que se usa desde el pasado hasta ahora. Cuatro liang equivale a un cuarto de jin (en ese tiempo), o sea, un octavo de kilogramo (125 gramos). Las velas se fabrican y se venden en forma de pequeños postes con diferentes pesos. Una vela de cuatro liang es "una vela formal" pese a ser medio quemada, mostrando que Ah Q, en el momento de excitación, se atrevió a hacer una pequeña solicitud al anciano a cargo del templo.

más el falso diablo extranjero, ... ¿Dejaremos algunas vidas? En el principio, Barba Wang podría quedarse vivo, pero ahora ni siquiera lo guardaremos a él...

"Oh, las cosas..., entraré derechito para abrir los cofres: lingotes de oro y de plata, billetes extranjeros, camisas de gasa foránea, ... Primero traeré esa cama estilo Ningbo de la dama del Letrado-talento al Templo de la Tierra y los Granos, además, colocaré aquí las mesas y sillas de la Mansión de Qian, o podrán usarse las propias de la Mansión de Zhao. No hará falta molestar mis propias manos, sino mandaré al pequeño D a moverlos, deberá hacerlo rápido, si no, le daré bofetadas...

"La hermana menor de Zhao Sichen es demasiado fea. En cuanto a la hija de la cuñada Zou el Séptimo, podré tomarla en cuenta dentro de unos años. La mujer del falso diablo extranjero se ha acostado con ese hombre sin coleta, bah, ¡no es buena hembra! La mujer del Letrado-talento tiene una cicatriz en el párpado superior... Hace mucho tiempo sin ver a Ama Wu, no sé en dónde se queda... pero es lástima que tenga unos pies demasiado grandotes".

Antes de pensar todo en disposición completa, Ah Q había lanzado sonoros ronquidos, mientras esa vela de cuatro liang solo se había acortado medio cun (casi 1 cm) y la ardiente llama roja iluminaba su boca abierta.

"¡Je, je!" Ah Q gritó de súbito, levantó la cabeza y miró alrededor espantado y nervioso, pero al ver la vela de cuatro liang, se tumbó a dormirse de nuevo.

Al día siguiente se levantó muy tarde. Cuando iba a la calle, todo estaba igual como de siempre. Y él también tenía hambre todavía. Se quedó pensando, e incapaz de llamar nada a la mente; pero de repente se le pareció ocurrir una idea y empezó a dar pasos lentos, consciente o inconscientemente, hacia el Convento de Meditación.

El convento estaba tan silencioso como en los días de primavera, y también lo estaban las paredes blancas y las puertas en laca negra. Pensó para sí mismo, y se adelantó a golpear la puerta. Un perro ladró adentro. Él se precipitó a recoger varios ladrillos rotos y volvió a golpear más fuerte hasta causar muchas marcas de viruela en la puerta negra antes de oír a gente venir por abrirla.

Ah Q se apresuró a agarrar los ladrillos, poniéndose en postura de cabalgadura, preparado para combatir con el perro negro. Sin embargo, la puerta solo se abrió una rendija, ningún perro negro salió arrojándose desde dentro y solo se vio a una monja vieja.

"¿Qué te trae aquí otra vez?" la vieja monja dijo asombrada.

"Ya se hace la revolución. ¿Lo sabes?" Ah Q lo dijo en un tono muy ambiguo.

"Revolución, revolución, ya se ha hecho una vez. ¿Y hasta qué punto quieren hacerla contra nosotras?" la monja dijo con los ojos enrojecidos.

"¿Qué?..." Ah Q se quedó sorprendido.

"Tú no sabes, ¡ellos han venido aquí por ella!"

"¿Quiénes?..." Ah Q se quedó más estupefacto.

"¡Ese Letrado-talentoso y el falso diablo extranjero!"

Esto fue muy inesperado para Ah Q, y se quedó atónito instintivamente. La vieja monja al ver que había perdido su ímpetu, cerró la puerta rapidísimo. Cuando Ah Q volvía a empujarla, estaba tan sólida que no poder abrirse. Al tocarla de nuevo, ya no había más contesta.

Eso sucedió por la mañana. El Letrado-talentoso estaba muy bien informado. Tan pronto como se enteró de que los revolucionarios habían entrado en la ciudad a medianoche, enrolló su coleta en la coronilla de la cabeza y visitó muy temprano a ese falso diablo extranjero Qian con quien nunca se había llevado muy bien. Pero como ahora ya era el tiempo de “todos pueden incorporarse a la reforma”[39], su conversación resultó muy congenial. Se convirtieron inmediatamente en camaradas de coincidencia en ideas y emoción y acordaron hacer la revolución juntos también. Pensaron y volvieron a pensar, hasta que recordaron que había una tablilla de dragón de “Viva el emperador” en el convento, que debía ser revolucionada lo antes posible, así que fueron inmediatamente al convento para hacer una revolución. Como la vieja monja salió a impedirles, habiendo dicho tres frases, ellos la consideraron como el gobierno de la dinastía Qing y le dieron en la cabeza muchas palizas y le cincelaron con las articulaciones de sus dedos. Después de que se fueron, la vieja monja se volvió un poco en sí e hizo un chequeo. Además de que la tarjeta de dragón ya se había roto en el suelo, también había desaparecido un valioso incensario Xuande[40] que siempre estaba colocado ante el altar de la Diosa Guanyin.

Y esto Ah Q lo supo solo posterior al suceso. Se arrepintió mucho de haberse dormido él mismo, mientras también se quejó mucho de ellos por no haberlo llamado. Y pensó con un paso hacia atrás:

“¿Acaso ellos no saben que me he rendido a los revolucionarios?”

## Capítulo VIII No permiso a la revolución

Los corazones de la gente de la Inexistencia se volvieron cada día más calmados. Según las noticias que recibieron, se enteraron de que los revolucionarios habían entrado en la ciudad, pero no hubo grandes alteraciones. El gran señor Magistrado Distrital siguió

---

[39] “Todos pueden incorporarse a la reforma”: La intención original era dar oportunidades nuevas a todos aquellos que se ven afectados por los malos hábitos si pueden renunciarlos. La cita aquí se refiere a la Revolución de Xinhai (1911), cuando los revolucionarios se comprometieron con las fuerzas de la oposición, mientras tanto, los terratenientes y burócratas aprovecharon esta especulación y falsamente “se convirtieron” en los llamados “revolucionarios”.

[40] “Incensario Xuande”: Es una especie de incensario hecho durante los años del calendario del emperador Xuande de la dinastía Ming, que fue y es muy valioso.

siendo el mismo oficial, pero había cambiado su título por algo nuevo. Además, el señor Erudito-recomendado también asumió cierto cargo oficial —esos títulos a que los aldeanos de la Inexistencia nunca podían darle sentido—, y el que encabezó la tropa continuó siendo el mismo comandante[41] anterior. Lo único terrible fue que unos cuantos revolucionarios malos se interpusieron ahí haciendo sabotaje, quienes al día siguiente comenzaron a cortar la trenza a la gente. Se oyó decir que el batelero Siete-jin de la aldea vecina se había caído en su trampa y se quedó sin apariencia normal de un ser humano. Pero esto aún no constituyó un gran pánico, porque la gente de la aldea de Inexistencia no frecuentaba la ciudad, incluso aquellos que ocasionalmente querían ir a la ciudad cambiaron inmediatamente su decisión y así no se encontrarían con ese peligro. Al principio Ah Q también pensó ir a la ciudad para buscar a sus viejos amigos, pero una vez enterado de esta noticia, también dejó de intentarlo.

Sin embargo, tampoco se debería decir que la aldea de Inexistencia estuviera sin reforma. Varios días después, los hombres con la coleta enrollada y puesta en la mollera surgieron en número creciente. Como decía antes, el primero fue naturalmente el don Letrado-talentoso, seguido por Zhao Sichen y el Ojo Blanco Zhao, y luego Ah Q. Si fuera en verano, la coleta enrollada en forma de un nudo en la mollera no se vería como una cosa rara, pero ahora era otoño tardío, entonces aunque esta "práctica otoñal de un hábito veraniego" tenía que estimarse como una decisión sumamente sabia de ellos, no se podía negar en la aldea de Inexistencia que estaba relacionada con la reforma.

Zhao Sichen vino sin nada detrás de su cabeza. Todos los que lo vieron gritaron:

"¡Jua! ¡Aquí viene un revolucionario!"

---

㊶ "Comandante": Aquí se refiere al comandante del nivel más bajo, o sea, comandante del distrito.

Al escuchar eso, Ah Q lo envidió mucho. Aunque se había enterado desde hacía mucho de la gran noticia de que el Letrado-talento había enrollado su coleta, nunca había pensado en hacerlo él mismo a imitación. Ahora vio a Zhao Sichen haciendo lo mismo, se le ocurrió la idea de seguir el ejemplo y tomar su resolución para implementarla. Usó un palillo de bambú para enrollar la coleta en la coronilla de la cabeza y vaciló durante mucho rato antes de dar pasos adelante audazmente.

Cuando caminaba en la calle, la gente también lo miraba a él, pero no decía nada, de lo que Ah Q se sentía muy infeliz en el principio y más tarde se volvía resentido. Últimamente él se tornó fácil de perder los estribos. En realidad, su vida no era más dura que antes de la rebelión, la gente seguía tratándole con cortesía, las tiendas tampoco le pedían dinero en efectivo, pero Ah Q se sentía demasiado frustrado: dado que se había hecho la revolución, la cosa no debería quedarse solo así. Además, una vez lo vio al pequeño D, lo que le hizo tan enojado que se rompiera la barriga.

Fue que el pequeño D también tenía su coleta enrollada y asegurada en la mollera, además, e incluso usaba un palillo de bambú también. Ah Q no había previsto de ninguna manera que él se atreviera a hacer lo mismo, y ¡no podría permitirle actuar así absolutamente! ¿Qué cosa era el pequeño D? Tuvo ganas de agarrarlo inmediatamente, romper su palillo, dejar caer su coleta y darle unas cuantas bofetadas, para castigarle actualmente por su crimen de atreverse a ser revolucionario habiendo olvidado sus ocho signos de destino en el nacimiento[42]. Pero finalmente lo toleró

---

㊷ “Sus ocho signos de destino en el nacimiento”: La gente cree que la combinación de “los ocho signos de destino en el nacimiento” (incluyendo la cifra del año, mes, día y hora) juega un papel importante en el cálculo del destino de las personas. Fue una práctica y juego de los antiguos taoístas y astrólogos y solían recurrir a estos cálculos para ganarse la vida.

y solo contemplándole lleno de ira, le echó una escupida, diciendo: "¡Puah!"

En estos días, el único que iba a la ciudad era el falso diablo extranjero. El Letrado-talentoso Zhao también quería utilizar la conversación de los baúles como pretexto para visitar personalmente al señor Erudito-recomendado, pero debido al peligro potencial de cortar la coleta, dejó de ir. En su lugar, escribió una carta en un formato respetuoso llamado "Sombrilla Amarilla" y se la encargó al falso diablo extranjero que la llevara a la ciudad, y además, le pidió que hiciera una presentación para ingresar al Partido Liberal.

Cuando el falso diablo extranjero regresó, le colectó al Letrado-talento cuatro monedas en yuan de plata, a cambio de que este lograra ponerse un durazno plateado en su solapa delantera, del que todos los aldeanos de la Inexistencia se quedaron sorprendidos y convencidos, diciendo que esta era como la perla de cierto cargo oficial del Partido Shiyou[43], que equivaldría a un título como Miembro de la Academia Imperial Hanlin[44] en el pasado. Por consiguiente el gran señor Zhao se puso súbitamente muy ostentoso, mucho más orgulloso que cuando su hijo se calificó de Letrado-talentoso, así mirando por encima de todo el mundo, y por supuesto, cuando veía a Ah Q, mucho menos lo tomaba en sus ojos.

---

[43] "Partido Shiyou": La palabra china que significa "libertad" se pronuncia como "Ziyou", pero los campesinos de aquel tiempo no tenían la libertad ni entendían la palabra, entonces solo sabían pronunciarla en una imitación equivocada de "Shiyou", que significa "aceite de caqui" en chino, y era un sonido más familiar para recordar. El autor usa esto por revelar que, después de la Revolución de 1911 surgieron diversos partidos de creencias túrbidas y con miembros de distintos colores de pensamiento. El pueblo o la clase baja no conocía ni creía en ellos. Aquí la gente comparaba el emblema del partido liberal con la perla de la dinastía feudal, que llevaba encima del sombrero marcando el rango del cortesano en la dinastía Qing.

[44] "Academia Imperial Hanlin": Hanlin es el nombre de los ayudantes literarios del emperador desde la dinastía Tang, responsables de redactar el edicto del emperador. Desde la dinastía Song, se convirtió en un oficial formal y sirvió como examinador para el Examen Imperial. Hanlin también trabajó como maestro de historia y redacción de documentos. La Academia Imperial Hanlin fue un lugar donde se reunían talentos y gozaba de alto prestigio.

Ah Q estaba resentido y sentía el trato frío por la exclusión a cada momento. Cuando escuchó la leyenda de este melocotón plateado, se dio cuenta inmediatamente de la razón por la que se le habían dejado afuera: para hacer la revolución, no bastaría con el solo rendirse, ni sería suficiente con enrollar la coleta en la mollera; el primer paso sería ponerse en contacto con los revolucionarios, entre quienes los que él tenía conocidos por vida solo eran dos, uno fue el de la ciudad que había sido matado por ese ruido "cha", y el otro que se quedó era el falso diablo extranjero. Ahora fuera de apresurarse a consultar con este tipo, ya no le quedaría ningún otro camino.

La puerta frontal de la Mansión de Qian estaba abierta, Ah Q se introdujo tímidamente a pasos de cojo. Una vez entró, se sorprendió mucho al ver que el falso diablo extranjero estaba parado en el centro del patio con todo el cuerpo cubierto de negro, que debería ser vestido foráneo, en el que también se colgaba un durazno plateado, y en la mano era ese palo del cual Ah Q había recibido sus lecciones una vez, y la coleta que había crecido hasta más de un chi (un pie y poco) estaba desatada y suelta sobre los hombros. Con el pelo despeinado y disperso, se parecía al Inmortal Santo Liu Haixian[45]. De frente estaban parados erguidamente el Ojo Blanco Zhao y tres hombres ociosos, que estaban escuchándole con absoluto respeto y reverencia.

Ah Q se acercó suavemente y se detuvo detrás del Ojo Blanco Zhao. Tenía el deseo de saludarle, pero no sabía cómo decírselo: por supuesto no funcionaría llamarlo falso diablo extranjero, pero llamarlo simplemente extranjero tampoco sería apropiado, ni adecuado llamarlo revolucionario, tal vez debería llamarle señor

---

㊺ "Inmortal Santo Liu Haixian": Se refiere a Liu Hai Chan en las Cinco Dinastías (907–979 d. C.), quien es un santo inmortal. Según la leyenda, practica su virtud y doctrina en el Monte Extremo Nanshan. Sus retratos populares entre el público generalmente están cubiertos de cabello largo y cabello corto en la frente.

extranjero.

Pero el señor extranjero no lo vio porque estaba hablando muy efusivamente con los ojos blancos.

"Soy de carácter impaciente, por eso cuando nos veíamos, siempre decía yo: Manito Hong[46], ¡pongámoslo en acción! Pero él siempre respondía '¡No!' —esto es lengua extranjera, no podéis entenderlo—, de otra manera habríamos logrado el triunfo mucho tiempo antes. Sin embargo, esto demuestra lo prudente que es cuando él hace las cosas. Me invitaba una y otra vez a ir a la provincia Hubei, pero no estuve dispuesto. ¿Quién quiere trabajar en ese pequeño distrito?..."

"¡Uy!... Este..." Ah Q le esperó hasta una ligera pausa, y por fin usó más de todo su coraje para abrir la boca, pero sin saber por qué, no le llamó señor extranjero.

Los cuatro hombres que estaban escuchando se sorprendieron y volvieron a mirarlo, y solo en este instante el señor extranjero lo vio:

"¿Qué?"

"Yo..."

"¡Lárgate!"

"Quiero rendirme..."

"¡Lárgate!" el señor extranjero alzó ese palo funeral.

El Ojo Blanco Zhao y los ociosos le exclamaron: "El señor dice que te largues, ¡por qué no le escuchas!"

Alzando las manos para cubrir su cabeza, Ah Q huyó instintivamente fuera de la puerta, pero el señor extranjero no le

---

[46] "Manito Hong": Se refiere a Li Yuan Hong. Originalmente, fue el coordinador de la 21ª Alianza Mixta de la dinastía Qing (equivalente al futuro comandante de brigada). Cuando estalló el Levantamiento de la Revolución de 1911 en Wuchang, se asustó por los sonoros cañonazos y se escondió en la casa de un amigo, pero luego fue sacado por los rebeldes y obligado a desempeñar el gobernador militar revolucionario de la provincia Hubei. Aquí en el texto el falso diablo extranjero estaba exagerando y ostentando su relación con el "jefe" de la revolución.

persiguió. Después de correr más de sesenta pasos rápidamente, se cambió a caminar despacio, entonces se le surgió la tristeza y preocupación: el señor extranjero no le permitió hacer la revolución, así que él no tendría otra salida; desde ahora no podría esperar la llegada de ninguna persona en casco blanco y armadura blanca que viniera a llamarle, de modo que todo su objetivo elevado, ambición, esperanza y futuro fueron eliminados de un solo plumazo. En cuanto a las burlas por prójimos como el pequeño D y Barba Wang, causadas posiblemente por la divulgación de esta desgracia entre los ociosos sería, en cambio, cosa de segunda importancia.

Parecía que él nunca había experimentado este tipo de aburrimiento. Respecto de su propia coleta enrollada, también la sentiría insignificante, e incluso humillada; por venganza, quiso efectivamente dejarla caer inmediatamente, pero no la soltó de una vez. Vagabundeando hasta la media noche, compró dos tazones de vino a crédito y se lo tomó, así que se sintió poco a poco contento, y reaparecieron las imágenes fragmentarias de los cascos blancos y armaduras blancas.

Otro día, él vagó sin rumbo como de siempre hasta muy noche. Solo se levantó a irse a pasos lentos hacia el Templo de la Tierra y los Granos cuando la taberna iba a cerrar.

"¡Crac! ¡Bang, bang!"

Oyó de repente un ruido inusual, pero no fue del petardo. Como a Ah Q le encantaba siempre ver la escena de bullicios y entremeterse en el asunto de los demás, siguió el ruido para buscar en la oscuridad. Pareció oír unos sonidos de pasos por delante. Cuando los escuchaba con atención, súbitamente un hombre huyó del otro lado de la calle. Al verlo, Ah Q se volvió precipitadamente a huirse con él. Ese hombre dio vuelta a otra calle, Ah Q también dio la vuelta. Dado que había doblado la esquina, el hombre se puso parado, y Ah Q también se detuvo, notando no haber nadie por detrás, y vio que ese hombre era el pequeño D.

"¿Qué pasó?" Ah Q se sintió molesto.

"¡Zhao... la Mansión de Zhao se halla en saqueo!" el pequeño D dijo jadeando.

El corazón de Ah Q palpitó sonando "pum pum". El pequeño D se lo dijo y se fue, pero Ah Q se detuvo dos o tres veces en su huida. Pues, al fin y al cabo, él había probado "este tipo de negocios", así que fue excepcionalmente atrevido. Entonces se asomó de puntillas por la esquina para escuchar atentamente. Parecía haber algunos gritos. Él lo observó con mucho cuidado. Al parecer unos hombres en casco blanco y armadura blanca salían constantemente con baúles a hombro, llevándose los muebles, así como la cama del estilo Ningbo de la dama del Letrado-talentoso, sin embargo, no se veían muy claramente. Quería seguir adelantándose, pero sus dos pies no se movieron.

No había luna esa noche, y la aldea de Inexistencia estaba muy quieta en la oscuridad, tan quieta como de la paz y tranquilidad en aquella remota época del Emperador Fuxi[47]. Ah Q contempló el espectáculo de pie hasta volverse fastidiado. Parecía seguir ocurriendo lo igual como rato antes. Entraban y salían sacando sin cesar, los baúles, los muebles, e incluso la cama del estilo Ningbo de la dama del Letrado-talentoso, ... sacando y sacando hasta que no pudiera creer en sus propios ojos. Pero decidió no acercarse, sino regresó a su Templo de la Tierra y los Granos.

Estaba aún más oscuro en el Templo de la Tierra y los Granos. Cerró la puerta frontal y entró a tientas en su cuarto. Después

---

㊼ "Emperador Fuxi": Según la leyenda, fue el emperador chino de los tiempos antiguos de China. Vivió probablemente en el Paleolítico Medio y Tardío. Fue el ancestro antiguo de la nación china, el primer rey registrado en los antiguos libros chinos y uno de los creadores de la medicina china. Su tiempo se ha descrito como una sociedad de paz y tranquilidad.

de un buen rato acostado, logró volverse en sí y desarrollar sus propias ideas: los hombres en casco blanco y armadura blanca han llegado obviamente, pero no han venido a decirme hola. Se han llevado muchos objetos valiosos, pero no me dan una parte. Todo esto se debe a lo detestable del falso diablo extranjero, que no me permite rebelarme, de otra manera, ¿cómo que no me dejan tener una porción? Cuanto Ah Q más lo pensaba, más se enfadaba, y finalmente no pudo evitar llenarse de odio en su pleno corazón. Dio un asentimiento malicioso, diciendo: "No me permites rebelarme, ¿pero tú sí? Maldita que sea tu madre, falso diablo extranjero. Bien, ¡te rebelaste! La rebelión es un crimen capital. De todo modo te denunciaré, te veré atrapado en la judicatura distrital para cortarte la cabeza. ¡A confiscar y ejecutar a toda tu familia! ¡Cha! ¡Cha!"

## Capítulo IX　Gran desenlace redondo

Después del saqueo de la Mansión de Zhao, los aldeanos de la Inexistencia probablemente se sintieron complacidos y a la vez pánicos, y Ah Q también estuvo en el mismo humor. Sin embargo, cuatro días más tarde, Ah Q fue arrestado de repente en la media noche y llevado al Distrito. Era una noche muy oscura, una escuadra de soldados, una escuadra de milicianos, una escuadra de policías y cinco detectives llegaron en secreto a la aldea de Inexistencia y rodearon el Templo de la Tierra y los Granos en la oscuridad y colocaron ametralladoras justo contra la puerta; sin embargo, Ah Q no se precipitó a salir. Hacía mucho tiempo sin verse ni oírse nada, el comandante estuvo poniéndose ansioso. Solo cuando anunció públicamente una recompensa de veinte mil, dos milicianos se arriesgaron a saltar por encima de la pared. Colaborando desde dentro con las fuerzas de fuera, intrusaron en enjambre y atraparon a Ah Q, quien, solo cuando fue conducido al lado de la ametralladora del exterior, se volvió un poco despierto.

Ya era mediodía cuando entraba en la ciudad. Ah Q se vio arrastrado a una ruinosa yamen (sede del gobierno local), y después de dar unas cinco o seis vueltas fue empujado en un pequeño cuarto. Tan pronto como tambaleándose, ya se cerró detrás de sus talones la puerta de rejas hecha de tabla de un tronco entero. Los tres lados restantes eran paredes, y al mirar atentamente, había todavía dos hombres más en la esquina del cuarto.

A pesar de sentirse algo perturbado, Ah Q no estuvo muy deprimido, porque ese cuartito suyo en el Templo de la Tierra y los Granos no era mejor que este. Al parecer aquellos dos hombres también eran rurales, y poco a poco comenzaron a cruzar palabras con él. Uno dijo que el señor Erudito-recomendado le apremió a pagar el alquiler que su abuelo le debía, mientras que el otro dijo que no sabía por qué asunto. Ellos le preguntaron a Ah Q por su causa, contestó franca y tajantemente: "Porque yo quiero rebelarme".

Por la tarde, él fue arrastrado fuera de la puerta de rejas. Llegó a una sala, donde había un viejo sentado allí arriba con la cabeza limpiamente afeitada. Ah Q sospechó que fuera un monje, pero vio a un reglón de guardias ahí abajo, y que a ambos lados estaban parados más de una docena de figuras en bata larga, entre quienes unos eran parecidos a ese viejo calvo y otros con el cabello caído cubriendo la espalda igual al falso diablo extranjero. Todos lucían una cara con carne travesera y le miraban con los ojos enfadados, por lo cual, se dio cuenta de que ese viejo tendría algún fondo importante, entonces la rodilla se relajó de forma inmediata y natural, y se arrodilló.

"¡Habla de pie! ¡No te arrodilles!" exclamaron todos los en bata larga.

Ah Q pareció entender cómo hacerlo, pero se sintió incapaz de sostenerse en pie, poniéndose en cuclillas sin control y finalmente aprovechándose de la postura se puso de rodillas.

"¡Naturaleza de esclavo!..." los en bata larga le dijeron con desprecio, pero no le llamaron a levantarse.

"Dime la verdad, para evitar sufrir. Ya estoy informado de todo desde muy temprano, podré dejarte libre si lo confiesas," ese viejo calvo se fijó en la cara de Ah Q y le dijo con calma y claridad.

"¡Confiesa!" los en bata larga también dijeron en voz alta.

"En el principio quise... venir a..." después de pensar un momento enredado en confusión, dijo intermitentemente.

"En ese caso, ¿por qué no viniste?" preguntó el viejo con afabilidad.

"¡El falso diablo extranjero no me permitió!"

"¡Disparates! Ya es demasiado tarde decirlo. ¿Ahora dónde se encuentran tus cómplices?"

"¿Qué?"

"Esa pandilla que saqueó la Mansión de Zhao".

"Ellos no vinieron a llamarme. Se fueron llevando todo consigo". Una vez mencionado eso, Ah Q todavía guardó enojo.

"¿Adónde fueron? Me lo dices y te dejaré libre," el viejo expresó con más afabilidad.

"No lo sé..., ellos no me llamaron..."

Entonces, ese viejo hizo un guiño, y Ah Q fue atrapado otra vez detrás de las rejas. Al ser llevado desde la puerta de las rejas por segunda vez, ya fue la mañana del día siguiente.

Todo quedó igual como ayer en la sala, todavía estaba sentado ese viejo calvo ahí arriba y Ah Q también se puso de rodillas.

El viejo le preguntó con afabilidad: "¿Qué más tienes que decir?"

Ah Q pensó, no encontró más palabras, y contestó: "No".

Entonces, un hombre en bata larga trajo una hoja de papel y un pincel de tinta ante Ah Q, e iba a meter este en sus manos, lo cual le dio a Ah Q un susto tan tremendo que casi le hiciera con el “alma volando y coraje dispersando”, porque fue la primera vez en esta vida que sus manos tuvieran alguna relación con el pincel de tinta, y todavía no sabía cómo tomarlo, y ese hombre indicó un lugar para que pusiera su firma personalizada.

“Yo... Yo... no conozco caracteres,” Ah Q agarró el pincel en forma de puño, diciendo con terror y vergüenza.

“Entonces, para tu conveniencia, ¡dibuja un círculo!”

Ahora, Ah Q iba a dibujar un círculo, pero esa mano apretando el pincel tembló sin cesar, entonces ese hombre le tendió el papel en el suelo para él. Ah Q se agachó para dibujar un círculo redondo con todas sus fuerzas de esta vida. Tuvo miedo de que otros se rieran de él, aspiró a dibujarlo redondo, pero este odioso pincel no solo era pesado, sino también desobediente. Cuando iba a completar apenas el círculo pese a temblores de la mano, se dio un desliz hacia fuera, dejándolo en una forma como semilla de calabaza.

Ah Q se avergonzó de no haberlo dibujado bien redondo, pero ese hombre no discutió en detalles, sino había llevado el papel y el pincel alejándose. Muchos hombres agarraron a Ah Q para meterlo por segunda vez detrás de las rejas.

Fue metido en la valla por segunda vez, pero no estuvo muy angustiado. Suponía que, de vivir entre el cielo y la tierra, tal vez por regla general un hombre debiera ser atrapado para adentro y para fuera, y en cierto tiempo debiera dibujar círculos en papel, mientras que solo ese círculo que no fue pintado muy redondo constituiría una mancha en sus “antecedentes”, pero no tardó mucho en volverse aliviado, pensando: solo un vil cabrón podrá dibujarlo muy redondo. Y así se durmió.

Sin embargo, esta noche el señor Erudito-recomendado no pudo dormirse: se enfurruñó con el comandante, porque él sostuvo ordenar primero la devolución de la fortuna robada mientras que el comandante insistió en la mostración del criminal al público como el paso primero. Recientemente, este último ya no tomaba realmente al señor Erudito-recomendado en sus ojos seriamente, le dijo mientras dando palmadas en la tabla y golpeando el taburete: "¡Castigar a uno para advertir a cien! Mire, todavía no he cumplido veinte días desde hacerme revolucionario pero los casos de saqueo han sido más de una docena, si no se esclarece ninguno, ¿dónde se colocará mi cara? Ahora ya está aclarado este caso, pero usted sale a torcerlo. ¡Eso no! ¡Este es el asunto de que yo me encargo!" El señor Erudito-recomendado se quedó muy avergonzado, pero insistió en la opinión suya, diciendo que si no ordenara retornar la fortuna robada, renunciaría inmediatamente a su cargo de asistente administrativo de asuntos civiles. Pero el comandante dijo: "¡Como usted quiera!" Así que el señor Erudito-recomendado no logró dormirse hasta toda la noche, pero afortunadamente al día siguiente él no lo renunció.

La tercera vez que Ah Q fue arrancado fuera de la puerta de la valla, fue la mañana siguiente de la noche en que no se durmió el señor Erudito-recomendado. Llegó al salón, con el habitual viejo calvo sentado encima; Ah Q se puso de rodillas como de costumbre.

El viejo le preguntó con mucha afabilidad: "¿Qué más palabras tienes?"

Ah Q pensó, y no encontró nada que decir, así que respondió: "No".

Repentinamente muchos hombres en bata larga y en bata corta le vistieron un chaleco de tela blanca foránea en que había unos caracteres en negrita, por lo que Ah Q sintió mucho enojo y aflicción: porque esto se parecía mucho a llevar el luto filial, y llevar luto filial, y eso sería de suerte nefasta. Además, al mismo tiempo, con sus dos manos atadas por detrás, fue arrastrado fuera de la puerta del yamen.

Ah Q fue subido a un coche sin toldo, varios hombres en

bata corta también se sentaron junto con él. El coche se movió de inmediato. Por delante caminaban una escuadra de soldados y milicianos que portaban armas extranjeras, y flanqueado por muchos espectadores con la boca abierta, sobre lo que sucedió atrás, Ah Q no pudo ver. Pero de repente él lo percibió: ¿Acaso no estoy yendo para la decapitación? Al subirle el ansia, se le oscureció los dos ojos y se estalló un estruendo "¡jua!" en sus oídos, como si se cayera desmayado, pero aún no se desmayó, aunque a veces ansioso, a veces también calma do; en sus entendimientos, pareció creer también que, de vivir entre el cielo y la tierra, tal vez originalmente un hombre no pudiera evitar ser decapitado en cierto tiempo.

Todavía conocía el camino, así que se sorprendió un poco: ¿por qué no van con rumbo al campo de ejecución? Él no sabía que esto se llamara desfile por las calles y mostración al público. Pero incluso si lo hubiera sabido, habría pensado que, de vivir entre el cielo y la tierra, tal vez originalmente un hombre pudiera ser llevado inevitablemente al desfile por las calles y mostrado al público.

Ahora ya se dio cuenta de que este era el camino con un rodeo para ir al campo de ejecución, y esto conduciría por cierto a un "cha" de decapitación. Miraba brumosamente a la izquierda y a la derecha, todos lo seguían como hormigas. Vio sin intención al Ama Wu entre la multitud al borde de la carretera, a quien no la había visto desde hacía mucho tiempo, resultó que ella estaba trabajando en la ciudad. Y de repente, Ah Q se sintió muy avergonzado por su falta de aspiración, ni siquiera cantó unas pocas líneas de la ópera. Sus pensamientos parecieron dar un giro intenso como un torbellino dentro de su cerebro: *La pequeña viuda yendo a la tumba* carecía de magnificencia, la frase "me arrepentí de..." en la *Combate entre dragón y tigre* era demasiado insípida, la más adecuada todavía sería "te golpearé con el látigo de acero en la mano". Mientras tanto, iba a alzar la mano, pero el no poder moverse le recordó que sus dos manos estaban atadas, así que tampoco cantaría "con el látigo de acero en la mano".

"Dentro de veinte años, seré otro..." En medio de su apretada agenda, Ah Q, emitió media frase que "aprendió sin maestro" pero nunca había pronunciado.

"¡Bravo!" Desde la espesura de la gente se lanzaron voces como aullidos de lobos-chacales.

El coche avanzó sin detenerse, en medio de aclamaciones, giró los ojos para ver a Ama Wu, pero pareció que ella no lo había mirado a él sino solo se fijaba fascinada en las armas extranjeras a la espalda de los soldados.

Entonces Ah Q volvió a mirar a los que vitoreaban.

En ese instante, sus pensamientos parecieron dar otro giro como un torbellino en su mente. Cuatro años atrás, él se encontró con un lobo hambriento al pie de la montaña, que le seguía no muy lejos ni muy cerca, queriendo comer su carne. En ese momento, él casi se espantó de muerte, por suerte, portando un machete para la leña en la mano, con el que se infundió el valor para persistir hasta la aldea de Inexistencia; pero de allí siempre recordó los ojos de ese lobo, feroces y temerosos, brillando como dos fuegos fantasmales, que parecían haber penetrado su piel y carne desde lejos. Y esta vez, él vio los ojos más temerosos que nunca había visto, tanto romos como afilados, que no solo habían masticado sus palabras, sino que también iban a masticar las cosas fuera de su piel y carne, que siempre estaba siguiéndole ni de lejos ni de cerca.

Esos ojos parecían reunirse en al unísono, mordiendo ahí su alma.

"¡Socorro...!"

Pero Ah Q no lo pronunció. De hecho, habiéndose oscurecido sus ojos desde mucho rato antes, fue impactado por un fuerte zumbido "wong" en sus oídos y se sentía como si todo su cuerpo se hubiera reventado y dispersado igual a micros polvos.

En cuanto al impacto en ese tiempo, la reacción más fuerte fue del señor Erudito-recomendado, porque finalmente no se ordenó la devolución de la fortuna saqueada, y toda la familia suya se echó a llorar en gritos. Luego fue la Mansión de Zhao. Cuando el Letrado-talento fue a la ciudad a reportar al gobierno sobre el crimen, su coleta de pelo fue cortada por los revolucionarios malvados, y además se malgastaron veinte mil para aquella recompensa, por lo que toda la familia se echó a llorar en gritos también. Desde ese día en adelante, todos ellos empezaron a despedir gradualmente en el olor de los viejos sobrevivientes de la dinastía pasada.

En cuanto a la opinión pública, no hubo disidencia en la aldea de Inexistencia, naturalmente todos decían que Ah Q fue malo, el haber sido fusilado fue la evidencia de ser malo; si no hubiera sido malo, ¿cómo habría sido fusilado? Pero los comentarios en la ciudad no eran de bueno, la mayoría de ellos no quedaron satisfechos, porque el fusilamiento no fue tan espectacular como la decapitación; además, ¡qué ridículo presidiario a muerte era ese tipo, durante todo el desfile en las calles por tanto tiempo, inesperadamente no había cantado ni una frase de la ópera: ellos lo habían seguido todo el camino en vano.

Diciembre de 1921

# 娜拉走后怎样[1]

——一九二三年十二月二十六日在北京女子高等师范学校文艺会讲

我今天要讲的是“娜拉走后怎样?”

伊孛生[2]是十九世纪后半的瑙威的一个文人。他的著作，除了几十首诗之外，其余都是剧本。这些剧本里面，有一时期是大抵含有社会问题的，世间也称作“社会剧”，其中有一篇就是《娜拉》[3]。

《娜拉》一名Ein Puppenheim，中国译作《傀儡家庭》。但Puppe不单是牵线的傀儡，孩子抱着玩的人形[4]也是；引申开去，别人怎么指挥，他便怎么做的人也是。娜拉当初是满足地生活在所谓幸福的家庭里的，但是她竟觉悟了：自己是丈夫的傀儡，孩子们又是她的傀儡。她于是走了，只听得关门声，接着就是闭幕。这想来大家都知道，不必细说了。

娜拉要怎样才不走呢?或者说伊孛生自己有解答，就是Die Frau vom Meer,《海的女人》，中国有人译作《海上夫人》[5]的。这女人是已经结婚的了，然而先前有一个爱人在海的彼岸，一日突然寻来，叫她一同去。她便告知她的丈夫，要和那外来人会面。临末，她的丈夫说，“现在放你完全自由。（走与不走）你能够自己选择，并且还要自己负责任。”于是什么事全都改变，她就不走了。这样看来，娜拉倘也得到这样的自由，或者也便可以安住。

但娜拉毕竟是走了的。走了以后怎样?伊孛生并无解答；而且他已经死了。即使不死，他也不负解答的责任。因为伊孛生是在做诗，不是为社会提出问题来而且代为解答。就如黄莺一样，因为他自己要歌唱，所以他歌唱，不是要唱给人们听得有趣，有益。伊孛生是很不通世故的，相传在许多妇女们一同招待他的筵宴上，代表者起来致谢他作了《傀儡家庭》，将女性的自觉，解放这些事，给人心以新的启示的时候，他却答道，“我写那篇却并不是这意思，我不过是做诗。”

娜拉走后怎样？——别人可是也发表过意见的。一个英国人曾作一篇戏剧，说一个新式的女子走出家庭，再也没有路走，终于堕落，进了妓院了。还有一个中国人，——我称他什么呢？上海的文学家罢，——说他所见的《娜拉》是和现译本不同，娜拉终于回来了。这样的本子可惜没有第二人看见，除非是伊孛生自己寄给他的。但从事理上推想起来，娜拉或者也实在只有两条路：不是堕落，就是回来。因为如果是一匹小鸟，则笼子里固然不自由，而一出笼门，外面便又有鹰，有猫，以及别的什么东西之类；倘使已经关得麻痹了翅子，忘却了飞翔，也诚然是无路可以走。还有一条，就是饿死了，但饿死已经离开了生活，更无所谓问题，所以也不是什么路。

人生最苦痛的是梦醒了无路可以走。做梦的人是幸福的；倘没有看出可走的路，最要紧的是不要去惊醒他。你看，唐朝的诗人李贺[6]，不是困顿了一世的么？而他临死的时候，却对他的母亲说，“阿妈，上帝造成了白玉楼，叫我做文章落成去了。”这岂非明明是一个诳，一个梦？然而一个小的和一个老的，一个死的和一个活的，死的高兴地死去，活的放心地活着。说诳和做梦，在这些时候便见得伟大。所以我想，假使寻不出路，我们所要的倒是梦。

但是，万不可做将来的梦。阿尔志跋绥夫[7]曾经借了他所做的小说，质问过梦想将来的黄金世界的理想家，因为要造那世界，先唤起许多人们来受苦。他说，“你们将黄金世界预约给他们的子孙了，可是有什么给他们自己呢？”有是有的，就是将来的希望。但代价也太大了，为了这希望，要使人练敏了感觉来更深切地感到自己的苦痛，叫起灵魂来目睹他自己的腐烂的尸骸。惟有说诳和做梦，这些时候便见得伟大。所以我想，假使寻不出路，我们所要的就是梦；但不要将来的梦，只要目前的梦。

然而娜拉既然醒了，是很不容易回到梦境的，因此只得走；可是走了以后，有时却也免不掉堕落或回来。否则，就得问：她除了觉醒的心以外，还带了什么去？倘只有一条像诸君一样的紫红的绒绳的围巾，那可是无论宽到二尺或三尺，也完全是不中用。她还须更富有，提包里有准备，直白地说，就是要有钱。

梦是好的；否则，钱是要紧的。

钱这个字很难听，或者要被高尚的君子们所非笑，但我总觉得人们的议论是不但昨天和今天，即使饭前和饭后，也往往有些差别。凡承认饭需钱买，而以说钱为卑鄙者，倘能按一按他的胃，那里面怕总还有鱼肉没有消化完，须得饿他一天之后，再来听他发议论。

所以为娜拉计，钱，——高雅的说罢，就是经济，是最要紧的了。自由固不是钱所能买到的，但能够为钱而卖掉。人类有一个大缺点，就是常常要饥饿。为补救这缺点起见，为准备不做傀儡起见，在目下的社会里，经济权就见得最要紧了。第一，在家应该先获得男女平均的分配；第二，在社会应该获得男女相等的势力。可惜我不知道这权柄如何取得，单知道仍然要战斗；或者也许比要求参政权更要用剧烈的战斗。

要求经济权固然是很平凡的事，然而也许比要求高尚的参政权以及博大的女子解放之类更烦难。天下事尽有小作为比大作为更烦难的。譬如现在似的冬天，我们只有这一件棉袄，然而必须救助一个将要冻死的苦人，否则便须坐在菩提树下冥想普度一切人类的方法[8]去。普度一切人类和救活一人，大小实在相去太远了，然而倘叫我挑选，我就立刻到菩提树下去坐着，因为免得脱下唯一的棉袄来冻杀自己。所以在家里说要参政权，是不至于大遭反对的，一说到经济的平匀分配，或不免面前就遇见敌人，这就当然要有剧烈的战斗。

战斗不算好事情，我们也不能责成人人都是战士，那么，平和的方法也就可贵了，这就是将来利用了亲权来解放自己的子女。中国的亲权是无上的，那时候，就可以将财产平匀地分配子女们，使他们平和而没有冲突地都得到相等的经济权，此后或者去读书，或者去生发，或者为自己去享用，或者为社会去做事，或者去花完，都请便，自己负责任。这虽然也是颇远的梦，可是比黄金世界的梦近得不少了。但第一需要记性。记性不佳，是有益于己而有害于子孙的。人们因为能忘却，所以自己能渐渐地脱离了受过的苦痛，也因为能忘却，所以往往照样地再犯前人的错误。被虐待的儿媳做了婆婆，仍然虐待儿媳；嫌恶学生的官吏，每是先前痛骂官吏的学生；现在压迫子女的，有时也就是十年前的家庭革命者。这也许与年龄和地位都有关系罢，但记性不佳也是一个很大的原因。救济法就是各人去买一本note-book来，将自己现在的思想举动都记上，作为将来年龄和地位都改变了之后的参考。假如憎恶孩子要到公园去的时候，取来一翻，看见上面有一条道，“我想到中央公园去”，那就即刻心平气和了。别的事也一样。

世间有一种无赖精神，那要义就是韧性。听说“拳匪”[9]乱后，天津的青皮，就是所谓无赖者很跋扈，譬如给人搬一件行李，他就要两元，对他说这行李小，他说要两元，对他说道路近，他说要两元，对他说不要搬了，他说也仍然要两元。青皮固然是不足为法的，而那韧性却大可以佩服。要求经济权也一样，有人说这事情太陈腐了，就答道要经济权；说是太卑鄙了，就答道要经济权；说是经济制度就要改变了，用不着再操心，也仍然答道要经济权。

其实，在现在，一个娜拉的出走，或者也许不至于感到困难的，因为这人物很特别，举动也新鲜，能得到若干人们的同情，帮助着生活。生活在人们的同情之下，已经是不自由了，然而倘有一百个娜拉出走，便连同情也减少，有一千一万个出走，就得到厌恶了，断不如自己握着经济权之为可靠。

在经济方面得到自由，就不是傀儡了么？也还是傀儡。无非被人所牵的事可以减少，而自己能牵的傀儡可以增多罢了。因为在现在的社会里，不但女人常作男人的傀儡，就是男人和男人，女人和女人，也相互地作傀儡，男人也常作女人的傀儡，这决不是几个女人取得经济权所能救的。但人不能饿着静候理想世界的到来，至少也得留一点残喘，正如涸辙之鲋，急谋升斗之水一样，就要这较为切近的经济权，一面再想别的法。

如果经济制度竟改革了，那上文当然完全是废话。

然而上文，是又将娜拉当作一个普通的人物而说的，假使她很特别，自己情愿闯出去做牺牲，那就又另是一回。我们无权去劝诱人做牺牲，也无权去阻止人做牺牲。况且世上也尽有乐于牺牲，乐于受苦的人物。欧洲有一个传说，耶稣去钉十字架时，休息在Ahasvar[10]的檐下，Ahasvar不准他，于是被了咒诅，使他永世不得休息，直到末日裁判的时候。Ahasvar从此就歇不下，只是走，现在还在走。走是苦的，安息是乐的，他何以不安息呢？虽说背着咒诅，可是大约总该是觉得走比安息还适意，所以始终狂走的罢。

只是这牺牲的适意是属于自己的，与志士们之所谓为社会者无涉。群众，——尤其是中国的，——永远是戏剧的看客。牺牲上场，如果显得慷慨，他们就看了悲壮剧；如果显得觳觫，他们就看了滑稽剧。北京的羊肉铺前常有几个人张着嘴看剥羊，仿佛颇愉快，人的牺牲能给与他们的益处，也不过如此。而况事后走不几步，他们并这一点愉快也就忘却了。

对于这样的群众没有法，只好使他们无戏可看倒是疗救，正无需乎震骇一时的牺牲，不如深沉的韧性的战斗。

可惜中国太难改变了，即使搬动一张桌子，改装一个火炉，几乎也要血；而且即使有了血，也未必一定能搬动，能改装。不是很大的鞭子打在背上，中国自己是不肯动弹的。我想这鞭子总要来，好坏是别一问题，然而总要打到的。但是从那里来，怎么地来，我也是不能确切地知道。

我这讲演也就此完结了。

# 注释

[1] 本篇最初发表于1924年北京女子高等师范学校《文艺会刊》第六期。同年8月1日上海《妇女杂志》第十卷第八号转载。作者曾把原文重加订正。

[2] “伊孛生”：即易卜生（Henrik Johan Ibsen）（1828.3.20—1906.5.23），挪威剧作家兼诗人。他被认为是挪威最重要的剧作家，也是影响现代戏剧的作家之一，被誉为“现代现实主义戏剧之父”。

[ 3 ]“娜拉”：通译“诺拉”（Nora），是易卜生经典社会问题戏剧《玩偶之家》的主角。在经历家庭事故后，她终于在家里看到了丈夫的真实面孔和他的“玩偶”身份。他郑重地说：“我是一个人，像你这样的人，至少我必须学会做到这一点。”后来，娜拉决定离家出走。1879年，《玩偶之家》（*A Doll's House*）的上演轰动了整个欧洲，后来唤醒了中国知识分子，他们积极探索五四运动后中国的命运和出路。对此，鲁迅先生提出了一个世纪性的命题，并向世界提出了一个问题：“娜拉走后怎样？”

[ 4 ]“人形”：日语，即人形的玩具。

[ 5 ]《海上夫人》：即《海的女人》（*Die Frau vom Meer*），是挪威剧作家易卜生的五幕戏剧，于1888年11月28日在哥本哈根出版。当时中国有人译作《海上夫人》。

[ 6 ] 李贺（791—817）：中国唐代著名诗人。自从年少起，他就时运不佳，加上他的名字与皇帝同名，从而造成了他在仕途上的障碍。他在27岁时死于结核病。他的作品反映了他一生事业的挫折。

[ 7 ] 阿尔志跋绥夫（1878—1927）：俄国小说家。他的作品主要描写精神颓废者的生活，有些也反映了沙皇统治的黑暗。十月革命后逃亡国外，死于华沙。

[ 8 ]“坐在菩提树下冥想普度一切人类的方法”：这是借用关于释迦牟尼的传说。相传佛教始祖释迦牟尼（约前565—前486）在29岁时立志出家修行，遍历各地，苦行六年，仍未能悟道，后坐在菩提树下冥想普度世人，终成正果。

[ 9 ]“拳匪”：1900年爆发了义和团反对帝国主义的武装斗争，参加这次斗争的有中国北部的农民、手工业者、水陆运输工人、士兵等广大群众。他们采取了落后迷信的组织方式和斗争方式，设立拳会，练习拳棒，因而被称为“拳民”，当时统治阶级和帝国主义者则诬蔑他们为“拳匪”。

[10]“Ahasvar”：阿哈斯瓦尔，欧洲传说中的一个补鞋匠，被称为“流浪的犹太人”。

# ¿Qué pasará con Nora después de irse?[1]

El 26 de diciembre de 1923, en la Sociedad Literaria y Artística de la Escuela Normal Superior de Mujeres de Beijing

De lo que hablaré hoy es: "¿Qué pasará con Nora después de irse?"

Henrik Ibsen[2] fue un escritor noruego en la segunda mitad del siglo XIX. Aparte de unas decenas de poemas, todas sus obras son dramáticas, las cuales generalmente abarcaban problemas sociales durante un período, conocidas en general también como "dramas sociales". Entre ellas una es el teatro *Nora*[3].

*Nora* tiene su título en alemán de *Ein Puppenheim*, y su traducción china es *Kuilei Jiating* (*Casa de muñecas*). Pero el puppe no solo indica el títere controlado por hilos, sino que también incluye la figura[4] que los niños juegan en sus brazos; de allí se extiende a la

---

① Este artículo se publicó originalmente en la sexta edición del *Acta de conferencia de literatura y arte* de la Escuela Normal Superior de Mujeres de Beijing en 1924, y reimpresa el 1 de agosto de ese mismo año, en la revista *Mujeres de Shanghai*, volumen X, número 8. El texto original fue revisado por el autor.

② "Henrik Ibsen": Henrik Johan Ibsen (1828–1906) fue un dramaturgo y poeta noruego. Es considerado el más importante dramaturgo noruego y uno de los autores que más han influido en la dramaturgia moderna, padre del drama realista moderno.

③ "Nora": Nora es la protagonista del clásico drama de problemas sociales de Ibsen, *Casa de muñecas*. Después de experimentar un accidente familiar, finalmente vio la verdadera cara de su marido y su estado de "muñeca" en casa. Afirmó solemnemente que "soy una persona, una persona como usted, al menos tengo que aprender a hacerlo". Después, Nora salió decididamente de la casa. En 1879, *Casa de muñecas* se estrenó y conmocionó a toda Europa, y más tarde despertó a los intelectuales chinos que exploraron activamente el destino y la salida de China después del Movimiento del 4 de mayo. En este sentido, el Sr. Lu Xun presentó una propuesta de siglo y emitió una pregunta al mundo: "¿Qué pasará con Nora?"

④ "Figura": Una especie de juguetes de figuras humanas que se jugaba en Japón.

persona que actúa a la manera como otros le manden. En el principio, Nora estaba satisfecha de vivir en una familia llamada feliz, pero inesperadamente se volvió consciente: ella misma es un títere de su esposo, y sus hijos son los títeres de ella. Entonces se fue de casa y solo se oyó un portazo del cierre, seguidamente se bajó el telón. Supongo que lo sabe todo el mundo, y no hace falta contar más detalles.

¿Qué podría evitar que Nora se fuera? Tal vez Ibsen hubiera dispuesto la respuesta en *Die Frau vom Meer* (*La dama del mar*)⑤, traducida al chino como *Haishang Furen*. La heroína está casada, pero tiene un viejo amante que vive al otro lado del mar, quien de repente viene a buscarla un día para pedirle irse con él. Entonces ella le dice a su esposo que quiere encontrarse con su visitante. Finalmente, su esposo le dice: "Ahora te dejo libre completamente, tú puedes seleccionarlo (irse o no), pero tienes que cargar tu propia responsabilidad". Entonces todo se cambia completamente, ella decide no irse. A juzgar por esto, si Nora hubiera conseguido este tipo de libertad, habría podido quedarse.

Sin embargo, a fin de cuentas, Nora se ha ido. ¿Qué pasará con ella después de irse? Ibsen no ofreció la respuesta, además él ya se murió. En caso de no haber muerto, tampoco se responsabilizaría de contestarla, porque él estaba escribiendo poema, y no planteando problemas a la sociedad ni contestándolos por ella, tal como la oropéndola, que canta para sí misma y no para la diversión o beneficio de los seres humanos. Ibsen comprendió muy poco de lo mundano, y se decía que, en un banquete para su bienvenida celebrado por un grupo de mujeres, cuando una representante se levantó y le agradeció por haber escrito la *Casa de muñecas*, que le había dado a la mentalidad

---

⑤ *Die Frau vom Meer* (*La dama del mar*): *La dama del mar* es una obra de teatro en cinco actos del dramaturgo noruego Henrik Ibsen, publicada el 28 de noviembre de 1888 en Copenhague. Su versión en inglés se titula *The Lady from the Sea*.

humana una nueva ilustración sobre la conciencia y la emancipación de la mujer, él respondió: “Eso no era lo que tenía en mente cuando escribí a la obra, estaba nada más que haciendo poesía”.

¿Qué pasará con Nora después de irse de casa? Otras personas también han expuesto sus opiniones sobre esto. Un inglés escribió un drama en el que una mujer de nuevo estilo se va de casa, pero no tiene otro camino que seguir, finalmente cae degradada y entra en un burdel. También hay un hombre chino —¿Qué le llamaría yo? Bueno, contado como escritor de Shanghai—. Él afirma haber visto una versión que difiere de la traducción china actual, en la cual Nora por fin regresa a casa. Es lamentable que nadie más haya visto esa versión, a menos que el propio Ibsen se la hubiera enviado a él. Sin embargo, si se supone por la lógica, tal vez Nora tenga prácticamente solo dos opciones: caer en la degradación o regresar a casa. Porque en el caso de un pequeño pájaro, en la jaula no hay libertad definitivamente, pero al salir de ella, hay halcones, gatos y otras cosas afuera, y si tiene las alas ya atrofiadas por haberse cerrado tanto tiempo y ha olvidado cómo volar, no le queda efectivamente ningún camino para seguir. Hay otra posibilidad, es decir, morir de hambre, pero la muerte habrá dejado la vida y no constituirá el llamado problema, por lo que no se trata de ningún camino.

Lo más doloroso de la vida humana es no encontrar camino para recorrer al despertarse del sueño. La persona sumergida en el sueño es feliz; si no se descubre un camino que ella pueda tomar, lo más importante es no despertarla. Mira, el poeta Li He⑥ de la dinastía Tang, ¿no era que había sido cercado en la pobreza y dificultad por toda la vida? No obstante, cuando se estaba muriendo, le dijo a su

---

⑥ Li He (791–817): Poeta de la dinastía Tang. Tuvo mala suerte desde joven ya que su nombre, homófono al del emperador, le impidió obtener un puesto en la corte. A los veintisiete años murió de tuberculosis. Su obra narra los reveses de su carrera.

madre: “Mamá, el Emperador Celestial ha construido un pabellón de jade blanco, y me convoca a escribir un poema para celebrar su inauguración”. ¿No era acaso esto obviamente una falsedad, o un sueño? Sin embargo, un joven y una anciana, uno por morir y una por seguir viviendo, el que muera se iría contento y la que sobreviviera podría vivir con calma. El delirio y el sueño, en casos como este, mostró su grandeza. Por eso, pienso que, si no podemos encontrar una salida, lo que necesitamos, en cambio, es el sueño.

Pero, de ninguna manera soñar con el futuro. El novelista ruso Mikhail Artsybashev[⑦] hizo uso de una de sus novelas para interpelar a los idealistas que soñaban con un mundo futuro de oro, porque cuya construcción llamaría primero a muchísimas personas a sufrir sus penalidades. Él dijo: “Ustedes prometen a los hijos y nietos de ellos un futuro de oro, pero ¿qué les van a dar a ustedes mismos?” Estos, por supuesto, sí que consiguen algo, que es la esperanza para el futuro. Pero el costo es demasiado grande, porque para realizar esta esperanza, es necesario hacer que la gente ejerza su sensibilidad para sentir más profundamente su dolor, y llamar a su alma para observar su propio cuerpo podrido. Solo decir la falsedad y el soñar muestran su grandeza en estos tiempos. Por consiguiente, pienso que si no podemos encontrar un camino para seguir, lo que queremos es un sueño; pero no el sueño para el futuro, sino solo el de la actualidad.

Sin embargo, dado que Nora se había despertado, es muy difícil regresar a la situación onírica, y solo tuvo que irse; pero después de la salida, a veces no podrá evitar la degradación o el regreso. De otro modo, cabe preguntar: además de un corazón despertado, ¿qué más se llevó con ella? Si solo tiene una bufanda con una cuerda de terciopelo

---

⑦ Mikhail Artsybashev (1878–1927): Novelista ruso. Su trabajo describe principalmente la vida de los espiritualmente degradados, y algunos también reflejan la oscuridad del dominio zarista. Después de la Revolución de Octubre, huyó al extranjero y murió en Varsovia.

de color fucsia como la de ustedes, sin importar cuán ancho que sea, de dos pies o de tres, no servirá para nada en absoluto. Ella tendría que ser más rica, con la bolsa preparada, hablando francamente, necesitaría tener dinero.

El sueño es bueno, de otro modo, el dinero es importante.

Suena muy mal la palabra "dinero", o podrá ser burlada por los nobles caballeros, pero siempre creo que a menudo existen diferencias de comentarios no solo entre ayer y hoy, sino también entre antes y después de la comida. A todos los que admiten que la comida necesita comprarse con dinero pero creen que la mención del dinero es mezquina, si se les pudiera tocar ligeramente el estómago, se temería que todavía les quedaran adentro algunos restos de pescado y carne no digeridos, entonces hay que dejarlos con hambre simplemente por un día, y luego escuchar qué comentarios vayan a lanzar.

Así que, por el bien de Nora, el dinero, elegantemente dicho, la economía, será lo más crucial. La libertad desde luego no puede comprarse con el dinero, pero puede ser vendida por la plata. Los seres humanos tenemos un defecto grande, que son propensos a tener hambre. Para compensar este defecto y evitar actuar como títeres, el derecho económico parece ser el factor más importante en la sociedad actual. Primero, en la familia debe haber una división igualitaria de la propiedad entre hombre y mujer; segundo, en la sociedad debe haber una división equivalente de poder entre hombres y mujeres. Es lamentable que yo no sepa cómo obtener este derecho, y solo sé que todavía tenemos que luchar, quizás con más violencia que en la lucha por el derecho de la participación política.

La reivindicación de los derechos económicos es muy ordinaria, pero quizás más difícil y complicada que el noble derecho a la participación política o la grande y extensa emancipación de la mujer. En el mundo siempre existen muchos casos de cómo es más problemático hacer cosas pequeñas que hacer cosas grandes. Por ejemplo, si en un invierno como el actual, solo vestimos de una sola chaqueta guateada de algodón, y estamos obligados a elegir si salvar a un hombre pobre que va a morirse de frío o sentarnos bajo el Árbol de Iluminación (bodhi) meditando sobre formas de cómo salvar a toda la humanidad⑧. Entre salvar a toda la humanidad y rescatar la vida de una sola persona existe una diferencia demasiado grande, pero si me piden escoger, voy inmediatamente a sentarme bajo el árbol bodhi para evitar morir de frío por quitarme la única chaqueta guateada de algodón. Por lo tanto, si hablas en tu casa de exigir el derecho de participación política no llegarás a provocar fuerte oposición, pero cuando mencionas la distribución igualatoria del derecho económico, podrás encontrarte inevitablemente con el enemigo en frente, lo que necesita, por supuesto, una lucha aguda.

La lucha no es cosa buena, ni tampoco podemos enseñar a todos a ser combatientes. Entonces, el método pacífico se vuelven preciado. Uno de ellos consiste en recurrir al derecho parental a liberar a sus propios hijos. El derecho parental en China es supremo. En ese momento, los padres podrán distribuir equitativamente su propiedad a sus hijos, para que reciban el derecho económico igualitario en paz y sin conflicto. Después, estos podrán usarlo para dedicar al estudio o iniciar negocios, o para divertirse, o hacer beneficios para la sociedad, o gastarlo completamente, todo será como quieran, y en fin, todo será su propia responsabilidad. Aunque este también es un sueño bastante lejano, es mucho más cercano que el sueño del mundo

---

⑧ "Sentarnos bajo el Árbol de Iluminación (bodhi) meditando sobre formas de cómo salvar a toda la humanidad": Esta se refiere a la leyenda sobre Shakyamuni (el Buda fundador) (aproximadamente 565–486 a. C.). Decidió convertirse en monje cuando tenía 29 años. Viajó por todas partes del mundo y pasó seis años en la práctica ascética, y aún incapaz de lograr la comprensión de la verdad. Luego sentado bajo el Árbol de Iluminación (bodhi) meditando sobre formas de salvar a toda la humanidad, finalmente logró resultados positivos.

de oro. Sin embargo, el primer requisito es tener memoria. La mala memoria beneficia a sí mismos, pero perjudica a los descendientes. Debido a poder olvidar, la gente suele separarse poco a poco de los dolores sufridos; y también debido a poder olvidar, cometerá de la misma manera los errores de sus predecesores. Una nuera que ha sido maltratada, al convertirse en suegra, maltratará también a su propia nuera; un funcionario que detesta a los estudiantes puede haber sido un estudiante que solía injuriar a los funcionarios; los padres que ahora oprimen a sus hijos a veces fueron los revolucionarios en familia diez años antes. Esto probablemente se relaciona con la edad y el estatus, pero la mala memoria también constituye un factor importante. El método de alivio reside en que todos vayan a comprar un *note-book* y anoten lo que ahora piensan y hacen ellos mismos, para que puedan referirse a él en el futuro cuando su edad y estado hayan cambiado. Si te irritas porque tu hijo quiere ir al parque, sacarás tu cuaderno donde veas puesta "quiero ir al Parque Central" y te pondrás de inmediato en calma de espíritu y apacible de humor. Ocurre lo mismo con todos los demás asuntos.

Existe una especie de espíritu canallesco en la sociedad cuya característica principal es la tenacidad. Se dice que después de la Rebelión de los "Bandidos Boxeadores"[9], los bribones en Tianjin fueron muy mandones. Por ejemplo, por cargar un equipaje para ti, él te exigía dos yuanes; si decías que sería un estuche muy pequeño,

---

⑨ "Rebelión de los 'Bandidos Boxeadores'": Se refiere al "Grupo Yihe", organización popular a fines de la dinastía Qing, desarrollada a partir de la organización de Yihe Boxeador, asociación de boxeadores en secreto. Practicaban el Boxeo tradicional y Artes Marciales en Shandong y Hebei, con el eslogan de "apoyar a la dinastía Qing para expulsar a los agresores occidentales y sus vasallos en China". Era un movimiento violento espontáneo de personas con un patriotismo simple y fuerte. Frente a la agresión de las Fuerzas Aliadas de las Ocho Potencias, la Rebelión de los Bandidos Boxeadores llevó a cabo una resistencia heroica, pero finalmente fracasó bajo el estrangulamiento de las fuerzas reaccionarias chinas y extranjeras. La Rebelión de los Bandidos Boxeadores también se considera como la explosión total de varias contradicciones internas y externas de China.

todavía quería dos yuanes; y si decías que el camino sería corto, todavía pedía dos yuanes, e incluso si decías ya no querer que él lo cargara, insistiría en cobrarte dos yuanes. Los pícaros, por supuesto, no deben estimarse como modelos a seguir, pero su tenacidad puede ser admirada, la que puede utilizarse de la misma manera en la demanda de derechos económicos. Cuando la gente te dice que este asunto es demasiado anticuado, respóndele que quieres el derecho económico; cuando te dice que es demasiado indecente, respóndele que quieres el derecho económico; cuando te dice que el sistema económico va a cambiarse pronto y no hace falta preocuparte, debes insistir en responderle que quieres tu derecho económico.

En realidad, ahora con la salida de una sola Nora, tal vez no se encuentre necesariamente con problemas, porque ella es un personaje muy inusual cuya conducta parecería fresca y novedosa y podría conseguir la compasión de muchas personas, quienes la ayudarían a sobrevivir. Vivir bajo la compasión ajena ya no tiene pura libertad, pero si fueran cien Nora que salen de casa, incluso la compasión se disminuiriá, y si mil o diez mil salieran de casa, cobrarían antipatía, lo que es absolutamente mucho menos confiable que tener el derecho económico en tus propias manos.

¿Dejarás de ser un títere una vez obtenida la libertad en economía? Seguirás siéndolo todavía. No más que los asuntos controlados por otros podrán disminuirse, y tendrás más títeres a controlar. Porque en la sociedad actual, no solo las mujeres a menudo son títeres de los hombres, sino que, entre hombres y hombres, mujeres y mujeres, también son títeres mutuamente, e incluso los hombres también son títeres a menudo de las mujeres, lo que no puede ser remediado en absoluto con la obtención de derechos económicos por ciertas mujeres. Sin embargo, la gente no puede esperar tranquilamente la llegada de un mundo ideal con el estómago vacío, y como mínimo, debe reservar un ratito de aliento, como un pez atrapado en la rodera seca buscando desesperadamente un poco de agua. Es que necesitan prácticamente este poder económico que está más cerca, mientras tanto, pueden buscar otros métodos.

Si el sistema económico fuera reformado inesperadamente, por supuesto, las palabras anteriores serían completamente superfluas.

Sin embargo, en la discusión anterior, se ha considerado a Nora como una persona ordinaria, pero en caso de que ella fuera muy excepcional y estuviera dispuesta a lanzarse afuera para hacer el sacrificio, eso sería otra cosa. No tenemos derecho a persuadir a las personas a sacrificarse, ni a impedirles hacerlo. Además, hay muchas personas en el mundo que se complacen con el sacrificio y disfrutan el sufrimiento. Hay una leyenda en Europa que dice que, cuando Jesús estaba yendo rumbo a la crucifixión, se detuvo a descansar bajo los aleros de la casa de Ahasvar[10], pero este no se lo permitió, por lo que fue injuriado y condenado a no poder descansar nunca hasta el Día del Juicio. Desde ese momento, Ahasvar empezó a ser incapaz de detenerse y descansar, seguía y sigue caminando, incluso ahora. El caminar sin cesar es duro y el descansar con calma es placentero, ¿por qué no descansa? Pese a cargarse de una maldición, tal vez todavía siente que el caminar es más confortable que el descansar, así que continúa caminando frenéticamente.

Solo es que el agrado adaptado a este sacrificio pertenece a sí mismo, no tiene nada que ver con los llamados fines sociales de los hombres de firme voluntad. Las masas, sobre todo en China, siempre son espectadores de obras de teatro. Cuando la víctima sale al escenario, si actúa con fervor y audacia, les ha tocado ver una tragedia

---

⑩ "Ahasvar": Se refiere al Judío Errante, figura mitológica del imaginario colectivo de Occidente e imagen trazada en el arte y la literatura antisemita cristiana.

brava; si se muestra temblada de miedo, les ha tocado ver una farsa. Fuera de las tiendas de carne de cordero en Beijing, a menudo se encuentran varios hombres, boquiabiertos, parados allí observando pelar a una oveja. Al parecer disfrutan mucho de la escena, mientras el beneficio del sacrificio humano para ellos no pasa a ser más que esto. Además, incluso este poquito de placer lo olvidarán también antes de dar unos pasos más.

Para las masas como tales no hay ninguna manera; solo el dejarlas sin nada que ver será una receta de tratamiento; es que no harán falta sacrificios conmocionando el mundo por un momento, lo mejor será una lucha profunda y tenaz.

Es lamentable que China haya sido demasiado difícil de cambiar, incluso solo por mover una mesa o modificar una estufa, casi habría de derramar sangre, y además, a pesar de haber visto sangre, no se podrá moverla o modificarla necesariamente. A menos que un violento látigo le azote la espalda, China nunca se dispondrá a moverse por sí... Creo que tal latigazo está por venir de todo modo, y lo que sea para bien o para mal será otro problema, pero los latigazos llegarán siempre. Sin embargo, de dónde vendrán y cómo llegarán, soy incapaz de saberlo exactamente.

Así mi discurso termina por aquí.

# 未有天才之前[1]

——一九二四年一月十七日在北京师范大学附属中学校友会讲

我自己觉得我的讲话不能使诸君有益或者有趣，因为我实在不知道什么事，但推托拖延得太长久了，所以终于不能不到这里来说几句。

我看现在许多人对于文艺界的要求的呼声之中，要求天才的产生也可以算是很盛大的了，这显然可以反证两件事：一是中国现在没有一个天才，二是大家对于现在的艺术的厌薄。天才究竟有没有？也许有着罢，然而我们和别人都没有见。倘使据了见闻，就可以说没有；不但天才，还有使天才得以生长的民众。

天才并不是自生自长在深林荒野里的怪物，是由可以使天才生长的民众产生，长育出来的，所以没有这种民众，就没有天才。有一回拿破仑过Alps山，说，“我比Alps山还要高！”[2]这何等英伟，然而不要忘记他后面跟着许多兵；倘没有兵，那只有被山那面的敌人捉住或者赶回，他的举动，言语，都离了英雄的界线，要归入疯子一类了。所以我想，在要求天才的产生之前，应该先要求可以使天才生长的民众。——譬如想有乔木，想看好花，一定要有好土；没有土，便没有花木了；所以土实在较花木还重要。花木非有土不可，正同拿破仑非有好兵不可一样。

然而现在社会上的论调和趋势，一面固然要求天才，一面却要他灭亡，连预备的土也想扫尽。举出几样来说：

其一就是“整理国故”[3]。自从新思潮来到中国以后，其实何尝有力，而一群老头子，还有少年，却已丧魂失魄的来讲国故了，他们说，“中国自有许多好东西，都不整理保存，倒去求新，正如放弃祖宗遗产一样不肖。”抬出祖宗来说法，那自然是极威严的，然而我总不信在旧马褂未曾洗净迭好之前，便不能做一件新马褂。就现状而言，做事本来还随各人的自便，老先生要整理国故，当然不妨去埋在南窗下读死书，至于青年，却自有他们的活学问和新艺术，各干各事，也还没有大妨害的，但若拿了这面旗子来号召，那就是要中国永远与世界隔绝了。倘以为大家非此不可，那更是荒谬绝伦！我们和古董商人谈天，他自然总称赞他的古董如何好，然而他决不痛骂画家，农夫，工匠等类，说是忘记了祖宗：他实在比许多国学家聪明得远。

其一是“崇拜创作”[4]。从表面上看来，似乎这和要求天才的步调很相合，其实不然。那精神中，很含有排斥外来思想，异域情调的分子，所以也就是可以使中国和世界潮流隔绝的。许多人对于托尔斯泰[5]，都介涅夫[6]，陀思妥夫斯奇[7]的名字，已经厌听了，然而他们的著作，有什么译到中国来？眼光囚在一国里，听谈彼得和约翰[8]就生厌，定须张三李四才行，于是创作家出来了，从实说，好的也离不了刺取点外国作品的技术和神情，文笔或者漂亮，思想往往赶不上翻译品，甚者还要加上些传统思想，使他适合于中国人的老脾气；而读者却已为他所牢笼了，于是眼界便渐渐的狭小，几乎要缩进旧圈套里去。作者和读者互相为因果，排斥异流，抬上国粹，那里会有天才产生？即使产生了，也是活不下去的。

这样的风气的民众是灰尘，不是泥土，在他这里长不出好花和乔木来！

还有一样是恶意的批评。大家的要求批评家的出现，也由来已久了，到目下就出了许多批评家。可惜他们之中很有不少是不平家，不像批评家，作品才到面前，便恨恨地磨墨，立刻写出很高明的结论道，“唉，幼稚得很。中国要天才！”到后来，连并非批评家也这样叫喊了，他是听来的。其实即使天才，在生下来的时候的第一声啼哭，也和平常的儿童的一样，决不会就是一首好诗。因为幼稚，当头加以戕贼，也可以萎死的。我亲见几个作者，都被他们骂得寒噤了。那些作者大约自然不是天才，然而我的希望是便是常人也留着。

恶意的批评家在嫩苗的地上驰马，那当然是十分快意的事；然而遭殃的是嫩苗——平常的苗和天才的苗。幼稚对于老成，有如孩子对于老人，决没有什么耻辱；作品也一样，起初幼稚，不算耻辱的。因为倘不遭了戕贼，他就会生长，成熟，老成；独有老衰和腐败，倒是无药可救的事！我以为幼稚的人，或者老大的人，如有幼稚的心，就说幼稚的话，只为自己要说而说，说出之后，至多到印出之后，自己的事就完了，对于无论打着什么旗子的批评，都可以置之不理的！

就是在座的诸君，料来也十之九愿有天才的产生罢，然而情形是这样，不但产生天才难，单是有培养天才的泥土也难。我想，天才大半是天赋的；独有这培养天才的泥土，似乎大家都可以做。做土的功效，比要求天才还切近；否则，纵有成千成百的天才，也因为没有泥土，不能发达，要像一碟子绿豆芽。

做土要扩大了精神，就是收纳新潮，脱离旧套，能够容纳，了解那将来产生的天才；又要不怕做小事业，就是能创作的自然是创作，否则翻译，介绍，欣赏，读，看，消闲都可以。以文艺来消闲，说来似乎有些可笑，但究竟较胜于戕贼他。

泥土和天才比，当然是不足齿数的，然而不是坚苦卓绝者，也怕不容易做；不过事在人为，比空等天赋的天才有把握。这一点，是泥土的伟大的地方，也是反有大希望的地方。而且也有报酬，譬如好花从泥土里出来，看的人固然欣然的赏鉴，泥土也可以欣然的赏鉴，正不必花卉自身，这才心旷神怡的——假如当作泥土也有灵魂的说。

# 注 释

［1］本篇最初发表于1924年北京师范大学附属中学《校友会刊》第一期。同年12月27日《京报副刊》第二十一号转载。

［2］“Alps山”：阿尔卑斯山，欧洲最高大的山脉，位于法意两国之间。拿破仑在1800年进兵意大利同奥地利作战时，曾越过此山。

[3]“整理国故”：当时胡适所提倡的一种主张。胡适在1919年7月就宣扬“多研究些问题，少谈些主义”；他“整理国故”的主张会引导知识分子和青年学生脱离现实的革命斗争。本文是针对当时附和胡适的人们所发的批评性意见。

[4]“崇拜创作”：有关讨论据说似乎是因郭沫若的意见而引起的。郭沫若曾在1921年致李石岑函中说过：“我觉得国内人士只注重媒婆，而不注重处子；只注重翻译，而不注重产生。”事实上，郭沫若也重视翻译，他曾经翻译过许多外国文学作品，但鲁迅的意见不能看作只是针对个人的。

[5]托尔斯泰（1828—1910）：俄国作家。著有《战争与和平》《安娜·卡列尼娜》《复活》等。

[6]都介涅夫（1818—1883）：通译屠格涅夫，俄国作家。著有小说《猎人笔记》《罗亭》《父与子》等。

[7]陀思妥夫斯奇（1821—1881）：通译陀斯妥耶夫斯基，俄国作家。著有小说《穷人》《被侮辱与被损害的》《罪与罚》等。

[8]“彼得和约翰”：欧美人常用的名字，这里泛指外国人。

# Antes de aparecer genios[1]

Conferencia impartida a la Asociación de Egresados de la Escuela Secundaria de la Universidad Normal de Beijing el 17 de enero de 1924

Me temo que mi charla no pueda ser útil o interesante para ustedes, porque de veras no estoy al tanto de los asuntos actuales, pero como había retardado este compromiso por mucho tiempo, finalmente tuve que venir aquí para pronunciar algunas palabras.

Me parece que entre las múltiples llamadas de mucha gente a los círculos literarios y artísticos, la demanda por ver la aparición de genios puede ser muy amplia y vigorosa, lo que obviamente ha probado dos cosas desde el lado contrario: la primera, no hay ni un genio en China por ahora; la segunda, todo el mundo fastidia y desprecia nuestro arte actual. Al fin y al cabo, ¿existen genios o no? Tal vez existan, pero ni nosotros ni otros los hemos visto. Si se juzga a partir de lo visto y lo oído, se puede decir que no existen; y no solo no existen genios, sino que tampoco existe la base de masa en donde ellos puedan crecer.

El genio no es un monstruo de la naturaleza que crezca por sí mismo en la selva profunda o el campo desierto, sino engendrado y criado de una gran masa, sin tal masa, por lo tanto, no habrá genio.

---

① Este artículo se publicó originalmente en el primer número del *Diario de la Asociación de Egresados* de la Escuela Secundaria Afiliada de la Universidad Normal de Beijing en 1924. Reimpreso el veintiuno del *Suplemento del Periódico de Beijing* el 27 de diciembre del mismo año.

Una vez, durante el cruce de los Alpes, Napoleón declaró: "¡Soy incluso más alto que los Alpes!"② ¡Qué heroico y majestuoso fue eso! Pero no se olviden de cuántos soldados que le seguían detrás; sin aquellos soldados, solo se quedaría agarrado o expulsado de vuelta por el enemigo del otro lado de la montaña, entonces su conducta y habla se apartarían lejos del criterio heroico y pertenecerían a un loco. Por lo tanto, pienso que antes de demandar la aparición de genios, primero debe haber una base de masa en donde crezcan. Por ejemplo, si queremos tener altos árboles y ver hermosas flores, primero debemos contar con buena tierra, sin la cual no habrá plantas; así que de verdad la tierra es más importante que las plantas. Las plantas no pueden crecer sin tierra, al igual que Napoleón no podía andar sin buenos soldados.

Sin embargo, a juzgar por el tono de la opinión y la tendencia actuales de la sociedad, por un lado demandan genios desde luego, y por otro, se disponen a extinguirlos, incluso extinguir la tierra preparada para su crecimiento. He aquí unas variedades por decir:

Una entre ellas es "reorganizar el patrimonio de la cultura nacional"③. Desde que la nueva tendencia de pensamientos fue introducida en China, de hecho ha llegado a ser poderosa, pero un grupo de viejos, incluidos unos jóvenes, ya han comenzado a propalar mensajes sobre la herencia de la cultura nacional como si fuera perdido el alma y disipado el espíritu, diciendo que "China tiene muchas cosas buenas, pero la gente no las arregla y archiva, sino se dedica a buscar novedades, lo que es igualmente tan indignos como

---

② "Los Alpes": La montaña más alta de Europa, situada entre Francia e Italia. Napoleón cruzó la montaña cuando entró en Italia para luchar contra Austria en 1800.

③ "Reorganizar el patrimonio de la cultura nacional": Fue una idea defendida por Hu Shi en ese momento. En julio de 1919, Hu Shi abogó por "investigar más problemas y hablar menos sobre los ismos" y esta idea suya podría llevar a los intelectuales y jóvenes estudiantes a separarse de la lucha revolucionaria realista. Este artículo es una crítica a las personas que se hicieron eco de Hu Shi en ese momento.

la perversión de abandonar el patrimonio ancestral". Desde luego, cargar al hombro a los antepasados para apoyar su argumento es extremadamente digno e imponente, sin embargo, nunca creo que no se deba hacer una chaqueta nueva antes de lavar y solapar la vieja. En términos de la situación actual, es normal que cada uno haga lo que le convenga. Si los señores viejos quieren reorganizar el patrimonio de la cultura nacional, por supuesto no es inconveniente meterse en la lectura de los libros muertos bajo la ventana cara al sur, en cuanto a los jóvenes, tienen sus propios estudios vívidos y sus artes nuevas, y así cada quien con lo suyo, lo que no hacen gran daño, pero si sostienen tal bandera para llamar a todos a seguir, eso significaría aislar a China del resto del mundo para siempre. Pero si insisten en que todos lo hagan así sin otra alternativa, ¡será un absurdo llevado a su máximo! Cuando hablamos con un anticuario, él naturalmente alaba cuán preciosas son sus antigüedades, pero nunca condena a los actuales pintores, campesinos, artífices diciendo que ellos hayan olvidado sus antepasados: él es realmente mucho más inteligente que numerosos especialistas de los estudios nacionales.

La otra variedad es la "adoración a la creación literaria"④. Visto a manera superficial, esto parece muy acorde con la demanda de genios, pero de hecho no lo es, porque ese espíritu contiene bastantes elementos de exclusivismo con respecto a ideas extranjeras y estilo exótico, por consiguiente, puede aislar a China de las corrientes del mundo. Muchas personas ya están cansadas de oír los nombres de

---

④ "Adoración a la creación literaria": Se dice que la discusión sobre la "adoración a la creación literaria" fue causada por la opinión de Guo Moruo, quien le escribió una vez a Li Shicen en una carta en 1921: "Creo que la gente doméstica solo se enfoca en emparejar, no en la virginidad; solo en la traducción, no en la producción". De hecho, Guo Moruo también valoraba la traducción y tradujo muchas obras literarias extranjeras. Sin embargo, las opiniones de Lu Xun no pueden considerarse dirigidos solo a algunos individuos.

Tolstói[5], Turgenev[6] y Dostoevsky[7], pero ¿cuáles de sus obras han sido traducidas en China? Con la vista encerrada en un solo territorio, ya se sienten fastidiados siempre cuando escuchan a Peter o John[8], y necesitan fulano Zhang o zutano Li, lo que da lugar, entonces, a la aparición de los creadores. Hablando de la verdad, ni los mejores entre ellos pueden evitar perforar y absorber un poco de las técnicas o expresiones de las obras extranjeras, tal vez puedan tener un estilo pulido o bonito, pero su pensamiento no alcanza a las obras traducidas, incluso añaden algún pensamiento tradicional para acomodar al viejo temperamento de los chinos; mientras tanto, los lectores ya se han enjaulado en esto, así que su visión se torna cada vez más confinada hasta casi se retrae en el viejo círculo y órbita. El escritor y el lector interactúan como causas y efectos. Excluyendo corrientes diferentes y alzando la quintaesencia de la cultura nacional, ¿cómo podrán nacer genios? Incluso si nace alguno, no sobrevivirá.

La base de masas de este estilo de ánimo se compone de polvo y no de tierra, de donde no pueden crecer flores hermosas ni árboles altos.

La otra variedad es la crítica malintencionada. Hemos esperado aparecer críticos desde hace mucho tiempo, y hasta el presente han surgido muchos críticos, pero lamentablemente no pocos de ellos son especialistas en resentimiento y no parecen críticos. Cuando una obra acaba de llegar a su mesa, ya empiezan a moler su piedra de

---

⑤ "Tolstói": Conocido en español como León Tolstói (1828–1910), fue novelista ruso, considerado uno de los escritores más importantes de la literatura mundial. Sus dos obras más famosas, *Guerra y paz* y *Ana Karenina*, están consideradas como la cúspide del realismo ruso.

⑥ "Turgenev": Su nombre completo es Iván Serguéyevich Turguénev (1818–1883). Fue escritor, novelista y dramaturgo, considerado el más europeísta de los narradores rusos del siglo XIX.

⑦ "Dostoevsky": Fiódor Dostoyevski (1821–1881), fue uno de los principales escritores de la Rusia zarista, cuya literatura explora la psicología humana en el complejo contexto político, social y espiritual de la sociedad rusa del siglo XIX.

⑧ "Cuando escuchan a Peter o John": Peter y John son nombres comúnmente usados en Europa y Estados Unidos. Aquí el autor los usa para referirse a nombres extranjeros en general.

tinta con hostilidad y de inmediato escriben una conclusión desde alguna muy alta categoría: “Oh, demasiado pueril, ¡China necesita genios!” Más tarde, incluso los no críticos también gritan lo mismo, imitando a lo que han escuchado. En realidad, si bien es un genio, el primer llanto de cuando nace es igual al de los bebes ordinarios, y no podrá ser un poema bonito. Si por ser pueriles, los atropellan cuando los ve de frente, también los harán marchitados a muerte. Vi con mis propios ojos a varios autores, quienes se quedaron temblados por los mordaces regaños de ellos. Puede que estos escritores no sean genios por naturaleza, pero mi deseo es mantenerlos, aunque son ordinarios.

Será de gran placer, por supuesto, cabalgar en caballo a galope sobre el terreno de las plántulas tiernas para los críticos maliciosos; pero los que sufren la calamidad son las tiernas plántulas, tanto las ordinarias como las geniales. La puerilidad frente a la madurez es como el niño ante el viejo, no es cosa de deshonra; lo mismo con la escritura, lo que es pueril en el principio, no se considera ninguna deshonra. De no haber sufrido atropellos, habrán crecido, madurado y experimentado; ¡solo la decadencia de la vejez y la corrupción son, en cambio, cosas incurables! A mi parecer, los pueriles o los mayores de edad, si tienen un corazón pueril, pueden decir las palabras pueriles. Hablan solo porque ellos mismos quieren hablar, después de decirlas, a más tardar, después de imprimirlas, terminará la cosa de sí mismos, y no harán caso a las críticas bajo ninguna bandera.

Incluidos todos ustedes aquí presentes, supongo que por lo menos cada nueve entre diez desean ver aparecer genios, sin embargo, con la situación como tal, no solo es difícil aparecer genios, sino que también es difícil haber el suelo para cultivar a genios. Pienso que los genios deben ser probablemente innatos, y parece que solo ser este tipo de suelo a cultivar a genios es lo que todos somos capaces de hacer. La eficiencia de actuar como suelo es más práctica que demandar la aparición de genios. De otro modo, a pesar de haber cientos o miles de genios, por la falta de suelo, no podrían desarrollarse, sino como los brotes de frijol verde en un platillo.

Para ser el suelo debemos tener un espíritu más amplio, es decir, aceptar nuevas corrientes de ideas y liberarnos de las viejas rutinas para abarcar y entender a los potenciales genios del futuro, mientras tanto, no debemos evitar hacer las tareas pequeñas, es decir, los que pueden escribir, por supuesto se ponen a la creación, de otra manera, se dedican a la traducción, introducción, apreciación, lectura u observación, así como a la diversión. Consumar la literatura y el arte para divertirse, lo que resulta ridículo al mencionarse, pero, de todo modo, será mejor que atropellarlos.

En comparación con el genio, desde luego el suelo no vale la pena mencionarse; pero, me temo que tampoco sea fácil hacerse si no fuera un hombre firme e insuperable. Sin embargo, todo depende del esfuerzo hecho por el hombre, lo cual será mucho más asegurado que esperar aparecer genios innatos sin hacer nada. Este punto constituye la grandeza del suelo, que es, al mismo tiempo donde se deposita la gran esperanza. Además, también tiene su recompensa, por ejemplo, cuando la buena flor salga del suelo, los espectadores la apreciarán por supuesto complacidos, el suelo también podrá estimarla con gusto, sin ser necesariamente flores y plantas en sí mismas, así podrá sentirse libre de mente y feliz de ánimo —si suponemos que el suelo también tenga alma—.

# 灯下漫笔[1]

## 一

有一时，就是民国[2]二三年时候，北京的几个国家银行的钞票，信用日见其好了，真所谓蒸蒸日上。听说连一向执迷于现银的乡下人，也知道这既便当，又可靠，很乐意收受，行使了。至于稍明事理的人，则不必是“特殊知识阶级”，也早不将沉重累坠的银元装在怀中，来自讨无谓的苦吃。想来，除了多少对于银子有特别嗜好和爱情的人物之外，所有的怕大都是钞票了罢，而且多是本国的。但可惜后来忽然受了一个不小的打击。

就是袁世凯[3]想做皇帝的那一年，蔡松坡[4]先生溜出北京，到云南去起义。这边所受的影响之一，是中国和交通银行的停止兑现。虽然停止兑现，政府勒令商民照旧行用的威力却还有的；商民也自有商民的老本领，不说不要，却道找不出零钱。假如拿几十几百的钞票去买东西，我不知道怎样，但倘使只要买一枝笔，一盒烟卷呢，难道就付给一元钞票么？不但不甘心，也没有这许多票。那么，换铜元，少换几个罢，又都说没有铜元。那么，到亲戚朋友那里借现钱去罢，怎么会有？于是降格以求，不讲爱国了，要外国银行的钞票。但外国银行的钞票这时就等于现银，他如果借给你这钞票，也就借给你真的银元了。

我还记得那时我怀中还有三四十元的中交票[5]，可是忽而变了一个穷人，几乎要绝食，很有些恐慌。俄国革命以后的藏着纸卢布的富翁的心情，恐怕也就这样的罢；至多，不过更深更大罢了。我只得探听，钞票可能折价换到现银呢？说是没有行市。幸而终于，暗暗地有了行市了：六折儿。我非常高兴，赶紧去卖了一半。后来又涨到七折了，我更非常高兴，全去换了现银，沉垫垫地坠在怀中，似乎这就是我的性命的斤两。倘在平时，钱铺子如果少给我一个铜元，我是决不答应的。

但我当一包现银塞在怀中，沉垫垫地觉得安心，喜欢的时候，却突然起了另一思想，就是：我们极容易变成奴隶，而且变了之后，还万分喜欢。

假如有一种暴力，“将人不当人”，不但不当人，还不及牛马，不算什么东西；待到人们羡慕牛马，发生“乱离人，不及太平犬”的叹息的时候，然后给与他略等于牛马的价格，有如元朝定律，打死别人的奴隶，赔一头牛，则人们便要心悦诚服，恭颂太平的盛世。为什么呢？因为他虽不算人，究竟已等于牛马了。

我们不必恭读《钦定二十四史》[6]，或者入研究室，审察精神文明的高超。只要一翻孩子所读的《鉴略》[7]，——还嫌烦重，则看《历代纪元编》[8]，就知道“三千余年古国古”的中华，历来所闹的就不过是这一个小玩艺。但在新近编纂的所谓“历史教科书”一流东西里，却不大看得明白了，只仿佛说：咱们向来就很好的。

但实际上，中国人向来就没有争到过“人”的价格，至多不过是奴隶，到现在还如此，然而下于奴隶的时候，却是数见不鲜的。中国的百姓是中立的，战时连自己也不知道属于那一面，但又属于无论那一面。强盗来了，就属于官，当然该被杀掠；官兵既到，该是自家人了罢，但仍然要被杀掠，仿佛又属于强盗似的。这时候，百姓就希望有一个一定的主子，拿他们去做百姓，——不敢，是拿他们去做牛马，情愿自己寻草吃，只求他决定他们怎样跑。

假使真有谁能够替他们决定，定下什么奴隶规则来，自然就“皇恩浩荡”了。可惜的是往往暂时没有谁能定。举其大者，则如五胡十六国[9]的时候，黄巢[10]的时候，五代[11]时候，宋末元末时候，除了老例的服役纳粮以外，都还要受意外的灾殃。张献忠[12]的脾气更古怪了，不服役纳粮的要杀，服役纳粮的也要杀，敌他的要杀，降他的也要杀：将奴隶规则毁得粉碎。这时候，百姓就希望来一个另外的主子，较为顾及他们的奴隶规则的，无论仍旧，或者新颁，总之是有一种规则，使他们可上奴隶的轨道。

“时日曷丧，余及汝偕亡！”[13]愤言而已，决心实行的不多见。实际上大概是群盗如麻，纷乱至极之后，就有一个较强，或较聪明，或较狡滑，或是外族的人物出来，较有秩序地收拾了天下。厘定规则：怎样服役，怎样纳粮，怎样磕头[14]，怎样颂圣。而且这规则是不像现在那样朝三暮四的。于是便“万姓胪欢”了；用成语来说，就叫作“天下太平”。

任凭你爱排场的学者们怎样铺张，修史时候设些什么“汉族发祥时代”“汉族发达时代”“汉族中兴时代”的好题目，好意诚然是可感的，但措辞太绕湾子了。有更其直捷了当的说法在这里——

一、想做奴隶而不得的时代；

二、暂时做稳了奴隶的时代。

这一种循环，也就是“先儒”之所谓“一治一乱”；那些作乱人物，从后日的“臣民”看来，是给“主子”清道辟路的，所以：“为圣天子驱除云尔。”

现在入了那一时代，我也不了然。但看国学家的崇奉国粹，文学家的赞示叹固有文明，道学家的热心复古，可见于现状都已不满了。然而我们究竟正向着那一条路走呢？百姓是一遇到莫名其妙的战争，稍富的迁进租界，妇孺则避入教堂里去了，因为那些地方都比较的“稳”，暂不至于想做奴隶而不得。总而言之，复古的，避难的，无智愚贤不肖，似乎都已神往于三百年前的太平盛世，就是“暂时做稳了奴隶的时代”了。

但我们也就都像古人一样，永久满足于“古已有之”的时代么？都像复古家一样，不满于现在，就神往于三百年前的太平盛世么？

自然，也不满于现在的，但是，无须反顾，因为前面还有道路在。而创造这中国历史上未曾有过的第三样时代，则是现在的青年的使命！

## 二

但是赞颂中国固有文明的人们多起来了，加之以外国人。我常常想，凡有来到中国的，倘能疾首蹙额而憎恶中国，我敢诚意地捧献我的感谢，因为他一定是不愿意吃中国人的肉的！

鹤见祐辅氏[15]在《北京的魅力》中，记一个白人将到中国，预定的暂住时候是一年，但五年之后，还在北京，而且不想回去了。有一天，他们两人一同吃晚饭——

“在圆的桃花心木的食桌前坐定，川流不息地献着山海的珍味，谈话就从古董，画，政治这些开头。电灯上罩着支那式的灯罩，淡淡的光洋溢于古物罗列的屋子中。什么无产阶级呀，Proletariat呀那些事，就像不过在什么地方刮风。

“我一面陶醉在支那生活的空气中，一面深思着对于外人有着‘魅力’的这东西。元人也曾征服支那，而被征服于汉人种的生活美了；满人也征服支那，而被征服于汉人种的生活美了。现在西洋人也一样，嘴里虽然说着democracy呀，什么什么呀，而却被魅于支那人费六千年而建筑起来的生活的美。一经住过北京，就忘不掉那生活的味道。大风时候的万丈的沙尘，每三月一回的督军们的开战游戏，都不能抹去这支那生活的魅力。”

这些话我现在还无力否认他。我们的古圣先贤既给与我们保古守旧的格言，但同时也排好了用子女玉帛所做的奉献于征服者的大宴。中国人的耐劳，中国人的多子，都就是办酒的材料，到现在还为我们的爱国者所自诩的。西洋人初入中国时，被称为蛮夷，自不免个个蹙额，但是，现在则时机已至，到了我们将曾经献于北魏、献于金、献于元、献于清的盛宴，来献给他们的时候了。出则汽车，行则保护：虽遇清道，然而通行自由的；虽或被劫赔偿的；孙美瑶[16]掳去他们站在军前，还使官兵不敢开火。何况在华屋中享用盛宴呢？待到享受盛宴的时候，自然也就是赞颂中国固有文明的时候；但是我们的有些乐观的爱国者，也许反而欣然色喜，以为他们将要开始被中国同化了罢。古人曾以女人作苟安的城堡，美其名以自欺曰“和亲”，今人还用子女玉帛为作奴的贽敬，又美其名曰“同化”。所以倘有外国的谁，到了已有赴宴的资格的现在，而还替我们诅咒中国的现状者，这才是真有良心的真可佩服的人！

但我们自己是早已布置妥帖了，有贵贱，有大小，有上下。自己被人凌虐，但也可以凌虐别人；自己被人吃，但也可以吃别人。一级一级的制驭着，不能动弹，也不想动弹了。因为倘一动弹，虽或有利，然而也有弊。我们且看古人的良法美意罢——

“天有十日，人有十等。下所以事上，上所以共神也。故王臣公，公臣大夫，大夫臣士，士臣皂，皂臣舆，舆臣隶，隶臣僚，僚臣仆，仆臣台。”[17]（《左传》昭公七年）

但是“台”没有臣，不是太苦了么？无须担心的，有比他更卑的妻，更弱的子在。而且其子也很有希望，他日长大，升而为“台”，便又有更卑更弱的妻子，供他驱使了。如此连环，各得其所，有敢非议者，其罪名曰不安分！

虽然那是古事，昭公七年离现在也太辽远了，但“复古家”尽可不必悲观的。太平的景象还在：常有兵燹，常有水旱，可有谁听到大叫唤么？打的打，革的革，可有处士来横议么？对国民如何专横，向外人如何柔媚，不犹是差等的遗风么？中国固有的精神文明，其实并未为共和二字所埋没，只有满人已经退席，和先前稍不同。

因此我们在目前，还可以亲见各式各样的筵宴，有烧烤，有翅席，有便饭，有西餐。但茅檐下也有淡饭，路旁也有残羹，野上也有饿莩；有吃烧烤的身价不资的阔人，也有饿得垂死的每斤八文的孩子[18]（见《现代评论》二十一期）。所谓中国的文明者，其实不过是安排给阔人享用的人肉的筵宴。所谓中国者，其实不过是安排这人肉的筵宴的厨房。不知道而赞颂者是可恕的，否则，此辈当得永远的诅咒！

外国人中，不知道而赞颂者，是可恕的；占了高位，养尊处优，因此受了蛊惑，昧却灵性而赞叹者，也还可恕的。可是还有两种，其一是以中国人为劣种，只配悉照原来模样，因而故意称赞中国的旧物。其一是愿世间人各不相同以增自己旅行的兴趣，到中国看辫子，到日本看木屐，到高丽看笠子，倘若服饰一样，便索然无味了，因而来反对亚洲的欧化。这些都可憎恶。至于罗素[19]在西湖见轿夫含笑，便赞美中国人，则也许别有意思罢。但是，轿夫如果能对坐轿的人不含笑，中国也早不是现在似的中国了。

这文明，不但使外国人陶醉，也早使中国一切人们无不陶醉而且至于含笑。因为古代传来而至今还在的许多差别，使人们各各分离，遂不能再感到别人的痛苦；并且因为自己各有奴使别人，吃掉别人的希望，便也就忘却自己同有被奴使被吃掉的将来。于是大小无数的人肉的筵宴，即从有文明以来一直排到现在，人们就在这会场中吃人，被吃，以凶人的愚妄的欢呼，将悲惨的弱者的呼号遮掩，更不消说女人和小儿。

这人肉的筵宴现在还排着，有许多人还想一直排下去。扫荡这些食人者，掀掉这筵席，毁坏这厨房，则是现在的青年的使命！

（一九二五年四月二十九日。）

# 注释

[1] 这篇文章创作于1925年，最初分两次发表于1925年5月1日、22日《莽原》周刊第二期和第五期。

[2] 民国：即“中华民国”，1911年辛亥革命爆发后在孙中山领导下于公元1912年1月1日成立。不久，袁世凯窃取了执政权，他死后由其属下的各北洋军阀在中国轮番执政。1928年中国国民党进行国民革命军北伐后得以长期执政。但在二战后的内战中，中国共产党领导的人民解放军打败了国民党军队，成立了中华人民共和国。

[3] 袁世凯（1859—1916）：河南项城人，自1896年（清光绪二十二年）在天津小站练兵起，即成为实际上北洋军阀的首领。由于他拥有反动武装，并且勾结帝国主义，又由于当时领导革命的资产阶级的妥协性，他在1911年的辛亥革命后于1912年3月从孙中山手中窃夺了中华民国临时大总统的职位，控制了国家的政权。他组织了代表大地主大买办阶级利益的第一个政府；后又于1913年10月雇用“公民团”包围议会，选举他为正式大总统。但他并不以此为满足，更于1916年1月恢复君主专制政体，自称皇帝。在

全国人民的反对和声讨中，袁世凯被迫于1916年3月22日取消帝制，6月6日死于北京。

[ 4 ] 蔡松坡（1882—1916）：即蔡锷，字松坡，湖南邵阳人，辛亥革命时任云南都督，1913年被袁世凯调到北京，加以监视。1915年他潜离北京，同年12月回到云南组织护国军，讨伐袁世凯在云南起义反对帝制，得到各省响应。

[ 5 ] 中交票：中国银行和交通银行（都是当时的国家银行）发行的钞票。

[ 6 ]《钦定二十四史》：二十四史是中国古代二十四部正史的总称，共3 229卷，约有4 700万字。它记叙的时间前后4 000多年，用统一的本纪、列传的纪传体编写。二十四史的内容非常丰富，记载了历代经济、政治、文化艺术和科学技术等各方面的事迹。乾隆四年至四十九年武英殿刻印，通称《钦定二十四史》。

[ 7 ]《鉴略》：清代王仕云著，是旧时学塾用的初级历史读物，上起盘古，下迄明弘光，全为四言韵语。

[ 8 ]《历代纪元编》：清代李兆洛著，是中国历史的干支年表。分三卷，上卷纪元总载，中卷纪元甲子表，下卷纪元编韵。

[ 9 ] 五胡十六国：公元304年至439年间，我国匈奴、羯、鲜卑、氐、羌等五个少数民族先后在北方和西蜀立国，计有前赵、后赵、前燕、后燕、南燕、后凉、南凉、北凉、前秦、后秦、西秦、夏、成汉，加上汉族建立的前凉、西凉、北燕，共十六国，史称“五胡十六国”。

[10] 黄巢（？—884）：曹州冤句（今山东菏泽）人，唐末农民起义领袖。

[11] 五代：即公元907年至960年间的梁、唐、晋、汉、周五个朝代。

[12] 张献忠（1606—1647）：陕西延安农民起义的领导人。1644年，他征服了四川，并自立为王。他以残酷而闻名。

[13]“时日曷丧，余及汝偕亡！”：语见《尚书·汤誓》。时日，指夏桀。大约在公元前1600年，成汤正式兴兵讨伐夏桀。成汤发出了动员令，召开了隆重的誓师大会，这是当时众人响应他的一句话。

[14] 磕头：通过屈膝表现出深深敬意的行为，即跪下和鞠躬的姿势至

如此之低，以至于头部触地。本书中译为kowtow，另一个译法是ketow。

[15] 鹤见祐辅氏（1885—1973）：日本知名作家和评论家。他的《思想·山水·人物》曾由鲁迅先生选译为中文。此外，他还著有《拜伦传》。

[16] 孙美瑶：当时占领山东抱犊固的土匪头领。1923年5月5日他在津浦铁路临城站劫车，掳去中外旅客二百多人，是当时轰动一时的事件。

[17] 王、公、大夫、士、皂、舆、隶、僚、仆、台是奴隶社会等级的名称。前四种是统治者的等级，后六种是被奴役者的等级。

[18] “每斤八文的孩子”：1925年5月2日《现代评论》第一卷第二十一期载有仲瑚的《一个四川人的通信》，叙说当时军阀统治下四川劳动人民的悲惨生活，其中说：“男小孩只卖八枚铜子一斤，女小孩连这个价钱也卖不了。”

[19] 罗素（B. Russell，1872—1970）：英国哲学家、数学家、逻辑学家和作家，并于1950年获得诺贝尔文学奖。他以对分析哲学、数学著作和社会活动主义的影响而闻名。1920年曾来中国讲学，并在各地游览。

# Apuntes bajo la lámpara[1]

## I

Por un período, era cuando en los años segundo y tercero de la República de China[2], el crédito de los billetes de varios bancos estatales en Beijing se encontraba mejorando cada día más, lo que era justamente la llamada prosperidad ascendiente diaria. Oí decir que incluso los paisanos rurales, que siempre habían estado obsesionados con el dinero en efectivo, también supieron que esto era tanto conveniente como confiable, y estuvieron dispuestos a aceptar y usarlos. En cuanto a la gente con cabeza un poco racional, que no fuera necesariamente de "la especial clase de intelectuales", ya había dejado de llevar las pesadas y engorrosas monedas de plata en el seno sufriendo esa sinrazón para sí mismos. Al pensar en esto, excepto a las personas que abrigaban más o menos adición y afición hacia la plata, probablemente todos usaban los billetes, y la mayoría eran de los bancos nacionales. Pero desafortunadamente, más tarde se produjo de repente un golpe no menos fuerte.

---

① Este artículo fue creado en 1925 y se publicó por primera vez dos veces en el número 2 y el 5 del semanario *Planicie Herbazal* (*Mang Yuan*) el 1 y 22 de mayo de 1925.

② La República de China: Fue fundada el 1 de enero de 1912, bajo el liderazgo de Sun Yat-sen después del estallido de la Revolución de 1911 (el año chino Xin Hai). Pronto, el caudillo militar Yuan Shikai robó el poder supremo. Después de su muerte, sus sucesores, o sea, los caudillos militares del norte se turnaron para tomar el poder en China. En 1928, el Kuomintang (KMT), o sea, el Partido Nacionalista Chino fue capaz de gobernar durante mucho tiempo después de la Expedición al Norte del Ejército Nacional Revolucionario. Pero en la guerra civil posterior a la Segunda Guerra Mundial, el Ejército de Liberación Popular dirigido por el Partido Comunista Chino derrotó al ejército del KMT y estableció la República Popular China.

Fue ese año en que Yuan Shikai[3] quiso ser emperador, el señor Cai Songpo[4] se escurrió de Beijing y fue a Yunnan para emprender el levantamiento. Uno de los impactos que se produjeron por aquí fue que el Banco de China y el Banco de Comunicación dejaron de cambiar el dinero. Pese a ello, todavía seguía vigente el poder del gobierno para ordenar a los comerciantes continuar usando los billetes; y los comerciantes también tenían su vieja habilidad, que no decían que no los aceptaban, sino que no tenían dinero suelto para el cambio. No sabía qué pasaría si se hiciera compras con billetes en valor nominal de decenas o de cientos, pero si solo se comprara un lápiz, o un paquete de cigarrillos, ¿acaso se pagaría con el billete de un yuan? No solo estarías reacio a hacerlo, sino que tampoco tenías tantos billetes. Siendo así, a cambiar monedas de cobre, solo unas pocas, pero todos decían que no las tenían. Entonces, ibas a pedir prestado dinero a los parientes o amigos, ¿pero cómo que ellos podrían tenerlo? Pues, tendrías que degradarte por otro intento, ya no te cuidarías del patriotismo y querías los billetes de bancos extranjeros. Pero los billetes de ellos ahora equivalían a la real plata, si te prestaran este billete, eso significaría haberte prestado la moneda

---

③ Yuan Shikai (1859–1916): Natural de Xiangcheng, Henan. Desde 1896 se encargó de entrenar el nuevo ejército de la dinastía Qing en Tianjin. Después se convirtió en líder de los caudillos de las tropas llamada del "Mar del Norte". Como poseía fuerzas armadas reaccionarias y se confabuló con el imperialismo, y debido a la situación difícil de la burguesía revolucionaria en ese momento, robó al cargo de presidente interino de la República de China desde las manos del señor Sun Yat-sen en marzo de 1912 y obtuvo el control del poder político del estado. Organizó el primer gobierno que representaba los intereses de los grandes terratenientes y la gente de la clase compradora, más tarde, en octubre de 1913, contrató a un "grupo civil" para rodear el parlamento y lo obligó elegirle presidente oficial de la República. Sin embargo, todavía no estuvo satisfecho con todo esto. En enero de 1916, reanudó la monarquía y autoproclamó Emperador. Entonces, muchos revolucionarios nacionales se pusieron en su contra, Yuan Shikai se vio obligado a cancelar el sistema imperial el 22 de marzo de 1916, y sucesivamente murió el 6 de junio en Beijing.

④ Cai Songpo (1882–1916): Conocido ampliamente como Cai E. Procedente de Shaoyang, Hunan, fue gobernador de Yunnan durante la Revolución de 1911. Yuan Shikai lo transfirió a Beijing en 1913 para supervisarlo. En 1915, se deslizó de Beijing y regresó a Yunnan para organizar el Ejército de Defensa Nacional y sostuvo la rebeldía contra el plan de Yuan Shikai de restaurar el sistema feudal, lo cual recibió respuestas de varias provincias.

de plata.

Recuerdo que en aquel tiempo yo todavía tenía en mi bolso treinta o cuarenta yuanes en billetes del Banco de Comunicación de China⑤, pero súbitamente me convertí en un pobre, hasta casi se me agotó la comida y tuve mucho pánico. Probablemente los ricos de Rusia con rubros escondidos tuvieran la misma sensación al estallar la revolución, al máximo, el temor sería más profundo y grande. Yo tuve que averiguar, ¿podría cambiar el billete por efectivo en plata a un precio reducido? Decían que no hubo mercado. Y por fin, afortunadamente aparecieron mercados en secreto: el descuento sería de treinta y tantos por ciento. Me alegré mucho y me apresuré a vender la mitad. Después subió y se cambió a un descuento de treinta por ciento exacto, me puse más contento y se lo cambié todo en efectivos de plata, que se descansaron pesadamente en mi seno como si fueran el peso de mi vida. Si fuera en tiempos ordinarios, en caso de que la tienda de dinero me pagara una moneda de cobre menos, no se lo permitiría en absoluto.

Sin embargo, cuando puse el paquete de plata en mis brazos, cuyo peso me hizo sentir garantizado y complacido, de repente se me ocurrió otra idea: somos muy fáciles de convertirnos en esclavos, y además, al cambiarnos, nos sentimos también muy contentos.

Podríamos suponer que existiera un cierto poder violento que "no trataba a las personas como seres humanos", y no solo no como humanos, ni las tomaba como ganado vacuno y caballo, ni tampoco las estimaba como ninguna cosa; hasta cuando las personas admiraban al ganado y caballo dando suspiros de que "los hombres viviendo en años turbulentos pasan una vida peor que los perros viviendo en

---

⑤ "Billetes del Banco de Comunicación de China": En aquel tiempo este banco y el Banco de China fueron los que emitieron los billetes del yuan chino.

tiempos pacíficos", les marcaría el precio aproximado al del ganado y caballo, tal como la regla de la dinastía Yuan, por matar a un esclavo de otra persona, se indemnizaban con una vaca, con lo cual la gente ya estaba sinceramente convencida, elogiando sumisamente la época de paz y prosperidad. ¿Por qué? Porque a pesar de no ser hombre, por lo menos ya equivalía al ganado y caballo.

No tenemos la necesidad de leer respetuosamente la *Las Veinticuatro Historias aprobadas por el Emperador*⑥, o entrar a la sala de investigación para examinar la excelencia de la civilización espiritual. Solo hojeando la *Espejo de historia concisa*⑦ para la lectura infantil, —o si les parece todavía demasiado gruesa y pesada, leyendo la *Crónica de las eras*⑧—, ya podríamos saber que en la tan antigua China "como una nación antigua de más de tres mil años", los trastornos que han ocurrido siempre han estado no más que en torno a este pequeño juego. Pero en las cosas como supuestos "manuales de historia" recién editados, ya no puede verse muy claro, porque solo parecen decir: siempre hemos estado muy bien.

Sin embargo, de hecho los chinos nunca han obtenido el precio del "ser humano", al máximo el de un esclavo, que ha sido lo mismo hasta ahora, pero no fueron pocas veces cuando se situaron por debajo del esclavo. Los plebeyos chinos eran neutrales, en tiempos

---

⑥ *Veinticuatro Historias aprobadas por el Emperador*: Es el nombre general de veinticuatro historias ortodoxas de la antigua China, con un total de 3229 volúmenes y alrededor de 47 millones de caracteres chinos. Se remonta a más de 4000 años, y está escrito en una crónica y biografía unificadas. El contenido de las *Veinticuatro Historias* es muy rico, y ha registrado hechos en varios aspectos, tales como economía, política, cultura, arte, ciencia y tecnología. Desde el año IV hasta el año 49 del emperador Qianlong, fue grabado en el Salón Wuying, y por eso es comúnmente conocido como la *Veinticuatro Historias aprobadas por el Emperador*.

⑦ *Espejo de historia concisa*: Escrita por Wang Shiyun en la dinastía Qing, es el principal material de lectura histórica utilizado en la vieja escuela, compuesto de versos en cuatro caracteres chinos y rimas, y fácil de leer y recordar.

⑧ *Crónica de las eras*: Fue escrita por Li Zhaoluo en la dinastía Qing. Está dividida en tres volúmenes. El volumen primero es de las épocas, el medio es de las tablas de Jiazi y el tercero es de la rima. Es la cronología de la historia china.

de guerra ni siquiera sabían a qué lado pertenecían; no obstante, no importaría su pertenencia a cualquier lado. Por tanto, cuando venían los bandidos, desde luego, pertenecían a la parte oficial, y deberían ser matados; cuando llegaban las tropas oficiales, razonablemente ya deberían ser la gente del mismo lado, sin embargo, todavía eran matados como si hubieran sido del lado de los bandidos. En ese tiempo, los plebeyos deseaban tener un amo fijo, quien los tomara como sus habitantes. No, no se atrevían a pensar en esto, sino como su ganado y caballo, preferían buscar pasto para comer por su propia cuenta, y solo le pedían decidir adónde echarse a correr.

Si apareciera alguien que podía decidir por ellos qué tipo de reglas de esclavitud, naturalmente sería la "bondad real inmensa y caudalosa". Lamentablemente no solía aparecer ninguno que pudiera decidirlo por el momento. Entre los tiempos de mayores alteraciones, tales como en las épocas de los Dieciséis Reinos de Cinco Etnias Foráneas[⑨], los tiempos (del levantamiento) de Huang Chao[⑩], el período de las cinco dinastías[⑪], los finales de la dinastía Song y de la dinastía Yuan, además del rutinario servicio activo y pago de cereales, sufrieron muchas inesperadas catástrofes. El temperamento de Zhang Xianzhong[⑫] fue aún más excéntrico: a los que no ofrecieron servicio activo ni impuesto en cereales, él los mató, y a los que sí se los habían

---

⑨ "Los Dieciséis Reinos de Cinco Etnias Foráneas": Fueron un conjunto numeroso de pequeños estados soberanos en el territorio de China y en las áreas colindantes desde 304 hasta 439 d. C. Prácticamente todos los gobernantes de estos reinos formaban parte de alguna de las etnias nómadas o seminómadas del norte, que solían distinguir cinco etnias principales.

⑩ Huang Chao (?–884): Natural de Caozhou (ahora Shandong), fue el líder del levantamiento campesino en la tardía dinastía Tang.

⑪ "Las cinco dinastías": El periodo de las cinco dinastías fue una etapa de la historia de China que duró desde el 907 al 960 d. C. Fue una época de inestabilidad política situada cronológicamente entre las dinastías Tang y Song.

⑫ Zhang Xianzhong (1606–1647): Líder de una revuelta campesina en Yan'an, provincia de Shaanxi. Él conquistó Sichuan en 1644, y se nombró rey a sí mismo. Fue muy conocido por su crueldad.

ofrecido también los mató; a los que le enemistaron los mató y a los que se le habían rendido también los mató, destruyendo las reglas para esclavos en pedazos. En ese tiempo, los plebeyos desearon ver la llegada de otro amo, que pudiera tomar en cuenta las reglas para esclavos, sin importar ser las viejas o unas nuevas. En fin, debería haber cierto tipo de reglas de modo que ellos pudieran embarcarse en la órbita de esclavos.

"¿Cuándo se destruirá este sol? Estamos dispuestos a perecer junto contigo".[13] Eran palabras de indignación, pero eran pocos los que se habían decidido a realizarlo. De hecho, generalmente después de haber llegado a un estado de caos extremo causado por tantos bandidos como matojos, habría surgido un personaje más fuerte, más sabio, o más astuto, o un hombre de la etnia extranjera, quien arreglaría la situación del país en orden relativamente mejor. Aclarar y establecer las reglas: cómo ofrecer servicio activo, cómo pagar impuestos en cereales, cómo hacer el kowtow para expresar la veneración y cómo elogiar al emperador, y además, estas reglas no serían tan cambiantes como las actuales que se alteran entre la mañana y la noche. Así que "todo el pueblo se las divulga, eufórico y regocijado". Si lo expresamos con una frase hecha, sería el "mundo de paz y traquilidad".

Por cuán profusos que fueran los eruditos que amaban la ostentación, y por cuán buenos fueran los títulos puestos en la documentación y modificación de la historia, tales como "Era de Prosperidad de la Etnia Han", "Era de Desarrollo de la Etnia Han" y "Era de Resurgimiento de la Etnia Han", de los cuales se percibía

---

⑬ "¿Cuándo se destruirá este sol? Estamos dispuestos a perecer junto contigo": Alrededor de 1600 a. C., Cheng Tang reclutó formalmente tropas para conquistar a la dinastía Xia. Emitió una orden de movilización y convocó una gran reunión de juramentos. La cita aquí fue una frase de la respuesta del público en ese momento.

por supuesto su buena voluntad, pero la dicción es demasiado rodeadora, en realidad, hay una versión más recta y simple como la siguiente:

I. Las eras en que no lograron ser esclavos a pesar de quererlo;

II. Las eras en que se hicieron esclavos estables temporalmente.

Este tipo de ciclos se componía, como lo llamaban los "confucianistas pasados", de "una era de orden turnada con una de caos", y los hombres de rebelión, vistos por los "súbditos" de la era posterior, habían sido los que se dedicaban a despejar el camino para el "amo" nuevo, por lo tanto, esto era: "Ellos estaban haciendo expulsión y limpieza para el Hijo del Santo Cielo, etc.".

Ahora en qué tipo de época hemos entrado, yo no estoy claro, pero al ver que los especialistas de la cultura tradicional china están adorando la quintaesencia nacional, los literatos están elogiando la civilización inherente y los filósofos del nuevo confucianismo se ocupan entusiastamente en lo retro, se entera de que todos ya están insatisfechos con la situación actual. Pero por fin, ¿a qué camino estamos dirigiéndonos ahora? Para el pueblo común, cuando se encuentra con una guerra desconcertante, los ligeramente ricos se mudan a la concesión extranjera, las mujeres y los niños se refugian en la iglesia, porque esos lugares son relativamente "seguros", que no han llegado al grado de no dejar a la gente ser esclavos a pesar de quererlo. En definitiva, parece que los que quieren lo retro y los que se refugian, sin distinguirse entre lo inteligentes y lo torpes, lo virtuosos y lo indignos, todos están fascinados con la sociedad de paz y prosperidad de trescientos años atrás, o sea, la "época en que lograron ser esclavos estables temporalmente".

Pero ¿nosotros también debemos ser iguales como los antiguos, que siempre estaban satisfechos con la época que "había existido en la antigüedad"? ¿Acaso debemos ser iguales a los especialistas de lo retro estudio, al no estar satisfechos con la actualidad, fascinados por la sociedad de paz y prosperidad de trescientos años antes?

Naturalmente, tampoco estamos satisfechos con la actualidad, pero no hace falta mirar hacia atrás porque todavía hay caminos por delante. ¡Y la creación de este tercer tipo de época que nunca ha existido en la historia china es la misión de la juventud actual!

## II

Pero se ha aumentado el número de personas que elogian la civilización inherente de China, y más unos extranjeros. Siempre pienso que entre todos los que han venido a China, a los que puedan odiar a China hasta doler de cabeza con el ceño fruncido me atrevería a ofrecerles sinceramente mis agradecimientos, ¡porque seguramente estos no quieren comer la carne de los chinos!

En el "Carisma de Beijing" del señor Tsurumi Yusuke[14], describe a un señor blanco que iba a venir a China y su estancia programada sería de un año, pero después de cinco años todavía se quedaba en Beijing, y no quería volverse. Un día los dos tomaron la cena juntos:

"Sentados ante la mesa redonda de la caoba, con el fluido servicio de manjares preciosos de la montaña y el mar sin interrupción, y la conversación comenzó con las cosas como antigüedades, pinturas y política. La lámpara estaba cubierta con una pantalla de estilo chino y reinaba una tenue luz en la habitación llena de antigüedades. Qué cosas sobre el proletariado (*Proletariat*), ahora parecían nada más que una brisa soplando por cierto lugar.

"Mientras quedaba fascinado en el aire de la vida de China, reflexionaba sobre la cosa que tiene 'carisma' para los extranjeros. La

---

⑭ Tsurumi Yusuke (1885–1973): Conocido escritor y crítico japonés. Sus *Pensamientos, paisajes y personajes* fueron seleccionados y traducidos al chino por el Sr. Lu Xun. Además, escribió la *Biografía de Byron*.

etnia mongol de la dinastía Yuan también había conquistado a China, pero más tarde fue fundida en la belleza de la vida de la etnia Han; los manchúes también habían vencido a China y más tarde fueron convencidos y fundidos por la belleza de la vida de la etnia Han. Ahora ocurre lo mismo con los occidentales. Oralmente hablando de la *democracy*, tal y tal cosa, pero se fascinan por la belleza de la vida construida por los chinos durante seis mil años. Una vez vivido en Beijing, uno ya no puede olvidar el sabor de la vida suya. Esta carisma de la vida china no podrá ser borrado ni siquiera por el polvo amarrillo levantado hasta mil metros por el viento ni los juegos de guerra de los caudillos militares desenvueltos cada tres meses".

A estas palabras todavía no soy capaz de negarme a reconocer. Nuestros antiguos santos y sabios nos han dejado las máximas para conservar las antigüedades y guardar las tradiciones, al mismo tiempo también han dispuesto el gran banquete preparado con los hijos, el jade y la seda para contribuir a los conquistadores. Lo trabajoso y lo prolífico de los chinos son todos los materiales utilizados para organizar esos banquetes, de lo que hasta ahora se jactan nuestros patriotas. Cuando los occidentales ingresaron a China inicialmente, eran llamados bárbaros forasteros, entonces, todos los chinos fruncían el ceño inevitablemente. Pero ahora ya llega el momento de que les contribuimos a ellos los suntuosos banquetes que se habían contribuido a la dinastía Wei del Norte (368–534 d. C.), la dinastía Jin (1115–1234 d. C.), la dinastía Yuan (1279–1368 d. C.) y la dinastía Qing (1644–1912 d. C.). Cuando salen, les ofrecemos automóviles; cuando caminan, le protegimos; al encontrarse con un camino acordonado por despejar la ruta (para altos funcionarios) ellos (extranjeros) tienen el paso sin barreras; a pesar de ser saqueados, pueden ser compensados;

e incluso cuando Sun Meiyao[15] los atraparon y los pusieron ante la tropa, los oficiales y soldados no se atrevieron a abrir fuego contra ellos. ¡Ni mucho menos mencionar el disfrute del gran banquete en la sala lujosa! El momento en que pueden disfrutar el exquisito banquete es, desde luego, cuando elogian la civilización inherente de China. Sin embargo, tal vez algunos de nuestros patriotas optimistas, en cambio, se agradan y se muestran felices a gusto creyendo que empezarán a ser asimilados por China. Los antiguos usaban a las mujeres como castillo de seguridad transitoria, y lo llamaban eufemísticamente engañándose a sí mismos con un buen nombre de "hacer la paz vía matrimonio", la gente de hoy usan a hijos, jade y seda como regalos en homenaje por parte de esclavos y lo llaman eufemísticamente con el bonito nombre de "asimilación". Por eso, si existe algún extranjero que ya haya tenido la calificación de ir al banquete y todavía pueda maldecir la situación actual de China, ¡será el que tenga una conciencia real y merezca ser admirado verdaderamente!

No obstante, nosotros mismos hemos tenido todo dispuesto apropiadamente. Hay distinción entre lo noble y lo miserable, lo grande y lo pequeño, lo superior y lo inferior. Uno puede ser maltratado por alguna gente, mientras que también puede maltratar a otros, uno puede ser comido por alguna gente pero también puede comer a otros. Así que se controlan y se dominan de nivel a nivel y nadie puede moverse ni tampoco quiere hacerlo, porque el moverse, quizá implique ventajas, pero también habrá desventajas. Vamos a fijarnos en los buenos métodos con buenas intenciones de nuestros antiguos:

"Como los días se cuentan de uno a diez, las personas se clasifican en diez niveles, por lo que los subordinados sirven a los superiores, y

---

⑮ Sun Meiyao: Cabeza del bandido que ocupaba Baodugu, Shandong. El 5 de mayo de 1923, secuestró un tren en la estación Lincheng de Jinpu Railway y se llevó a más de 200 turistas chinos y extranjeros. Fue un incidente muy sacudidor de aquel entonces.

los superiores consagran a las deidades. El rey avasalla a duques, el duque supedita a cortesanos, el cortesano subordina a oficiales, el oficial administra a empleados, el empleado sujeta a plebeyos, el plebeyo controla a esclavos, el esclavo dirige asociados, el asociado maneja a criados, y el criado guía a tableros".[16] (*Zuo Zhuan*, el año VII de don Zhao)

Pero ¿no era demasiado duro para el "tablero" si él no tuviera ningún subordinado? No se preocupen, porque tenía a su mujer e hijos que eran más humildes. Además su hijo también tenía esperanza, porque cuando creciera, podría subir al rango de "tablero", y también podría tener a su mujer que fuera más débil y humilde para dejarse manejar por él. Así se formaba una cadena de relaciones y cada uno se quedaba en lo que le convenía. Si alguien se atreviera a tener disidencia, ¡se le acusaría de estar inquieto con su estatus!

Aunque todos aquellos fueron los asuntos de la antigüedad, que el año VII de don Zhao (535 a. C.) fue demasiado lejos de ahora, los expertos de lo retro no deben ser pesimistas todavía. Los espectáculos de paz y tranquilidad siguen presentes ahora: siempre hay incendios y llamas de guerra, ocurren frecuentes calamidades de agua y de sequía, pero ¿quién ha escuchado gritos en voz alta? Los luchadores siguen peleando, y los revolucionarios siguen revolucionando, ¿ha salido algún erudito recluido a comentarlo audazmente? ¡Cómo son imperiosos con los nacionales, y cómo son suaves y halagadores con los extranjeros! ¿No es el mismo legado de los peores modales? La civilización espiritual inherente de China, en realidad, aún no ha sido enterrada por el término República, lo que es ligeramente diferente del pasado solo reside en el retiro de los manchúes del banquete.

---

⑯ El rey, duque, cortesano, oficial, empleado, plebeyo, esclavo, asociado, criado y tablero son nombres de las clases sociales de la sociedad de esclavitud. Los primeros cuatro son los niveles de los dominantes, y los últimos seis son los niveles de los dominados y esclavizados.

Por lo tanto, en la actualidad, todavía podemos ver con nuestros propios ojos una variedad de banquetes, tales como carne asada a la parrilla, banquete con aleta de tiburón, comidas sencillas, y comida occidental, mientras tanto, también hay comidas insípidas debajo del alero, sobras y restos a bordes del camino, así como muertos de hambre en el campo. Hay ricos con valor incalculable que están comiendo la carne asada, mientras que también hay niños casi muriendo de hambre que cuestan solo ocho monedas por jin (medio kilo).[17] (Véase el *Comentario Contemporáneo*, número 21.) La llamada civilización china es, de hecho, no más que el banquete preparado con la carne de ser humano para el disfrute de los ricos, y la llamada China es no más que la cocina donde se prepara este tipo de banquete. Los que lo elogian sin saber la verdad son tolerables, de lo contrario, deberán ser objetos de maldición para siempre.

Entre los extranjeros, los que la elogian sin conocer la verdad son tolerables; también pueden ser tolerados los que elogian, ocupando alta posición disfrutando de respeto y comodidad, así que afectados por la demagogia y su inteligencia está oscurecida. Sin embargo, hay otros dos tipos, uno de ellos considera a los chinos como la especie inferior, que solo merecen mantenerse inalterado de lo antiguo, por lo que elogia todo lo viejo deliberadamente. El otro quiere ver lo diverso que son las gentes en el mundo a fin de aumentar su interés del turismo, viajando a China para ver coletas, yendo a Japón para ver chanclos, pasando por Corea para ver sombreros de bambú trenzado, pero si los vestidos y adornos son iguales, les parecerá insípido el

---

⑰ "Niños casi muriendo de hambre que cuestan solo ocho monedas por jin (medio kilo)": La "Comunicación de un Sichuanés" de Zhonghu que se publicó el 21 de mayo de 1925 en *Comentario Contemporáneo*, volumen I, número 21, describe la vida trágica de los trabajadores bajo la dominación del caudillo militar de Sichuan, diciendo como así: "Los niños se venden por solo ocho monedas de cobre por jin, las niñas ni pueden vender a este precio".

viaje, por lo tanto, ellos se oponen a la europeización de Asia. Todos ellos son odiosos. En cuanto a que Russell[18] elogió a los chinos al ver a los cargadores del palanquín en el Lago Oeste con sonrisa, podría implicar un significado específico. Pero si el cargador no hubiera contenido sonrisa al hombre del sedán, China habría sido muy diferente de la China similar como esta desde mucho antes.

La civilización esta no solo ha fascinado a los extranjeros sino que también ha encantado tanto a todos los chinos sin excepción desde hace mucho, e incluso se llevan sonrisa consigo. Como las diferencias heredadas desde la antigüedad siguen existiendo ahora, que han hecho separados unos de otros, de modo que ya no pueden sentir el dolor de otros; además, como cada quien abraza el deseo de esclavizar a otros y comer a otros, se ha olvidado del futuro en que también pueda ser esclavizado y comido. Así que innumerables banquetes con carne de ser humano, tanto grandes como pequeños, se han arreglado desde el inicio de la civilización hasta el presente, y en esta sede los hombres comen a otros y son comidos por otros, con las estúpidas y soberbias ovaciones de alegría de gentes feroces que cubren los gritos y llantos de los luctuosos débiles, ni mucho menos mencionar los de las mujeres y niños.

Este tipo de banquetes con carne humana todavía están en arreglos hasta ahora, y muchas personas quieren continuar organizándolos. ¡Eliminar a estos devoradores de seres humanos, volcar la mesa de estos banquetes y destruir esta cocina constituyen la misión de la juventud actual!

29 de abril de 1925

---

⑱ Bertrand Arthur William Russell (1872–1970): Fue filósofo, matemático, lógico y escritor británico y ganador en 1950 del Premio Nobel de Literatura. Ha sido conocido por su influencia en la filosofía analítica, sus trabajos matemáticos y su activismo social. Visitó a China para dar conferencias y realizó una gira en 1920.

# 《野草》题辞[1]

当我沉默着的时候，我觉得充实；我将开口，同时感到空虚。[2]

过去的生命已经死亡。我对于这死亡有大欢喜[3]，因为我借此知道它曾经存活。死亡的生命已经朽腐。我对于这朽腐有大欢喜，因为我借此知道它还非空虚。

生命的泥委弃在地面上，不生乔木，只生野草[4]，这是我的罪过。

野草，根本不深，花叶不美，然而吸取露，吸取水，[5]吸取陈死人的血和肉[6]，各各夺取它的生存。当生存时，还是将遭践踏，将遭删刈[7]，直至于死亡而朽腐。

但我坦然，欣然。[8]我将大笑，我将歌唱。

我自爱我的野草，但我憎恶这以野草作装饰的地面[9]。

地火在地下运行，奔突；熔岩一旦喷出，将烧尽一切野草，以及乔木，于是并且无可朽腐。

但我坦然，欣然。我将大笑，我将歌唱。

天地有如此静穆，我不能大笑而且歌唱。天地即不如此静穆，我或者也将不能。我以这一丛野草，在明与暗，生与死，过去与未来之际，献于友与仇，人与兽，爱者与不爱者之前作证。

为我自己，为友与仇，人与兽，爱者与不爱者，我希望这野草的死亡和朽腐，火速到来。要不然，我先就未曾生存，这实在比死亡与朽腐更其不幸。

去罢，野草，连着我的题辞！

一九二七年四月二十六日，鲁迅记于广州之白云楼上。

# 注释

［1］《题辞》是鲁迅散文诗集《野草》的序言。1927年发生四一二反革命政变，大批革命者被国民党反动派屠杀。这时，鲁迅的思想发生了巨大的变化，摆脱了痛苦和犹豫，决定进行更加顽强和坚韧的斗争，十天后鲁迅写下了这篇文章，生动地总结了他写作《野草》的目的和艺术渊源。

［2］1927年9月23日，作者在《怎么写》一文中，曾说："……我曾经想要写，但是不能写，无从写。"作者面对白色恐怖的血腥现实，有许许多多感愤要写，因愤懑而"觉得充实"，可又受高压限制，不知怎么说，以至无话可说，又"感到空虚"。

［3］"大欢喜"：佛家语，指达到目的而感到极度满足的一种境界。

［4］"野草"：鲁迅自谦地称自己的这类短小文章为"野草"。

［5］"吸取露，吸取水"：指的是古今中外前人的经验和营养。

［6］"陈死人的血和肉"：指的是过去斗争经历和痛苦教训，以及许多斗士和年轻进步人士的牺牲。

［7］"将遭删刈"：指的是当时反动当局经常删改和消除鲁迅先生的作品。

［8］"坦然，欣然"：在作者看来，"旧我已死去，新我已诞生"，这是在直视人间的丑恶和对人性的透视之后的一种坦然。

［9］"这以野草作装饰的地面"：指人间、社会。

# Inscripción para *Hierbas silvestres*[1]

Cuando estoy callado, me siento relleno, y cuando hable, al mismo tiempo me sentiré vacío.[2]

La vida del pasado ha muerto. Para esta muerte siento una Gran Alegría[3], es que por ella sé que vivió una vez. La vida muerta se ha podrido, por este pudrimiento, también siento una Gran Alegría, es que por medio de ello sé que aún no está vacía.

El barro de la vida ha sido desechado en el suelo, que no hace crecer altos árboles, sino solo produce hierbas silvestres[4], y esto es el pecado mío.

Y las hierbas silvestres, no tienen raíces profundas por natural, ni sus flores y hojas son bonitas, pero absorbiendo el rocío, el agua,[5]

---

① La "Inscripción" es el prefacio de la colección en prosa de Lu Xun *Hierbas silvestres*. En 1927 ocurrió el golpe contrarrevolucionario del 12 de abril y un gran número de revolucionarios fueron masacrados por los reaccionarios del Partido Nacionalista Chino. En este momento, el pensamiento de Lu Xun había experimentado cambios tremendos, entonces, liberado del dolor y la vacilación, y se decidió a luchar de manera más tenaz y resistente. Diez días después, Lu Xun escribió este artículo, que resumía vívidamente su propósito y origen artístico de escribir *Hierbas silvestres*.

② El 23 de septiembre de 1927, en el artículo "Cómo escribir", el autor dijo: "... Una vez quise escribir, pero no pude escribir, ni hubo donde por empezar". Frente al horror blanco y la sangrienta realidad, el autor tenía tanta ira e indignación para expresar, así que "me siento lleno", pero como existían restricciones de alta presión, no encontraba lo que pudiera escribir, así que "me siento vacío".

③ "Gran Alegría": Lenguaje budista, un estado de ánimo que es extremadamente satisfactorio por haber logrado su propósito.

④ "Hierbas silvestres": Lu Xun llama modestamente sus artículos cortos como "hierbas silvestres" en el jardín de la literatura.

⑤ "El rocío" y "el agua": Se refiere a las experiencias y nutrición de los predecesores en China y en el extranjero, tanto de los tiempos antiguos como de la época moderna.

la sangre y la carne de los muertos del pasado[6] cada una arrebata el vigor para la sobrevivencia. Y cuando sobreviven, aún serán pisoteadas, segadas y eliminadas[7] hasta que mueran y se pudran.

Sin embargo, yo estoy sereno, y de buen agrado.[8] Voy a reír a carcajadas, y cantaré.

Por supuesto amo mis hierbas silvestres, pero odio esta superficie del suelo que se decora con ellas.[9]

El fuego subterráneo está en moción bajo el suelo y corre chocando impetuosamente; una vez que la lava erupcione, quemará todas las hierbas silvestres, así como los altos árboles, de modo que no habrá cosa que podrir.

Sin embargo, yo estoy sereno, y de buen agrado. Voy a reír a carcajadas, y cantaré.

Entre el cielo y la tierra está tan solemne y quieto que no puedo reír a carcajadas ni cantar, si bien el universo no esté tan solemne y quieto, tal vez tampoco pueda hacerlo. Así, doy testimonio con esta mala de hierbas silvestres en medio de la luz y la oscuridad, la vida y la muerte, el pasado y el futuro, ante amigos y enemigos, hombres y bestias, seres amados y no amados como testimonio.

Para mí, para amigos y enemigos, hombres y bestias, seres amados y no amados, espero que la muerte y la putrefacción de estas hierbas silvestres vengan a la velocidad de fuego; de otro modo, podría ser que yo nunca hubiera existido, lo que habría sido mucho más desgraciado que la muerte y la putrefacción.

---

⑥ “La sangre y la carne de los muertos del pasado”: Se refiere a las experiencias y amargas lecciones en la lucha del pasado y el sacrificio de los combatientes así como muchos progresistas jóvenes.

⑦ “Aún serán pisoteadas, segadas y eliminadas”: Se refiere a que las escrituras del señor Lu Xun fueron suprimidas y eliminadas frecuentemente por las autoridades reaccionarias en aquella época.

⑧ En opinión del autor, “el yo viejo ha muerto, y el yo nuevo ha nacido”, porque le sugiere una especie de calma después de observar la fealdad de los seres humanos y la perspectiva de la naturaleza humana.

⑨ “Esta superficie del suelo que se decora con ellas”: Se refiere a la sociedad.

¡Váyanse, hierbas silvestres, junto con mi inscripción esta!

26 de abril de 1927,

Escrito por Lu Xun en el Pabellón de la Nube Blanca, Guangzhou.

# 秋夜[1]

在我的后园，可以看见墙外有两株树，一株是枣树，还有一株也是枣树。

这上面的夜的天空，奇怪而高[2]，我生平没有见过这样奇怪而高的天空。他仿佛要离开人间而去，使人们仰面不再看见。然而现在却非常之蓝，闪闪地䀹着几十个星星的眼，冷眼。他的口角上现出微笑，似乎自以为大有深意，而将繁霜洒在我的园里的野花草上。

我不知道那些花草真叫什么名字，人们叫他们什么名字。我记得有一种开过极细小的粉红花[3]，现在还开着，但是更极细小了，她在冷的夜气中，瑟缩地做梦，梦见春的到来，梦见秋的到来，梦见瘦的诗人将眼泪擦在她最末的花瓣上，告诉她秋虽然来，冬虽然来，而此后接着还是春，蝴蝶乱飞，蜜蜂都唱起春词来了。她于是一笑，虽然颜色冻得红惨惨地，仍然瑟缩着。

枣树[4]，他们简直落尽了叶子。先前，还有一两个孩子来打他们，别人打剩的枣子，现在是一个也不剩了，连叶子也落尽了。他知道小粉红花的梦，秋后要有春；他也知道落叶的梦，春后还是秋。他简直落尽叶子，单剩干子，然而脱了当初满树是果实和叶子时候的弧形，欠伸得很舒服。但是，有几枝还低亚着，护定他从打枣的竿梢所得的皮伤，而最直最长的几枝，却已默默地铁似的直刺着奇怪而高的天空，使天空闪闪地鬼䀹眼；直刺着天空中圆满的月亮，使月亮窘得发白。

鬼䀹眼的天空越加非常之蓝，不安了，仿佛想离去人间，避开枣树，只将月亮剩下。然而月亮也暗暗地躲到东边去了。而一无所有的干子，却仍然默默地铁似的直刺着奇怪而高的天空，一意要制他的死命，不管他各式各样地䀹着许多蛊惑的眼睛。

哇的一声，夜游的恶鸟[5]飞过了。

我忽而听到夜半的笑声，吃吃地，似乎不愿意惊动睡着的人，然而四围的空气都应和着笑。夜半，没有别的人，我即刻听出这声音就在我嘴里，我也即刻被这笑声所驱逐，回进自己的房。灯火的带子也即刻被我旋高了。

后窗的玻璃上丁丁地响，还有许多小飞虫[6]乱撞。不多久，几个进来了，许是从窗纸的破孔进来的。他们一进来，又在玻璃的灯罩上撞得丁丁地响。一个从上面撞进去了，他于是遇到火，而且我以为这火是真的。两三个却休息在灯的纸罩上喘气。那罩是昨晚新换的罩，雪白的纸，折出波浪纹的叠痕，一角还画出一枝猩红色的栀子。

猩红的栀子开花时，枣树又要做小粉红花的梦，青葱地弯成弧形了……我又听到夜半的笑声；我赶紧砍断我的心绪，看那老在白纸罩上的小青虫，头大尾小，向日葵子似的，只有半粒小麦那么大，遍身的颜色苍翠得可爱，可怜。

我打一个呵欠，点起一支纸烟，喷出烟来，对着灯默默地敬奠这些苍翠精致的英雄们。

（一九二四年九月十五日。）

# 注释

[1] 此文写于1924年9月的北京。本篇最初发表于1924年12月1日《语丝》周刊第三期。当时，在帝国主义和北洋军阀相互勾结实行统治的情况下，中国北方的民主革命处于低潮。同时，“五四”退潮后新文化战线发生了分裂，思想界起了巨大分化，面对这些社会变故，作者鲁迅不免孤寂、彷徨，时而感到一种苦闷，但他没有丧失勇气和信心，一方面急切地找寻生力军，一方面孤军奋战，

坚忍地进行反帝反封建的斗争。这篇散文诗，正是反映了作者的这种思想情感。

[2]“……夜的天空，奇怪而高”:《秋夜》是一首叙事兼抒情的散文诗。作者采用象征手法，赋予秋夜后园中不同景物以人的性格，代表不同类型的社会力量。这里的天空，以及下面的星星、月亮、繁霜等，象征着压迫和摧残进步力量的势力。

[3]“极细小的粉红花”：象征着善良的弱者，指在压迫下的青年。

[4]“枣树”：隐喻像作者这样的一种战斗者。虽然也饱经摧残，但仍然艰苦支持着，坚强地斗争着。

[5]“夜游的恶鸟”：可有多种理解。因为是象征的散文诗，篇中意象的含义，就往往带有一定的模糊性，这也或许是一种值得玩味的美。我们不能做过实的理解，不可过分穿凿诠释。

[6]“小飞虫”：也是隐喻着青年们，然而指的却是那些勇猛的、有所追求的、战斗着的青年。

# La noche de otoño[1]

En mi jardín trasero, se pueden ver dos árboles fuera del muro, uno de ellos es azufaifo, y el otro también azufaifo.

El cielo de la noche sobre ellos es extraño y alto[2], tan extraño y alto que nunca he visto en mi vida, que parece ir alejándose del mundo humano para que la gente no pueda verlo más al mirar hacia arriba. Sin embargo, ahora luce extremadamente azul, brillando con los ojos de docenas de estrellas, de miradas frías. Se desborda una ligera sonrisa en las comisuras de su boca, como creyéndose contener un sentido muy profundo, mientras rociando la espesa escarcha sobre las flores y yerbas silvestres en mi jardín

No sé los nombres reales de estas flores y yerbas, o cómo la gente las llama comúnmente. Recuerdo que hay una especie de flores muy pequeñas de color rosado[3], que ahora está en su floración todavía,

---

① Este artículo fue escrito en Beijing en septiembre de 1924. Fue publicado por primera vez en el tercer número de la semanal *Hilo del Lenguaje* el 1 de diciembre de 1924. En ese momento, la revolución democrática en el norte de China estaba en la marea baja por la represión de los imperialistas y los caudillos militares del norte. Al mismo tiempo, después del reflujo del Movimiento del 4 de mayo, el nuevo frente cultural y el mundo ideológico habían experimentado una gran división. Ante estos cambios sociales, el autor Lu Xun no pudo evitar sentirse solitario y vacilante, y a veces deprimido, sin embargo, él no perdió el coraje y la confianza. Por un lado estaba ansioso por encontrar las nuevas fuerzas, y por otro, luchaba a solas y persistía en la lucha contra el imperialismo y el feudalismo. Este poema en prosa refleja la ideología y la emoción del autor.

② "La noche de otoño" es un poema narrativo y en prosa lírica. El autor utiliza un enfoque simbólico para dar a las diferentes escenas del jardín de otoño un carácter humano y representar diferentes figuras de las fuerzas sociales. El cielo de la noche, junto con otros objetos simbólicos en adelante como las estrellas, la luna y la espesa escarcha representan las fuerzas que oprimen y destruyen las fuerzas del progreso.

③ "Flores muy pequeñas de color rosado": Simboliza los buenos y débiles jóvenes bajo la opresión reaccionaria.

pero sus flores son aún más chiquitas, que sueñan, acurrucándose y temblando en medio del frío nocturno, soñando con la llegada de la primavera, con la llegada del otoño, y con un flaco poeta que viene a aplicar sus lágrimas en los recientes pétalos, diciéndole que pese a venir el otoño, y luego venir el invierno, más adelante vendrá aún la primavera, tiempo en que las mariposas revolotearán de un lado para otro, e incluso las abejas cantarán la oda de la primavera. Entonces, las pequeñas flores muestran una sonrisa, aunque se han helado en un triste color carmesí por el frío, y siguen tiritando encogidas.

Y a los azufaifos[④], se les han caído simplemente todas las hojas. Antes, se veía a uno o dos niños que venían a quitar azufaifas a golpes, aquellas restantes que no se habían removido por otros, pero ahora ya no se queda ninguna, hasta ni siquiera alguna hoja. Los árboles saben el sueño de las pequeñas flores rosadas, al pasar el otoño deberá venir la primavera; también saben el sueño de las hojas caídas, más allá de la primavera volverá a ser el otoño.

Ellos han perdido completamente todas sus hojas y se quedan solo con las ramas, pero estas, libradas de la forma curva de cuando cargaban plenos frutos y hojas, se están estirando muy cómodas. Sin embargo, unas de ellas todavía se mantienen en la forma presionada hacia abajo para proteger su lesión en la corteza causada por la punta del palillo cuando sufría los golpes; mientras que, las varias silenciosas que son más rectas y largas, silenciosas como el hierro, han estado apuñalando rígidamente hacia el cielo extraño y alto, de modo que este destella con los parpadeos de sus ojos fantasmales; apuñalando hacia la luna llena y redonda en el cielo, haciéndola azorada hasta pálida.

---

④ “Los azufaifos”: Es probablemente una metáfora para los luchadores iguales al autor, quienes, pese a haber sido torturados cruelmente, aún insisten en la lucha tenazmente.

El cielo con parpadeos de sus ojos fantasmales se está tornando en un azul cada vez más extraordinario, ya inquieto, tal vez quiera alejarse del mundo humano, evitando los azufaifos y dejando la luna sola. Pero esta también se ha escondido furtivamente hacia el este. Y las desnudas ramas, siguen apuñalando, silenciosas como el hierro, rígidamente al cielo extraño y alto, empeñadas en matarlo, sin importar de cuán diversas maneras de que guiñen sus muchos demagogos ojos.

"¡Uuah!" Con un chillido, pasó volando un feroz pájaro noctámbulo⑤ con un chillido.

De repente, escuché la risa en la medianoche, "chi-chi", que parecía no querer molestar a la gente que está durmiendo, pero el aire a mi alrededor le responde con su risa. A medianoche, no hay otra gente, por eso al instante distingo que esta risa está precisamente en mi boca, la cual también me empujó en seguida para volver a mi habitación. Entonces, la mecha del quinqué fue alzada por mí con un giro de inmediato por mí.

Unos ruidos "ding-ding" suenan desde el vidrio de la ventana trasera, donde enjambres de insectos⑥ se arrojan revoltosamente contra el cristal. Sin tardar mucho, algunos han entrado, probablemente a través de algún agujero en el papel de la ventana. Una vez adentrado, se lanzan contra la tulipa de cristal del quinqué haciendo sonar otros "ding-ding". Uno de ellos ha penetrado intrusamente desde la abertura de arriba, se topa con el fuego, y estas creo que son llamas vivas; mientras que otros dos o tres descansan en

---

⑤ "Un feroz pájaro noctámbulo": Se puede entender de muchas maneras. Como es un poema simbólico en prosa, el significado de las imágenes a menudo tiene un cierto grado de ambigüedad, que también es un tipo de belleza digna de diversión. No debemos buscar una comprensión sólida, ni hacer demasiada interpretación.

⑥ "Enjambres de insectos": También es una metáfora para los jóvenes, pero se refiere a aquellos que buscan la verdad y luchan con valentía.

la pantalla de papel de la lámpara jadeando, la cual es una pantalla nueva que se sustituyó anoche, cuyo papel blanco lleva líneas onduladas y tiene dibujada una gardenia escarlata en una esquina.

Cuando florezca la gardenia escarlata, los árboles de azufaifo volverán a soñar como las pequeñas flores rosadas y se doblarán en la forma curva envuelta de un verdín... De nuevo escuché la risa de medianoche; me precipito a cortar este hilo del pensamiento para ver los pequeños insectos verdes que han muerto de agotamiento en la pantalla de papel blanco, los cuales, con cabezas grandes y colas pequeñas, son como las semillas de girasol, y solo tienen la mitad del tamaño de un grano de trigo, con el cuerpo cubierto de un color verdoso fresco, tan adorables, y tan pobres.

Se me escapa un bostezo, entonces, enciendo un cigarrillo y echo un chorrillo de humo, y frente a la lámpara rindo mi respetuoso homenaje a los verdosos y exquisitos héroes silenciosamente.

15 de septiembre de 1924

# 这样的战士[1]

要有这样的一种战士——

已不是蒙昧如非洲土人而背着雪亮的毛瑟枪[2]的；也并不疲惫如中国绿营兵[3]而却佩着盒子炮[4]。他毫无乞灵于牛皮和废铁的甲胄；他只有自己，但拿着蛮人所用的，脱手一掷的投枪。

他走进无物之阵[5]，所遇见的都对他一式点头。他知道这点头就是敌人的武器，是杀人不见血的武器，许多战士都在此灭亡，正如炮弹一般，使猛士无所用其力。

那些头上有各种旗帜，绣出各样好名称：慈善家，学者，文士，长者，青年，雅人，君子……。头下有各样外套，绣出各式好花样：学问，道德，国粹，民意，逻辑，公义，东方文明[6]……。

但他举起了投枪。

他们都同声立了誓来讲说，他们的心都在胸膛的中央，和别的偏心的人类两样。他们都在胸前放着护心镜，就为自己也深信心在胸膛中央的事作证。

但他举起了投枪。

他微笑，偏侧一掷，却正中了他们的心窝。

一切都颓然倒地；——然而只有一件外套，其中无物。无物之物已经脱走，得了胜利，因为他这时成了戕害慈善家等类的罪人。

但他举起了投枪。

他在无物之阵中大踏步走，再见一式的点头，各种的旗帜，各样的外套……。

但他举起了投枪。

他终于在无物之阵中老衰，寿终。他终于不是战士，但无物之物则是胜者。

在这样的境地里，谁也不闻战叫：太平。

太平……。

但他举起了投枪！

（一九二五年十二月十四日。）

# 注释

［1］此文写于1925年12月14日，最初发表于1925年12月21日《语丝》周刊第58期，后收入散文诗集《野草》。当时，北洋军阀为维护其摇摇欲坠的统治，用暴力镇压革命人民，还指使一些文人，在意识形态方面对抗一切进步和革新，妄图引诱青年脱离民主革命斗争，鲁迅有感于文人学士们帮助军阀，便写下了这篇散文诗。

［2］“毛瑟枪”：指德国机械师毛瑟弟兄在十九世纪七十年代设计制造的一种单发步枪，是当时较为先进的武器。

［3］“绿营兵”：清朝兵制。除以八种颜色旗帜为营垒的满族人军队外，还募汉人编成军队，旗帜采用绿色，叫作绿营兵，又称绿旗兵。清代中叶以后，绿营兵渐趋衰败，终被裁废。

［4］“盒子炮”：即驳壳枪，连发手枪的一种，外有特制的木盒，故名。

［5］“无物之阵”：分明有一种敌对势力包围，却找不到明确的敌人。

［6］“东方文明”：五四运动前后，帝国主义者和封建复古主义者鼓吹的口号之一，目的在于维护封建道德与封建文化，反对近代科学文明和民主改革。

# Soldado como tal[①]

Debe haber este tipo de soldados:

Que ya no sea tan incivilizado como un indígena africano con un brillante fusil mauser[②] a la espalda, tampoco tan cansado como un soldado chino del Batallón Verde[③] con una pistola de caja[④]. No recurre de ninguna manera a la potencia de armadura y casco de cuero de vaca y de chatarra, sino solo él mismo, pero empuña la jabalina que usan los bárbaros para lanzar con la mano.

Al entrar en la formación militar sin blancos de ataque[⑤], todos los que él encuentra le saludan con las cabezadas. Sabe que este tipo de cabezadas es precisamente el arma de los enemigos, arma que mata sin mancha de sangre, y muchos soldados han muerto por ello, como el proyectil de artellería, que hace al guerrero no tener donde usar su fuerza.

---

① Este artículo se escribió el 14 de diciembre de 1925 y se publicó por primera vez en el número 58 del semanario *Hilo del Lenguaje* el 21 de diciembre de 1925. Más tarde, se incluyó en la colección de poemas en prosa *Hierbas silvestres*. En ese momento, los caudillos militares del norte utilizaron su violenta opresión a pueblo revolucionario para mantener su gobierno vacilante. También instruyeron a algunos literatos para que se opusieran ideológicamente a todo progreso e innovación en un intento de inducir a los jóvenes a romper con la lucha por la revolución democrática. Dirigiéndose a "la ayuda de parte de los literatos a los caudillos militares", el autor escribió este poema en prosa.

② "Mauser": Se refiere a un rifle de un solo disparo diseñado y fabricado por los hermanos Mausoleum, mecánicos alemanes, en la década de 1870. Era un arma relativamente avanzada en ese momento.

③ "Batallón Verde": Sistema militar de la dinastía Qing. Además del ejército de Manchuria, que se basa en las banderas de ocho colores, también reclutó a los chinos de Han (la mayor etnia) para formar un ejército, al que designó la bandera verde, que fue por un período el sostén de las fuerzas armadas de la dinastía Qing.

④ "Pistola de caja": Una especie de pistola, que lleva consigo una caja especial de madera, de ahí el nombre.

⑤ "Formación militar sin blancos de ataque": Una especie de posición militar, que dispone un cerco, pero los objetos o enemigos no aparecen en el primer momento, o disfrazados.

Por encima de esas cabezas flamean diversas banderas, bordadas con diferentes títulos buenos: filántropos, eruditos, hombre de letras, ancianos venerables, jóvenes, señores gentiles, caballeros... y por debajo de esas cabezas visten de diversos tipos de abrigos, bordados con diferentes variedades agradables: erudición, moralidad, quintaesencia nacional, opinión pública, lógica, justicia, civilización oriental⑥...

Pero él levanta su jabalina.

Todos juran al unísono diciendo que su corazón se sitúa en el centro del pecho, diferenciado de otros seres humanos con corazón excéntrico. Todos ellos llevan el redondo espejo protector ante el pecho para testificar que ellos mismos creen profundamente que su corazón se encuentra en el centro del pecho.

Pero él levanta su jabalina.

Él sonríe, y la lanza con una oblicuidad, pero sí que acierta precisamente el nido precordial de ellos.

Todo cae al suelo abatidamente; pero solo se queda un abrigo, que no contiene nada por dentro. Ese objeto en la nada se ha escapado, logrando así el triunfo, porque ahora él se ha convertido en el pecador perjudicando a los tipos como filántropos.

Pero él levanta su jabalina.

Él sigue caminando a zancadas en la formación militar sin blancos de ataque, ve cabezadas nuevamente, variados banderas, diversos abrigos...

Pero él levanta su jabalina.

Finalmente, él se vuelve senil y caduco en la formación sin blancos de ataque y llega al fin de su vida. Por último, ya no puede ser

---

⑥ "Civilización oriental": Es una de las consignas defendidas por los imperialistas y los retroistas feudales antes y después del Movimiento del 4 de Mayo, cuyo objetivo era mantener la moralidad y la cultura feudales para oponerse a la civilización científica moderna y la reforma democrática.

soldado, mientras que ese objeto en la nada queda como triunfador.

En la situación como esta, nadie escucha el grito de la batalla: paz y tranquilidad.

Paz y tranquilidad...

¡Pero él levanta su jabalina!

14 de diciembre de 1925

# 《热风》题记[1]

现在有谁经过西长安街一带的，总可以看见几个衣履破碎的穷苦孩子叫卖报纸。记得三四年前，在他们身上偶而还剩有制服模样的残余；再早，就更体面，简直是童子军[2]的拟态。

那是中华民国八年，即西历一九一九年，五月四日北京学生对于山东问题[3]的示威运动以后，因为当时散传单的是童子军，不知怎的竟惹了投机家的注意，童子军式的卖报孩子就出现了。其年十二月，日本公使小幡酉吉抗议排日运动[4]，情形和今年大致相同；只是我们的卖报孩子却穿破了第一身新衣以后，便不再做，只见得年不如年地显出穷苦。

我在《新青年》的《随感录》[5]中做些短评，还在这前一年，因为所评论的多是小问题，所以无可道，原因也大都忘却了。但就现在的文字看起来，除几条泛论之外，有的是对于扶乩[6]、静坐、打拳而发的；有的是对于所谓“保存国粹”而发的；有的是对于那时旧官僚的以经验自豪而发的；有的是对于上海《时报》的讽刺画[7]而发的。记得当时的《新青年》是正在四面受敌之中，我所对付的不过一小部分；其他大事，则本志具在，无须我多言。

五四运动之后，我没有写什么文字，现在已经说不清是不做，还是散失消灭的了。但那时革新运动，表面上却颇有些成功，于是主张革新的也就蓬蓬勃勃，而且有许多还就是在先讥笑，嘲骂《新青年》的人们，但他们却是另起了一个冠冕堂皇的名目：新文化运动。这也就是后来又将这名目反套在《新青年》身上，而又加以嘲骂讥笑的，正如笑骂白话文的人，往往自称最得风气之先，早经主张过白话文一样。

再后，更无可道了。只记得一九二一年中的一篇是对于所谓“虚无哲学”而发的；更后一年则大抵对于上海之所谓“国学家”而发，不知怎的那时忽而有许多人都自命为国学家了。

自《新青年》出版以来，一切应之而嘲骂改革，后来又赞成改革，后来又嘲骂改革者，现在拟态的制服早已破碎，显出自身的本相来了，真所谓“事实胜于雄辩”，又何待于纸笔喉舌的批评。所以我的应时的浅薄的文字，也应该置之不顾，一任其消灭的；但几个朋友却以为现状和那时并没有大两样，也还可以存留，给我编辑起来了。这正是我所悲哀的。我以为凡对于时弊的攻击，文字须与时弊同时灭亡，因为这正如白血轮之酿成疮疖一般，倘非自身也被排除，则当它的生命的存留中，也即证明着病菌尚在。

但如果凡我所写，的确都是冷的呢？则它的生命原来就没有，更谈不到中国的病证究竟如何。然而，无情的冷嘲和有情的讽刺相去本不及一张纸，对于周围的感受和反应，又大概是所谓“如鱼饮水冷暖自知”的；我却觉得周围的空气太寒冽了，我自说我的话，所以反而称之曰《热风》。

一九二五年十一月三日之夜，鲁迅。

# 注 释

[1]《热风》收入鲁迅1918年至1924年所做杂文41篇。1925年11月由北京北新书局初版。作者生前共印行十版次。

[2]“童子军”：资产阶级对在学少年儿童进行军事化训练的一种组织。由英国军官贝登堡于1908年创立，不久即流行于各资本主义国家。1912年后中国开始兴起这种组织。五四运动期间，有童子军参加散发传单等活动。

[3]“山东问题”：第一次世界大战结束后，帝国主义国家于1919年1月召开分赃的“巴黎和会”，中国虽作为战胜国被邀参加，但会议在英、美、法等帝国主义操纵下，公然决议将战败的德国根据

1898年中德《胶澳租界条约》在我国山东攫取的各种特权，完全让与日本，而北洋政府竟准备在和约上签字。消息传来，举国愤怒。北京学生在5月4日首先罢课，集会游行，反对巴黎和会决议，要求惩办亲日派官僚。北京学生的这次斗争，成为伟大的五四运动的开端。

[4]“小幡酉吉抗议排日运动”：1919年五四运动爆发后，中国各地爱国群众纷纷开展抵制日货运动。日本驻福州领事馆为破坏这个运动，于11月15日派出日本浪人和便衣警察，殴打表演爱国新剧的学生。次日，又打死打伤学生和市民多人，造成引起全国公愤的福州惨案。日本驻华公使小幡酉吉反而于12月5日向中国政府外交部提出“抗议”，硬说“事件责任全在中国”，要求取缔中国人民的反帝爱国运动。小幡酉吉此前曾任日本驻中国的参赞，1915年帮助日本公使日置益和袁世凯订立所谓“二十一条”的条约。

[5]《随感录》：从1918年4月第四卷第四号起，《新青年》发表关于社会和文化的短评，总题为《随感录》。起初各篇都只标明次第数码，没有单独的篇名，从第五十六篇起才在总题之下有各篇的题目。鲁迅在《新青年》发表这类短评共27篇，后全部收在《热风》中。

[6]“扶乩”：中国道教的一种占卜方法，又称扶箕等。在扶乩中，需要有人受到神明附身，这种人被称为鸾生或乩身。神明会附身在鸾生身上，写出一些字迹，以传达神明的想法，做出神谕。信徒通过这种方式，与神灵沟通，以了解神灵的意思。

[7]这里说的上海《时报》，应为上海《时事新报》（1911—1949）。此处的“讽刺画”指的是刊登于该报星期图画增刊《泼克》的讽刺画作，相关评论可参见《随感录四十六》。

# Inscripción del *Viento caliente*[1]

Ahora, cualquiera que pase por el área de la Avenida Chang'an Oeste, siempre puede ver a algunos niños pobres con ropa desgastada y zapatos rotos voceando por vender periódicos. Recuerdo que hace tres o cuatro años, llevaban restos ocasionales de uniforme en su cuerpo; y cuando más antes, aún más presentables, eran simplemente el mimetismo de los Boy Scouts[2].

Era el año VIII de la República de China, o sea, el año 1919 del calendario occidental, después de las manifestaciones del 4 de mayo de los estudiantes de Beijing sobre el tema de Shandong[3], como los folletos fueron distribuidos por los Boy Scouts en ese momento, lo que, sin saber cómo, provocó la atención de los especuladores, luego aparecieron los vendedores niños de periódicos en uniforme de estilo

---

① El *Viento caliente* reunió cuarenta y un ensayos que escribió Lu Xun de 1918 a 1924. En noviembre de 1925, fue publicado por primera vez por la Editorial Beixin de Beijing. Se había reimpreso diez veces durante la vida del autor. El "viento caliente" es frase homófona con la palabra del chino que significa "satírica caliente".

② "Boy Scouts": Una organización de la burguesía para militarizar a los niños pequeños en la escuela. Fundada en 1908 por el oficial militar británico Baden-Powell, pronto se hizo popular en los países capitalistas. En 1912, China comenzó a tener una organización de este tipo. Durante el Movimiento del 4 de Mayo, hubo Boy Scouts que participaron en la distribución de folletos y otras actividades.

③ "El tema de Shandong": Después del final de la Primera Guerra Mundial, los países imperialistas celebraron la Conferencia de Paz de París en enero de 1919. Aunque China fue invitada como país victorioso, bajo la manipulación de Inglaterra, EE. UU., Francia y otros, la resolución decidió no devolver a China los derechos y privilegios de que disfrutaba Alemania, ya derrotada, en la provincia de Shandong de acuerdo con el Tratado de concesión de Jiao'ao chino-alemán de 1888, sino traspasarlos totalmente a Japón, y el gobierno de los caudillos del norte estaba preparado para firmar el tratado. La noticia llegó y toda la nación china se indignó y se irritó. El 4 de mayo, los estudiantes de Beijing suspendieron sus clases, se reunieron y marcharon oponiéndose a la resolución de la Conferencia de Paz de París y exigiendo que se castigara a los burócratas projaponeses. Esta lucha de los estudiantes de Beijing constituyó en el comienzo del gran Movimiento del 4 de Mayo.

Boy Scouts. En diciembre del mismo año, el enviado extraordinario japonés Youkichi kohata④ protestó contra el movimiento exclusionistas de japoneses, la situación estuvo más o menos como este año; pero la sola diferencia fue que la primera ropa nueva que nuestros niños vendedores de periódicos llevaban se había desgastado hasta rota, y se dejó de hacerse, se vio que se han presentado cada año más pobres.

Hice algunos comentarios breves en "Apuntes de sentimientos momentáneos"⑤ de la *Nueva Juventud*, y eso fue en el año anterior. Debido a que muchos artículos se dedicaron a problemas pequeños, por lo que no hay cosas que mencionar, y de cuyos motivos también me olvidé en gran parte. Sin embargo, al leer el texto de ellos en el presente, además de algunos que son comentarios generales, unos apuntan a la llamada adivinación sobre la escritura en la llamada "comunicación con espíritus" (Fuji)⑥, la meditación sentada y la práctica del boxeo; unos tratan de la llamada "preservación de la

---

④ Youkichi Kohata: Después del estallido del Movimiento del 4 de Mayo en 1919, los patriotas de China lanzaron un boicot a los productos japoneses. Con el fin de socavar el Movimiento, el consulado japonés en Fuzhou envió a *ronin* japonés (marciales vagabundos) y policías vestidos de civil el 15 de noviembre para golpear a los estudiantes que estaban realizando nuevos dramas patrióticos. Al día siguiente, masacró e hirió a muchos estudiantes y al público, causando la tragedia de Fuzhou que provocó la indignación de todos los ciudadanos del país. El 5 de diciembre, el enviado extraordinario japonés en China Youkichi Kohata hizo descaradamente una "protesta" ante el Ministerio de Relaciones Exteriores de China, insistiendo en que "la responsabilidad del incidente se atribuye totalmente a China" y exigió la prohibición del movimiento patriótico antiimperialista del pueblo chino. Youkichi Kohata había sido previamente consejero japonés en China, y en 1915 ayudó al embajador japonés a concluir las llamadas "Veintiuna Exigencias" con Yuan Shikai.

⑤ "Apuntes de sentimientos momentáneos": Del número 4, volumen IV de abril de 1918, la *Nueva Juventud* empezó a publicar breves comentarios sobre la sociedad y la cultura, titulado "Apuntes de sentimientos momentáneos". Al principio, cada artículo solo estaba marcado con dígitos de orden y no tenía el título. Desde el quincuagésimo sexto número, varios artículos empezaron a tener sus propios títulos bajo el tema general. El autor publicó este tipo de breve reseña en la *Nueva Juventud* para un total de veintisiete artículos, que han sido colectados todos en *Viento caliente*.

⑥ "Fuji": Fuji es un método de "escritura de planchette", o "escritura de espíritu". En el Fuji, alguien necesita ser poseído por los dioses, a este tipo de persona se le llama gemelo. Se cree que los dioses se unen a sus gemelos y escriben algunas letras a mano para transmitir las ideas de los dioses y emitir sus instrucciones. De esta manera, los creyentes se comunican con los dioses para comprender sus significados.

quintaesencia nacional"; unos sobre el orgullo de los viejos burócratas de ese momento por sus propias experiencias, y otros son sobre las caricaturas de *Noticias de la Actualidad* de Shanghai[7]. Recuerdo que la *Nueva Juventud* en ese momento estaba siendo atacada por todos lados. La que yo podía resistir solo fue una pequeña parte de ellas; sobre otros eventos importantes todavía existen los libros y registros, y no necesito decir más.

Después del Movimiento del 4 de Mayo, no tengo ni unos pocos escritos, ahora ya no estoy claro de si no los hice, o se dispersaron y desaparecieron. Pero el movimiento innovador de aquel momento tuvo bastante éxito en la superficie, por lo que los defensores de la innovación surgieron vigorosamente y muchos de ellos fueron justamente los que anteriormente habían ridiculizado e insultado a la *Nueva Juventud*, pero ellos inventaron otro nombre tan ostentoso como corona brillante: Movimiento de la Nueva Cultura. Y esto es lo que posteriormente ellos, en cambio, enfundaron la *Nueva Juventud* con este nombre; y luego lo ridiculizaron e insultaron, igual como las personas que se burlan de la lengua vernácula, proclamándose a menudo las primeras en captar la moda y habían abogado por la lengua vernácula mucho antes.

Más tarde, aún menos para mencionarse. Solo recuerdo que un artículo del año 1921 se publicó dirigido a la llamada "filosofía nihilista"; y un año posterior emití otro probablemente con respecto a los llamados "especialistas de la cultura china", sin saber por qué de repente muchos se proclamaban con este título.

Desde la publicación de la *Nueva Juventud*, todo lo que le respondió fue burlas e insultos a la reforma, y luego a favor de ella, y

---

⑦ Aquí las caricaturas se refieren a las publicadas en el suplemento *Puck* del periódico *Noticias de la Actualidad* (1911–1949) de Shanghai, comentadas por el autor en "Apuntes de sentimientos momentáneos 46".

más tarde ridiculizaciones e injurias a los reformadores. Ahora que el uniforme mimetizado ha estado roto desde hace mucho y se ha revelado su aspecto original, lo cual corresponde realmente al llamado "los hechos son más elocuentes que las palabras", ya no hay por qué considerar las críticas con plumas y lengua más. Por lo tanto, mis someros textos adatados al tiempo ya deberían ignorarse y dejarse perecer; pero, algunos amigos pensaron que la situación actual no ha sido mayormente diferente de ese momento, y aún podrían reservarse, y los editaron para mí. Y esto es justamente lo que me entristece. Creo que todos los textos que atacan los vicios de la época deben ser extinguidos al mismo tiempo que los vicios. Esto es como los glóbulos blancos, que pueden convertirse en llaga y furúnculo, y si no se excluyen a sí mismos, la supervivencia de su propia vida demuestra que las bacterias patológicas todavía persisten.

Pero ¿si todo lo que escribí fuera ciertamente todo frío? Eso quiere decir no haber existido una vida suya desde el inicio, y mucho menos hablar de cuál sería la enfermedad exacta de China. Sin embargo, la diferencia entre la despiadada ironía fría y el emotivo sarcasmo no es más gruesa que una hoja de papel, y los sentimientos y reacciones con respecto a tu alrededor son probablemente llamados "como un pez bebiendo agua, sabe lo fría o lo caliente por sí". Como yo siento demasiado frío el aire circundante, y debido a estar hablando por mi propia cuenta, lo voy a titular, en cambio, como "Viento caliente".

Noche del 3 de noviembre de 1925, Lu Xun

# 随感录36——大恐惧[1]

现在许多人有大恐惧；我也有大恐惧。

许多人所怕的，是“中国人”这名目要消灭；我所怕的，是中国人要从“世界人”中挤出。

我以为“中国人”这名目，决不会消灭；只要人种还在，总是中国人。譬如埃及犹太人[2]，无论他们还有“国粹”没有，现在总叫他埃及犹太人，未尝改了称呼。可见保存名目，全不必劳力费心。

但是想在现今的世界上，协同生长，挣一地位，即须有相当的进步的智识、道德、品格、思想，才能够站得住脚：这事极须劳力费心。而“国粹”多的国民，尤为劳力费心，因为他的“粹”太多。粹太多，便太特别。太特别，便难与种种人协同生长，挣得地位。

有人说：“我们要特别生长；不然，何以为中国人！”

于是乎要从“世界人”中挤出。

于是乎中国人失了世界，却暂时仍要在这世界上住！——这便是我的大恐惧。

## 注 释

[1] 本篇最初发表于1918年11月15日《新青年》第五卷第五号，署名俟。

[2] 埃及犹太人：即犹太人（又称以色列人或希伯来人）。他们最先住在埃及亚历山大城等地，公元前1320年，其民族领袖摩西带领

他们离开埃及，前往迦南（巴勒斯坦）建国。因为他们来自埃及，故有埃及犹太人之称。到了公元70年，犹太人的国家为罗马帝国所灭，绝大部分犹太人流散到西欧和世界各地。

# Apuntes de sentimientos momentáneos 36: Gran temor[①]

Ahora muchas personas tienen un gran temor, yo también lo tengo.

Lo que mucha gente teme es la eliminación del nombre de la especie de “el chino”; mientras que lo que yo me temo es que los chinos seamos exprimidos fuera de la índole del “pueblo del mundo”.

Yo creo que el nombre de especie de “el chino” no se eliminará, con tal de permanecer esta raza, siempre será el chino. Por ejemplo, los egipcios, los judíos, ya sea que todavía tengan su “quintaesencia nacional” o no, ahora siguen llamándolos judíos egipcios[②], sin alterar su forma de nombrar, así se ve que mantener el nombre de especie no cuesta gran esfuerzo ni cerebro.

Sin embargo, si queremos crecer juntos con sinergia y ganar una posición en el mundo actual, tendremos que contar con la inteligencia bastante avanzada, la moralidad, el carácter y pensamientos para valernos consolidados, y esto sí que nos costará gran esfuerzo y

---

① Este artículo fue publicado originalmente el 15 de noviembre de 1918, en la *Nueva Juventud*, volumen V, número 5, bajo el seudónimo de Si.

② “Judíos egipcios”: Son los judíos (también conocidos como israelitas o hebreos), quienes primero vivieron en lugares como Alejandría en Egipto. En 1320 a. C., su líder étnico Moisés los llevó a abandonar Egipto e ir a Canaán (Palestina) para establecer un país. Como son de Egipto, se les conoce como judíos egipcios. En el año 70 d. C., el estado judío fue destruido por el Imperio Romano y la mayoría de los judíos se dispersaron a la Europa occidental y al resto del mundo.

fatigará el cerebro extremadamente. A los nacionales de un país con muchas “esencias nacionales”, les costará más esfuerzo y fatigará el cerebro, porque sus “esencias” son demasiadas, y cuando sean demasiadas, serán demasiado especiales, y cuando sean demasiado especiales, les será difícil crecer junto con los diversos pueblos y ganar una posición.

Unas personas dicen: “Debemos crecer especialmente; de otro modo, ¡cómo podremos ser chinos!”

Entonces, seremos exprimidos del género de “pueblo del mundo”.

Y entonces, los chinos perderemos al mundo, ¡pero aún tendremos que habitar en este mundo temporalmente! — Esto es lo constituye mi gran temor—.

# 随感录38——谈自大[1]

中国人向来有点自大。——只可惜没有“个人的自大”，都是“合群的爱国的自大”。这便是文化竞争失败之后，不能再见振拔改进的原因。

“个人的自大”，就是独异，是对庸众宣战。除精神病学上的夸大狂外，这种自大的人，大抵有几分天才，——照Nordau[2]等说，也可说就是几分狂气。他们必定自己觉得思想见识高出庸众之上，又为庸众所不懂，所以愤世疾俗，渐渐变成厌世家，或“国民之敌”[3]。但一切新思想，多从他们出来，政治上，宗教上，道德上的改革，也从他们发端。所以多有这“个人的自大”的国民，真是多福气！多幸运！

“合群的自大”“爱国的自大”，是党同伐异，是对少数的天才宣战；——至于对别国文明宣战，却尚在其次。他们自己毫无特别才能，可以夸示于人，所以把这国拿来做个影子；他们把国里的习惯制度抬得很高，赞美的了不得；他们的国粹，既然这样有荣光，他们自然也有荣光了！倘若遇见攻击，他们也不必自去应战，因为这种蹲在影子里张目摇舌的人，数目极多，只须用mob[4]的长技，一阵乱噪，便可制胜。胜了，我是一群中的人，自然也胜了；若败了时，一群中有许多人，未必是我受亏；大凡聚众滋事时，多具这种心理，也就是他们的心理。他们举动，看似猛烈，其实却很卑怯。至于所生结果，则复古、尊王、扶清灭洋等等，已领教得多了。所以多有这“合群的爱国的自大”的国民，真是可哀，真是不幸！

不幸中国偏只多这一种自大：古人所作所说的事，没一件不好，遵行还怕不及，怎敢说到改革？这种爱国的自大家的意见，虽各派略有不同，根柢总是一致，计算起来，可分作下列五种：——

甲云：“中国地大物博，开化最早；道德天下第一。”这是完全自负。

乙云："外国物质文明虽高，中国精神文明更好。"

丙云："外国的东西，中国都已有过；某种科学，即某子所说的云云"，这两种都是"古今中外派"[5]的支流；依据张之洞[6]的格言，以"中学为体西学为用"[7]的人物。

丁云："外国也有叫化子，——（或云）也有草舍，——娼妓，——臭虫。"这是消极的反抗。

戊云："中国便是野蛮的好，"又云："你说中国思想昏乱，那正是我民族所造成的事业的结晶。从祖先昏乱起，直要昏乱到子孙；从过去昏乱起，直要昏乱到未来。……（我们是四万万人，）你能把我们灭绝么?"[8]这比"丁"更进一层，不去拖人下水，反以自己的丑恶骄人；至于口气的强硬，却很有《水浒传》[9]中牛二[10]的态度。

五种之中，甲、乙、丙、丁的话，虽然已很荒谬，但同戊比较，尚觉情有可原，因为他们还有一点好胜心存在。譬如衰败人家的子弟，看见别家兴旺，多说大话，摆出大家架子；或寻求人家一点破绽，聊给自己解嘲。这虽然极是可笑，但比那一种掉了鼻子，还说是祖传老病，夸示于众的人，总要算略高一步了。

戊派的爱国论最晚出，我听了也最寒心；这不但因其居心可怕，实因他所说的更为实在的缘故。昏乱的祖先，养出昏乱的子孙，正是遗传的定理。民族根性造成之后，无论好坏，改变都不容易的。法国G. LeBon[11]著《民族进化的心理》中，说及此事道，（原文已忘，今但举其大意）——"我们一举一动，虽似自主，其实多受死鬼的牵制。将我们一代的人，和先前几百代的鬼比较起来，数目上就万不能敌了。"我们几百代的祖先里面，昏乱的人，定然不少：有讲道学[12]的儒生，也有讲阴阳五行[13]的道士，有静坐炼丹的仙人，也有打脸打把子的戏子。所以我们现在虽想好好做"人"，难保血管里的昏乱分子不来作怪，我们也不由自主，一变而为研究丹田脸谱的人物：这真是大可寒心的事。但我总希望这昏乱思想遗传的祸害，不至于有梅毒那样猛烈，竟至百无一免。即使同梅毒一样，现在发明了六百零六，肉体上的病，既可医治；我希望也有一种七百零七的药，可以医治思想上的病。这药原来也已发明，就是“科学”一味。只希望那班精神上掉了鼻子的朋友，不要又打着“祖传老病”的旗号来反对吃药，中国的昏乱病，便也总有全愈的一天。祖先的势力虽大，但如从现代起，立意改变：扫除了昏乱的心思，和助成昏乱的物事（儒道两派的文书），再用了对症的药，即使不能立刻奏效，也可把那病毒略略羼淡。如此几代之后待我们成了祖先的时候，就可以分得昏乱祖先的若干势力，那时便有转机，LeBon所说的事，也不足怕了。

以上是我对于“不长进的民族”[14]的疗救方法；至于“灭绝”一条，那是全不成话，可不必说。“灭绝”这两个可怕的字，岂是我们人类应说的？只有张献忠[15]这等人曾有如此主张，至今为人类唾骂；而且于实际上发生出什么效验呢？但我有一句话，要劝戊派诸公。“灭绝”这句话，只能吓人，却不能吓倒自然。他是毫无情面：他看见有自向灭绝这条路走的民族，便请他们灭绝，毫不客气。我们自己想活，也希望别人都活；不忍说他人的灭绝，又怕他们自己走到灭绝的路上，把我们带累了也灭绝，所以在此着急。倘使不改现状，反能兴旺，能得真实自由的幸福生活，那就是做野蛮也很好。——但可有人敢答应说“是”么？

# 注 释

[1] 本篇最初发表于1918年11月15日《新青年》第五卷第五号，署名迅。这里的副标题“谈自大”是译者所加。

[2] Nordau：诺尔道（1849—1923），作家、政论家和医生，犹太人和犹太复国主义运动的领袖，出生在佩斯（当时是奥匈帝国的一部分），在巴黎去世。他因其作品《退化》（*Entartung*）而闻名。

[3] “国民之敌”：指挪威剧作家易卜生剧本《国民之敌》的主人公斯铎曼一类人。斯铎曼是一个热心于公共卫生工作的温泉浴场医

官。有一次他发现浴场矿泉里含有大量传染病菌，建议把这个浴场加以改建。但市政当局和市民因怕经济利益受到损害，极力加以反对，最后把他革职，宣布他为“国民公敌”。

[ 4 ] “mob”：英语单词，指“乌合之众”。

[ 5 ] “古今中外派”：20世纪初中国有一派人，自以为“学贯古今，道通中外”，融会贯通，无所不晓；而实际上是一群故步自封，愚昧少知的“半土半洋”的人。

[ 6 ] 张之洞（1837—1909）：直隶（今河北南皮）人，清末任山西巡抚、湖广总督、军机大臣等职，官至体仁阁大学士，是著名的洋务派首领之一。他主张“中学为体西学为用”。

[ 7 ] “中学为体西学为用”:“中学”是指以孔孟之道为核心的儒家学说;“西学”是指近代西方的先进科技。这一口号主张“西学”为“中体”服务。

[ 8 ] 这里的“思想昏乱”“是我们民族所造成的”等话，是针对1918年8月15日《新青年》第五卷第二号《通信》栏任鸿隽（即任叔永）致胡适信中的议论而发的，任的一席话是为了反对当时钱玄同等关于要废孔学、灭道教，驱除一般人幼稚、野蛮、顽固思想的观点，而歪曲性攻击钱主张先废灭汉字。鲁迅在此引用其说法是对他的一种批判。

[ 9 ]《水浒传》：以白话文写成的章回小说，被列为中国古典四大文学名著之一、六才子书之一。其内容讲述北宋山东梁山泊以宋江为首的绿林好汉，由被逼落草，发展壮大，声势浩大，直至受到朝廷招安，东征西讨的历程。全书定型于明朝。作者一般认为是施耐庵，而罗贯中则做了整理，金圣叹删修为七十回本。

[10] “牛二”：小说《水浒传》中的一个当地暴徒的形象，他以蛮横的态度迫使杨志（他是小说中的108位英雄之一）将宝刀卖给他，并且附加了一系列不公平和苛刻的条件，甚至要求他杀人不见血。最终，杨志忍无可忍用同一把宝刀杀死了他。

[11] G. LeBon：法国医生和社会心理学家古斯塔夫·勒邦（1841—1931）。本文中提到的“民族进化心理”是指1894年出版的题为

《民族进化的心理规律》的书，这本书是他声名大噪的第一本书，也是他最成功和最受欢迎的书。

[12]“道学”：可作宋明理学的别称，也可指道家之学说、道教之学说。在本文中指的是宋明理学，即为两宋至明代的儒学。虽然是儒学，但同时借鉴了道家甚至是道教和佛学的思想，后来谈兼性理，由朱熹发扬光大，创出程朱理学。宋明理学是儒学的一支流，有时会简称为理学。

[13]“阴阳五行”：阴阳五行是中国古典哲学的核心，为古代朴素的唯物哲学，可分为“阴阳”与“五行”。阴阳，指世界上一切事物中都具有的两种既互相对立又互相联系的力量；五行即由木、火、土、金、水五种基本物质的运行和变化所构成，它强调整体概念。然而两者互为辅成，五行说必合阴阳，阴阳说必兼五行。中医用五行说明生理、病理上的种种现象，迷信的人用五行推算人的命运。后来儒家和道家将阴阳五行学说加以歪曲和神秘化，用来附会解释王朝兴替和社会变动以至人的命运，宣扬唯心主义和神秘主义。

[14]“不长进的民族”：胡适语，出自《介绍我自己的思想》(自序)。

[15]张献忠：参见本书《灯下漫笔》注释[12]。

# Apuntes de sentimientos momentáneos 38: Sobre la arrogancia[1]

Los chinos siempre hemos sido un poco arrogantes, pero es una lástima que no tengamos la "arrogancia individual", sino "una arrogancia patriótica gregaria". Esta es la razón por la cual después del fracaso en la competencia cultural, no hemos podido estricarnos y reanimarnos a volver a arrancar el curso de reforma.

La "arrogancia individual" es ser único, que declara la guerra contra la masa mediocre. Excepto los megalómanos en la psiquiatría, este tipo de hombres arrogantes son, en general, dotados de cierto genio. De acuerdo con Nordau[2], también se puede decir que llevan consigo cierto aire insolente. Deben creer que sus pensamientos son superiores a los de la masa mediocre y no son entendidos por esta última, y por lo tanto, resentidos por la sociedad y repugnan lo vulgar, y así se convierten gradualmente en misántropos, o "enemigos del pueblo"[3]. Pero todas las ideas nuevas se originan de ellos, las reformas política, religiosa y moral también comienzan con ellos. Por

---

① Este artículo fue publicado originalmente el 15 de noviembre de 1918 en la *Nueva Juventud*, volumen V, número 5 bajo el seudónimo de Xun. El subtítulo "Sobre la arrogancia" es agregado por el traductor.

② Max Simon Nordau (1849–1923): Crítico, escritor, comentarista político y médico, judío y líder del movimiento sionista. Nació en Pest, entonces parte del Imperio austro-húngaro, y murió en París. Es famoso por su trabajo *Entartung* (*Degeneración*).

③ "Enemigos del pueblo": Se refiere a las personas como el protagonista, Stockmann, del guion del dramaturgo noruego Ibsen *Un enemigo del pueblo*. Stockmann es un oficial médico de un manantial de agua termal interesado en la salud pública. Una vez descubrió que la fuente del baño contenía gran cantidad de bacterias infecciosas, y sugirió que se reconstruyera el baño. Sin embargo, las autoridades municipales y los ciudadanos se opusieron enérgicamente por temer dañar sus privados intereses económicos y finalmente lo desestimaron como "enemigo del pueblo".

lo tanto, ¡qué bendición será para un país contar con tantos nacionales con tal “arrogancia individual”! Y ¡qué afortunado!

La conducta de la gente con la “arrogancia gregaria” o la “arrogancia patriótica” siempre se basa en defender su propia facción y atacar a los con desidencia, mientras declarar guerra contra la minoría de genios; respecto a declarar la guerra contra civilizaciones ajenas será de segunda importancia. Ellos no tienen ningún talento especial que puedan ostentarse ante otros, por eso, utilizan esta nación como una sombra de fondo elevando el sistema habitual de su nación hasta el colmo y alabándolo más que todo, dado que sean tan gloriosas sus esencias, por supuesto ¡ellos mismos pertenecerán también a la misma gloria! Si se encuentran con un ataque, ellos no tienen que ir a enfrentarse al enemigo, porque son muchísimos los hombres que encuclillados en la sombra sacuden la lengua para incitar a otros con los ojos ensanchados. Ellos solo con usar la especial habilidad de la *mob*④ (chusma) y un estallido de ruido desordenado, ya podrán obtener el triunfo. Al triunfar, yo soy uno de la multitud, soy por supuesto un triunfador entre muchos también; si acaso se experimenta la derrota, debido a haber tantas personas en la multitud, no necesariamente yo sufriré la pérdida. Siempre cuando se reúne una multitud para provocar disturbios, la mayoría de la gente tiene esta mentalidad, es decir, esta es su psicología. Sus acciones, al parecer, son impetuosas, pero de hecho son muy viles y cobardes. En cuanto a los resultados, son ocurrencia de retro, defensa del respeto al rey, sustento a la dinastía Qing y aniquilación a potencias extranjeras, etc., sobre los que ya hemos aprendido mucho. Por lo tanto, ¡qué triste es este país teniendo tantos nacionales con tal “arrogancia patriótica gregaria”! Y ¡qué desafortunado!

---

④ “*Mob*”: Palabra de inglés, que significa “multitud de gentes groseras y no decentes”.

Por desgracia, China cuenta demasiada gente de solo este tipo de arrogancia: entre las cosas que los antiguos han hecho o dicho, ellos no encuentran ninguna que no sea buena, y solo temen no poder seguirlas al pie de la letra, ¿cómo se atreven a hablar de la reforma? Las opiniones de este tipo de arrogantes patrióticos, a pesar de ser ligeramente diferentes entre varias facciones, son unánimes por la raíz. Al arreglarlas, se pueden dividir en los cinco tipos siguientes:

A dice: "China tiene un territorio inmenso y recursos abundantes, y fue civilizada más temprano, y cuenta con la moralidad de primera". Esto se llama engreimiento completo.

B dice: "Aunque la civilización material extranjera es más alta, la civilización espiritual china es mejor".

C dice: "Las cosas del extranjero habían existido en China; la cierta ciencia es lo mismo que decía un tal señor antiguo, etc.". Ambos son ramas de la "Facción Conocedora de Todo lo Antiguo y Moderno, lo Chino y Extranjero"⑤; y también son los personajes que insisten en "El estudio de la cultura china como el cuerpo principal y el aprendizaje de lo occidental para la utilización"⑥, según la máxima de Zhang Zhidong⑦.

D dice: "En países extranjeros también hay mendigos—(o dice) también hay chozas, prostitutas y chinches—". Esta es una resistencia pasiva.

E dice: "Es bueno quedarse China bárbara como así". Y aún

---

⑤ "Facción Conocedora de Todo lo Antiguo y Moderno, lo Chino y Extranjero": Se refiere a un grupo de personas en China a principios del siglo XX, quienes se creían saber todos los conocimientos, o sea, presumían de ser "expertos y conocedores en lo antiguo y lo moderno, en lo chino y lo extranjero". De hecho eran los cien por ciento jactanciosos e ignorantes.

⑥ "El estudio de la cultura china como el cuerpo principal y el aprendizaje de lo occidental para la utilización": El "estudio de la cultura china" se refiere a la doctrina confucianista con las obras de Confucio y Mencio como núcleo; el "aprendizaje de lo occidental" se refiere a la tecnología avanzada del Occidente moderno. Esta cita propone que el posterior solo sirve al anterior.

⑦ Zhang Zhidong (1837–1909): Alto funcionario de la dinastía Qing, quien llegó a ser gobernador de cuatro provincias en conjunto, y coordinador de la oficina del emperador, también fue uno de los líderes del Movimiento de Occidentalización. Abogó por el principio de "el estudio de la cultura china como el cuerpo principal y el aprendizaje de lo occidental para la utilización".

dice: "Si dices que los pensamientos chinos son confusos y aturdidos, eso es la cristalización de la causa creada por nuestra nación. De lo confuso y aturdido de los antepasados a lo confuso y aturdido de los descendientes, de lo confuso y aturdido del pasado a lo confuso y aturdido en el futuro. ... (Somos 400 millones de personas,) ¿acaso puedes exterminarnos a todos?"⑧ Este es un paso más allá de D, aunque no arrastra a otra gente al agua sucia, pero se enorgullece de la fealdad de sí misma; en cuanto a lo duro que es su tono, se asimila mucho a la actitud de Niu Er⑨ en la novela titulada *A la orilla del agua*⑩.

Entre los cinco tipos, las opiniones de A, B, C y D, pese a ser ya bastante absurdas, comparándose con las de E, todavía son excusables, porque todavía conservan algún calor emulativo. Tal como el caso de los hijos de las familias en declive, al ver prosperar a otras familias, muchas veces echan bravatas asumiendo aires de familia eminente; o buscan alguna falla de otros y la utilizan como argumento para dar explicación a su propia situación ridiculizada. Esto es extremadamente risible, pero aún debe llevar un nivel más alto que

---

⑧ Aquí las palabras de "pensamientos confusos" son referidas a los argumentos de Ren Hongjun (o sea, Ren Shuyong) quien hizo unos comentarios en la "Carta a Hu Shih" en la columna "Correspondencia" de *Nueva Juventud*, volumen V, número 2 (15 de agosto de 1918), en la cual Ren, con objeto de oponerse a la idea de Qian Xuantong sobre la abolición del confucianismo y el taoísmo, y la expulsión de los pensamientos pueriles, bárbaros y obstinados de la gente común, hizo un ataque distorsionado a la propuesta de Qian diciendo que Qian quisiera abolir primeramente los caracteres chinos. Aquí la cita de sus palabras por Lu Xun es una crítica contra él.

⑨ Niu Er: Personaje de la novela *A la orilla del agua*. Es un matón local, quien forzó a Yang Zhi, uno de los 108 héroes en su tiempo de desdicha, con una actitud despiadada e irrazonable a vender su preciosa sable a una serie de condiciones injustas incluso matar a gente sin mancha de sangre. Finalmente, las circunstancias obligaron a Yang a matarlo con el mismo sable.

⑩ *A la orilla del agua*: Es una de las cuatro novelas clásicas más importantes de la literatura china. Atribuida a Shi Nai'an y escrita en chino vernáculo. La historia, ambientada durante la dinastía Song, relata cómo un grupo de 108 hombres, justos pero habían sido perjudicados injustamente, acudieron al monte Liang (o pantano Liangshan) y se reunieron para formar una fuerza armada fuera de la Dinastía. La rebelión se desarrolló considerablemente fuerte y se convirtió en objeto de aplastar y eliminar por la corte en aquel tiempo, la cual más tarde les concedió una amnistía y los envió en batallas para hacer frente a invasores extranjeros y luchar contra otras fuerzas rebeldes. Finalmente, la mitad de ellos murieron en los combates, unos fallecieron de cansancio y enfermedad, y los principales jefes fueron asesinados con veneno por la corte.

aquellos hombres, que, habiendo perdido la nariz, todavía ostentan ante todos que eso es una enfermedad heredada de sus antepasados.

El patriotismo de la facción E fue el último en surgir, y al escucharlo, me sentí muy doloridamente decepcionado; no solo porque su oculta intención malvada es terrible, sino también porque lo que dicen es más real. Los confusos y aturdidos antepasados han criado a los confusos y aturdidos descendientes, lo que es el teorema genético. Una vez creada la naturaleza radicular de una nación, no importa cuán buena o mala que sea, no será fácil cambiarse. El francés G. Le Bon[11] al referirse a esto en la *Psicología de la evolución nacional* dice al respecto (el texto original lo he olvidado, ahora presentamos su idea general): "Cada uno de nuestros actos y movimientos parecen ser determinadas por nosotros mismos activamente, de hecho, están más restringidos y controlados mayoritariamente por los fantasmas de muertos. En comparación con los fantasmas de cientos de generaciones anteriores, solo en términos del número, esta generación de los hombres no podremos resistirlos en absoluto". Entre los cientos de generaciones de nuestros antepasados, seguramente había muchos de cabeza confusa y aturdida: unos eran eruditos confucianos que predicaban el daoísmo[12], unos sacerdotes taoístas

---

⑪ Gustave Le Bon (1841–1931): Médico y sociólogo francés hacia finales del siglo XIX y principios del XX. La *Psicología de la evolución nacional* mencionada en este artículo se refiere al libro titulado *Las leyes psicológicas de la evolución de los pueblos* publicado en 1894, que fue el primer libro en el cual empezó a incidir en un estilo que le ganó una reputación segura, y fue su libro más exitoso y popular.

⑫ "Daoísmo": Se refiere a la Doctrina del Dao, diferente del taoísmo. Se usa como sinónimo de la "Doctrina de la Razón". Pero este Dao es un término más abarcador que el taoísmo tradicionalmente llamado, porque puede indicar tres cosas: primero, la "nueva filosofía confucianista", que es el confucianismo interpretado desde la dinastía Song hasta la dinastía Ming; segundo, la filosofía del taoísmo, que fundó Lao Zi, y por último, se puede referir a la religión del taoísmo, que es el resultado de la evolución de la alquimia inmortal y es una forma religiosa nativa de politeísmo que adora a muchos dioses. Aunque el "Estudio de la Razón" es confucianista, también utiliza como referencia algunas ideas de la filosofía taoísta e incluso de la religión del taoísmo, e incluso algo del budismo. Más tarde, habló sobre la humanidad y la naturaleza, en la dinastía Ming, el erudito Zhu Xi llevó adelante el trabajo y creó la "Ciencia de Razón de Cheng y Zhu". Es considerada como una corriente del confucianismo en las dinastías Song y Ming.

que hablaban de yin yang y los cinco elementos[13], unos ejercían la quieta asentada en meditación y practicaban la alquimia para ser inmortales, y también había unos actores que se pintaban la cara y practicaban artes marciales. Por lo tanto, aunque ahora queremos comportarnos como "hombre" en forma normal, es difícil asegurar que los elementos confusos y aturdidos en los vasos sanguíneos no vengan a crear problemas, de modo que podamos convertirnos involuntariamente en gente que estudia el campo de elixir y el maquillaje de cara, lo que es realmente un asunto que hace sentirnos fríamente decepcionados. Pero siempre espero que el perjuicio de estos pensamientos confusos y aturdidos no sean tan feroces como la sífilis, que es inesperadamente cero por ciento de inmunidad. Aunque sea igual a la sífilis, ahora se ha inventado el 606, la enfermedad física ya se puede curar; espero que también haya un medicamento de 707 que pueda curar la enfermedad mental. En realidad, este medicamento ya se ha inventado, que es la "Ciencia". Solo deseo que esos amigos que han perdido la nariz en su espíritu no vuelvan a alzar el estandarte de "la enfermedad heredada del antepasado" para resistir a tomar medicamentos, de modo que llegará algún día de la curación total de la enfermedad de aturdimiento y confusión de China. A pesar de ser fuerte el poder e influencia de los antepasados, si tomamos la decisión de

---

⑬ "Yin yang y los cinco elementos": Se pueden dividir en "yin y yang" y "los cinco elementos funcionales". Son el núcleo de la filosofía clásica china, que es la filosofía materialista simple de los tiempos antiguos. Yin y yang se refieren a dos existentes fuerzas opuestas e interrelacionadas en todo material o asunto del mundo; los cinco elementos explican que todo el mundo está compuesto por el cambio, transformación y circulación de las cinco sustancias básicas: la madera, el fuego, la tierra, el metal y el agua, esta idea enfatiza el concepto de la función conjunta. Además, Hay que considerar las cosas del mundo en base de la combinación con "los cinco elementos". La medicina china explica varios fenómenos en fisiología y patología y las personas supersticiosas también los usan para calcular el destino de las personas. Más tarde, el confucianismo y el taoísmo distorsionaron y mistificaron en cierta medida la doctrina de "yin yang y los cinco elementos" para explicar los cambios sociales y los turnos de las dinastías.

hacer cambios desde el tiempo contemporáneo: eliminar las ideas confusas y aturdidas así como las cosas que ayudan a conducir al aturdimiento y la confusión (los documentos del confucianismo y el taoísmo), y luego usar los medicamentos dirigidos al síntoma, si bien no se logra un efecto de inmediato, podremos diluir ese virus ligeramente con esta mezcla. Después de suceder así en varias generaciones, cuando nos convirtamos en antepasados, podremos sustituir algunas fuerzas de nuestros antepasados confusos y aturdidos, y en ese momento aparecerá el punto de viraje favorable, de modo que no será temible lo que dijo Le Bon.

Lo anterior es mi método de tratamiento curativo para "la nación sin ansia al progreso"⑭, en cuanto al "exterminio", es completamente absurdo, no cabe mencionarlo. La palabra tan terrible como "exterminio", ¿sería lo que los humanos deberíamos decir? Solo los tipos como Zhang Xianzhong⑮ habían tenido una opinión similar, por lo que han sido escupidos y maldecidos por toda la humanidad, y además, ¿qué efecto práctico se había producido de hecho? Pero, yo tengo una frase para advertir a los señores de la facción E. La frase como "aniquilamiento" solo puede servir de asustar al hombre, pero no a la naturaleza, la que es despiadada: cuando ve a una nación que está andando en el camino hacia la extinción, le dejará extinguirse, sin ninguna pena y preocupación. Nosotros mismos queremos sobrevivir, y también deseamos que todos los demás sobrevivan. No podemos aguantar decir que otros se aniquilen, y tememos que ellos mismos, caminando con rumbo a la extinción, nos enreden a nosotros a ser eliminados también, por lo cual estamos aquí con ansiedad. En caso

---

⑭ "La nación sin ansia al progreso": Son palabras de Hu Shi, extraídas de su autoprefacio titulado "Presentando mis propios pensamientos".

⑮ Zhang Xianzhong: Véase la Nota [12] del artículo "Apuntes bajo la lámpara" de este libro de traducción.

de que no se cambie el estatus quo, y en su lugar podamos prosperar, y tengamos una vida feliz con verdadera libertad, entonces estará muy bien a pesar de hacernos bárbaros. Sin embargo, a ver ¿si alguna gente se atreve a decir que sí?

# 随感录41——匿名信的启示[1]

从一封匿名信里看见一句话，是“数麻石片”（原注江苏方言）[2]，大约是没有本领便不必提倡改革，不如去数石片的好的意思。因此又记起了本志通信栏内所载四川方言的“洗煤炭”[3]。想来别省方言中，相类的话还多；守着这专劝人自暴自弃的格言的人，也怕并不少。

凡中国人说一句话，做一件事，倘与传来的积习有若干抵触，须一个斤斗便告成功，才有立足的处所；而且被恭维得烙铁一般热。否则免不了标新立异的罪名，不许说话；或者竟成了大逆不道，为天地所不容。这一种人，从前本可以夷到九族[4]，连累邻居；现在却不过是几封匿名信罢了。但意志略略薄弱的人便不免因此萎缩，不知不觉的也入了“数麻石片”党。

所以现在的中国，社会上毫无改革，学术上没有发明，美术上也没有创作；至于多人继续的研究，前仆后继的探险，那更不必提了。国人的事业，大抵是专谋时式的成功的经营，以及对于一切的冷笑。

但冷笑的人，虽然反对改革，却又未必有保守的能力：即如文字一面，白话固然看不上眼，古文也不甚提得起笔。照他的学说，本该去“数麻石片”了；他却又不然，只是莫名其妙的冷笑。

中国的人，大抵在如此空气里成功，在如此空气里萎缩腐败，以至老死。

我想，人、猿同源的学说，大约可以毫无疑义了。但我不懂，何以从前的古猴子，不都努力变人，却到现在还留着子孙，变把戏给人看。还是那时竟没有一匹想站起来学说人话呢？还是虽然有了几匹，却终被猴子社会攻击他标新立异，都咬死了；所以终于不能进化呢？

尼采[5]式的超人，虽然太觉渺茫，但就世界现有人种的事实看来，却可以确信将来总有尤为高尚尤近圆满的人类出现。到那时候，类人猿上面，怕要添出“类猿人”[6]这一个名词。

所以我时常害怕，愿中国青年都摆脱冷气，只是向上走，不必听自暴自弃者流的话。能做事的做事，能发声的发声。有一分热，发一分光，就令萤火一般，也可以在黑暗里发一点光，不必等候炬火。

此后如竟没有炬火：我便是唯一的光。倘若有了炬火，出了太阳，我们自然心悦诚服的消失，不但毫无不平，而且还要随喜赞美这炬火或太阳；因为他照了人类，连我都在内。

我又愿中国青年都只是向上走，不必理会这冷笑和暗箭。尼采说：

“真的，人是一个浊流。应该是海了，能容这浊流使他干净。

“咄，我教你们超人：这便是海，在他这里，能容下你们的大侮蔑。”（《札拉图如是说》[7]的《序言》第三节）

纵令不过一洼浅水，也可以学学大海；横竖都是水，可以相通。几粒石子，任他们暗地里掷来；几滴秽水，任他们从背后泼来就是了。

这还算不到“大侮蔑”——因为大侮蔑也须有胆力。

# 注 释

[1] 本篇最初发表于1919年1月15日《新青年》第六卷第一号，署名唐俟。

[2] “数麻石片”：有的地方称花岗岩为“麻石”。“数麻石片”在这里是指最简单最单调的劳动或者无用功。

[3] “洗煤炭”：指的是无用功，也是最简单最单调的劳动。

[4] “九族”：指自身及自身以上的父、祖、曾祖、高祖和以下的子、孙、曾孙、玄孙。另一种说法是以父族四代、母族三代、妻族二代为九族。

［5］尼采（Friedrich Wilhelm Nietzsche，1844—1900），著名德国语言学家、哲学家、文化评论家、诗人、作曲家，他的著作对于宗教、道德、现代文化、哲学以及科学等领域提出广泛的批判和讨论。他的写作风格独特，经常使用格言和悖论的技巧。尼采对于后代哲学的发展影响极大，尤其是在存在主义与后现代主义上。

［6］"类猿人"：这是作者故意创造的"词"。含义是在未来人类将会落后，而新类型的存在将把人称为类似于类人猿的物种。用在这里具有讥讽的意义。

［7］《札拉图如是说》：1883年至1885年由德国哲学家尼采撰写的一本"关于所有人和任何人的书"，是他具有代表性的杰作。这部作品以诗意的方式表达了尼采的主要思想，通过一系列故事和演讲，聚焦了一位名叫扎拉图斯特拉的先知的一些事实和反思。这个人物的灵感来自琐罗亚斯德教的创始人琐罗亚斯德。

# Apuntes de sentimientos momentáneos 41: Sugerencia de una carta anónima[①]

En una carta anónima leí una frase de "contar las lonchas de granito"[②] (la nota original dice que es del dialecto de Jiangsu), que significa más o menos que si uno es incapaz, no debe abogar por la reforma, y es mejor ir a contar lonchas de granito. De allí recordé la expresión de "lavado de carbón"[③] del dialecto de Sichuan que apareció en la columna de comunicación de esta revista. Supongo que en los dialectos de otras provincias hay muchas expresiones similares todavía, y temo que no sean pocas las personas que aún se adhieran al adagio de persuadir a otros a menospreciarse y abandonarse a sí mismos.

Siempre cuando un chino dice alguna frase o hace alguna cosa, si implica alguna contradicción con los hábitos tradicionales, debe lograr su éxito en el instante de dar una voltereta, de modo que obtenga un sitio donde establecer el punto de apoyo; y será lisonjeado con un calor tan fuerte como la plancha. De lo contrario, no puede evitar la imputación de "llamar la atención con novedad y diferencia", y no lo

---

① Este artículo fue publicado originalmente el 15 de enero de 1919 en la *Nueva Juventud*, volumen VI, número 1 bajo el seudónimo de Tang Si.

② "Contar las lonchas de granito": Aquí se refiere al trabajo más simple y monótono aludiendo al trabajo inútil (para la gente de poca inteligencia o capacidad).

③ "Lavado de carbón": Se refiere al trabajo inútil, naturalmente también es trabajo más simple y monótono.

dejarán hablar; o lo tomarán como un tremendo traidor violando la moralidad, no tolerado por el cielo ni la tierra. Las personas de este temperamento, en el pasado, podrían ser aniquiladas hasta nueve niveles de su parentesco④, e incluso implicando a sus vecinos; y ahora, no más que recibir unas pocas cartas anónimas. Sin embargo, aquellos que son de voluntad un poco más débil no pueden evitar encogerse, e inconscientemente se incorporarán en la fila para “contar las lonchas de granito”.

Por lo tanto, hoy día en China, no hay ninguna reforma social, no hay invención en lo académico, no hay creación en las bellas artes; ni mucho menos mencionar la investigación continua hecha por muchas personas y las exploraciones por interminables sucesores detrás de los caídos precedentes. La causa de los nacionales es generalmente una gestión exitosa a estilo de artimaña especial de un momento exacto, así como la risa fría a toda cosa restante.

Sin embargo, aunque los con risa fría se oponen a la reforma, no son necesariamente competentes para la conservación: por ejemplo, en el aspecto de los textos, por cierto la lengua vernácula no merece encajar a los ojos de ellos, pero ni tampoco son tan capaces de manejar el pincel chino para escribir en lengua clásica. De acuerdo con la doctrina suya, ya deben ir a “contar lonchas de granito”; pero ellos no actúan lo mismo, sino solo emiten inexplicablemente risas frías.

La gente en China generalmente logra éxito en tal ambiente como este, y en el mismo se marchita y se pudre, hasta que se muere de vejez.

Creo que la doctrina de la homología del humano y el simio puede

---

④ “Nueve niveles de su parentesco”: Se refiere al padre, el abuelo, el bisabuelo, el tatarabuelo y los siguientes hijos, nietos, bisnietos y tataranietos. Otra forma de decir es abarcar cuatro generaciones paternas, tres generaciones maternas y dos generaciones de la esposa.

ser casi incuestionable. Pero lo que no entiendo es por qué no todos los antiguos monos antañones no se esforzaron por transformarse a seres humanos, y dejaron conservados a unos de sus hijos y nietos hasta ahora, haciendo acrobacia para la diversión del hombre. ¿O acaso ninguno de ellos quería erguirse y aprender a hablar? O pese a que algunos monos quisieran hacerlo, ¿finalmente fueron atacados a causa de "llamar la atención con novedad y diferencia" por la sociedad del mono y fueron mordidos hasta morir, por lo que no pudieron evolucionar?

El Superhombre (*Übermensch* en alemán) ideado por Nietzsche⑤, aunque se parezca demasiado vago y remoto, pero basado en el hecho de las razas existentes en el mundo actual, se puede creer que aparecerá un tipo de ser humano que sea particularmente noble y muy aproximado a la perfección. En aquel entonces, probablemente por encima del antropoide se agregará un término de "símil simio-hombre".⑥

Por lo tanto, a menudo guardo un miedo, y espero que toda la juventud china se deshaga del aire frío, solo insista en caminar hacia arriba, y no escuche las palabras de esa especie de hombres que difunden el autodesprecio de dañarse a sí mismo y el abandono de la moral, sino que lleven a cabo sus causas los que son capaces de emprenderlas, pronuncien sus voces los que puedan emitirlas, si tienen un poco de calor, den un poco de luz, tal como las luciérnagas,

---

⑤ Nietzsche: El nombre completo en alemán es Friedrich Wilhelm Nietzsche (1844–1900). Fue filósofo, poeta, músico y filólogo alemán del siglo XIX. Es considerado uno de los filósofos más importantes de la filosofía occidental y su obra ha ejercido una profunda influencia tanto en la historia como en la cultura occidental. Nietzsche escribió sobre temas tan diversos como el arte, la filología, la historia, la religión, la ciencia y la tragedia. Su pensamiento afectó profundamente a generaciones posteriores de muchas ramas de las ciencias sociales.

⑥ "Símil simio-hombre": Es la invención del autor para significar "hombre similar a antropoide". Quiere decir que en el futuro el ser humano se quedará atrasado, y el nuevo tipo de ser llamará al hombre como una especie similar a antropoides. Su uso aquí tiene un sentido satírico.

que también pueden iluminar un poco de luz en la oscuridad, sin esperar a una antorcha.

Si acaso más tarde no haya ninguna antorcha: seré la luz única. Cuando aparezca una antorcha, o salga el sol, por supuesto estaremos convencidos sincera y alegremente, y desapareceremos; no solo no sentiremos injusticia, sino que también en la alegría seguida alabaremos felizmente la antorcha o el sol, porque iluminará toda la humanidad, incluso a mí mismo.

Espero que cuando toda la juventud china camine persistentemente hacia arriba, no les haga caso a esas risas frías y flechas oscuras. Nietzsche dijo:

"Realmente, las personas constituyen una corriente turbia. Habrá de ser el mar el que pueda contener esta turbia corriente y limpiarla".

"Oíd, superhombres, os enseño: este es el mar, por aquí puede contener vuestra gran humillación". (la tercera sección del prefacio de *Así habló Zaratustra*⑦)

Incluso si te crees ser solo un charco de agua somera, también podrás aprender del gran mar. De todos modos es agua, y es universal la lógica. No más que sean varias piedras, deja que ellos las arrojen hacia acá en secreto; y varias gotas de agua sucia, deja que las echen para acá desde atrás, y eso será todo.

Pero eso todavía no llega a ser la "gran humillación", porque para imponer una gran humillación también necesitan tener gran coraje.

---

⑦ *Así habló Zaratustra*: Es "un libro para todos y para nadie" escrito entre 1883 y 1885 por el filósofo alemán Friedrich Nietzsche, considerado su obra maestra. La obra contiene las principales ideas de Nietzsche, expresadas de forma poética. Está compuesta por una serie de relatos y discursos que ponen en el centro de atención algunos hechos y reflexiones de un profeta llamado Zaratustra, personaje inspirado en Zoroastro, fundador del mazdeísmo o zoroastrismo.

# 随感录48——国人对异族[1]

中国人对于异族，历来只有两样称呼：一样是禽兽，一样是圣上，从没有称他朋友，说他也同我们一样的。

古书里的弱水[2]，竟是骗了我们：闻所未闻的外国人到了，交手几回。渐知道“子曰诗云”似乎无用，于是乎要维新。

维新以后，中国富强了，用这学来的新，打出外来的新，关上大门，再来守旧。

可惜维新单是皮毛，关门也不过一梦。外国的新事理，却愈来愈多，愈优胜，“子曰诗云”也愈挤愈苦，愈看愈无用。于是从那两样旧称呼以外，别想了一样新号：“西哲”，或曰“西儒”。

他们的称号虽然新了，我们的意见却照旧。因为“西哲”的本领虽然要学，“子曰诗云”也更要昌明。换几句话，便是学了外国本领，保存中国旧习。本领要新，思想要旧。要新本领旧思想的新人物，驼了旧本领旧思想的旧人物，请他发挥多年经验的老本领。一言以蔽之：前几年谓之“中学为体，西学为用”，这几年谓之“因时制宜，折衷至当”。

其实世界上决没有这样如意的事。即使一头牛，连生命都牺牲了，尚且祀了孔便不能耕田，吃了肉便不能搾乳。何况一个人先须自己活着，又要驼了前辈先生活着；活着的时候，又须恭听前辈先生的折衷：早上打拱，晚上握手；上午“声光化电”，下午“子曰诗云”呢？

社会上最迷信鬼神的人，尚且只能在赛会[3]这一日抬一回神舆。不知那些学“声光化电”的“新进英贤”，能否驼着山野隐逸，海滨遗老，折衷一世？

“西哲”易卜生盖以为不能，以为不可。所以借了Brand[4]的嘴说：“All or nothing!”[5]

# 注 释

[1] 本篇最初发表于1919年2月15日《新青年》第六卷第二号，署名俟。

[2] “弱水”：古水名。由于河水浅而湍急，不能载舟，因此不可越。作者此处说这种说法“竟是骗了我们”，指的是所谓的“不可越”的弱水并没有阻挡住外国人的到来。

[3] “赛会”：旧时的一种迷信习俗，用仪仗、鼓乐和杂戏迎神出庙，周游街巷，以酬神祈福。

[4] Brand：指勃兰特，易卜生所作诗剧《勃兰特》中的人物。

[5] “All or nothing!”：英语，“不能全要，宁可没有！”的意思。

# Apuntes de sentimientos momentáneos 48: Los nacionales versus razas alienígenas[①]

Para las razas alienígenas, los nacionales chinos siempre hemos tenido dos tipos de denominación: uno es la bestia, el otro es su majestad. Nunca los hemos llamado amigos, o que sean iguales como nosotros.

La leyenda sobre el Agua Débil[②] en los libros antiguos ensultó habernos engañado inesperadamente porque los extranjeros de quienes nunca habíamos oído llegaron, y luchamos contra ellos en algunas guerras. De modo que poco a poco encontramos que "la retórica de Confucio y el clásico de la poesía" parecían inútiles, entonces quisimos una reforma.

Después de realizar la reforma, China se habría vuelto rica y fuerte, con lo nuevo ya aprendido, arrojaría para fuera lo nuevo introducido del extranjero, luego cerraría la puerta para volver a conservar lo viejo otra vez.

Lamentablemente, la reforma se ha tocado solo en lo superficial, y el cierre de la puerta también ha sido nada más que un solo sueño,

---

① Este artículo fue publicado originalmente el 15 de febrero de 1919 en la *Nueva Juventud*, volumen VI, número 2 bajo el seudónimo de Si.

② "Agua Débil": Nombre de un río antiguo. Debido a que el agua es turbulenta y de poca profundidad, es imposible transportar el bote, por lo que no se puede cruzar. La afirmación de que en realidad "nos había engañado" quiere decir que el llamado Agua Débil "insuperable" no bloquea la llegada o invasión de los extranjeros.

en tanto, las nuevas cosas y doctrinas del extranjero han sido cada vez más numerosas y más ventajosas y preferibles, mientras que "la retórica de Confucio y el clásico de la poesía" han sido apretados a un lugar cada día más reducido, y cuando más leías más inútiles. Entonces, aparte de esas dos denominaciones viejas, se han inventado otro alias para ello: la "filosofía occidental", o la "erudición occidental".

Aunque su denominación ha sido renovada, nuestras observaciones permanecen iguales como de siempre, porque a pesar de necesitar aprender la "filosofía occidental", "la retórica de Confucio y el clásico de la poesía" también tendrían que ser prósperas y florecientes, en otras palabras, aprender habilidades extranjeras para conservar los viejos hábitos chinos; o sea, las habilidades deben ser nuevas, pero el pensamiento debe mantenerse viejo. Se requiere que los nuevos personajes con habilidades nuevas y pensamientos viejos carguen en su espalda a los viejos personajes con habilidades y pensamientos viejos para que estos últimos desplieguen sus viejas habilidades experimentadas de muchos años. Resumiendo en una frase: es lo que se llamaba unos años antes "El estudio de la cultura china como el cuerpo principal y el aprendizaje de lo occidental para la utilización", ahora lo denominan "hacer lo apropiado para el momento para llegar al eclecticismo más adecuado".

De hecho, en el mundo no hay absolutamente cosa tan ideal como se quiera. Incluso una vaca, de sacrificarse su vida, cuando sirva de ofrenda a Confucio, ya no podrá arar; y cuando sea comida su carne, ya no podrá ser ordeñada. Además, ¿cómo puede una persona asegurar vivir por sí misma primero, y luego debe seguir viviendo mientras cargando a sus predecesores en la espalda; y cuando está vivo, siempre tiene que escuchar atentamente el eclecticismo de los predecesores, tal como saludar con las manos cruzadas por la mañana y estrechar la mano por la noche; dedicarse a los estudios de "el sonido, la luz, la química y la electricidad" antes del mediodía , y en la tarde meterse en "la retórica de Confucio y el clásico de la poesía"?

Incluso las gentes más supersticiosas por diablos y deidades en la sociedad solo son capaces de cargar la cabina de la deidad una vez al día en el concurso[3], no se sabe si aquellos "recién promovidos entes talentosos y morales" que estudian "el sonido, la luz, la química y la electricidad" podrán o no llevar en su hombro a los ermitaños de las montañas y los sobrevivientes de la dinastía pasada en la orilla del mar para comprometerse al eclecticismo por toda la vida.

El "filósofo occidental" Ibsen pensó que no podrían ni deberían hacerlo. Entonces tomó prestada la versión de Brand[4] y dijo: "All or nothing!"[5]

---

③ "Concurso": Una costumbre supersticiosa en los viejos tiempos, usando la guardia ceremonial, tambores y óperas misceláneas para saludar a las deidades saliendo del templo, y recorrer las calles para rezar por las bendiciones.

④ Brand: El personaje de la dramática poética de Ibsen *Brand*.

⑤ "All or nothing!": Es una frase en inglés, que significa "¡Todo o nada!"

# 祝福[1]

旧历[2]的年底毕竟最像年底，村镇上不必说，就在天空中也显出将到新年的气象来。灰白色的沉重的晚云中间时时发出闪光，接着一声钝响，是送灶[3]的爆竹；近处燃放的可就更强烈了，震耳的大音还没有息，空气里已经散满了幽微的火药香。我是正在这一夜回到我的故乡鲁镇的。虽说故乡，然而已没有家，所以只得暂寓在鲁四老爷[4]的宅子里。他是我的本家，比我长一辈，应该称之曰“四叔”，是一个讲理学的老监生。他比先前并没有什么大改变，单是老了些，但也还未留胡子，一见面是寒暄，寒暄之后说我“胖了”，说我“胖了”之后即大骂其新党[5]。但我知道，这并非借题在骂我：因为他所骂的还是康有为。但是，谈话是总不投机的了，于是不多久，我便一个人剩在书房里。

第二天我起得很迟，午饭之后，出去看了几个本家和朋友；第三天也照样。他们也都没有什么大改变，单是老了些；家中却一律忙，都在准备着“祝福”。这是鲁镇年终的大典，致敬尽礼，迎接福神，拜求来年一年中的好运气的。杀鸡，宰鹅，买猪肉，用心细细的洗，女人的臂膊都在水里浸得通红，有的还带着绞丝银镯子。煮熟之后，横七竖八的插些筷子在这类东西上，可就称为“福礼”了，五更天陈列起来，并且点上香烛，恭请福神们来享用；拜的却只限于男人，拜完自然仍然是放爆竹。年年如此，家家如此，——只要买得起福礼和爆竹之类的，——今年自然也如此。天色愈阴暗了，下午竟下起雪来，雪花大的有梅花那么大，满天飞舞，夹着烟霭和忙碌的气色，将鲁镇乱成一团糟。我回到四叔的书房里时，瓦楞上已经雪白，房里也映得较光明，极分明的显出壁上挂着的朱拓[6]的大“寿”字，陈抟老祖写的；一边的对联已经脱落，松松的卷了放在长桌上，一边的还在，道是“事理通达心气和平”。

我又无聊赖的到窗下的案头去一翻，只见一堆似乎未必完全的《康熙字典》[7]，一部《近思录集注》[8]和一部《四书衬》[9]。无论如何，我明天决计要走了。

况且，一想到昨天遇见祥林嫂的事，也就使我不能安住。那是下午，我到镇的东头访过一个朋友，走出来，就在河边遇见她；而且见她瞪着的眼睛的视线，就知道明明是向我走来的。我这回在鲁镇所见的人们中，改变之大，可以说无过于她的了：五年前的花白的头发，即今已经全白，全不像四十上下的人；脸上瘦削不堪，黄中带黑，而且消尽了先前悲哀的神色，仿佛是木刻似的；只有那眼珠间或一轮，还可以表示她是一个活物。她一手提着竹篮，内中一个破碗，空的；一手拄着一支比她更长的竹竿，下端开了裂：她分明已经纯乎是一个乞丐了。

我就站住，豫备她来讨钱。

"你回来了？"她先这样问。

"是的。"

"这正好。你是识字的，又是出门人，见识得多。我正要问你一件事——"她那没有精采的眼睛忽然发光了。

我万料不到她却说出这样的话来，诧异的站着。

"就是——"她走近两步，放低了声音，极秘密似的切切的说，"一个人死了之后，究竟有没有魂灵的？"

我很悚然，一见她的眼钉着我的，背上也就遭了芒刺一般，比在学校里遇到不及豫防的临时考，教师又偏是站在身旁的时候，惶急得多了。对于魂灵的有无，我自己是向来毫不介意的；但在此刻，怎样回答她好呢？我在极短期的踌躕中，想，这里的人照例相信鬼，然而她，却疑惑了，——或者不如说希望：希望其有，又希望其无……。人何必增添末路的人的苦恼，为她起见，不如说有罢。

"也许有罢，——我想。"我于是吞吞吐吐的说。

"那么，也就有地狱了？"

"阿！地狱？"我很吃惊，只得支梧着，"地狱？——论理，就该也有。——然而也未必，……谁来管这等事……。"

"那么，死掉的一家的人，都能见面的？"

“唉唉，见面不见面呢？……”这时我已知道自己也还是完全一个愚人，什么踌躕，什么计画，都挡不住三句问。我即刻胆怯起来了，便想全翻过先前的话来，“那是……实在，我说不清……。其实，究竟有没有魂灵，我也说不清。”

我乘她不再紧接的问，迈开步便走，匆匆的逃回四叔的家中，心里很觉得不安逸。自己想，我这答话怕于她有些危险。她大约因为在别人的祝福时候，感到自身的寂寞了，然而会不会含有别的什么意思的呢？——或者是有了什么豫感了？倘有别的意思，又因此发生别的事，则我的答话委实该负若干的责任……。但随后也就自笑，觉得偶尔的事，本没有什么深意义，而我偏要细细推敲，正无怪教育家要说是生着神经病；而况明明说过“说不清”，已经推翻了答话的全局，即使发生什么事，于我也毫无关系了。

“说不清”是一句极有用的话。不更事的勇敢的少年，往往敢于给人解决疑问，选定医生，万一结果不佳，大抵反成了怨府，然而一用这说不清来作结束，便事事逍遥自在了。我在这时，更感到这一句话的必要，即使和讨饭的女人说话，也是万不可省的。

但是我总觉得不安，过了一夜，也仍然时时记忆起来，仿佛怀着什么不祥的豫感；在阴沉的雪天里，在无聊的书房里，这不安愈加强烈了。不如走罢，明天进城去。福兴楼的清炖鱼翅，一元一大盘，价廉物美，现在不知增价了否？往日同游的朋友，虽然已经云散，然而鱼翅是不可不吃的，即使只有我一个……。无论如何，我明天决计要走了。

我因为常见些但愿不如所料，以为未必竟如所料的事，却每每恰如所料的起来，所以很恐怕这事也一律。果然，特别的情形开始了。傍晚，我竟听到有些人聚在内室里谈话，仿佛议论什么事似的，但不一会，说话声也就止了，只有四叔且走而且高声的说，

“不早不迟，偏偏要在这时候，——这就可见是一个谬种[10]！”

我先是诧异，接着是很不安，似乎这话于我有关系。试望门外，谁也没有。好容易待到晚饭前他们的短工来冲茶，我才得了打听消息的机会。

“刚才，四老爷和谁生气呢？”我问。

“还不是和祥林嫂？”那短工简捷的说。

“祥林嫂？怎么了？”我又赶紧问。

“老了。”

“死了？”我的心突然紧缩，几乎跳起来，脸上大约也变了色。但他始终没有抬头，所以全不觉。我也就镇定了自己，接着问：

“什么时候死的？”

“什么时候？——昨天夜里，或者就是今天罢。——我说不清。”

“怎么死的？”

“怎么死的？——还不是穷死的？”他淡然的回答，仍然没有抬头向我看，出去了。

然而我的惊惶却不过暂时的事，随着就觉得要来的事，已经过去，并不必仰仗我自己的“说不清”和他之所谓“穷死的”的宽慰，心地已经渐渐轻松；不过偶然之间，还似乎有些负疚。晚饭摆出来了，四叔俨然的陪着。我也还想打听些关于祥林嫂的消息，但知道他虽然读过“鬼神者二气之良能也”[11]，而忌讳仍然极多，当临近祝福时候，是万不可提起死亡疾病之类的话的；倘不得已，就该用一种替代的隐语，可惜我又不知道，因此屡次想问，而终于中止了。我从他俨然的脸色上，又忽而疑他正以为我不早不迟，偏要在这时候来打搅他，也是一个谬种，便立刻告诉他明天要离开鲁镇，进城去，趁早放宽了他的心。他也不很留。这样闷闷的吃完了一餐饭。

冬季日短，又是雪天，夜色早已笼罩了全市镇。人们都在灯下匆忙，但窗外很寂静。雪花落在积得厚厚的雪褥上面，听去似乎瑟瑟有声，使人更加感得沉寂。我独坐在发出黄光的菜油灯下，想，这百无聊赖的祥林嫂，被人们弃在尘芥堆中的，看得厌倦了的陈旧的玩物，先前还将形骸露在尘芥里，从活得有趣的人们看来，恐怕要怪讶她何以还要存在，现在总算被无常[12]打扫得干干净净了。魂灵的有无，我不知道；然而在现世，则无聊生者不生，即使厌见者不见，为人为己，也还都不错。我静听着窗外似乎瑟瑟作响的雪花声，一面想，反而渐渐的舒畅起来。

然而先前所见所闻的她的半生事迹的断片，至此也联成一片了。

她不是鲁镇人。有一年的冬初，四叔家里要换女工，做中人的卫老婆子带她进来了，头上扎着白头绳，乌裙，蓝夹袄，月白背心，年纪大约二十六七，脸色青黄，但两颊却还是红的。卫老婆子叫她祥林嫂，说是自己母家[13]的邻舍，死了当家人，所以出来做工了。四叔皱了皱眉，四婶已经知道了他的意思，是在讨厌她是一个寡妇。但看她模样还周正，手脚都壮大，又只是顺着眼，不开一句口，很像一个安分耐劳的人，便不管四叔的皱眉，将她留下了。试工期内，她整天的做，似乎闲着就无聊，又有力，简直抵得过一个男子，所以第三天就定局，每月工钱五百文[14]。

大家都叫她祥林嫂；没问她姓什么，但中人是卫家山人，既说是邻居，那大概也就姓卫了。她不很爱说话，别人问了才回答，答的也不多。直到十几天之后，这才陆续的知道她家里还有严厉的婆婆；一个小叔子，十多岁，能打柴了；她是春天没了丈夫的；他本来也打柴为生，比她小十岁：大家所知道的就只是这一点。

日子很快的过去了，她的做工却毫没有懈，食物不论，力气是不惜的。人们都说鲁四老爷家里雇着了女工，实在比勤快的男人还勤快。到年底，扫尘，洗地，杀鸡，宰鹅，彻夜的煮福礼，全是一人担当，竟没有添短工。然而她反满足，口角边渐渐的有了笑影，脸上也白胖了。

新年才过，她从河边淘米回来时，忽而失了色，说刚才远远地看见一个男人在对岸徘徊，很像夫家的堂伯，恐怕是正为寻她而来的。四婶很惊疑，打听底细，她又不说。四叔一知道，就皱一皱眉，道：

"这不好。恐怕她是逃出来的。"

她诚然是逃出来的，不多久，这推想就证实了。

此后大约十几天，大家正已渐渐忘却了先前的事，卫老婆子忽而带了一个三十多岁的女人进来了，说那是祥林嫂的婆婆。那女人虽是山里人模样，然而应酬很从容，说话也能干，寒暄之后，就赔罪，说她特来叫她的儿媳回家去，因为开春事务忙，而家中只有老的和小的，人手不够了。

"既是她的婆婆要她回去，那有什么话可说呢。"四叔说。

于是算清了工钱，一共一千七百五十文，她全存在主人家，一文也还没有用，便都交给她的婆婆。那女人又取了衣服，道过谢，出去了。

其时已经是正午。

“阿呀，米呢？祥林嫂不是去淘米的么？……”好一会，四婶这才惊叫起来。她大约有些饿，记得午饭了。

于是大家分头寻淘箩。她先到厨下，次到堂前，后到卧房，全不见淘箩的影子。四叔踱出门外，也不见，直到河边，才见平平正正的放在岸上，旁边还有一株菜。

看见的人报告说，河里面上午就泊了一只白篷船，篷是全盖起来的，不知道什么人在里面，但事前也没有人去理会他。待到祥林嫂出来淘米，刚刚要跪下去，那船里便突然跳出两个男人来，象是山里人，一个抱住她，一个帮着，拖进船去了。祥林嫂还哭喊了几声，此后便再没有什么声息，大约给用什么堵住了罢。接着就走上两个女人来，一个不认识，一个就是卫婆子。窥探舱里，不很分明，她象是捆了躺在船板上。

“可恶！然而……。”四叔说。

这一天是四婶自己煮午饭；他们的儿子阿牛烧火。

午饭之后，卫老婆子又来了。

“可恶！”四叔说。

“你是什么意思？亏你还会再来见我们。”四婶洗着碗，一见面就愤愤的说，“你自己荐她来，又合伙劫她去，闹得沸反盈天的，大家看了成个什么样子？你拿我们家里开玩笑么？”

“阿呀阿呀，我真上当。我这回，就是为此特地来说说清楚。她来求我荐地方，我那里料得到是瞒着她的婆婆的呢。对不起，四老爷，四太太。总是我老发昏不小心，对不起主顾。幸而府上是向来宽洪大量，不肯和小人计较的。这回我一定荐一个好的来折罪……。”

“然而……。”四叔说。

于是祥林嫂事件便告终结，不久也就忘却了。

只有四婶，因为后来雇用的女工，大抵非懒即馋，或者馋而且懒，左右不如意，所以也还提起祥林嫂。每当这些时候，她往往自言自语的说，“她现在不知道怎么样了？”意思是希望她再来。但到第二年的新正，她也就绝了望。

新正将尽，卫老婆子来拜年了，已经喝得醉醺醺的，自说因为回了一趟卫家山的娘家，住下几天，所以来得迟了。她们问答之间，自然就谈到祥林嫂。

“她么？”卫老婆子高兴的说，“现在是交了好运了。她婆婆来抓她回去的时候，是早已许给了贺家墺的贺老六的，所以回家之后不几天，也就装在花轿里抬去了。”

“阿呀，这样的婆婆！……”四婶惊奇的说。

“阿呀，我的太太！你真是大户人家的太太的话。我们山里人，小户人家，这算得什么？她有小叔子，也得娶老婆。不嫁了她，那有这一注钱来做聘礼？她的婆婆倒是精明强干的女人呵，很有打算，所以就将她嫁到里山去。倘许给本村人，财礼就不多；惟独肯嫁进深山野墺里去的女人少，所以她就到手了八十千。现在第二个儿子的媳妇也娶进了，财礼只花了五十，除去办喜事的费用，还剩十多千。吓，你看，这多么好打算？……”

“祥林嫂竟肯依？……”

“这有什么依不依。——闹是谁也总要闹一闹的；只要用绳子一捆，塞在花轿里，抬到男家，捺上花冠，拜堂[15]，关上房门，就完事了。可是祥林嫂真出格，听说那时实在闹得利害，大家还都说大约因为在念书人家做过事，所以与众不同呢。太太，我们见得多了：回头人出嫁，哭喊的也有，说要寻死觅活的也有，抬到男家闹得拜不成天地的也有，连花烛都砸了的也有。祥林嫂可是异乎寻常，他们说她一路只是嚎，骂，抬到贺家墺，喉咙已经全哑了。拉出轿来，两个男人和她的小叔子使劲的擒住她也还拜不成天地。他们一不小心，一松手，阿呀，阿弥陀佛[16]，她就一头撞在香案角上，头上碰了一个大窟窿，鲜血直流，用了两把香灰，包上两块红布还止不住血呢。直到七手八脚的将她和男人反关在新房里，还是骂，阿呀呀，这真是……。”她摇一摇头，顺下眼睛，不说了。

“后来怎么样呢？”四婶还问。

“听说第二天也没有起来。”她抬起眼来说。

“后来呢？”

“后来？——起来了。她到年底就生了一个孩子，男的，新年就两岁了。我在娘家这几天，就有人到贺家墺去，回来说看见他们娘儿俩，母亲也胖，儿子也胖；上头又没有婆婆；男人所有的是力气，会做活；房子是自家的。——唉唉，她真是交了好运了。”

从此之后，四婶也就不再提起祥林嫂。

但有一年的秋季，大约是得到祥林嫂好运的消息之后的又过了两个新年，她竟又站在四叔家的堂前了。桌上放着一个荸荠式的圆篮，檐下一个小铺盖。她仍然头上扎着白头绳，乌裙，蓝夹袄，月白背心，脸色青黄，只是两颊上已经消失了血色，顺着眼，眼角上带些泪痕，眼光也没有先前那样精神了。而且仍然是卫老婆子领着，显出慈悲模样，絮絮的对四婶说：

“……这实在是叫作‘天有不测风云’，她的男人是坚实人，谁知道年纪青青，就会断送在伤寒上？本来已经好了的，吃了一碗冷饭，复发了。幸亏有儿子；她又能做，打柴摘茶养蚕都来得，本来还可以守着，谁知道那孩子又会给狼衔去的呢？春天快完了，村上倒反来了狼，谁料到？现在她只剩了一个光身了。大伯来收屋，又赶她。她真是走投无路了，只好来求老主人。好在她现在已经再没有什么牵挂，太太家里又凑巧要换人，所以我就领她来。——我想，熟门熟路，比生手实在好得多……。”

“我真傻，真的，”祥林嫂抬起她没有神采的眼睛来，接着说。“我单知道下雪的时候野兽在山墺里没有食吃，会到村里来；我不知道春天也会有。我一清早起来就开了门，拿小篮盛了一篮豆，叫我们的阿毛坐在门槛上剥豆去。他是很听话的，我的话句句听；他出去了。我就在屋后劈柴，淘米，米下了锅，要蒸豆。我叫阿毛，没有应，出去一看，只见豆撒得一地，没有我们的阿毛了。他是不到别家去玩的；各处去一问，果然没有。我急了，央人出去寻。直到下半天，寻来寻去寻到山墺里，看见刺柴上挂着一只他的小鞋。大家都说，糟了，怕是遭了狼了。再进去；他果然躺在草窠里，肚里的五脏已经都给吃空了，手上还紧紧的捏着那只小篮呢。……”她接着但是呜咽，说不出成句的话来。

四婶起初还踌躕，待到听完她自己的话，眼圈就有些红了。她想了一想，便教拿圆篮和铺盖到下房去。卫老婆子仿佛卸了一肩重担似的嘘一口气；祥林嫂比初来时候神气舒畅些，不待指引，自己驯熟的安放了铺盖。她从此又在鲁镇做女工了。

大家仍然叫她祥林嫂。

然而这一回，她的境遇却改变得非常大。上工之后的两三天，主人们就觉得她手脚已没有先前一样灵活，记性也坏得多，死尸似的脸上又整日没有笑影，四婶的口气上，已颇有些不满了。当她初到的时候，四叔虽然照例皱过眉，但鉴于向来雇用女工之难，也就并不大反对，只是暗暗地告诫四婶说，这种人虽然似乎很可怜，但是败坏风俗的，用她帮忙还可以，祭祀时候可用不着她沾手，一切饭菜，只好自己做，否则，不干不净，祖宗是不吃的。

四叔家里最重大的事件是祭祀，祥林嫂先前最忙的时候也就是祭祀，这回她却清闲了。桌子放在堂中央，系上桌帏，她还记得照旧的去分配酒杯和筷子。

“祥林嫂，你放着罢！我来摆。”四婶慌忙的说。

她讪讪的缩了手。又去取烛台。

“祥林嫂，你放着罢！我来拿。”四婶又慌忙的说。

她转了几个圆圈，终于没有事情做，只得疑惑的走开。她在这一天可做的事是不过坐在灶下烧火。

镇上的人们也仍然叫她祥林嫂，但音调和先前很不同；也还和她讲话，但笑容却冷冷的了。她全不理会那些事，只是直着眼睛，和大家讲她自己日夜不忘的故事——

“我真傻，真的，”她说。“我单知道雪天是野兽在深山里没有食吃，会到村里来；我不知道春天也会有。我一大早起来就开了门，拿小篮盛了一篮豆，叫我们的阿毛坐在门槛上剥豆去。他是很听话的孩子，我的话句句听；他就出去了。我就在屋后劈柴，淘米，米下了锅，打算蒸豆。我叫，‘阿毛！’没有应。出去一看，只见豆撒得满地，没有我们的阿毛了。各处去一问，都没有。我急了，央人去寻去。直到下半天，几个人寻到山墺里，看见刺柴上挂着一只他的小鞋。大家都说，完了，怕是遭了狼了。再进去；果然，他躺在草窠里，肚里的五脏已经都给吃空了，可怜他手里还紧紧的捏着那只小篮呢。……”她于是淌下眼泪来，声音也呜咽了。

这故事倒颇有效，男人听到这里，往往敛起笑容，没趣的走了开去；女人们却不独宽恕了她似的，脸上立刻改换了鄙薄的神气，还要陪出许多眼泪来。有些老女人没有在街头听到她的话，便特意寻来，要听她这一段悲惨的故事。直到她说到呜咽，她们也就一齐流下那停在眼角上的眼泪，叹息一番，满足的去了，一面还纷纷的评论着。

她就只是反复的向人说她悲惨的故事，常常引住了三五个人来听她。但不久，大家也都听得纯熟了，便是最慈悲的念佛的老太太们，眼里也再不见有一点泪的痕迹。后来全镇的人们几乎都能背诵她的话，一听到就烦厌得头痛。

“我真傻，真的，”她开首说。

“是的，你是单知道雪天野兽在深山里没有食吃，才会到村里来的。”他们立即打断她的话，走开去了。

她张着口怔怔的站着，直着眼睛看他们，接着也就走了，似乎自己也觉得没趣。但她还妄想，希图从别的事，如小篮，豆，别人的孩子上，引出她的阿毛的故事来。倘一看见两三岁的小孩子，她就说：

“唉唉，我们的阿毛如果还在，也就有这么大了。……”

孩子看见她的眼光就吃惊，牵着母亲的衣襟催她走。于是又只剩下她一个，终于没趣的也走了。后来大家又都知道了她的脾气，只要有孩子在眼前，便似笑非笑的先问她，道：

“祥林嫂，你们的阿毛如果还在，不是也就有这么大了么？”

她未必知道她的悲哀经大家咀嚼赏鉴了许多天，早已成为渣滓，只值得烦厌和唾弃；但从人们的笑影上，也仿佛觉得这又冷又尖，自己再没有开口的必要了。她单是一瞥他们，并不回答一句话。

鲁镇永远是过新年，腊月二十以后就忙起来了。四叔家里这回须雇男短工，还是忙不过来，另叫柳妈做帮手。杀鸡，宰鹅；然而柳妈是善女人，吃素，不杀生的，只肯洗器皿。祥林嫂除烧火之外，没有别的事，却闲着了，坐着只看柳妈洗器皿。微雪点点的下来了。

“唉唉，我真傻，”祥林嫂看了天空，叹息着，独语似的说。

“祥林嫂，你又来了。”柳妈不耐烦的看着她的脸，说。“我问你：你额角上的伤疤，不就是那时撞坏的么？”

“唔唔。”她含胡的回答。

“我问你：你那时怎么后来竟依了呢？”

“我么？……”

“你呀。我想：这总是你自己愿意了，不然。……”

“阿阿，你不知道他力气多么大呀。”

“我不信。我不信你这么大的力气，真会拗他不过。你后来一定是自己肯了，倒推说他力气大。”

“阿阿，你……你倒自己试试看。”她笑了。

柳妈的打皱的脸也笑起来，使她蹙缩得像一个核桃；干枯的小眼睛一看祥林嫂的额角，又钉住她的眼。祥林嫂似乎很局促了，立刻敛了笑容，旋转眼光，自去看雪花。

“祥林嫂，你实在不合算。”柳妈诡秘的说。“再一强，或者索性撞一个死，就好了。现在呢，你和你的第二个男人过活不到两年，倒落了一件大罪名。你想，你将来到阴司去，那两个死鬼的男人还要争，你给了谁好呢？阎罗大王只好把你锯开来，分给他们。我想，这真是……。”

她脸上就显出恐怖的神色来，这是在山村里所未曾知道的。

“我想，你不如及早抵当。你到土地庙里去捐一条门槛，当作你的替身，给千人踏，万人跨，赎了这一世的罪名，免得死了去受苦。”

她当时并不回答什么话，但大约非常苦闷了，第二天早上起来的时候，两眼上便都围着大黑圈。早饭之后，她便到镇的西头的土地庙里去求捐门槛。庙祝起初执意不允许，直到她急得流泪，才勉强答应了。价目是大钱十二千。

她久已不和人们交口，因为阿毛的故事是早被大家厌弃了的；但自从和柳妈谈了天，似乎又即传扬开去，许多人都发生了新趣味，又来逗她说话了。至于题目，那自然是换了一个新样，专在她额上的伤疤。

“祥林嫂，我问你：你那时怎么竟肯了？”一个说。

“唉，可惜，白撞了这一下。”一个看着她的疤，应和道。

她大约从他们的笑容和声调上，也知道是在嘲笑她，所以总是瞪着眼睛，不说一句话，后来连头也不回了。她整日紧闭了嘴唇，头上带着大家以为耻辱的记号的那伤痕，默默的跑街，扫地，洗菜，淘米。快够一年，她才从四婶手里支取了历来积存的工钱，换算了十二元鹰洋[17]，请假到镇的西头去。但不到一顿饭时候，她便回来，神气很舒畅，眼光也分外有神，高兴似的对四婶说，自己已经在土地庙捐了门槛了。

冬至的祭祖时节，她做得更出力，看四婶装好祭品，和阿牛将桌子抬到堂屋中央，她便坦然的去拿酒杯和筷子。

“你放着罢，祥林嫂！”四婶慌忙大声说。

她象是受了炮烙似的缩手，脸色同时变作灰黑，也不再去取烛台，只是失神的站着。直到四叔上香的时候，教她走开，她才走开。这一回她的变化非常大，第二天，不但眼睛窈陷下去，连精神也更不济了。而且很胆怯，不独怕暗夜，怕黑影，即使看见人，虽是自己的主人，也总惴惴的，有如在白天出穴游行的小鼠；否则呆坐着，直是一个木偶人。不半年，头发也花白起来了，记性尤其坏，甚而至于常常忘却了去淘米。

“祥林嫂怎么这样了？倒不如那时不留她。”四婶有时当面就这样说，似乎是警告她。

然而她总如此，全不见有伶俐起来的希望。他们于是想打发她走了，教她回到卫老婆子那里去。但当我还在鲁镇的时候，不过单是这样说；看现在的情状，可见后来终于实行了。然而她是从四叔家出去就成了乞丐的呢，还是先到卫老婆子家然后再成乞丐的呢？那我可不知道。

我给那些因为在近旁而极响的爆竹声惊醒，看见豆一般大的黄色的灯火光，接着又听得毕毕剥剥的鞭炮，是四叔家正在“祝福”了；知道已是五更[18]将近时候。我在蒙胧中，又隐约听到远处的爆竹声联绵不断，似乎合成一天音响的浓云，夹着团团飞舞的雪花，拥抱了全市镇。我在这繁响的拥抱中，也懒散而且舒适，从白天以至初夜的疑虑，全给祝福的空气一扫而空了，只觉得天地圣众歆享了牲醴和香烟，都醉醺醺的在空中蹒跚，豫备给鲁镇的人们以无限的幸福。

（一九二四年二月七日。）

# 注 释

［1］鲁迅先生写于1924年2月7日，最初发表于1924年3月25日出版的上海《东方杂志》半月刊第二十一卷第六号上。

［2］“旧历”：指农历，自古以来一直在中国使用，是对农作物和农业劳动的基本确切指南。

［3］“送灶”：旧时习俗以农历十二月二十三日或二十四日为灶神升天奏事的日子，在这一天祭送灶神，称为“送灶”。

［4］“鲁四老爷”：“老爷”这个称呼具有很高的敬意和威信，同时，“鲁四”表示他在兄弟中排行第四。在中国家庭中，年龄较大或年龄较小意味着彼此之间的尊重和权威程度不同。鲁四老爷在本文中是地主阶级知识分子的典型。他迂腐、保守，维护封建制度和封建礼教，是祥林嫂在精神上的迫害者。

［5］“新党”：也叫“维新党”，清末对主张或倾向维新的人的称呼；辛亥革命前后，也用来称呼革命党人及拥护革命的新派人物。其代表人物是康有为（1858—1927），清末维新运动领袖，主张“变法维新”，改君主专制为君主立宪。

［6］“朱拓”：用朱红色的颜料从碑刻上拓印下来的文字或图形。

［7］《康熙字典》：清代康熙年间张玉书、陈廷敬等奉旨编纂的一部大型字典，康熙五十五年即1716年刊行。

［8］《近思录集注》：一部所谓理学入门书，宋代朱熹、吕祖谦选录周敦颐、程颢、程颐以及张载四人的文字编成，共十四卷。清初茅星来和江永分别为它作过集注。

［9］《四书衬》：一部解说“四书”的书，由清朝骆培所著。“四书”即儒家经典《大学》《中庸》《论语》《孟子》。北宋时程颢、程颐特别推崇《礼记》中的《大学》《中庸》两篇；南宋朱熹又将这两篇和《论语》《孟子》合在一起，撰写《四书章句集注》，自此便有了“四书”的名称。它是旧时学塾中的必

读书籍。

［10］“谬种”：这里指“不好的种子”，即错误出生的人。

［11］“鬼神者二气之良能也”：引用宋代著名学者张载（1020—1077）之语。这种观点是对“鬼神论”的无神论解释。

［12］“无常”：这里指迷信传说中“勾魂使者”的名称。

［13］“母家”：即“娘家”，婚后女子称自己父母的家。

［14］“文”：古代钱币单位，根据此文当时的购买力与当下购买力对比计算（但不见得完全符合），一文相当于现在人民币一元或少一些。

［15］“拜堂”：根据中国传统习俗，在婚礼上新娘和新郎进行拜天地和拜父母的仪式，以建立正式的夫妻关系。当下，在城市极少有拜天地一项，但还是要拜父母，一般行鞠躬礼即可。

［16］“阿弥陀佛”：是佛教的一个分支净土宗最重要的佛，唱诵阿弥陀佛之佛号，祈祷或感谢佛陀的祝福。

［17］“鹰洋”：指墨西哥银元，币面铸有鹰的图案。鸦片战争（1889—1912）后曾大量流入我国，曾与我国自铸的银元同在市场上流通。

［18］“五更”：历史上，中国人把夜晚分为五个时段，称为五夜“更”，即一更、二更、三更、四更、五更。五更又称“五夜鼓”或“五夜锣”。它们包含的时间段如下：一更：19:00—21:00；二更：21:00—23:00；三更：23:00—01:00；四更：01:00—03:00；五更：03:00—05:00。

# La Bendición[1]

Los último días en el calendario viejo[2], después de todo, se parecían más al final del año, sin necesidad de mencionar las aldeas y pueblos, incluso aquí en el cielo ya se presentaba la atmósfera de la llegada del Año Nuevo. Desde la pesada nube blanca grisácea del anochecer brillaban centellas intermitentemente, seguidas de un estrépito contundente, que era el petardo despidiendo al Rey de la Estufa[3]; y el fuego artificial en la vecindad era aún más enérgico, y antes de que dejara de sonar el estruendo ensordecedor, el aire ya estaba lleno de un ligero olor agradable de pólvora. Precisamente fue esta noche cuando regresé a mi tierra natal, el pueblo Lu. A pesar de ser mi tierra natal, ya no tenía casa por acá, por eso tuve que alojarme en la mansión del Señor Lu el Cuarto[4]. Él era del mismo clan mío, y llevaba una generación mayor que yo, así debía llamarle "Tío Cuarto".

---

① "La Bendición", escrita por el Sr. Lu Xun el 7 de febrero de 1924, se publicó originalmente en el número 6 del volumen XXI de la revista bimensual *Shanghai Oriental*, publicada el 25 de marzo de 1924.

② "Calendario viejo": Indica el calendario lunar, que se usa tradicionalmente en China desde los remotos tiempos por ser una guía bastante exacta para los cultivos y la labor agrícola.

③ "Rey de la Estufa": En la creencia popular, cada carrera de cosas tiene un Rey, designado por el Cielo, que se encarga de inspeccionar e influir. Así, en cada casa hay un Rey que cuida la estufa y la cocina, quien tiene la responsabilidad de reportar a las deidades de arriba sobre cómo han comportado los miembros de la familia. El día en que el Rey de la Estufa sube al cielo para reportarlo es el 23 o el 24 de diciembre del año lunar.

④ "Señor Lu el Cuarto": Aquí el "Señor" está en uso poco común, sino con un gran respeto y privilegio, muchas veces significa igual a "maestro", "burócrata", etc. "Lu el Cuarto" implica que este señor es el cuarto entre sus hermanos, por eso, posteriormente, en la narración, la protagonista le llama "mi tío cuarto". En las familias chinas, ser mayor o menor implica diferente nivel de respeto y autoridad entre sí. El Señor Lu el Cuarto en este artículo es típico de los intelectuales de la clase dominante. Siendo pedante y conservador, defendía tenazmente el sistema y la ética feudales, y era el perseguidor espiritual de la cuñada Xiang.

Era un viejo egresado del Colegio Imperial, que daba cursos de la filosofía del nuevo confucianismo. Él no se había cambiado mucho, solo era un poco más viejo, pero todavía no guardaba bigote. Al verme, hizo intercambio de saludos habituales conmigo, y luego de los saludos, dijo que me había "engordado", y después de decir esto ya empezó a maldecir a los partidarios de la reforma⑤. Sin embargo, yo sabía que no estaba recurriendo a este tema para regañarme a mí, porque su blanco todavía era Kang Youwei. Pero teníamos la conversación no coincidente en lo general por tener perspectivas diferentes, así que no tardó mucho hasta que me quedara solo en el cuarto de estudio.

Al día siguiente, me levanté muy tarde, y después del almuerzo salí a visitar a algunas familias del clan y unos amigos; y el tercer día siguió lo mismo. Ellos tampoco habían tenido muchos cambios, y solo eran un poco más viejos; pero todos estaban ocupados en casa, preparándose para el rito de la "Bendición". Esta era la solemne ceremonia del fin de año en el pueblo Luzhen, en la que la gente dirigía saludos y rendía homenaje a la Deidad de Felicidad para pedir buena suerte en el próximo año. Mataban pollos y gansos, compraban carne de cerdo, y tenían que lavarlos minuciosamente, hasta que se ponían enrojados los brazos de las mujeres por empaparse mucho tiempo en el agua, incluso algunas de ellas llevaban brazaletes de madejas de plata al hacer esto. Después de cocinarlos, insertarían algunos palillos desordenados en esas cosas, que ya se podría llamar "ofrenda para adoración". Se colocaban en la mesa por la madrugada,

---

⑤ "Los partidarios de la reforma": Aquí se refiere a las personas que abogaron por la reforma a finales de la dinastía Qing, antes y después de la Revolución de 1911. También se usaba para referirse a los revolucionarios y la nueva generación que apoyaron la revolución burguesa, cuya figura representativa es Kang Youwei (1858–1927), líder del Movimiento de la Reforma que defendía "cambiar la ley y reformar la nueva", o sea, cambiar la monarquía autocrática a la monarquía constitucional.

luego se encendían los palitos de incienso e invitaban a las deidades para disfrutar; pero los que participaban en la adoración eran limitados a los hombres, y luego naturalmente seguían explotando petardos. Todos los años ocurría lo mismo y todas las familias hacían lo mismo, con tal de que fueran solventes para la compra de las cosas de ofrenda para adoración y los petardos, —por supuesto, este año pasaría lo mismo—. El cielo se volvía más sombrío, incluso empezó a nevar por la tarde. Los copos de nieve eran tan grandes como las flores de ciruelo, revoloteando por todo el cielo, mezclados con la atmósfera brumosa y ocupada, lo que convirtió a Luzhen en un puro caos. Cuando regresé al estudio de mi tío cuarto, las corrugas del tejado se habían cubierto de blanca nieve, cuyo reflejo también hizo la habitación luminosa por dentro, destacándose lúcidamente el enorme carácter "Shou" (longevidad), escrito por el gran predecesor taoísta Chen Tuan, duplicado en rojo por frotamiento[6]; el verso del pareado antitético de un lado se había resbalado de la pared, enrollado holgadamente y puesto en la mesa larga, el verso del otro lado seguía allí, leyéndose que "la razón y la lógica conducen al sosiego y apacibilidad". Por aburrimiento, fui al escritorio junto a la ventana para voltear los libros, solo vi una pila de un conjunto del *Diccionario Kangxi*[7] probablemente incompleto, una *Notas de la colección de pensamientos recientes*[8], así como una *Explicación de los Cuatro*

---

⑥ "Duplicado en rojo por frotamiento": Imprimirse un texto o una figura desde la inscripción, con la presión de la mano frotándose con al pintura bermellón.

⑦ *Diccionario Kangxi*: Un gran diccionario compilado por Zhang Yushu, Chen Tingjing y otros durante el reinado Kangxi, emperador más sabio de la dinastía Qing. Se publicó el año 55 del calendario Kangxi, o sea, en 1716.

⑧ *Notas de la colección de pensamientos recientes*: Una llamada introducción a la filosofía del nuevo confucianismo, que fue una ideología idealista formada por algunos eruditos en la dinastía Song al interpretar el confucianismo.

*Libros*[9]. De todos modos, decidí irme al día siguiente.

Además, una vez que me acordé del encuentro con la cuñada Xianglin de ayer, ya no pude permanecer en quietud. Eso fue por la tarde, habiendo visitado a un amigo en el este de Luzhen para visitar a un amigo; y cuando salí, me encontré con ella por el río; además, al ver su mirada fija de los ojos ensanchados, ya supe que obviamente se dirigía hacia mí. Entre las personas con que me encontraba esta vez en Luzhen, nadie había tenido cambios tan grandes como ella: el cabello gris de cinco años atrás en este momento se había convertido en puro blanco, no se parecía a una persona de unos cuarenta años en ningún sentido; la cara estaba inaguantablemente delgada, con algún oscuro entre amarillo, y había quedado exhausta de su tristeza anterior, como si fuera un grabado en madera; solo los globos oculares que movían a intervalos de un lado para otro podían indicar que todavía era un ser vivo. En una mano llevaba una cesta de bambú, en la que había un tazón desgastado y vacío; la otra sostenía un palo de bambú más largo que su propia altura y con grietas al cabo inferior: obviamente ella se había convertido en una mera mendiga.

Entonces me puse parado, esperando que viniera por la limosna.

"¿Ha vuelto?" ella me preguntó así primero.

"Sí".

"Es oportuno. Usted es alfabetizado, y viaja fuera, sabe más cosas. Yo iba a preguntarle sobre un asunto". Sus desanimados ojos brillaron repentinamente.

Yo nunca había esperado que ella dijera las palabras como estas,

---

⑨ *Explicación de los Cuatro Libros*: Los Cuatro Libros son textos clásicos chinos, escritos antes del 300 a. C., que ilustran los valores fundamentales y los sistemas de creencias en el confucianismo. Fueron seleccionados por Zhu Xi en la dinastía Song para servir como una introducción general al pensamiento confuciano, que incluye *Gran saber*, *Doctrina de la medianía*, *Analectas de Confucio* y *Mencio*. Fueron el núcleo del plan oficial de estudio para los exámenes imperiales en las dinastías Ming y Qing.

parado allí sorprendido.

"Lo que es..." se me acercó dos pasos, bajó la voz y dijo muy confidencial y anhelantemente. "Después de que una persona muere, ¿durará su alma o no?"

Me quedé muy aterrorizado, y al ver su mirada fijada en mí, me sentí, como espina en la espalda, mucho más miedoso y nervioso que en un examen desprevenido en la escuela con el maestro parado inoportunamente a mi lado. De la existencia o no del alma, no me había cuidado en lo más mínimo; pero en este momento, ¿cómo sería la mejor forma de responderle? En la breve vacilación, pensé: la gente de aquí cree tradicionalmente en la existencia de fantasmas, pero ella ha comenzado a dudarlo, —o mejor dicho, tiene el deseo de, que exista, o que no exista—... ¿Por qué uno va a sumar la angustia a la persona que se halla en la última etapa de su camino? Por el bien de ella, es mejor decir que sí.

"Tal vez exista, yo creo," le dije titubeando.

"Entonces, ¿también hay infierno?"

"¡Ah! ¿Infierno?" me asombró, y solo pude hablar vagamente para lidiar con eso, "¿Infierno? Según la razón, debería haberlo también... Pero tampoco necesariamente... ¿Quién se preocupa por eso?..."

"¿Entonces todos los familiares que han muerto podrán verse de nuevo?"

"Ah, ah, ¿podrán o no, verse de nuevo?..." En este momento, me di cuenta de que yo era todavía un bobo completo; qué vacilación, qué planes, ni siquiera podían soportar tres preguntas. Inmediatamente me sentí tímido, y quise voltear todas las palabras anteriores: "De eso... de hecho, no estoy claro... En realidad, sobre si hay alma o no, a fin de cuentas, yo tampoco estoy claro".

Aproveché el instante en que ella no volvió a preguntar seguidamente, di unos pasos para irme huyendo precipitadamente a la casa de mi tío cuarto, y me sentí bastante incómodo. Pensé que quizás esta respuesta mía sea algo peligrosa para ella. Tal vez se sienta solitaria por sí sola mientras otros están ocupándose en el rito de la Bendición, pero ¿implicaría esto algún otro significado? ¿O habría surgido algún presentimiento? Si implicara otro significado alguno, y por el que ocurriera otra cosa, entonces, mi respuesta debería asumir realmente cierta responsabilidad... Sin embargo, seguidamente terminé riéndome de mí mismo, pensando que había sido una cosa casual sin sentido profundo desde el inicio, pero me caí en la minuciosa ponderación, y no sería extraño si los educadores dijeran que esto era padecer de la psicosis; además, yo había dicho que "no estoy claro", lo que anuló la respuesta anterior en todo. Si bien algo sucediera, no tendría ninguna relación conmigo.

"No estar claro" era una frase muy útil. Los jóvenes sin experiencia y temerarios a menudo se atrevían a resolver problemas para otras personas o de escogerles médicos, y por si resultara insatisfactorio, serían probables objetos de quejas; pero si se concluyera la cosa simplemente con "no estar claro", uno podría salirse con la suya despreocupado y a gusto. En este momento, aún más sentí lo necesaria que era esta frase, e incluso hablar con una mujer mendiga, no debería ahorrarla de ninguna manera.

Sin embargo, no dejaba de sentirme intranquilo, e incluso después de una noche de descanso, seguía recordándolo de momento a momento, como si tuviera alguna premonición nefasta; en ese sombrío día de nieve, y en el estudio aburrido, esta inquietud se volvía más intensa. Sería mejor irme: debería entrar en la ciudad al día siguiente. La aleta de tiburón estofada en sopa clara del Pabellón Fuxing, un yuan por plato grande, era bueno y barato, cuyo precio no sabía si hubiera subido. Aunque los amigos que solían viajar conmigo en el pasado se habían dispersado ahora como la nube, las aletas de tiburones serían indispensables para paladear, aunque me hallara solo... En todo caso, decidí irme al día siguiente.

Veía a menudo que unas cosas no debieran resultar como se presagiaba y no necesariamente como se presagiaba, pero por fin habían salido precisamente como se presagiaba, por eso temía mucho que con este asunto también ocurriera lo mismo. Y, efectivamente, cosa especial comenzó a suceder. Al atardecer, escuché a algunas personas susurrando reunidas en la habitación interior, como si hablaran de algo, pero no tardaron mucho en detenerse las voces, y solo mi tío cuarto salió y dijo en voz alta:

"Ni temprano ni tarde, sino desafortunadamente en este momento, ¡lo que demuestra que es una especie malvada[10]!"

Al principio me asombré, en seguida me sentí muy inquieto, pareció que estas palabras tuvieran alguna relación conmigo. Tenté a mirar hacia fuera de la puerta, pero no había nadie. No me fue fácil de esperar hasta que el jornalero vino antes de la cena para prepararme una taza de té, así que por fin tuve la oportunidad de inquirir la cosa.

"¿Con quién estaba el Sr. Lu enojado hace rato?" yo le pregunté.

"¿Quién más podrá ser si no fuera con la cuñada Xianglin?" él contestó brevemente.

"¿Cuñada Xianglin? ¿Qué pasó?" le pregunté apresuradamente.

"Se ha ido".

"¿Murió?" De repente mi corazón se contrajo tan apretado, que estuve a punto de saltar, tal vez la cara también hubiera cambiado de color. Pero él nunca levantó la vista, y no lo había notado. Entonces, yo también me calmé, y seguí preguntando:

---

⑩ "Especie malvada": Es una forma de maldición, indicando a la "persona nacida por equivocación", o sea, la que no debe existir.

"¿Cuándo murió ella?".

"¿Cuándo? Anoche, o puede ser hoy mismo. No estoy claro".

"¿Cómo llegó a morir?"

"¿Cómo llegó a morir? ¿Qué más será si no fuera por la pobreza?" él respondió con cierta indiferencia, todavía no levantó la cara para verme, y salió.

Sin embargo, mi pánico fue no más que temporal. Sentí que ese algo que hubiera de venir ya había pasado, sin recurrir al consuelo de mi "no estar claro" ni de lo llamado suyo "morir por la pobreza", mi corazón se volvía gradualmente más aliviado, pero ocasionalmente parecía sentirme un poco culpable. La cena ya estaba servida en la mesa, mi tío cuarto me acompañó con toda severidad. Yo todavía quería averiguar noticias sobre la cuñada Xianglin, pero sabía que él, a pesar de haber leído que "el fantasma y la deidad no son más que la flexión y extensión del yin y el yang"[11], aún conservaba muchas cosas como tabú, y en vísperas de la Bendición era imperdonable mencionar cosas de muerte y enfermedad; en caso de no tener otra alternativa, debería utilizar una especie de alusiones veladas en su lugar, pero era una lástima que yo no las supiera, así que iba a preguntarle varias veces, pero finalmente me detuve. De su semblante tan severo, de repente sospeché que él creyera que yo también fuese una especie equivocada por haberle molestado ni tarde ni temprano y precisamente en este momento, entonces le dije de inmediato que me iría de Luzhen al día siguiente para la ciudad, con objeto de relajar su corazón. Él no insistió mucho en retenerme, y en medio de este sombrío ambiente terminamos la cena.

---

⑪ "El fantasma y la deidad no son más que la flexión y extensión del yin y el yang": Cita de Zhang Zai (1020–1077 d. C.), famoso erudito de la dinastía Song. Este punto de vista es una interpretación atea del "dios y fantasma".

Como el día era corto en invierno, y estaba nevando, todo el pueblo se había reinado por la oscuridad. Todo el mundo estaba ocupado bajo la luz de lámparas, pero era muy silencioso fuera de la ventana. Los copos de nieve estaban cayendo en los gruesos colchones acumulados con la nieve, que parecían sonando susurrantes, lo que hacía a la gente sentir más quieto y sereno. Me quedaba sentado a solas bajo el brillo amarillo de la lámpara de aceite de colza, y pensé en esta cuñada Xianglin, afligida por el aburrimiento, abandonada por la gente en el montón de polvo y maleza como un juguete cansado de ver y desgastado. Antes había mostrado su esqueleto o cuerpo humano entre polvo y maleza, pero para aquellos que tienen el interés en disfrutar de la vida, se extrañaba del porqué de su existencia, y ahora, por fin, ha sido limpiada cabalmente por el diablo de Impermanencia[12]. La existencia o no del alma, yo no lo sé; pero en el mundo actual, si una persona de vida aburrida dejara de existir de modo que no fuera vista más por los que ya estaban cansados de verla, no sería una cosa mala tanto para otros como para ella misma. Escuchaba los susurrantes copos de la nieve fuera de la ventana, así pensaba, y me sentía, en cambio, cada momento más ligero y libre de angustia.

Sin embargo, los fragmentos de su media vida, vistos y oídos, ahora se ligaban en un todo.

Ella no era de Luzhen. Al principio de un invierno, la casa de mi tío cuarto quería cambiar a las trabajadoras, la vieja Wei, en calidad de intermediaria, la trajo aquí. Tenía el pelo atado con bandas blancas, llevaba una falda negra, una chaqueta azul y un chaleco de color azul claro, y tenía aproximadamente veintiséis o veintisiete años,

---

⑫ "Diablo de Impermanencia": Nombre de una especie de diablos, que en la creencia supersticiosa se encarga de conducir el alma del muerto a dejar el mundo humano.

con la cara de color cetrino pero las mejillas rosadas. La vieja Wei la llamaba cuñada Xianglin, diciendo que era una vecina de la casa de sus padres⑬, y debido a la muerte de su esposo, salía a trabajar. Mi tío cuarto frunció el ceño, de lo que mi tía cuarta comprendió su sentido, fue que se disgustó con que ella fuera viuda. Sin embargo, considerando que ella tenía una apariencia decente, las manos y los pies grandes y fuertes, y con una mirada siempre mansa, sin una palabra, pareciéndose mucho a una persona dispuesta a trabajar duro. Entonces, dejando de lado el fruncido de mi tío, la aceptó. Durante el período de prueba, ella trabajó todo el día, le parecía aburrida estar ociosa, además, era fuerte, de verdad tan competente como un hombre, por lo cual, el día tercero ya estuvo hecha la decisión final, la remuneración fue de quinientos wen⑭ por mes.

Todo el mundo le llamaba cuñada Xianglin, sin preguntar su apellido. Sin embargo, la intermediaria era de la aldea Wei, como decía que era su vecina, probablemente se apellidaría Wei. No le gustaba hablar mucho, solo respondía cuando otras personas le preguntaban, y sus respuestas eran breves. Hasta después de una docena de días se enteraron poco a poco de que todavía tenía una suegra severa en casa y un cuñado de más de diez años, que ya podía cortar leña. Su esposo murió en la primavera, quien originalmente también se ganó la vida cortando leña y fue diez años menor que ella. Esto fue todo lo que la gente sabía de ella.

Los días pasaban muy rápido, y ella nunca se había aflojado en el trabajo, no tenía preferencia de comida, ni escatimaba la fuerza.

---

⑬ "Casa de sus padres": Se refiere a la casa de una mujer antes de casarse, o llamarla "casa de madre" después de tener su propia casa con su marido.

⑭ "Wen": Unidad monetaria. Según la calculación de la capacidad compradora de aquel tiempo en comparación con el presente, pero no exactamente, un "wen" equivaldría a un yuan de Renminbi o menos.

Así que todos decían que la casa del gran Señor Lu el Cuarto había acertado en contratar una trabajadora apropiada, prácticamente más laboriosa que un hombre trabajador. Al llegar a fines de año, barría el suelo, limpiaba la casa, mataba pollos y pasaba gansos a cuchillo, cocinaba platos de la ofrenda para la Bendición toda la noche. Ella sola se encargaba de todo el trabajo, la familia no necesitaba contratar jornaleros, mientras que ella misma se sentía satisfecha, hasta que desbordaba sonrisas en sus labios, y la cara también lucía más blanca y gordita.

Acababa de pasar el Año Nuevo, cuando regresó de lavar el arroz al borde del río, de repente se puso pálida, y dijo que a distancia acababa de ver a un hombre vagando por la orilla opuesta que se parecía mucho al primo mayor de su marido, y probablemente había venido en búsqueda de ella. Mi tía, alarmada y perpleja, hizo inquisición por los detalles, pero ella no contestó, y mi tío, tan pronto como se enteró de esto, frunció el ceño diciendo:

"Esto no es bueno. Me temo que ella haya salido de su casa por escape".

De veras ella había salido de huida, y no tardó mucho en verificar esta suposición.

Sobre más de diez días después, cuando todos empezaban a olvidar lo que había ocurrido antes, la vieja Wei trajo repentinamente con ella a una mujer de más de treinta años diciendo que era la suegra de la cuñada Xianglin. Pese a que fuera mujer de montaña, tenía una desenvoltura en el trato social y habilidad en el habla, quien, después de hacer los saludos convencionales, empezó a disculparse diciendo que había venido a llamar a su nuera a regresar, porque había muchas cosas por hacer a principios de primavera, y como en casa solo quedaban ancianos y niños, carecía de mano de obra.

"Dado que su suegra es la que quiere que regrese, ¿qué más hay que decir?" dijo mi tío.

Entonces se liquidó bien el pago de servicio, que fue mil setecientas cincuenta monedas en total. Todo estaba depositado en la casa del amo sin gastar ni un centavo, y se lo entregó en conjunto a su suegra. Y esta mujer, recogió toda la ropa, dio gracias y salió. A estas alturas ya era mediodía.

"Oh, ¿dónde está el arroz? ¿No es que la cuñada Xianglin lo fue a lavar?..." solo después de un buen rato, mi tía lo exclamó, quizás estuviera un poco hambrienta y se acordó del almuerzo.

Entonces, todos fueron separadamente en búsqueda de esa canasta para lavar el arroz. Primero ella fue a la cocina, fue al frente del pasillo, y después a la habitación, pero no se vio ni la sombra de la canasta en ninguna parte. Mi tío cuarto salió del portal a pasos lentos, tampoco la vio, caminó hasta la orilla del río y la encontró allí en el margen, puesta de manera plana y derecha, con una verdura al lado.

Una persona que vio el caso dijo que, estuvo anclado un bote con dosel blanco en el río por la mañana, cubierto con el dosel completamente, sin saber quiénes estaban dentro, pero nadie le prestó atención antes del suceso. Era la hora en que la cuñada Xianglin vino a lavar el arroz, cuando iba a ponerse de rodillas, saltaron del dosel repentinamente dos hombres que parecían gente de la montaña. Uno la agarró en brazos y el otro le ayudó para arrastrarla en el bote. Se oyeron varios gritos con llanto de la cuñada Xianglin, pero después ya no hubo sonidos, tal vez fuera tapada con alguna cosa. Seguidamente, vinieron dos mujeres, una desconocida, otra fue la vieja Wei. Se trató de atisbar el camarote, pero adentro no estaba claro, pareció estar atada y acostada en la cubierta del barco.

"¡Malditos! Pero, ..." dijo mi tío cuarto.

Ese día mi tía cocinó la comida del mediodía y su hijo Ah Niu cuidó el fuego.

Después del almuerzo, la vieja Wei volvió otra vez.

"¡Maldita!" mi tío dijo.

"¿Qué significa esto de tu parte? ¿Cómo que te atreves a vernos de nuevo?" mi tía estaba fregando los platos y le regañó con todo enfado tan pronto como la vio. "Tú misma la recomendaste venir, y luego conspiraste con otros para llevarla por asalto, causando una conmoción caótica y hervorosa, y ¿qué disparatado es esto, que impresiona a todos? ¿Estás bromeando a nuestra casa?"

"Ah, ya, ya, realmente me caí en un truco. Esta vez vengo justamente para aclarar todo esto. Cuando ella me pidió recomendar a un lugar, cómo podía adivinar que ella lo ocultó respecto a su suegra. Perdonen, mi gran señor y gran señora, todo esto se debió a lo boba y vieja que fui yo hasta que perdí la cabeza, lo siento mucho por mis clientes. Gracias a la amplia tolerancia de siempre de su estimada mansión, no gustan de discutir pequeñeces con una miserable. La próxima vez les recomendaré una bien buena para expiar mi pecado".

"Sin embargo, ..." mi tío dijo.

Así, el incidente de la cuñada Xianglin fue concluido, y poco tiempo más tarde fue olvidado.

Solo mi tía todavía mencionaba a la cuñada Xianglin, porque de las sirvientas contratadas posteriormente, la mayoría eran perezosas o golosas, o tanto perezosas como golosas. No estaba satisfecha con una y otra. Siempre que veía esto, a menudo se decía a sí misma: "No sé cómo se encuentra ella ahora". Insinuaba que la quería volver. Pero al entrar en el primer mes del próximo año lunar, ya se quedó cabalmente desesperada.

El primer mes del Año Nuevo se estaba acabando, cuando la vieja

Wei vino a pagar saludos de Año Nuevo. Ya medio borracha, dijo que, por haber regresado a la casa de sus propios padres en la aldea Wei y quedado varios días, había venido un poco tarde. En las preguntas y respuestas entre ellas, se habían referido naturalmente a la cuñada Xianglin.

"¿Ella?" la vieja Wei dijo contentamente. "Ahora se encuentra con buena suerte. Cuando su suegra la arrastró a su casa, ya se la había prometido al sexto hijo de la familia He de la aldea He. Por tanto, después de su regreso, sin pasar varios días, ella fue metida en el palanquín nupcial para ir allá".

"¡Ay, ya, una suegra como esa!" exclamó mi tía con asombro.

"¡Ay, ay, mi señora, usted realmente habla en condición de dama de una gran familia rica! Para nosotras, la gente de la montaña, de las familias miserables, ¿qué importancia tiene esto? Es que ella tiene un cuñado menor, que también debería casarse con una mujer. Si no la hubiera casado a otro hombre, ¿de dónde habría obtenido el dinero para la donación a la familia de la novia? Pero su suegra es una mujer lista y capaz, sagaz en el cálculo, por eso la casó en la montaña. Si la hubiera casado a un hombre del mismo pueblo, la donación habría sido menos; pero como son muy pocas las mujeres que estén dispuestas a casarse a la gente de los distantes lugares de la honda montaña, ella obtuvo ochenta mil. Ahora su segundo hijo se ha casado con una esposa, las donaciones solo le costaron cincuenta mil, exceptuando los gastos para la boda, le quedaron más de diez mil. Ajá, mire, ¿qué precisa calculación había realizado...?"

"Pero ¿acaso la cuñada Xianglin se dispuso a obedecer?"

"¿Qué problema habrá por ser obediente o no? En cuanto a la pelea, por supuesto, cualquiera puede tratar de alborotar con un forcejeo; pero, simplemente por atarla con una cuerda, meterla en el palanquín nupcial, llevarla a la casa del hombre, ponerle el tocado de novia, forzarle realizar la ceremonia de adoración⑮ así como encerrarla en su habitación, y todo se acabará. Sin embargo, esta cuñada Xianglin realmente superó la escala habitual y oí decir que, en aquel tiempo ella tuvo una pelea realmente horrible, por lo que todos decían que era tan distinta de las demás tal vez por haber trabajado en una familia de erudito. Señora, son muchos los casos que hemos visto: cuando las viudas vuelven a casarse, algunas lloran, otras gritan, algunas amenazan con suicidarse, otras pelean hasta suspender la ceremonia de adoración al cielo y la tierra, e incluso unas rompen los candelabros de la boda. Pero la cuñada Xianglin es de veras fuera de lo común, decían que ella sostuvo gritando y maldiciendo a lo largo de todo el camino, hasta que se quedó sin voz por completo cuando fue llevada a la aldea He. La arrastraron desde el palanquín, pese a que dos hombres y su cuñado menor la contuvieron con toda fuerza no lograron hacerle completar la ceremonia para adorar al cielo y la tierra. Y debido a un descuido, relajaron un poco las manos, ay, Amitabha⑯, ella se tiró contra una esquina de la mesa de incensarios con la cabeza, dando así un gran agujero en ella, por el cual la sangre brotó a derramar. A pesar de usar dos puñados de cenizas de incienso y vendarla con dos trozos de tela roja, no pudieron detener la hemorragia todavía, hasta que múltiples manos y brazos desordenados la encerraron a ella junto con su marido en la alcoba nupcial con la clave por fuera, pero ella siguió maldiciendo. ¡Ay, esto fue realmente...” Ella agitó la cabeza, bajó las miradas y dejó de hablar.

---

⑮ “Ceremonia de adoración”: La ceremonia de adorar al cielo y la tierra así como a los padres por parte del novio y la novia en su boda por establecer los lazos formales de esposo y esposa, que fue una costumbre del tiempo pasado. E incluso ahora, la mayoría de la población conserva la ceremonia de adorar a los padres de ambas partes antes de convertirse en matrimonios formales.

⑯ “Amitabha”: Es el buda fundador de la secta de la Tierra Pura, rama más importante del budismo. La persona que recita el nombre de Amitabha para orar o agradecer al Buda por la bendición.

"¿Y qué pasó más tarde?" mi tía volvió a preguntar.

"Decían que al día siguiente no se levantó," lo dijo alzando su vista.

"¿Y después?"

"¿Después? Se levantó. Al final del año tuvo un bebé, era niño, que tendrá dos años este Año Nuevo. Estos pocos días en que yo estuve en la casa de mis padres, algunas personas fueron a la aldea He, y al regresar dijeron que la habían visto a ella con su hijo, y que tanto la madre como el bebé estaban gordos. Ahora no tiene suegra por encima; su hombre es muy fuerte, sabe trabajar para ganarse la vida; y la casa también es propiedad de sí mismos. Bien, bien, ahora ella de veras se encuentra con buena suerte".

Desde allí, mi tía no mencionó más a la cuñada Xianglin.

Sin embargo, en un otoño, alrededor de pasar dos años nuevos después de enterarse de la buena suerte de la cuñada Xianglin, inesperadamente ella volvió a aparecer en la sala de mi tío cuarto. Sobre la mesa se colocó una cesta redonda con forma de castaña de agua, y un pequeño rollo de ropa de cama debajo del alero. Ella igual que antes usaba bandas blancas para sujetar el cabello, y llevaba una falda negra, una chaqueta azul y un chaleco blanco azulado. Su cara tenía un color cetrino y solo que el color rubicundo había desaparecido en las mejillas, seguía con la mirada mansa. Llevaba algunas huellas de lágrimas en las esquinas de los ojos, que ya no eran tan animados como antes. Además, fue traída otra vez por la vieja Wei, quien, pareciendo muy benevolente, le explicó verbosamente a mi tía:

"... Esto es llamado efectivamente como 'La tormenta inesperada puede surgir de un cielo despejado'. Su esposo fue un hombre fuerte, pero ¿quién se imaginaba que, de ser tan jovencito, se acabó en la fiebre tifoidea? En un tiempo se había recuperado, pero se comió un tazón de arroz frío, y recayó. Por suerte tenía a su hijo; y ella era muy hábil, trabajaba de todo, tal como cortar leña, recoger hojas de té y criar gusanos de seda, de esta manera, ella era capaz de continuar pasando la vida, pero ¿quién preveía que el niño fue arrebatado por un lobo? Se iba a terminar la primavera, pero vinieron unos lobos a la aldea, ¿quién pudo preverlo? Ahora se queda sola y sin nadie. Su cuñado mayor vino a revocar la casa y la expulsó. Así que realmente no encuentra ninguna salida, y solo puede venir a pedir ayuda a la vieja dueña. Lo bueno es que ahora ya no tiene ninguna preocupación, y por la suerte casual la casa de usted está por cambiar sirvientas, por eso la he traído aquí, porque pienso que una persona conocida y acostumbrada a las maneras de su casa es mucho mejor que una extraña..."

"Fui verdaderamente estúpida, de verdad," seguidamente dijo la cuñada Xianglin, levantando sus ojos desanimados, "solo sabía que en tiempo de nieve las bestias salvajes podrían venir a las aldeas, por no encontrar qué comer en las profundas montañas, pero no sabía que también pudieran venir en la primavera. Me levanté muy temprano en la mañana y abrí la puerta. Tomé una pequeña canasta de sojas verdes y le dije a nuestro hijo Ah Mao que se sentara en el umbral y pelara las habas. Era muy obediente y siempre escuchaba cada una de mis palabras, y salió. Y yo, luego de cortar leña en la parte de atrás de la casa y lavar el arroz, puse el arroz en la sartén e iba a hervir sojas. Entonces llamé a Ah Mao, pero no respondió. Al salir a ver, solo encontré las soyas esparcidas en el suelo, pero no vi a mi Ah Mao. Él no solía ir a otras casas a jugar. Yo fui a preguntar por todas partes, pero efectivamente no estuvo. Me puse muy ansiosa, rogué a la gente que lo buscara fuera. Solo por la tarde, después de buscar por todos lados, entraron en la montaña y encontraron uno de sus zapatitos atrapados en el arbusto espinoso. 'Demasiado malo,' dijeron todos, 'debió ser atacado por un lobo.' Al adentrarse más, lo encontraron de veras acostado en la espesura de hierbas, todas sus entrañas habían sido consumidas, pero su mano todavía apretando con fuerza esa pequeña cesta..." Seguidamente ella se puso sollozando, sin poder decir frases completas.

Al principio, mi tía estuvo indecisa, pero al terminar de escuchar estas palabras, los bordes de sus ojos se volvieron algo rojos. Quedó pensando un ratito, y le dijo que llevara la cesta redonda y la ropa de cama al cuarto para sirvientas. Y la vieja Wei pareció aliviarse de una pesada carga, dejando escapar un largo suspiro. La cuñada Xianglin se mostró un poco más ligera y relajada que cuando llegó y, sin esperar a que la guiaran, colocó bien la ropa de cama acostumbradamente. A partir de este momento, volvió a trabajar como sirvienta en Luzhen.

Todo el mundo siguió llamándole Cuñada Xianglin.

Sin embargo, esta vez sus condiciones cambiaron mucho. No pasaron más de dos o tres días de trabajar, los amos se dieron cuenta de que sus manos y piernas ya no eran tan listas como antes, su memoria también era mucho peor, y nunca mostraba el menor rastro de una sonrisa en el rostro de cadáver, así que desde el tono de habla, mi tía ya empezó a estar algo descontenta. Cuando acabó de llegar, mi tío cuarto frunció el ceño también como antes, pero debido a tanta dificultad para encontrar sirvientas apropiadas, no objetó mucho y solo advirtió en secreto a mi tía que, este tipo de personas parecían muy lamentables, pero corromperían los hábitos y costumbres inconscientemente; por eso, podría usarla como ayudante en trabajos ordinarios, pero ella no debería tocar los preparativos para el sacrificio de la Bendición. Por tanto, tendrían que preparar todos los platos ellos mismos, de lo contrario, sin ser limpios y puros, los antepasados no los aceptarían.

El evento más importante en la casa de mi tío fue el sacrificio a la Bendición, y anteriormente el tiempo cuando la cuñada Xianglin estuvo más ocupada fue justamente durante el sacrificio, pero ahora ella se quedaría desocupada y ociosa. Cuando se colocó la mesa en el centro de la sala y se le aseguró la cortina, aún recordó cómo colocar las copas de vino y los palillos igual como en el pasado.

"Cuñada Xianglin, ¡déjalos allí! Yo voy a colocarlos," mi tía dijo apresuradamente.

Ella retiró tímidamente sus manos y fue a buscar los candelabros.

"Cuñada Xianglin, ¡déjalos allí! Déjame traerlos," mi tía dijo de nuevo apresuradamente.

Después de dar varias vueltas sin encontrar nada que hacer, la cuñada Xianglin solo podía apartarse perpleja. Todo lo que hizo ese día fue sentarse junto a la estufa y alimentar el fuego.

La gente en el pueblo todavía la llamaba cuñada Xianglin, pero en un tono diferente del anterior; y seguían hablando con ella, pero las sonrisas eran bastante frías. Esto no le importaba a ella en lo más mínimo, solo que, manteniendo una mirada derecha, les contaba a todos su historia que nunca olvidaría día y noche:

"Fui verdaderamente estúpida, de verdad," dijo ella, "solo sabía que en tiempos de nieve las bestias salvajes podrían venir a las aldeas por no encontrar qué comer en las profundas montañas, pero yo no sabía que también pudieran venir en la primavera. Me levanté muy temprano en la mañana y abrí la puerta. Tomé una pequeña canasta de sojas verdes y le dije a nuestro hijo Ah Mao que se sentara en el umbral y pelara las habas. Fue muy obediente y siempre escuchaba cada una de mis palabras. Y yo, luego de cortar leña en la parte de atrás de la casa y lavar el arroz, puse el arroz en la sartén e iba a hervir sojas. Entonces llamé a Ah Mao, pero no respondió. Al salir a ver, solo encontré las soyas esparcidas en el suelo, pero no vi a mi Ah Mao. Yo fui a preguntar por todas partes, pero no estuvo. Me volví muy ansiosa, rogué a la gente que lo buscara fuera. Solo por la tarde, después de buscar por todos lados, entraron en la montaña y encontraron uno de sus zapatitos atrapados en el arbusto espinoso. 'Demasiado malo,' dijeron todos, 'debió ser atacado por un lobo.' Al adentrarse más, lo encontraron de veras acostado en la espesura de hierbas, con todas sus entrañas consumidas, pero, pobrecito, su mano todavía apretando con fuerza esa pequeña cesta..." Entonces se le derramaban las lágrimas, y su voz se tornó sollozante.

Y esta historia tenía bastante impacto. Cuando los hombres la escuchaban, a menudo perdían la sonrisa y se alejaban de mal humor; mientras que las mujeres no solo parecían perdonarla, sino que sus rostros cambiaban esa expresión despectiva de inmediato y le acompañaban a derramar muchas lágrimas. Algunas ancianas que no le habían escuchado hablar en la calle, venían especialmente a buscarla para escuchar esta triste historia, hasta que ella comenzara a sollozar y ellas también se le incorporaban, dejando caer las lágrimas que se habían detenido en la esquina de sus ojos. Luego daban varios suspiros y se iban satisfechas, mientras seguían intercambiando sus comentarios.

Ella sabía nada más que contar su triste historia una y otra vez, y a menudo podía atraer a tres o cinco oyentes. Sin embargo, sin pasar mucho tiempo, toda la gente ya estaba muy familiarizada con esto, incluso las ancianas más benévolas que rendían culto a Buda tampoco tenían más rastros de lágrimas en sus ojos. Al final, casi todos en el pueblo podían recitar su historia, y al escucharla alguna vez más, se sentían aburridos hasta doloridos de cabeza.

"Fui verdaderamente estúpida, de verdad," inició ella.

"Sí, solo sabías que en tiempo de nieve las bestias salvajes podrían venir a las aldeas por no encontrar qué comer en la profunda montaña," ellos la interrumpían y se apartaban.

Ella se quedaba allí con la boca abierta, aturdida, manteniendo sus ojos derechos a ellos, y luego ella se iba también, como si también se sintiera desganada. Pero ella todavía se hallaba en la ilusión, esperando conducir a la historia de su Ah Mao a través de otros temas tal como pequeñas canastas, soyas e hijos de otras personas. Si veía a un niño de dos o tres años, decía: "Oh, si nuestro Ah Mao todavía viviera, debería estar tan grande..."

Y los niños, al ver la mirada de sus ojos se asombraban y se aferraban al dobladillo de la ropa de su madre urgiéndola a irse. Entonces, ella otra vez se quedaba sola y finalmente se iría también por el aburrimiento. Más tarde, todos sabían cómo era su modalidad, con tal de que algún niño estuviera presente, le preguntarían con una sonrisa espuria, diciendo:

"Cuñada Xianglin, si tu Ah Mao todavía viviera, ¿no debería ser tan grande como este?"

Ella no necesariamente se daba cuenta de que su triste historia, después de haber sido masticada y apreciada por la gente durante tantos días, se había convertido en escoria, que era fastidiosa y repudiable; pero por el rastro de la sonrisa de la gente, que le parecía muy fría y sarcástica, ya no tendría necesidad de abrir la boca. Así que solo les echaba un vistazo, sin responder una palabra.

Luzhen siempre se disponía a celebrar el Año Nuevo, y la gente empezó a ocuparse en los preparativos desde el día veinte de diciembre del año lunar. Esta vez, la casa de mi tío cuarto contrató a un criado varón temporal, pero todavía había demasiadas tareas que ocuparse, así, también llamaron a otra mujer, Ama Liu, a venir como ayudante. De costumbre, habría de matar pollos y gansos; pero Ama Liu era una devota budista que se abstenía de comer carne y matar seres vivos, así, solo dispuesta a fregar los utensilios. Y la cuñada Xianglin, además de cuidar el fuego, no tenía otra cosa que hacer, solo se sentaba allí, en estado ocioso, mirando a Ama Liu fregando los utensilios, cuando una nieve ligera comenzó a caer por copos.

"Ay, ay, fui demasiado estúpida," mirando al cielo, suspiró, como si dijera a sí misma.

"Cuñada Xianglin, has vuelto con eso otra vez," dijo Ama Liu, mirándola con impaciencia. "Dime, ¿no fue esa herida de tu frente dejada por la colision en aquel tiempo?"

"Uh, uh," contestó vagamente.

"Y dime: ¿qué te hizo obedecerle después?"

"¿A mí?..."

"Sí, a ti, pienso que eso se debió a que finalmente tú misma lo aceptaste, de otro modo..."

"Ah, no sabes cuán fuerte era él".

"No lo creo. Como tan fuerte eres tú, no creo que fueras incapaz de resistirle. Deberías volverte dispuesta más tarde, pero ahora eludes admitirlo atribuyendo a lo fuerte que era él".

"Oh, tú... tú lo intentas por ti misma y lo verás," ella se rió.

La arrugada cara de Ama Liu también se echó a reír, haciéndola enrollarse como una nuez; los pequeños ojos secos miraron la frente de la cuñada Xianglin y se fijaron en sus ojos, lo que pareció hacerla a la cuñada Xianglin muy embarazosa, quien de inmediato contuvo la risa y giró la vista para observar los copos de nieve por sí sola.

"Cuñada Xianglin, esto realmente no vale la pena para ti," Ama Liu lo dijo misteriosa y secretamente. "Si hubieras sido más violenta, o muerta directamente por esa colisión, habrías salido mejor. Pero ahora, solo por haber vivido con tu segundo marido en menos de dos años, te quedas con un gran pecado. Piensa: cuando bajes al infierno en el futuro, estos dos fantasmas de hombres lucharán por ti. ¿Con quién irás? El Rey del Infierno no tendrá más remedio que dividirte en dos partes con sierra y repartirlas entre ellos. Creo que, de verdad, ..."

Entonces el terror se manifestó en el rostro de la cuñada Xianglin. Esto era algo que nunca había oído en las montañas.

"Creo que es mejor que lo resistas de antemano. Ve al Templo del Dios de la Tierra y contribuye un umbral para que sea tu sustituto. Este te dejará que miles de personas lo pisoteen y sobrepasen, para expiar tus pecados en esta vida y evitar el tormento después de la muerte".

En ese momento la cuñada Xianglin no dijo nada, pero ella debió estar muy angustiada, porque a la mañana siguiente, cuando se levantó, tenía muy oscuros círculos alrededor de sus ojos. Después del desayuno, fue al Templo del Dios de la Tierra para solicitar un umbral de donación. Al principio el encargado del incienso del Templo insistió en no darle el permiso, hasta que ella derramó lágrimas y le dio su consentimiento a regañadientes. El precio fue de doce mil en monedas grandes.

Ya hacía tiempo que no había cruzado palabras con la gente, porque la historia de Ah Mao había sido repudiada y desechada; sin embargo, desde la plática con Ama Liu, la materia pareció divulgarse por fuera otra vez y provocó el interés nuevo de muchas personas, quienes volvieron a incitarle a hablar. En cuanto al tema, naturalmente se cambió a un nuevo, que se trató especialmente de la cicatriz en su frente.

"Cuñada Xianglin, déjame preguntarte: ¿qué te hizo obedecerlo en aquel tiempo?" una persona dijo.

"Oh, qué pena fue esta colisión en vano," otra le hizo eco, mirando a su cicatriz.

Probablemente por su sonrisa y tono de voz también sabía que se estaban burlando de ella, por eso, siempre los miraba con los ojos ensanchados sin decir una palabra, y hasta posteriormente ni siquiera giraba la cabeza. Guardando sus labios estrechamente cerrados y llevando en su frente la cicatriz que todos consideraban una marca de vergüenza, todo el día recorría las calles de compra, barría el suelo, lavaba verduras y el arroz silenciosamente. Pasó casi un año antes de que ella pudiera retirar de la mano de mi tía el salario acumulado en el pasado, con esto cambió por doce dólares de plata con águila[17], y pidió permiso para ir al extremo oeste del pueblo. Pero en menos del tiempo de una comida, ella se había vuelto, con una expresión muy ligera y despejada, y teniendo una luz animada extraordinaria en sus ojos, le dijo a mi tía felizmente que había donado un umbral en el Templo del Dios de la Tierra.

Cuando llegó el tiempo para el sacrificio a los ancestros en el Solsticio de Invierno, trabajó más duro que nunca, y al ver a mi tía poner bien las ofrendas de sacrificio en los utensilios, movió la mesa en el centro de la sala con el muchacho Ah Niu. Luego fue calmada sin ningún recelo a buscar las copas de vino y palillos.

"¡Déjalos allí, cuñada Xianglin!" mi tía le dijo en voz alta apresuradamente.

Retiró la mano como si estuviera cauterizada de hierro, su cara se tornó gris ceniza y dejó de buscar los candelabros, quedándose parada allí con atención perdida. Hasta que mi tío vino a encender incienso y le dijo que se fuera, se marchó. Esta vez el cambio en ella fue muy grande, al día siguiente no solo sus ojos aparecieron hundidos, sino que su espíritu también pareció más debilitado. Además, se volvía muy tímida, no solo temerosa de la oscuridad y las sombras, sino también de ver a la gente, incluso a sus propios amos, se sentía tan asustada como un ratoncito que salía de su agujero durante el día; o de otra manera, se sentaba pasmada, como un títere de madera.

---

⑰ "Dólares de plata con águila": Se refiere al dólar de plata mexicano, con un patrón de águila en la superficie de la moneda. Después de la guerra del Opio (1889–1912), llegó a China en gran número y una vez se hizo circular en el mercado con el dólar de plata de China.

Menos de medio año más tarde, su cabello se tornaba gris, y su memoria era mucho peor, incluso a menudo se olvidaba de ir a lavar el arroz.

"¿Cómo ha quedado así la cuñada Xianglin? Realmente hubiera sido mejor no retenerla en ese momento," mi tía a veces hablaba así delante de ella, como para advertirle.

Sin embargo, ella seguía siendo así, sin ver la esperanza de volverse aguda y lista, entonces ellos quierían despedirla y enviarla de vuelta a donde estaba la vieja Wei. Pero cuando yo estuve en Luzhen, esto solo era por decirse; según la situación actual, es evidente que por fin lo pusieron en acción. Pero en cuanto a ella, fue que se convirtió en mendiga inmediatamente de salir de la casa de mi tío cuarto, o primero fue a la casa de la vieja Wei y después se quedó así, no lo sé.

Me despertaron los petardos extremadamente ruidosos que explotaban de cerca, vi amarillos resplandores de lámparas de tamaño de soyas, y seguidamente escuché otra serie de "¡bi, bi! ¡bo, bo!" de fuegos artificiales. Fue que la casa de mi tío estaba efectuando la ceremonia de la Bendición, y me di cuenta de que se acercaba el quinto geng nocturno[18], o sea, aproximado al amanecer. En medio de lo turbio y brumoso, oía vagamente las distantes explosiones de petardos sonando continua e ininterrumpidamente, que parecían configurando una densa nube sonora de todo un día, mezclada

---

⑱ "Quinto geng nocturno": Históricamente, los chinos dividen la noche en cinco períodos, llamados "cinco geng nocturnos", a saber, primer geng, segundo geng, tercer geng, cuarto geng y quinto geng. Los cinco geng también se llama "cinco toques nocturnos de tambor" o "cinco toques nocturnos de gong". Los trozos de tiempo que abarcan son como los siguiente:
Primer geng: 19∶00–21∶00
Segundo geng: 21∶00–23∶00
Tercer geng: 23∶00–01∶00
Cuarto geng: 01∶00–03∶00
Quinto geng: 03∶00–05∶00

con los copos de la nieve revoloteando, abrazando todo el Luzhen. Envuelto por este resonante ambiente, me sentía también perezoso y cómodo. El escrúpulo que me había acosado desde el amanecer hasta el comienzo de la noche fue limpiado de un barrido por la atmósfera de la celebración de la Bendición, y solo pensé que todos los santos en el cielo y de la tierra habían disfrutado el sacrificio y el incienso, tambaleándose embriagados en medio del aire, y ya se dispondrían a dar a la gente de Luzhen una felicidad ilimitada.

7 de febrero de 1924

# 在酒楼上[1]

我从北地向东南旅行，绕道访了我的家乡，就到S城。这城离我的故乡不过三十里，坐了小船，小半天可到，我曾在这里的学校里当过一年的教员。深冬雪后，风景凄清，懒散和怀旧的心绪联结起来，我竟暂寓在S城的洛思旅馆里了；这旅馆是先前所没有的。城圈本不大，寻访了几个以为可以会见的旧同事，一个也不在，早不知散到哪里去了；经过学校的门口，也改换了名称和模样，于我很生疏。不到两个时辰，我的意兴早已索然，颇悔此来为多事了。

我所住的旅馆是租房不卖饭的，饭菜必须另外叫来，但又无味，入口如嚼泥土。窗外只有渍痕斑驳的墙壁，贴着枯死的莓苔；上面是铅色的天，白皑皑的绝无精彩，而且微雪又飞舞起来了。我午餐本没有饱，又没有可以消遣的事情，便很自然的想到先前有一家很熟识的小酒楼，叫一石居的，算来离旅馆并不远。我于是立即锁了房门，出街向那酒楼去。其实也无非想姑且逃避客中的无聊，并不专为买醉。一石居是在的，狭小阴湿的店面和破旧的招牌都依旧；但从掌柜以至堂倌却已没有一个熟人，我在这一石居中也完全成了生客。然而我终于跨上那走熟的屋角的扶梯去了，由此径到小楼上。上面也依然是五张小板桌；独有原是木棂的后窗却换嵌了玻璃。

“一斤绍酒[2]。——菜？十个油豆腐，辣酱要多！”

我一面说给跟我上来的堂倌听，一面向后窗走，就在靠窗的一张桌旁坐下了。楼上“空空如也”，任我拣得最好的坐位：可以眺望楼下的废园。这园大概是不属于酒家的，我先前也曾眺望过许多回，有时也在雪天里。但现在从惯于北方的眼睛看来，却很值得惊异了：几株老梅竟斗雪开着满树的繁花，仿佛毫不以深冬为意；倒塌的亭子边还有一株山茶树，从晴绿的密叶里显出十几朵红花来，赫赫的在雪中明得如火，愤怒而且傲慢，如蔑视游人的甘心于远行。我这时又忽地想到这里积雪的滋润，着物不去，晶莹有光，不比朔雪的粉一般干，大风一吹，便飞得满空如烟雾。……

“客人，酒。……”

堂倌懒懒的说着，放下杯，筷，酒壶和碗碟，酒到了。我转脸向了板桌，排好器具，斟出酒来。觉得北方固不是我的旧乡，但南来又只能算一个客子，无论那边的干雪怎样纷飞，这里的柔雪又怎样的依恋，于我都没有什么关系了。我略带些哀愁，然而很舒服的呷一口酒。酒味很纯正；油豆腐也煮得十分好；可惜辣酱太淡薄，本来S城人是不懂得吃辣的。

大概是因为正在下午的缘故罢，这虽说是酒楼，却毫无酒楼气，我已经喝下三杯酒去了，而我以外还是四张空板桌。我看着废园，渐渐的感到孤独，但又不愿有别的酒客上来。偶然听得楼梯上脚步响，便不由的有些懊恼，待到看见是堂倌，才又安心了，这样的又喝了两杯酒。

我想，这回定是酒客了，因为听得那脚步声比堂倌的要缓得多。约略料他走完了楼梯的时候，我便害怕似的抬头去看这无干的同伴，同时也就吃惊的站起来。我竟不料在这里意外的遇见朋友了，——假如他现在还许我称他为朋友。那上来的分明是我的旧同窗，也是做教员时代的旧同事，面貌虽然颇有些改变，但一见也就认识，独有行动却变得格外迂缓，很不像当年敏捷精悍的吕纬甫了。

“阿，——纬甫，是你么？我万想不到会在这里遇见你。”

“阿阿，是你？我也万想不到……”

我就邀他同坐，但他似乎略略踌躕之后，方才坐下来。我起先很以为奇，接着便有些悲伤，而且不快了。细看他相貌，也还是乱蓬蓬的须发；苍白的长方脸，然而衰瘦了。精神很沉静，或者却是颓唐；又浓又黑的眉毛底下的眼睛也失了精采，但当他缓缓的四顾的时候，却对废园忽地闪出我在学校时代常常看见的射人的光来。

“我们，”我高兴的，然而颇不自然的说，“我们这一别，怕有十年了罢。我早知道你在济南，可是实在懒得太难，终于没有写一封信。……”

“彼此都一样。可是现在我在太原了，已经两年多，和我的母亲。我回来接她的时候，知道你早搬走了，搬得很干净。”

“你在太原做什么呢？”我问。

“教书，在一个同乡的家里。”

“这以前呢？”

“这以前么？”他从衣袋里掏出一支烟卷来，点了火衔在嘴里，看着喷出的烟雾，沉思似的说，“无非做了些无聊的事情，等于什么也没有做。”

他也问我别后的景况；我一面告诉他一个大概，一面叫堂倌先取杯筷来，使他先喝着我的酒，然后再去添二斤。其间还点菜，我们先前原是毫不客气的，但此刻却推让起来了，终于说不清哪一样是谁点的，就从堂倌的口头报告上指定了四样菜：茴香豆，冻肉，油豆腐，青鱼干。

“我一回来，就想到我可笑。”他一手擎着烟卷，一只手扶着酒杯，似笑非笑的向我说。“我在少年时，看见蜂子或蝇子停在一个地方，给什么来一吓，即刻飞去了，但是飞了一个小圈子，便又回来停在原地点，便以为这实在很可笑，也可怜。可不料现在我自己也飞回来了，不过绕了一点小圈子。又不料你也回来了。你不能飞得更远些么？”

“这难说，大约也不外乎绕点小圈子罢。”我也似笑非笑的说。“但是你为什么飞回来的呢？”

“也还是为了无聊的事。”他一口喝干了一杯酒，吸几口烟，眼睛略为张大了。“无聊的。——但是我们就谈谈罢。”

堂倌搬上新添的酒菜来，排满了一桌，楼上又添了烟气和油豆腐的热气，仿佛热闹起来了；楼外的雪也越加纷纷的下。

“你也许本来知道，”他接着说，“我曾经有一个小兄弟，是三岁上死掉的，就葬在这乡下。我连他的模样都记不清楚了，但听母亲说，是一个很可爱念的孩子，和我也很相投，至今她提起来还似乎要下泪。今年春天，一个堂兄就来了一封信，说他的坟边已经渐渐的浸了水，不久怕要陷入河里去了，须得赶紧去设法。母亲一知道就很着急，几乎几夜睡不着，——她又自己能看信的。然而我能有什么法子呢？没有钱，没有工夫：当时什么法也没有。

"一直挨到现在，趁着年假的闲空，我才得回南给他来迁葬。"他又喝干一杯酒，看着窗外，说，"这在那边哪里能如此呢？积雪里会有花，雪地下会不冻。就在前天，我在城里买了一口小棺材，——因为我预料那地下的应该早已朽烂了，——带着棉絮和被褥，雇了四个土工，下乡迁葬去。我当时忽而很高兴，愿意掘一回坟，愿意一见我那曾经和我很亲睦的小兄弟的骨殖：这些事我生平都没有经历过。到得坟地，果然，河水只是咬进来，离坟已不到二尺远。可怜的坟，两年没有培土，也平下去了。我站在雪中，决然的指着它对土工说，'掘开来！'我实在是一个庸人，我这时觉得我的声音有些希奇，这命令也是一个在我一生中最为伟大的命令。但土工们却毫不骇怪，就动手掘下去了。待到掘着圹穴，我便过去看，果然，棺木已经快要烂尽了，只剩下一堆木丝和小木片。我的心颤动着，自去拨开这些，很小心的，要看一看我的小兄弟。然而出乎意外！被褥，衣服，骨骼，什么也没有。我想，这些都消尽了，向来听说最难烂的是头发，也许还有罢。我便伏下去，在该是枕头所在的泥土里仔仔细细的看，也没有。踪影全无！"

我忽而看见他眼圈微红了，但立即知道是有了酒意。他总不很吃菜，单是把酒不停的喝，早喝了一斤多，神情和举动都活泼起来，渐近于先前所见的吕纬甫了。我叫堂倌再添二斤酒，然后回转身，也拿着酒杯，正对面默默的听着。

"其实，这本已可以不必再迁，只要平了土，卖掉棺材，就此完事了的。我去卖棺材虽然有些离奇，但只要价钱极便宜，原铺子就许要，至少总可以捞回几文[3]酒钱来。但我不这佯，我仍然铺好被褥，用棉花裹了些他先前身体所在的地方的泥土，包起来，装在新棺材里，运到我父亲埋着的坟地上，在他坟旁埋掉了。因为外面用砖墩，昨天又忙了我大半天：监工。但这样总算完结了一件事，足够去骗骗我的母亲，使她安心些。——阿阿，你这样的看我，你怪我何以和先前太不相同了么？是的，我也还记得我们同到城隍庙里去拔掉神像的胡子的时候，连日议论些改革中国的方法以至于打起来的时候。但我现在就是这样子，敷敷衍衍，模模糊糊。我有时自己也想到，倘若先前的朋友看见我，怕会不认我做朋友了。——然而我现在就是这样。"

他又掏出一支烟卷来，衔在嘴里，点了火。

“看你的神情，你似乎还有些期望我，——我现在自然麻木得多了，但是有些事也还看得出。这使我很感激，然而也使我很不安：怕我终于辜负了至今还对我怀着好意的老朋友。……”他忽而停住了，吸几口烟，才又慢慢的说，“正在今天，刚在我到这一石居来之前，也就做了一件无聊事，然而也是我自己愿意做的。我先前的东边的邻居叫长富，是一个船户。他有一个女儿叫阿顺，你那时到我家里来，也许见过的，但你一定没有留心，因为那时她还小。后来她也长得并不好看，不过是平常的瘦瘦的瓜子脸，黄脸皮；独有眼睛非常大，睫毛也很长，眼白又青得如夜的晴天，而且是北方的无风的晴天，这里的就没有那么明净了。她很能干，十多岁没了母亲，招呼两个小弟妹都靠她，又得服侍父亲，事事都周到；也经济，家计倒渐渐的稳当起来了。邻居几乎没有一个不夸奖她，连长富也时常说些感激的活。这一次我动身回来的时候，我的母亲又记得她了，老年人记性真长久。她说她曾经知道顺姑因为看见谁的头上戴着红的剪绒花，自己也想一朵，弄不到，哭了，哭了小半夜，就挨了她父亲的一顿打，后来眼眶还红肿了两三天。这种剪绒花是外省的东西，S城里尚且买不出，她哪里想得到手呢？趁我这一次回南的便，便叫我买两朵去送她。

“我对于这差使倒并不以为烦厌，反而很喜欢；为阿顺，我实在还有些愿意出力的意思的。前年，我回来接我母亲的时候，有一天，长富正在家，不知怎的我和他闲谈起来了。他便要请我吃点心，荞麦粉，并且告诉我所加的是白糖。你想，家里能有白糖的船户，可见决不是一个穷船户了，所以他也吃得很阔绰。我被劝不过，答应了，但要求只要用小碗。他也很识世故，便嘱咐阿顺说，‘他们文人，是不会吃东西的。你就用小碗，多加糖！’然而等到调好端来的时候，仍然使我吃一吓，是一大碗，足够我吃一天。但是和长富吃的一碗比起来，我的也确乎算小碗。我生平没有吃过荞麦粉，这回一尝，实在不可口，却是非常甜。我漫然的吃了几口，就想不吃了，然而无意中，忽然间看见阿顺远远的站在屋角里，就使我立刻消失了放下碗筷的勇气。我看她的神情，是害怕而且希望，大约怕自己调得不好，愿我们吃得有味。我知道如果剩下大半碗来，一定要使她很失望，而且很抱歉。我于是同时决心，放开喉咙灌下去了，几乎吃得和长富一样快。我由此才知道硬吃的苦痛，我只记得还做孩子时候的吃尽一碗拌着驱除蛔虫药粉的沙糖才有这样难。然而我毫不抱怨，因为她过来收拾空碗时候的忍着的得意的笑容，已尽够赔偿我的苦痛而有余了。所以我这一夜虽然饱胀得睡不稳，又做了一大串恶梦，也还是祝赞她一生幸福，愿世界为她变好。然而这些意思也不过是我的那些旧日的梦的痕迹，即刻就自笑，接着也就忘却了。

"我先前并不知道她曾经为了一朵剪绒花挨打，但因为母亲一说起，便也记得了荞麦粉的事，意外的勤快起来了。我先在太原城里搜求了一遍，都没有；一直到济南……"

窗外沙沙的一阵声响，许多积雪从被它压弯了的一枝山茶树上滑下去了，树枝笔挺的伸直，更显出乌油油的肥叶和血红的花来。天空的铅色来得更浓；小鸟雀啾唧的叫着，大概黄昏将近，地面又全罩了雪，寻不出什么食粮，都赶早回巢来休息了。

"一直到了济南，"他向窗外看了一回，转身喝干一杯酒，又吸几口烟，接着说。"我才买到剪绒花。我也不知道使她挨打的是不是这一种，总之是绒做的罢了。我也不知道她喜欢深色还是浅色，就买了一朵大红的，一朵粉红的，都带到这里来。

"就是今天午后，我一吃完饭，便去看长富，我为此特地耽搁了一天。他的家倒还在，只是看去很有些晦气色了，但这恐怕不过是我自己的感觉。他的儿子和第二个女儿——阿昭，都站在门口，大了。阿昭长得全不像她姊姊，简直像一个鬼，但是看见我走向她家，便飞奔的逃进屋里去。我就问那小子，知道长富不在家。'你的大姊呢？'他立刻瞪起眼睛，连声问我寻她什么事，而且恶狠狠的似乎就要扑过来，咬我。我支吾着退走了，我现在是敷敷衍衍……

"你不知道，我可是比先前更怕去访人了。因为我已经深知道自己之讨厌，连自己也讨厌，又何必明知故犯的去使人暗暗地不快呢？然而这回的差使是不能不办妥的，所以想了一想，终于回到就在斜对门的柴店里。店主的母亲，老发奶奶，倒也还在，而且也还认识我，居然将我邀进店里坐去了。我们寒暄几句之后，我就说明了回到S城和寻长富的缘故。不料她叹息说：

"'可惜顺姑没有福气戴这剪绒花了。'

"她于是详细的告诉我，说是'大约从去年春天以来，她就见得黄瘦，后来忽而常常下泪了，问她缘故又不说；有时还整夜的哭，哭得长富也忍不住生气，骂她年纪大了，发了疯。可是一到秋初，起先不过小伤风，终于躺倒了，从此就起不来。直到咽气的前几天，才肯对长富说，她早就像她母亲一样，不时的吐红和流夜汗。但是瞒着，怕他因此要担心，有一夜，她的伯伯长庚又来硬借钱，——这是常有的事，——她不给，长庚就冷笑着说：你不要骄气，你的男人比我还不如！她从此就发了愁，又怕羞，不好问，只好哭。长富赶紧将她的男人怎样的争气的话说给她听，哪里还来得及？况且她也不信，反而说：好在我已经这样，什么也不要紧了。'

"她还说，'如果她的男人真比长庚不如，那就真可怕呵！比不上一个偷鸡贼，那是什么东西呢？然而他来送殓的时候，我是亲眼看见他的，衣服很干净，人也体面；还眼泪汪汪的说，自己撑了半世小船，苦熬苦省的积起钱来聘了一个女人，偏偏又死掉了。可见他实在是一个好人，长庚说的全是诳。只可惜顺姑竟会相信那样的贼骨头的诳话，白送了性命。——但这也不能去怪谁，只能怪顺姑自己没有这一份好福气。'

"那倒也罢，我的事情又完了。但是带在身边的两朵剪绒花怎么办呢？好，我就托她送了阿昭。这阿昭一见我就飞跑，大约将我当作一只狼或是什么，我实在不愿意去送她。——但是我也就送她了，母亲只要说阿顺见了喜欢的了不得就是。这些无聊的事算什么？只要模模糊糊。模模糊糊的过了新年，仍旧教我的'子曰诗云'去。"

"你教的是'子曰诗云'么？"我觉得奇异，便问。

"自然。你还以为教的是ABCD么？我先是两个学生，一个读《诗经》[4]，一个读《孟子》[5]。新近又添了一个，女的，读《女儿经》[6]。连算学也不教，不是我不教，他们不要教。"

"我实在料不到你倒去教这类的书，……"

"他们的老子要他们读这些，我是别人，无乎不可的。这些无聊的事算什么？只要随随便便，……”

他满脸已经通红，似乎很有些醉，但眼光却又消沉下去了。我微微的叹息，一时没有话可说。楼梯上一阵乱响，拥上几个酒客来：当头的是矮子，臃肿的圆脸；第二个是长的，在脸上很惹眼的显出一个红鼻子；此后还有人，一叠连的走得小楼都发抖。我转眼去看吕纬甫，他也正转眼来看我，我就叫堂倌算酒账。

“你借此还可以支持生活么？”我一面准备走，一面问。

“是的。——我每月有二十元，也不大能够敷衍。”

“那么，你以后预备怎么办呢？”

“以后？——我不知道。你看我们那时预想的事可有一件如意？我现在什么也不知道，连明天怎样也不知道，连后一分……”

堂倌送上账来，交给我；他也不像初到时候的谦虚了，只向我看了一眼，便吸烟，听凭我付了账。

我们一同走出店门，他所住的旅馆和我的方向正相反，就在门口分别了。我独自向着自己的旅馆走，寒风和雪片扑在脸上，倒觉得很爽快。见天色已是黄昏，和屋宇和街道都织在密雪的纯白而不定的罗网里。

（一九二四年二月十六日。）

# 注释

［1］本篇最早刊于1924年5月10日《小说月报》第十五卷第五号。本文描述了1911年革命后中国知识分子社会中新型知识分子的心态和形象，是具有典型“鲁迅氛围”的重要作品之一。《在酒楼上》，这个标题在一些译文中分别翻译为“In the Wine Shop”（英语）和“En la taberna”。但这是对中文原标题的错误理解，中文中的“酒

楼”通常意为“餐馆”，而不是“酒馆”。此外，在这篇文章中，鲁迅指的是“一石居”，它本来就是一家餐馆。

[2]“一斤绍酒”：“斤”指中国的市斤，相当于半公斤。“绍酒”即绍兴酒，又称“老酒”“料酒”或“甜酒”等，其色泽澄黄或呈琥珀色，故又称“黄酒”，度数在15% vol左右。

[3]“文”：过去用的钱名，币值很小。参见此译版本《祝福》的注释[15]。

[4]《诗经》：中国古代第一部诗歌总集，收集了周朝初年（公元前11世纪）到春秋中期（前6世纪）的诗歌305篇。汉代将其列入儒家经典，为“五经”之一。

[5]《孟子》：孟子（公元前372年—公元前289年），名轲，字子舆。战国时期儒家哲学家，在整个儒家学派中排名第二，被世人称为“亚圣”。其言行被编为《孟子》一书。

[6]《女儿经》：一本约束古代女子思想道德的民间教材。

# En el restaurante[①]

En mi viaje del norte al sudeste hice un desvío para visitar mi pueblo natal, y luego llegué a la ciudad S, que quedaba a no más que treinta li adonde pude arribar en un bote en menos de medio día, y en una escuela de allí yo había sido maestro durante un año. Después de una nevada en el invierno avanzado, el paisaje se quedó desolado y frío, una combinación de indolencia y nostalgia hizo alojarme de improviso en un hotel llamado Luo Si inesperada y temporalmente, uno que no había existido allí antes. El círculo de la ciudad no era grande. Busqué algunos viejos colegas a quienes pensaba poder ver, pero encontré a ninguno, sin saber a dónde se habían dispersado desde muy antes. Al pasar por la puerta de la escuela, se había cambiado de nombre y de apariencia, así me fue muy extraña. En menos de cuatro horas, mi interés y entusiasmo se habían apagado, y me arrepentí de que esta venida hubiera sido un acto superfluo.

El hotel en el que viví alquilaba habitaciones sin ofrecer comida. Las comidas debían ordenarse por separado desde fuera, pero todos los platos eran insípidos, tomarlos en la boca parecía masticar el barro. Fuera de la ventana, solo se veían paredes con abigarradas

---

① *En el restaurante* se publicó por primera vez en el volumen XV de la *Ficción Mensual* el 10 de mayo de 1924. Este artículo describe la mentalidad y la imagen del nuevo tipo de intelectuales en la sociedad china después de la Revolución de 1911. Es una de las obras importantes dotada de la típica atmósfera de Lu Xun. El título fue traducido como *In the Wine Shop* en inglés y *En la taberna* en español en algunas ocasiones. Pero esos fueron una equivocación por el entendimiento del título original en chino. El "jiulou" en chino muchas veces significa "restaurante" y no "taberna". Además, en este artículo de Lu Xun se refiere a la Casa de Sola Piedra, que fue y es exactamente un restaurante.

manchas de erosión de agua, apegadas con musgo marchitado cuasi muerto; el cielo de arriba era de color plomizo, ese monótono pálido no presentaría ninguna maravilla en absoluto, además, la ligera nieve volvía a revolotear. Fue que no había almorzado suficiente, y no hubo ninguna cosa para matar el tiempo, entonces, naturalmente me acordé de un pequeño restaurante que yo conocía mucho y se llamaba "Casa de Sola Piedra". Calculé que no quedaba lejos del hotel, así que de inmediato puse la puerta con llave y salí hacia ese restaurante. En realidad, lo que yo quería era nada más escapar del aburrimiento de mi estancia, y no ir a pagar por una embriaguez. La Casa de Sola Piedra todavía existía, cuya estrecha y húmeda fachada de tienda y los desgastados letreros se quedaban como de siempre; pero desde el gerente hasta los camareros, ninguno era conocido, resultó que yo me convertí en un cliente completamente extraño en esta Casa de Sola Piedra. Sin embargo, de todas maneras subí esta escalera tan familiar en la esquina de la habitación, y llegué al pequeño piso de arriba, donde estaban todavía las cinco mesitas de tabla; y solo la celosía de madera de la ventana trasera había sido sustituida por el vidrio.

"Un jin de vino Shao②. ¿Platos? Diez pedazos de queso de soya frito, ¡con mucha salsa de pimienta!"

Cuando se lo dije al camarero que había subido conmigo, caminé hacia la parte de atrás y me senté en la mesa junto a la ventana. Aquí arriba estaba "absolutamente vacío", lo que me permitió escoger la mejor posición de asiento, y de aquí se podía mirar hacia un jardín abandonado de abajo. Probablemente este patio no pertenecía al restaurante. Lo había observado en muchas ocasiones en el pasado,

② "Un jin de vino Shao": Jin es unidad de peso en China, que equivale a medio kilo. El "vino Shao" es el vino elaborado especialmente en Shaoxing, muy famoso, también conocido como "vino viejo", "vino de cocina" o "vino dulce". Su color es amarillo o ámbar, por lo que también se le llama "vino amarillo" y su grado es de aproximadamente 15°.

a veces también en la nieve. Pero ahora mereció mucho una sorpresa para mis ojos ya acostumbrados al norte: varios viejos ciruelos inesperadamente florecían en plena copa contra la nieve como si no hiciera ningún caso al invierno avanzado; al lado del pabellón derrumbado todavía había una camelia con más de diez flores de color carmesí destacándose desde su espeso follaje verde claro, tan ilustres en la nieve como llamas de fuego, indignadas y arrogantes, como si despreciaran la disposicion de los visitantes a hacer un viaje desde lejos. De repente recordé lo hidratante de la nieve acumulada por aquí, que no se va de donde se pega, y es centelleante y brillante, a diferencia de la nieve del norte seca como polvo que, al soplar un viento fuerte, se elevará revoloteando como humo y niebla por todo el cielo...

"Su vino, señor..."

Diciendo perezosamente, el camarero dejó la taza, los palillos, la vasija de vino y los platillos, pues, ya llegó el vino. Volví mi cara hacia la mesa, puse los utensilios en orden y me serví el vino. Pensé que el norte seguramente no era mi tierra natal, pero, cuando vine al sur, solo podía ser contado como un visitante forastero. No importaba cómo la nieve seca volaba por allá, y cuán apegada era la nieve blanda por acá, ya no tenían nada que ver conmigo. Con un poco de tristeza y melancolía, tomé un sorbo de vino muy cómodamente. El sabor era bastante puro y la fritura del queso de soya estaba excelentemente preparada; la única lástima fue que la salsa de pimienta estaba demasiado sosa y aguada, pero desde siempre, la gente de la ciudad S no solía comer picantes.

Probablemente debido a ser horas justamente de la tarde, en calidad de un restaurante, pero no tenía nada de la atmósfera de restaurante. Yo había bebido tres tazas de vino, pero las demás cuatro mesas, además de la mía, todavía estaban vacías. Observando el jardín abandonado, me sentía gradualmente solitario, pero tampoco quería que otros clientes subieran. Casualmente oí el sonido de pasos en la escalera, no pude evitar cierta angustia, pero al ver que era el camarero, me volví calmado. Entonces, bebí otras dos tazas.

Esta vez, pensé que debería ser un cliente porque noté que los pasos eran mucho más lentos que los del camarero. Calculando que hubiera terminado de escalar, levanté mi cabeza como si tuviera cierto miedo para mirar a esta compañía irrelevante, pero me dio un sobresalto y me puse de pie. Nunca había supuesto poder encontrarme con un amigo por aquí inesperadamente, —si ahora todavía me dejaba llamarlo de esta manera—. El recién llegado era marcadamente un viejo compañero de clase, que también fue mi colega cuando trabajé de maestro. Aunque había cambiado mucho de fisonomía, lo reconocí tan pronto como lo vi. Solo que él se volvió mucho más lento en sus movimientos, muy distinto del ágil y vigoroso Lü Weifu de aquel tiempo.

"Ah, Weifu, ¿eres tú? Nunca me imaginaba poder verte aquí".

"Ah, ah, ¿eres tú? Tampoco me lo fantaseaba..."

Entonces, le invité a sentarse conmigo, pero pareció vacilarse un poco, y luego tomó el asiento. Al principio pensé que esto era extraordinario, seguidamente me sentí algo triste, e incluso disgustado. Cuando lo miré atentamente, todavía tenía el mismo cabello y barba desordenados; y la pálida cara alargada, pero estaba más debilitado y delgado. Lucía muy calmado, o quizás deprimido, y sus ojos bajo las gruesas cejas negras habían perdido su maravilla; pero cuando miró lentamente hacia los alrededores, deslumbraron repentinamente hacia el jardín abandonado, de sus ojos brillaron repentinamente aquellas radiantes miradas que yo veía a menudo cuando estaba en la escuela.

"Nosotros," dije alegre pero menos naturalmente, "¿nos

despedimos casi diez años atrás? Sabía que estabas en Jinan, pero era demasiado perezoso, y nunca te había escrito...”

“El caso mío es igual al tuyo. Pero ahora ya he estado en Taiyuan, desde hace más de dos años, y vivo con mi madre. Cuando regresé a recogerla, supe que te habías mudado, y te habías mudado completamente.”

“¿Qué haces en Taiyuan?” le pregunté.

“Dar clases, en la casa de un paisano”.

“¿Y antes de eso?”

“¿Antes?” sacó un cigarrillo desde de su bolsillo, lo encendió y se lo puso en la boca, luego, observando el humo mientras espiraba, dijo meditando. “No más que hice ciertas cosas aburridas, equivaliendo a no hacer nada”.

Él también preguntó por mi situación después de la despedida; se la conté a grandes rasgos, mientras llamé al camarero a traer más taza y palillos para que él pudiera probar mi vino primero, y luego se añadirían dos jin de vino. Entre tanto, también ordenamos más platos. Para estas cosas nunca habíamos sido modestos entre ambos en el pasado, pero ahora nos cedimos mutuamente por cortesía, de modo que finalmente no se sabía quién había ordenado qué platos, entonces indicamos cuatro desde las sugerencias orales del camarero: haba con sabor a hinojo, carne fría, queso de soya frito y carpa negra seca.

“Tan pronto como regresé, pensé que yo era ridículo,” sosteniendo su cigarrillo en alto con una mano y apoyando la taza con la otra, lo dijo con una sonrisa forzada. “Cuando era adolescente, lo consideraba muy ridículo y lamentable al ver que una abeja o una mosca que descansaba en un lugar, al ser asustada por cierta cosa, se iba volando inmediatamente, pero después de dar un pequeño círculo, volvía a parar en el lugar original. Sin embargo, inesperadamente, ahora yo también he volado de regreso, he recorrido nada más un pequeño círculo. Y, además, de improviso, tú también has vuelto. ¿No has podido volar más lejos?"

"Esto es difícil de decir, probablemente yo también he volado nada más que en un pequeño círculo," hablé con una sonrisa igualmente semifalsa. "¿Pero por qué volaste para regresar?"

"También por unas cosas insignificantes," vació su taza de un trago, luego dio varias chupadas al cigarrillo y amplió un poco más los ojos. "Insignificantes... Pero bien, podemos hablar de eso".

El camarero trajo el vino y los platos que acabamos de pedir y los puso sobre toda una mesa. El humo y la fragancia del queso de soya frito parecían hacer que la habitación del piso de arriba contara con más animación, mientras que fuera la nieve caía aún más copiosa e intensa.

"Tal vez lo supieras antes," siguió diciendo, "que tuve un hermanito que murió cuando tenía tres años, y fue enterrado aquí en esta zona rural. Ni siquiera puedo recordar con claridad cómo era su aspecto, pero he oído a mi madre decir que era un niño muy adorable y que congeniaba mucho conmigo. Incluso ahora trae lágrimas a sus ojos para hablar de él. Esta primavera, un primo mayor nos escribió para decirnos que el suelo junto a su tumba se estaba inundando, y que temía que dentro de poco se deslizara hacia el río: deberíamos ir allí a hacer algo al respecto. Tan pronto como mi madre supo esto, se puso muy ansiosa y no pudo dormir por varias noches, —es que ella puede leer las cartas por sí misma—. Pero, ¿qué remedio podría tener yo? No tenía dinero, ni el tiempo: no contaba con ninguna manera en aquel entonces.

"Lo había dejado dilatando hasta ahora, aprovechando las vacaciones del Año Nuevo, en que he podido viajar al sur para mover su tumba," vació otra taza de vino, y mirando por la ventana, dijo. "¿Cómo podría encontrarse lo mismo por allá como se ve por acá?

En medio de la nieve pueden verse flores, y el suelo no se congela bajo la nieve. Fue justamente anteayer cuando compré un pequeño ataúd, —como creí que el que estaba debajo del suelo debió haberse podrido hace mucho tiempo—, tomé algodón y ropa de cama, contraté a cuatro trabajadores y fuimos al campo para mover su tumba. En ese momento, de repente me sentí muy contento, dispuesto a desenterrar la tumba y ansioso por ver los restos esqueléticos del hermano pequeño que me había querido mucho: tal cosa nunca había experimentado en mi vida. Cuando llegamos al cementerio, efectivamente, el agua del río había penetrado en la orilla hacia este lado y estaba a menos de dos pies de la tumba. La pobre tumba no había tenido ninguna tierra añadida durante dos años, y se había nivelado al suelo. Me paré en la nieve, la señalé decididamente y dije a los trabajadores: '¡Cávenla!' Exactamente soy un tipo mediocre. En esta coyuntura sentí que mi voz era un poco rara, y esta orden fue la más grandiosa que había dado en toda mi vida. Pero a los trabajadores esto no les pareció nada de extraño, y simplemente se pusieron a excavar. Cuando tocaron al recinto, me acerqué a ver, verdaderamente, la madera del ataúd se había podrido casi por completo, dejando solo un conjunto de astillas y pequeños fragmentos de madera. Mi corazón latía temblando, los moví a un lado, con muchísimo cuidado, deseando ver a mi hermano pequeño. Sin embargo, ¡fuera de lo esperado! Ropa de cama, vestido, esqueleto, todo se había ido. Pensé, todos se han podrido, pero siempre escuché que la sustancia más difícil de pudrirse es el cabello; tal vez todavía haya algún pelo. Así que me agaché y miré cuidadosamente en el barro donde debería haber estado la almohada, pero no había ninguno. ¡No queda ni rastro!"

De repente noté que los bordes de sus ojos se habían vuelto más bien rojos, pero me di cuenta de inmediato de que eso era la sensación subida por el vino. No había comido mucho, pero había estado bebiendo incesantemente, por lo que ya había acabado más de un jin, sus expresiones y acciones se habían vuelto más animadas, y se parecía gradualmente a Lü Weifu que había conocido antes. Llamé al camarero para añadir dos jin más de vino, luego me volví, y tomando mi copa, cara a cara, le escuché en silencio seguir diciendo.

"En realidad, esta pudo ser ya innecesaria de moverse; con solo nivelar el terreno, vender el ataúd, se acabaría el asunto. Aunque fuera algo bastante extraño por vender el ataúd, si el precio fuera lo suficientemente bajo, la tienda de la que lo compré lo habría aceptado, al menos yo podría ahorrar varios wen③ para comprar el vino. Sin embargo, no actué de esa manera. Extendí la ropa de cama, envolviendo con algodón parte de la arcilla donde había estado su cuerpo, lo envolví, lo puse en el nuevo ataúd, lo trasladé a la tumba donde estaba enterrado mi padre y lo enterré a su lado. Debido a decidir usar ladrillos para un cercado de la tumba, estuve ocupado nuevamente durante la mayor parte de ayer: supervisando el trabajo. Pero a fin de cuentas así se cumplió un asunto, lo suficiente para mentirle a mi madre y tranquilizarla un poco. Ah, ah, ¡me miras de esta manera! ¿Me culpas por ser tan distinto del pasado? Sí, también recuerdo el momento en que fuimos juntos al Templo del Dios Protector de la Ciudad para arrancar las barbas de las estatuas de santos, y cómo solíamos discutir todo el día los métodos de reformar China hasta llegar a emprender peleas. Pero ahora ya soy así, dispuesto a tratar todo a la ligera y superficial, a lo vago y borroso. A veces también pienso, si mis viejos amigos me vieran ahora, probablemente ya no me reconocerían como amigo. Pero ahora ya soy así".

---

③ "Wen": Unidad monetaria, véase la Nota [15] de *La Bendición* de este libro.

Sacó otro cigarrillo, se lo puso en la boca y lo encendió.

“Al juzgar por tu expresión, pareces tener todavía alguna esperanza en mí. Ahora estoy naturalmente mucho más entumecido, pero todavía puedo advertir algunas cosas. Esto me hace sentir muy agradecido por ti, pero también bastante inquieto. Me temo que finalmente estoy decepcionando al viejo amigo que hoy aún lleva buena intención hacia mí...” de repente se detuvo, tomó unos bocados de cigarrillo y volvió a relatar lentamente. “Justamente hoy, antes de llegar a esta Casa de Sola Piedra, hice otra cosa insignificante, pero lo hice también por mi propia voluntad. Mi antiguo vecino del lado este se llamaba Changfu. Era barquero y tenía una hija llamada Ah Shun. Tal vez la hubieras visto cuando venías a mi casa en ese tiempo, pero ciertamente no le habías prestado atención, porque ella era todavía muy pequeña. Más tarde, tampoco era bonita, no más que tenía una cara en forma de la semilla de melón delgada, de piel amarilla; solo los ojos eran muy grandes, con pestañas largas, el blanco de los ojos era tan azul como el cielo de la noche sin nubes, y era el cielo despejado en el norte sin viento, mientras el cielo de aquí no está tan claro. Era muy lista. Perdió a su madre cuando tenía más de diez años. Su familia confiaba en ella para cuidar a su hermano y hermana menores, y además, tenía que atender a su padre. Era delicada y circunspecta en todo; y también era muy económica, de modo que el sustento familiar se volvía más estable poco a poco, por lo cual apenas había un vecino que no la alababa, e incluso Changfu también decía a menudo unas palabras agradecidas. Cuando iba a partir para este viaje de regreso, mi madre volvió a recordarla, la memoria de los ancianos es bastante duradera. Recordó que en el pasado Ah Shun vio una vez que alguien llevaba en el pelo flores de corte de terciopelo de color rojo y quería una para sí. Pero no pudo conseguir ninguna, así que lloró, y casi llevaba mitad de la noche llorando, entonces sufrió unos golpes de su padre, luego sus ojos permanecieron rojos e hinchados durante dos o tres días. Este tipo de flores de cortes de terciopelo eran cosas de otra provincia, incluso no podían conseguirse en la ciudad S, ¿cómo podría ella esperar tener alguna? Esta vez, aprovechando mi viaje al sur, mi madre me dijo que comprara dos flores para darle.

"Por mí no me fastidió este encargo, sino que me encantó; para Ah Shun, de verdad, yo tenía cierta voluntad de contribuir. El año antepasado, regresé a recoger a mi madre. Un día, Changfu se encontró justamente en casa, y sin saber cómo se comenzó una plática ociosa con él. Me invitó a merendar la pasta de alforfón, y me dijo que lo que se le agregaba era el azúcar blanco; piensa, si un dueño de bote tenía azúcar blanco en casa, se podía creer que de ninguna manera era un barquero pobre, por lo que también debería contar con la comida diaria bastante rica.

"No pude resistir la persuasión y lo acepté, pero pedí que usaran un tazón pequeño para mí. Como era muy comprensivo de lo mundano, le advirtió a Ah Shun: 'Estos hombres de letras nunca comen mucho. Usas simplemente un tazón pequeño, ¡pero agrega más azúcar!' Sin embargo, cuando ella preparó bien y me lo trajo, todavía me dio un susto, ya que era un tazón grande, lo suficiente para que yo comiera durante todo un día, mientras que al comparar con el tazón de Changfu, fue cierto que el mío debía ser pequeño. En toda mi vida nunca había comido la pasta hecha con harina de alforfón, y ahora la probé, que realmente no agradaba al paladar, aunque muy dulce. Tragué unos cuantos bocados indiferentemente, y pensé en no comer más, pero en medio de inadvertencia, de repente vi a Ah Shun parada en una esquina de la habitación, lo cual me hizo perder el coraje para dejar el tazón y los palillos. Noté en su rostro tanto miedo como esperanza: el miedo, probablemente, de que no lo hubiera preparado bien, y la esperanza de que nos gustara el sabor. Sabía que si yo sobrara la mayor parte de lo mío, eso le haría sentirse muy decepcionada y culpable. Entonces me decidí a soltar mi garganta, y las tragué vertiendo casi tan rápido como Changfu. Fue entonces cuando supe la agonía de comer por obligación. Recuerdo que cuando era niño, experimenté la misma dificultad al tener que terminar un tazón de azúcar granulado mezclado con repelente de lombriz intestinal. Sin embargo, esta vez no tuve queja alguna, porque cuando la joven vino a recoger nuestros tazones vacíos, su satisfactoria sonrisa medio contenida me recompensó mucho más que todas las molestias para mí. Por consiguiente, esa noche, aunque la hinchazón estomacal me impidió dormir bien y tuve una serie de pesadillas, todavía le deseaba la felicidad para toda su vida y esperaba que el mundo se volviera mejor para ella. Pero tales pensamientos eran solo las huellas de mis sueños en los días pasados, y al próximo instante me reí de mí mismo, y seguidamente los olvidé.

"Antes no sabía que ella había sido golpeada debido a una flor de corte de terciopelo, pero cuando mi madre lo mencionó, también recordé el suceso de la pasta de alforfón, y me volví inopinadamente diligente. Primero hice una búsqueda en Taiyuan, pero ninguna de las tiendas las tenía; y fui a buscarlas hasta Jinan..."

Se oyó un susurro fuera de la ventana, mucha nieve se deslizó de la camelia que se había doblado bajo su peso; entonces la rama del árbol se quedó enderezada, dejando mostrarse aún más claramente su espeso follaje oscuro y aceitoso y sus flores del rojo vivo. El color del cielo se volvió más plomizo. Los gorriones estaban chirriando, probablemente porque se acercaba el anochecer, y como el suelo estaba cubierto de nieve, no podían encontrar nada para comer, todos se volvían temprano a sus nidos a descansar.

"La busqué hasta Jinan," miró por la ventana hacia fuera, se volvió y acabó una taza de vino, tomando varias bocanadas de cigarrillo, y continuó, "solo allí logré comprar flores de corte de terciopelo. No sabía si fue este mismo tipo de flor por la que ella fue golpeada, pero de todo modo, eran flores de terciopelo, tampoco sabía si le gustara un color más oscuro o más claro, entonces compré una de rojo escarlata y una rosada, ambas las traje aquí.

"Justo en esta tarde, tan pronto como terminé de almorzar, fui a ver a Changfu. Yo había postergado el regreso un día más especialmente por esto. Su casa estaba allí todavía, solo que parecía bastante sombría, pero me temo que esto fuera no más que mi propia sensación. Su hijo y su segunda hija, Ah Zhao, estaban parados a la puerta, ya están crecidos. Ah Zhao no se parece absolutamente a su hermana mayor sino simplemente a una diabla; cuando me vio caminar hacia su casa, se echó a correr adentro rápidamente. Entonces, le pregunté al muchacho, notando que Changfu no estaba en casa. '¿Y tu hermana mayor?' De inmediato me miró con los ojos ensanchados y me preguntó para qué la quería ver; además, se puso muy feroz como si quisiera arrojarse hacia mí para morderme. Entonces yo titubeé y me retiré. Ahora prefiero tratar las cosas a la ligera y superficial...

"No sabes, ahora tengo más miedo de visitar gente que antes, porque ya sé lo repugnante que soy yo, incluso me repugno a mí mismo. ¿Por qué voy a infligir a sabiendas la molestia indecible a la gente? Pero esta vez mi misión no podía dejarse sin completar, por eso después de pensar un poco, volví a la tienda de leña de la puerta opuesta diagonal de su casa. La madre del tendero, la señora abuela Fa, todavía vive, y aún pudo reconocerme, e incluso me invitó adentro a tomar asiento. Después de un intercambio de saludos de cortesía, le dije por qué había vuelto a la ciudad S y estaba buscando a Changfu. Inesperadamente, ella suspiró y dijo:

"'Es una lástima que Ah Shun no haya tenido la fortuna de llevar estas flores.'

"Luego me contó la historia en detalle, diciendo: 'Probablemente desde la primavera pasada Ah Shun comenzó a verse pálida y delgada, más tarde, de repente comenzó a llorar a menudo, y si le preguntabas por qué, no te respondería. A veces lloraba toda la noche hasta que Changfu perdía los estribos y la regañaba diciendo que estaba tan crecida (pensando en casarse) que se había vuelto loca. Cuando principió el otoño, primero cogió un ligero resfriado y finalmente cayó acostada en cama, y desde allí no pudo levantarse más. Solo unos días antes de morir, le dijo a Changfu que desde mucho tiempo atrás se había puesto parecida al caso de su madre, a menudo escupiendo sangre y transpirando por la noche. Ella se lo había ocultado a su padre, temiendo que se preocupara por ella. Una noche, su tío mayor Changgeng vino a exigir dinero prestado, lo que era habitual, y ella no se lo dio. Entonces, Changgeng sonrió fríamente y dijo: '¡No te enorgullezcas tanto; tu hombre es incluso peor que yo!' Desde entonces ella comenzó a preocuparse, pero era tan tímida que no se atrevía a averiguar, y solo quedaba llorando. Tan pronto como Changfu lo supo, le contó cómo su futuro esposo había ganado bien el crédito; pero esto ¿alcanzaría a remediarlo a tiempo? Además, ella no lo creyó, sino dijo: 'Gracias a que ya estoy así, ya nada me importa'.

"La abuela también dijo: 'Si su hombre realmente fuera peor que Changgeng, ¡eso sería realmente espantoso! Peor que un ladrón de gallinas, ¡y qué clase de objeto sería eso! Pero cuando vino al funeral lo vi con mis propios ojos: su ropa estaba limpia y era una persona muy presentable, quien dijo, con lágrimas en los ojos, que había trabajado en el bote durante media vida, sufría y ahorraba amargamente acumulando el dinero para prometerse con una mujer, pero desdichadamente la niña se murió. Por lo cual se veía obviamente que era un buen hombre, y todo lo que dijo Changgeng era pura falsedad.

Fue una lástima que Ah Shun creyera en ese mentiroso ladrón y muriera en vano. Pero esto tampoco pudo culpárselo a nadie más: solo se atribuyó a que Ah Shun no hubiera tenido esta buena fortuna.'

"Así, pues, también estaría bien. Otro asunto mío también habría terminado. Pero ¿qué haría con las dos flores de corte de terciopelo que traía conmigo? Bueno, le pedí que se las diera a Ah Zhao. Esta Ah Zhao, apenas me vio, huyó como si me considerara un lobo u otra cosa, así que realmente no quería dárselas; pero al final se las di por ser el caso, mi madre solo necesitaría escuchar que le gustaran a Ah Shun estupendamente al verlas. ¿Qué importan estos asuntos insignificantes? Solo se necesita la vaguedad y borrosidad. Con tal de pasar el Año Nuevo a lo vago y borroso, volveré a enseñar 'la retórica de Confucio y el *Clásico de la poesía*[④]' como antes".

"¿Lo que estás enseñando es 'la Retórica de Confucio y el *Clásico de la poesía*?" me asombró, y le pregunté.

"Por supuesto. ¿Creías que estaba enseñando A, B, C, D? Al principio admití a dos alumnos, uno estudia el *Clásico de la poesía*, el otro aprende el *Mencio*[⑤]. Recientemente he aceptado a otra, es muchacha, que estudia el *Canon para las niñas*[⑥]. Ni siquiera enseño las matemáticas; no es que yo no las enseñe, sino que ellos no las quieren".

"Realmente nunca he adivinado que estuvieras enseñando esa clase de libros..."

---

④ *Clásico de la poesía*: La primera colección de poemas en la antigua China. Recopiló 305 poemas desde principios de la dinastía Zhou (siglo XI a. C.) hasta mediados del Período de Primavera y Otoño (siglo VI a. C.). En la dinastía Han, se incluyó en los clásicos confucianos, con el título de *Clásico de la poesía*.

⑤ *Mencio*: Mencio (372 a. C.–289 a. C.), de nombre Meng Ke, el gran sabio número dos de toda la escuela del confucianismo, después de Confucio. Fue un famoso filósofo, pensador, político y educador durante el Período de los Reinos Combatientes. El libro titulado con su nombre *Mencio* es uno de los cinco clásicos del confucianismo.

⑥ *Canon para las niñas*: Fue escrita en la dinastía Ming, cuyo autor es desconocido. Es un libro de texto que limita y restringe la mentalidad y la moral de las mujeres.

"Su padre quiere que estudien estos. Soy un ajeno, así que no hay nada aceptable o inaceptable. ¿Qué importarán esas cosas insignificantes? Solo déjalas ocurrir casualmente y a su antojo..."

Él ya tenía toda la cara enrojecida y parecía estar bastante borracho, pero el brillo en sus ojos había decaído. Di un ligero suspiro y por un momento no encontré nada que decir. Hubo un ruido en la escalera y subieron a chorros varios clientes apretujados: el primero era un bajo, con una cara redonda e hinchada; el segundo era alto con una nariz roja llamativa, y había otros detrás, los seguidos pasos eran tan pesados que hicieron temblar el piso del pequeño edificio. Me volví hacia Lü Weifu, quien estaba también girando hacia mí, así que llamé al camarero a traer la cuenta.

"¿Puedes sustentar la vida recurriendo a esto?" le pregunté mientras me preparaba para salir.

"Sí. Gano veinte yuanes al mes, no muy suficiente para cubrirla".

"Entonces, ¿qué piensas hacer en el futuro?"

"¿El futuro? No lo sé. Solo piensas, ¿ha salido satisfactorio algún deseo que depositamos en ese momento? No sé nada de ahora, ni siquiera sé cómo será mañana, incluso un minuto después..."

El camarero trajo la cuenta y me la dio; él ya no comportó tan cortés como cuando llegó, solo me echó una mirada, luego fumó, dejándome pagar la cuenta.

Salimos juntos del restaurante. Su hotel estaba en la dirección opuesta a la mía, así que nos despedimos frente a la puerta. Caminé solito hacia mi hotel, el viento frío y los copos de la nieve se arrojaban a mi cara, haciéndome sentir, en cambio, bastante fresco y renovado. Veía que ya estaba atardeciendo, entretejido yo junto con las casas y las calles en una red de nieve densa, que es pura, blanca e indeterminada.

16 de febrero de 1924

# 伤逝[1]

——涓生的手记

如果我能够，我要写下我的悔恨和悲哀，为子君，为自己。

会馆[2]里的被遗忘在偏僻里的破屋是这样地寂静和空虚。时光过得真快，我爱子君，仗着她逃出这寂静和空虚，已经满一年了。事情又这么不凑巧，我重来时，偏偏空着的又只有这一间屋。依然是这样的破窗，这样的窗外的半枯的槐树和老紫藤，这样的窗前的方桌，这样的败壁，这样的靠壁的板床。深夜中独自躺在床上，就如我未曾和子君同居以前一般，过去一年中的时光全被消灭，全未有过，我并没有曾经从这破屋子搬出，在吉兆胡同[3]创立了满怀希望的小小的家庭。

不但如此。在一年之前，这寂静和空虚是并不这样的，常常含着期待；期待子君的到来。在久待的焦躁中，一听到皮鞋的高底尖触着砖路的清响，是怎样地使我骤然生动起来呵！于是就看见带着笑涡的苍白的圆脸，苍白的瘦的臂膊，布的有条纹的衫子，玄色的裙。她又带了窗外的半枯的槐树的新叶来，使我看见，还有挂在铁似的老干上的一房一房的紫白的藤花。

然而现在呢，只有寂静和空虚依旧，子君却决不再来了，而且永远，永远地！……

子君不在我这破屋里时，我什么也看不见。在百无聊赖中，随手抓过一本书来，科学也好，文学也好，横竖什么都一样；看下去，看下去，忽而自己觉得，已经翻了十多页了，但是毫不记得书上所说的事。只是耳朵却分外地灵，仿佛听到大门外一切往来的履声，从中便有子君的，而且橐橐地逐渐临近，——但是，往往又逐渐渺茫，终于消失在别的步声的杂沓中了。我憎恶那不像子君鞋声的穿布底鞋的长班[4]的儿子，我憎恶那太像子君鞋声的常常穿着新皮鞋的邻院的搽雪花膏的小东西！

莫非她翻了车[5]么？莫非她被电车撞伤了么？……

我便要取了帽子去看她，然而她的胞叔就曾经当面骂过我。

蓦然，她的鞋声近来了，一步响于一步，迎出去时，却已经走过紫藤棚下，脸上带着微笑的酒窝。她在她叔子的家里大约并未受气；我的心宁帖了，默默地相视片时之后，破屋里便渐渐充满了我的语声，谈家庭专制，谈打破旧习惯，谈男女平等，谈伊孛生，谈泰戈尔，谈雪莱……。她总是微笑点头，两眼里弥漫着稚气的好奇的光泽。壁上就钉着一张铜板的雪莱半身像，是从杂志上裁下来的，是他的最美的一张像。当我指给她看时，她却只草草一看，便低了头，似乎不好意思了。这些地方，子君就大概还未脱尽旧思想的束缚，——我后来也想，倒不如换一张雪莱淹死在海里的记念像或是伊孛生的罢；但也终于没有换，现在是连这一张也不知那里去了。

"我是我自己的，他们谁也没有干涉我的权利！"

这是我们交际了半年，又谈起她在这里的胞叔和在家的父亲时，她默想了一会之后，分明地，坚决地，沉静地说了出来的话。其时是我已经说尽了我的意见，我的身世，我的缺点，很少隐瞒；她也完全了解的了。这几句话很震动了我的灵魂，此后许多天还在耳中发响，而且说不出的狂喜，知道中国女性，并不如厌世家所说那样的无法可施，在不远的将来，便要看见辉煌的曙色的。

送她出门，照例是相离十多步远；照例是那鲇鱼须的老东西的脸又紧帖在脏的窗玻璃上了，连鼻尖都挤成一个小平面；到外院，照例又是明晃晃的玻璃窗里的那小东西的脸，加厚的雪花膏。她目不邪视地骄傲地走了，没有看见；我骄傲地回来。

"我是我自己的，他们谁也没有干涉我的权利！"这彻底的思想就在她的脑里，比我还透澈，坚强得多。半瓶雪花膏和鼻尖的小平面，于她能算什么东西呢？

我已经记不清那时怎样地将我的纯真热烈的爱表示给她。岂但现在，那时的事后便已模胡，夜间回想，早只剩了一些断片了；同居以后一两月，便连这些断片也化作无可追踪的梦影。我只记得那时以前的十几天，曾经很仔细地研究过表示的态度，排列过措辞的先后，以及倘或遭了拒绝以后的情形。可是临时似乎都无用，在慌张中，身不由己地竟用了在电影上见过的方法了。后来一想到，就使我很愧恧，但在记忆上却偏只有这一点永远留遗，至今还如暗室的孤灯一般，照见我含泪握着她的手，一条腿跪了下去……。

不但我自己的，便是子君的言语举动，我那时就没有看得分明；仅知道她已经允许我了。但也还仿佛记得她脸色变成青白，后来又渐渐转作绯红，——没有见过，也没有再见的绯红；孩子似的眼里射出悲喜，但是夹着惊疑的光，虽然力避我的视线，张皇地似乎要破窗飞去。然而我知道她已经允许我了，没有知道她怎样说或是没有说。

她却是什么都记得：我的言辞，竟至于读熟了的一般，能够滔滔背诵；我的举动，就如有一张我所看不见的影片挂在眼下，叙述得如，很细微，自然连那使我不愿再想的浅薄的电影的一闪。夜阑人静，是相对温习的时候了，我常是被质问，被考验，并且被命复述当时的言语，然而常须由她补足，由她纠正，像一个丁等的学生。

这温习后来也渐渐稀疏起来。但我只要看见她两眼注视空中，出神似的凝想着，于是神色越加柔和，笑窝也深下去，便知道她又在自修旧课了，只是我很怕她看到我那可笑的电影的一闪。但我又知道，她一定要看见，而且也非看不可的。

然而她并不觉得可笑。即使我自己以为可笑，甚而至于可鄙的，她也毫不以为可笑。这事我知道得很清楚，因为她爱我，是这样地热烈，这样地纯真。

去年的暮春是最为幸福，也是最为忙碌的时光。我的心平静下去了，但又有别一部分和身体一同忙碌起来。我们这时才在路上同行，也到过几回公园，最多的是寻住所。我觉得在路上时时遇到探索，讥笑，猥亵和轻蔑的眼光，一不小心，便使我的全身有些瑟缩，只得即刻提起我的骄傲和反抗来支持。她却是大无畏的，对于这些全不关心，只是镇静地缓缓前行，坦然如入无人之境。

寻住所实在不是容易事，大半是被托辞拒绝，小半是我们以为不相宜。起先我们选择得很苛酷，——也非苛酷，因为看去大抵不象是我们的安身之所；后来，便只要他们能相容了。看了二十多处，这才得到可以暂且敷衍的处所，是吉兆胡同一所小屋里的两间南屋；主人是一个小官，然而倒是明白人，自住着正屋和厢房。他只有夫人和一个不到周岁的女孩子，雇一个乡下的女工，只要孩子不啼哭，是极其安闲幽静的。

我们的家具很简单，但已经用去了我的筹来的款子的大半；子君还卖掉了她唯一的金戒指和耳环。我拦阻她，还是定要卖，我也就不再坚持下去了；我知道不给她加入一点股份去，她是住不舒服的。

和她的叔子，她早经闹开，至于使他气愤到不再认她做侄女；我也陆续和几个自以为忠告，其实是替我胆怯，或者竟是嫉妒的朋友绝了交。然而这倒很清静。每日办公散后，虽然已近黄昏，车夫又一定走得这样慢，但究竟还有二人相对的时候。我们先是沉默的相视，接着是放怀而亲密的交谈，后来又是沉默。大家低头沉思着，却并未想着什么事。我也渐渐清醒地读遍了她的身体，她的灵魂，不过三星期，我似乎于她已经更加了解，揭去许多先前以为了解而现在看来却是隔膜，即所谓真的隔膜了。

子君也逐日活泼起来。但她并不爱花，我在庙会[6]时买来的两盆小草花，四天不浇，枯死在壁角了，我又没有照顾一切的闲暇。然而她爱动物，也许是从官太太那里传染的罢，不一月，我们的眷属便骤然加得很多，四只小油鸡，在小院子里和房主人的十多只在一同走。但她们却认识鸡的相貌，各知道那一只是自家的。还有一只花白的叭儿狗，从庙会买来，记得似乎原有名字，子君却给它另起了一个，叫作阿随。我就叫它阿随，但我不喜欢这名字。

这是真的，爱情必须时时更新，生长，创造。我和子君说起这，她也领会地点点头。

唉唉，那是怎样的宁静而幸福的夜呵！

安宁和幸福是要凝固的，永久是这样的安宁和幸福。我们在会馆里时，还偶有议论的冲突和意思的误会，自从到吉兆胡同以来，连这一点也没有了；我们只在灯下对坐的怀旧谭中，回味那时冲突以后的和解的重生一般的乐趣。

子君竟胖了起来，脸色也红活了；可惜的是忙。管了家务便连谈天的工夫也没有，何况读书和散步。我们常说，我们总还得雇一个女工。

这就使我也一样地不快活，傍晚回来，常见她包藏着不快活的颜色，尤其使我不乐的是她要装作勉强的笑容。幸而探听出来了，也还是和那小官太太的暗斗，导火线便是两家的小油鸡。但又何必硬不告诉我呢？人总该有一个独立的家庭。这样的处所，是不能居住的。

我的路也铸定了，每星期中的六天，是由家到局，又由局到家。在局里便坐在办公桌前钞，钞，钞些公文和信件；在家里是和她相对或帮她生白炉子[7]，煮饭，蒸馒头。我的学会了煮饭，就在这时候。

但我的食品却比在会馆里时好得多了。做菜虽不是子君的特长，然而她于此却倾注着全力；对于她的日夜的操心，使我也不能不一同操心，来算作分甘共苦。况且她又这样地终日汗流满面，短发都粘在脑额上；两只手又只是这样地粗糙起来。

况且还要饲阿随，饲油鸡，……都是非她不可的工作。

我曾经忠告她：我不吃，倒也罢了；却万不可这样地操劳。她只看了我一眼，不开口，神色却似乎有点凄然；我也只好不开口。然而她还是这样地操劳。

我所豫期的打击果然到来。双十节[8]的前一晚，我呆坐着，她在洗碗。听到打门声，我去开门时，是局里的信差，交给我一张油印的纸条。我就有些料到了，到灯下去一看，果然，印着的就是——

> 奉
>
> 局长谕史涓生着毋庸到局办事
>
> 秘书处启　十月九号

这在会馆里时，我就早已料到了；那雪花膏便是局长的儿子的赌友，一定要去添些谣言，设法报告的。到现在才发生效验，已经要算是很晚的了。其实这在我不能算是一个打击，因为我早就决定，可以给别人去钞写，或者教读，或者虽然费力，也还可以译点书，况且《自由之友》的总编辑便是见过几次的熟人，两月前还通过信。但我的心却跳跃着。那么一个无畏的子君也变了色，尤其使我痛心；她近来似乎也较为怯弱了。

"那算什么。哼，我们干新的。我们……。"她说。

她的话没有说完；不知怎地，那声音在我听去却只是浮浮的；灯光也觉得格外黯淡。人们真是可笑的动物，一点极微末的小事情，便会受着很深的影响。我们先是默默地相视，逐渐商量起来，终于决定将现有的钱竭力节省，一面登"小广告"去寻求钞写和教读，一面写信给《自由之友》的总编辑，说明我目下的遭遇，请他收用我的译本，给我帮一点艰辛时候的忙。

"说做，就做罢！来开一条新的路！"

我立刻转身向了书案，推开盛香油的瓶子和醋碟，子君便送过那黯淡的灯来。我先拟广告；其次是选定可译的书，迁移以来未曾翻阅过，每本的头上都满漫着灰尘了；最后才写信。

我很费踌蹰，不知道怎样措辞好，当停笔凝思的时候，转眼去一瞥她的脸，在昏暗的灯光下，又很见得凄然。我真不料这样微细的小事情，竟会给坚决的，无畏的子君以这么显著的变化。她近来实在变得很怯弱了，但也并不是今夜才开始的。我的心因此更缭乱，忽然有安宁的生活的影像——会馆里的破屋的寂静，在眼前一闪，刚刚想定睛凝视，却又看见了昏暗的灯光。

许久之后，信也写成了，是一封颇长的信；很觉得疲劳，仿佛近来自己也较为怯弱了。于是我们决定，广告和发信，就在明日一同实行。大家不约而同地伸直了腰肢，在无言中，似乎又都感到彼此的坚忍崛强的精神，还看见从新萌芽起来的将来的希望。

外来的打击其实倒是振作了我们的新精神。局里的生活，原如鸟贩子手里的禽鸟一般，仅有一点小米维系残生，决不会肥胖；日子一久，只落得麻痹了翅子，即使放出笼外，早已不能奋飞。现在总算脱出这牢笼了，我从此要在新的开阔的天空中翱翔，趁我还未忘却了我的翅子的扇动。

小广告是一时自然不会发生效力的；但译书也不是容易事，先前看过，以为已经懂得的，一动手，却疑难百出了，进行得很慢。然而我决计努力地做，一本半新的字典，不到半月，边上便有了一大片乌黑的指痕，这就证明着我的工作的切实。《自由之友》的总编辑曾经说过，他的刊物是决不会埋没好稿子的。

可惜的是我没有一间静室，子君又没有先前那么幽静，善于体帖了，屋子里总是散乱着碗碟，弥漫着煤烟，使人不能安心做事，但是这自然还只能怨我自己无力置一间书斋。然而又加以阿随，加以油鸡们。加以油鸡们又大起来了，更容易成为两家争吵的引线。

加以每日的"川流不息"的吃饭；子君的功业，仿佛就完全建立在这吃饭中。吃了筹钱，筹来吃饭，还要喂阿随，饲油鸡；她似乎将先前所知道的全都忘掉了，也不想到我的构思就常常为了这催促吃饭而打断。即使在坐中给看一点怒色，她总是不改变，仍然毫无感触似的大嚼起来。

使她明白了我的作工不能受规定的吃饭的束缚，就费去五星期。她明白之后，大约很不高兴罢，可是没有说。我的工作果然从此较为迅速地进行，不久就共译了五万言，只要润色一回，便可以和做好的两篇小品，一同寄给《自由之友》去。只是吃饭却依然给我苦恼。菜冷，是无妨的，然而竟不够；有时连饭也不够，虽然我因为终日坐在家里用脑，饭量已经比先前要减少得多。这是先去喂了阿随了，有时还并那近来连自己也轻易不吃的羊肉。她说，阿随实在瘦得太可怜，房东太太还因此嗤笑我们了，她受不住这样的奚落。

于是吃我残饭的便只有油鸡们。这是我积久才看出来的，但同时也如赫胥黎[9]的论定"人类在宇宙间的位置"一般，自觉了我在这里的位置：不过是叭儿狗和油鸡之间。

后来，经多次的抗争和催逼，油鸡们也逐渐成为肴馔，我们和阿随都享用了十多日的鲜肥；可是其实都很瘦，因为它们早已每日只能得到几粒高粱了。从此便清静得多。只有子君很颓唐，似乎常觉得凄苦和无聊，至于不大愿意开口。我想，人是多么容易改变呵！

但是阿随也将留不住了。我们已经不能再希望从什么地方会有来信，子君也早没有一点食物可以引它打拱或直立起来。冬季又逼近得这么快，火炉就要成为很大的问题；它的食量，在我们其实早是一个极易觉得的很重的负担。于是连它也留不住了。

倘使插了草标[10]到庙市去出卖，也许能得几文钱罢，然而我们都不能，也不愿这样做。终于是用包袱蒙着头，由我带到西郊去放掉了，还要追上来，便推在一个并不很深的土坑里。

我一回寓，觉得又清静得多多了；但子君的凄惨的神色，却使我很吃惊。那是没有见过的神色，自然是为阿随。但又何至于此呢？我还没有说起推在土坑里的事。

到夜间，在她的凄惨的神色中，加上冰冷的分子了。

"奇怪。——子君，你怎么今天这样儿了？"我忍不住问。

"什么？"她连看也不看我。

"你的脸色……。"

"没有什么，——什么也没有。"

我终于从她言动上看出，她大概已经认定我是一个忍心的人。其实，我一个人，是容易生活的，虽然因为骄傲，向来不与世交来往，迁居以后，也疏远了所有旧识的人，然而只要能远走高飞，生路还宽广得很。现在忍受着这生活压迫的苦痛，大半倒是为她，便是放掉阿随，也何尝不如此。但子君的识见却似乎只是浅薄起来，竟至于连这一点也想不到了。

我拣了一个机会，将这些道理暗示她；她领会似的点头。然而看她后来的情形，她是没有懂，或者是并不相信的。

天气的冷和神情的冷，逼迫我不能在家庭中安身。但是，往那里去呢？大道上，公园里，虽然没有冰冷的神情，冷风究竟也刺得人皮肤欲裂。我终于在通俗图书馆里觅得了我的天堂。

那里无须买票；阅书室里又装着两个铁火炉。纵使不过是烧着不死不活的煤的火炉，但单是看见装着它，精神上也就总觉得有些温暖。书却无可看：旧的陈腐，新的是几乎没有的。

好在我到那里去也并非为看书。另外时常还有几个人，多则十余人，都是单薄衣裳，正如我，各人看各人的书，作为取暖的口实。这于我尤为合式。道路上容易遇见熟人，得到轻蔑的一瞥，但此地却决无那样的横，因为他们是永远围在别的铁炉旁，或者靠在自家的白炉边的。

那里虽然没有书给我看，却还有安闲容得我想。待到孤身枯坐，回忆从前，这才觉得大半年来，只为了爱，——盲目的爱，——而将别的人生的要义全盘疏忽了。第一，便是生活。人必生活着，爱才有所附丽。世界上并非没有为了奋斗者而开的活路；我也还未忘却翅子的扇动，虽然比先前已经颓唐得多……。

屋子和读者渐渐消失了，我看见怒涛中的渔夫，战壕中的兵士，摩托车[11]中的贵人，洋场[12]上的投机家，深山密林中的豪杰，讲台上的教授，昏夜的运动者和深夜的偷儿……。子君，——不在近旁。她的勇气都失掉了，只为着阿随悲愤，为着做饭出神；然而奇怪的是倒也并不怎样瘦损……。

冷了起来，火炉里的不死不活的几片硬煤，也终于烧尽了，已是闭馆的时候。又须回到吉兆胡同，领略冰冷的颜色去了。近来也间或遇到温暖的神情，但这却反而增加我的苦痛。记得有一夜，子君的眼里忽而又发出久已不见的稚气的光来，笑着和我谈到还在会馆时候的情形，时时又很带些恐怖的神色。我知道我近来的超过她的冷漠，已经引起她的忧疑来，只得也勉力谈笑，想给她一点慰藉。然而我的笑貌一上脸，我的话一出口，却即刻变为空虚，这空虚又即刻发生反响，回向我的耳目里，给我一个难堪的恶毒的冷嘲。

子君似乎也觉得的，从此便失掉了她往常的麻木似的镇静，虽然竭力掩饰，总还是时时露出忧疑的神色来，但对我却温和得多了。

我要明告她，但我还没有敢，当决心要说的时候，看见她孩子一般的眼色，就使我只得暂且改作勉强的欢容。但是这又即刻来冷嘲我，并使我失却那冷漠的镇静。

她从此又开始了往事的温习和新的考验，逼我做出许多虚伪的温存的答案来，将温存示给她，虚伪的草稿便写在自己的心上。我的心渐被这些草稿填满了，常觉得难于呼吸。我在苦恼中常常想，说真实自然须有极大的勇气的；假如没有这勇气，而苟安于虚伪，那也便是不能开辟新的生路的人。不独不是这个，连这人也未尝有！

子君有怨色，在早晨，极冷的早晨，这是从未见过的，但也许是从我看来的怨色。我那时冷冷地气愤和暗笑了；她所磨炼的思想和豁达无畏的言论，到底也还是一个空虚，而对于这空虚却并未自觉。她早已什么书也不看，已不知道人的生活的第一着是求生，向着这求生的道路，是必须携手同行，或奋身孤往的了，倘使只知道捶着一个人的衣角，那便是虽战士也难于战斗，只得一同灭亡。

我觉得新的希望就只在我们的分离；她应该决然舍去，——我也突然想到她的死，然而立刻自责，忏悔了。幸而是早晨，时间正多，我可以说我的真实。我们的新的道路的开辟，便在这一遭。

我和她闲谈，故意地引起我们的往事，提到文艺，于是涉及外国的文人，文人的作品：《诺拉》，《海的女人》。称扬诺拉的果决……。也还是去年在会馆的破屋里讲过的那些话，但现在已经变成空虚，从我的嘴传入自己的耳中，时时疑心有一个隐形的坏孩子，在背后恶意地刻毒地学舌。

她还是点头答应着倾听，后来沉默了。我也就断续地说完了我的话，连余音都消失在虚空中了。

"是的。"她又沉默了一会，说，"但是，……涓生，我觉得你近来很两样了。可是的？你，——你老实告诉我。"

我觉得这似乎给了我当头一击，但也立即定了神，说出我的意见和主张来：新的路的开辟，新的生活的再造，为的是免得一同灭亡。

临末，我用了十分的决心，加上这几句话——

"……况且你已经可以无须顾虑，勇往直前了。你要我老实说；是的，人是不该虚伪的。我老实说罢：因为，因为我已经不爱你了！但这于你倒好得多，因为你更可以毫无挂念地做事……。"

我同时豫期着大的变故的到来，然而只有沉默。她脸色陡然变成灰黄，死了似的；瞬间便又苏生，眼里也发了稚气的闪闪的光泽。这眼光射向四处，正如孩子在饥渴中寻求着慈爱的母亲，但只在空中寻求，恐怖地回避着我的眼。

我不能看下去了，幸而是早晨，我冒着寒风径奔通俗图书馆。

在那里看见《自由之友》，我的小品文都登出了。这使我一惊，仿佛得了一点生气。我想，生活的路还很多，——但是，现在这样也还是不行的。

我开始去访问久已不相闻问的熟人，但这也不过一两次；他们的屋子自然是暖和的，我在骨髓中却觉得寒冽。夜间，便蜷伏在比冰还冷的冷屋中。

冰的针刺着我的灵魂，使我永远苦于麻木的疼痛。生活的路还很多，我也还没有忘却翅子的扇动，我想。——我突然想到她的死，然而立刻自责，忏悔了。

在通俗图书馆里往往瞥见一闪的光明，新的生路横在前面。她勇猛地觉悟了，毅然走出这冰冷的家，而且，——毫无怨恨的神色。我便轻如行云，漂浮空际，上有蔚蓝的天，下是深山大海，广厦高楼，战场，摩托车，洋场，公馆，晴明的闹市，黑暗的夜……。

而且，真的，我豫感得这新生面便要来到了。

我们总算度过了极难忍受的冬天，这北京的冬天；就如蜻蜓落在恶作剧的坏孩子的手里一般，被系着细线，尽情玩弄，虐待，虽然幸而没有送掉性命，结果也还是躺在地上，只争着一个迟早之间。

写给《自由之友》的总编辑已经有三封信，这才得到回信，信封里只有两张书券[13]：两角的和三角的。我却单是催，就用了九分的邮票，一天的饥饿，又都白挨给于己一无所得的空虚了。

然而觉得要来的事，却终于来到了。

这是冬春之交的事，风已没有这么冷，我也更久地在外面徘徊；待到回家，大概已经昏黑。就在这样一个昏黑的晚上，我照常没精打采地回来，一看见寓所的门，也照常更加丧气，使脚步放得更缓。但终于走进自己的屋子里了，没有灯火；摸火柴点起来时，是异样的寂寞和空虚！

正在错愕中，官太太便到窗外来叫我出去。

"今天子君的父亲来到这里，将她接回去了。"她很简单地说。

这似乎又不是意料中的事，我便如脑后受了一击，无言地站着。

"她去了么？"过了些时，我只问出这样一句话。

"她去了。"

"她，——她可说什么？"

"没说什么。单是托我见你回来时告诉你，说她去了。"

我不信；但是屋子里是异样的寂寞和空虚。我遍看各处，寻觅子君；只见几件破旧而黯淡的家具，都显得极其清疏，在证明着它们毫无隐匿一人一物的能力。我转念寻信或她留下的字迹，也没有；只是盐和干辣椒，面粉，半株白菜，却聚集在一处了，旁边还有几十枚铜元。这是我们两人生活材料的全副，现在她就郑重地将这留给我一个人，在不言中，教我借此去维持较久的生活。

我似乎被周围所排挤，奔到院子中间，有昏黑在我的周围；正屋的纸窗上映出明亮的灯光，他们正在逗着孩子玩笑。我的心也沉静下来，觉得在沉重的迫压中，渐渐隐约地现出脱走的路径：深山大泽，洋场，电灯下的盛筵；壕沟，最黑最黑的深夜，利刃的一击，毫无声响的脚步……。

心地有些轻松，舒展了，想到旅费，并且嘘一口气。

躺着，在合着的眼前经过的豫想的前途，不到半夜已经现尽；暗中忽然仿佛看见一堆食物，这之后，便浮出一个子君的灰黄的脸来，睁了孩子气的眼睛，恳托似的看着我。我一定神，什么也没有了。

但我的心却又觉得沉重。我为什么偏不忍耐几天，要这样急急地告诉她真话的呢？现在她知道，她以后所有的只是她父亲——儿女的债主——的烈日一般的严威和旁人的赛过冰霜的冷眼。此外便是虚空。负着虚空的重担，在严威和冷眼中走着所谓人生的路，这是怎么可怕的事呵！而况这路的尽头，又不过是——连墓碑也没有的坟墓。

我不应该将真实说给子君，我们相爱过，我应该永久奉献她我的说谎。如果真实可以宝贵，这在子君就不该是一个沉重的空虚。谎语当然也是一个空虚，然而临末，至多也不过这样地沉重。

我以为将真实说给子君，她便可以毫无顾虑，坚决地毅然前行，一如我们将要同居时那样。但这恐怕是我错误了。她当时的勇敢和无畏是因为爱。

我没有负着虚伪的重担的勇气，却将真实的重担卸给她了。她爱我之后，就要负了这重担，在严威和冷眼中走着所谓人生的路。

我想到她的死……。我看见我是一个卑怯者，应该被摈于强有力的人们，无论是真实者，虚伪者。然而她却自始至终，还希望我维持较久的生活……。

我要离开吉兆胡同，在这里是异样的空虚和寂寞。我想，只要离开这里，子君便如还在我的身边；至少，也如还在城中，有一天，将要出乎意表地访我，像住在会馆时候似的。

然而一切请托和书信，都是一无反响；我不得已，只好访问一个久不问候的世交去了。他是我伯父的幼年的同窗，以正经[14]出名的拔贡[15]，寓京很久，交游也广阔的。

大概因为衣服的破旧罢，一登门便很遭门房的白眼。好容易才相见，也还相识，但是很冷落。我们的往事，他全都知道了。

"自然，你也不能在这里了，"他听了我托他在别处觅事之后，冷冷地说，"但那里去呢？很难。——你那，什么呢，你的朋友罢，子君，你可知道，她死了。"

我惊得没有话。

"真的？"我终于不自觉地问。

"哈哈。自然真的。我家的王升的家，就和她家同村。"

"但是，——不知道是怎么死的？"

"谁知道呢。总之是死了就是了。"

我已经忘却了怎样辞别他，回到自己的寓所。我知道他是不说谎话的；子君总不会再来的了，像去年那样。她虽是想在严威和冷眼中负着虚空的重担来走所谓人生的路，也已经不能。她的命运，已经决定她在我所给与的真实——无爱的人间死灭了。

自然，我不能在这里了；但是，"那里去呢？"

四围是广大的空虚，还有死的寂静。死于无爱的人们的眼前的黑暗，我仿佛一一看见，还听得一切苦闷和绝望的挣扎的声音。

我还期待着新的东西到来。无名的，意外的。但一天一天，无非是死的寂静。

我比先前已经不大出门，只坐卧在广大的空虚里，一任这死的寂静侵蚀着我的灵魂。死的寂静有时也自己战栗，自己退藏，于是在这绝续之交，便闪出无名的，意外的，新的期待。

一天是阴沉的上午，太阳还不能从云里面挣扎出来，连空气都疲乏着。耳中听到细碎的步声和咻咻的鼻息，使我睁开眼。大致一看，屋子里还是空虚；但偶然看到地面，却盘旋着一匹小小的动物，瘦弱的，半死的，满身灰土的……。

我一细看，我的心就一停，接着便直跳起来。

那是阿随。它回来了。

我的离开吉兆胡同，也不单是为了房主人们和他家女工的冷眼，大半就为着这阿随。但是，“那里去呢？”新的生路自然还很多，我约略知道，也间或依稀看见，觉得就在我面前，然而我还没有知道跨进那里去的第一步的方法。

经过许多回的思量和比较，也还只有会馆是还能相容的地方。依然是这样的破屋，这样的板床，这样的半枯的槐树和紫藤，但那时使我希望，欢欣，爱，生活的，却全都逝去了。只有一个虚空，我用真实去换来的虚空存在。

新的生路还很多，我必须跨进去，因为我还活着。但我还不知道怎样跨出那第一步。有时，仿佛看见那生路就像一条灰白的长蛇，自己蜿蜒地向我奔来，我等着，等着，看看临近，但忽然便消失在黑暗里了。

初春的夜，还是那么长。长久的枯坐中记起上午在街头所见的葬式，前面是纸人纸马，后面是唱歌一般的哭声。我现在已经知道他们的聪明了，这是多么轻松简截的事。

然而子君的葬式却又在我的眼前，是独自负着虚空的重担，在灰白的长路上前行，而又即刻消失在周围的严威和冷眼里了。

我愿意真有所谓鬼魂，真有所谓地狱，那么，即使在孽风怒吼之中，我也将寻觅子君，当面说出我的悔恨和悲哀，祈求她的饶恕；否则，地狱的毒焰将围绕我，猛烈地烧尽我的悔恨和悲哀。

我将在孽风和毒焰中拥抱子君，乞她宽容，或者使她快意……。

但是，这却更虚空于新的生路；现在所有的只是初春的夜，竟还是那么长。我活着，我总得向着新的生路跨出去，那第一步，——却不过是写下我的悔恨和悲哀，为子君，为自己。

我仍然只有唱歌一般的哭声，给子君送葬，葬在遗忘中。

我要遗忘；我为自己，并且要不再想到这用了遗忘给子君送葬。

我要向着新的生路跨进第一步去，我要将真实深深地藏在心的创伤中，默默地前行，用遗忘和说谎做我的前导……。

（一九二五年十月二十一日毕。）

# 注释

[1]《伤逝》作于1925年10月21日。1926年9月收入小说集《彷徨》，此前未在报刊上发表过。

[2]“会馆”：中国明清时期由各省及一些府县先后在京设立的供同乡官僚、缙绅、科举之士和工商业者居停聚会之处。本文中的会馆所指的不是一个地理上确定的单位，而是一个关系到小说主人公生活的公会。

[3]“胡同”：指狭窄的巷道。

[4]“长班”：旧时官员的随身仆人，也用来称呼一般的听差。

[5]“翻了车”：这里指的是当年的“人力车”，即由人拉的二轮车，这种车一旦失去平衡，容易翻车。

[6]“庙会”：又称“庙市”，旧时在节日或规定的日子，设在寺庙或

其附近的集市。

[ 7 ]“白炉子”：北京一带称用石膏、石棉和耐火黏土做成的小炉子，常为白色或浅灰色。

[ 8 ]“双十节”：1911年10月10日晚，同盟会领导的革命力量在湖北武昌发动武装起义并取得了胜利。随后，满清的封建统治崩溃，中国人民历史性地推翻封建帝制，成立了革命政府，中华民国诞生。此次革命被称为“辛亥革命”，10月10日定为中华民国国庆日，同时纪念武昌起义。这一天也称为双十节。

[ 9 ]赫胥黎（T. Huxley，1825—1895）：英国生物学家。他的《人类在宇宙间的位置》是宣传达尔文的进化论的重要著作。

[10]“草标”：旧时在被卖的人或物品上插置的草杆，作为出卖的标志。

[11]“摩托车”：早年社会上对小汽车的称呼。

[12]“洋场”：旧时帝国主义国家在上海有一些租界，洋货充斥，被称为“十里洋场”。许多外国人居住在那里，他们以上海为基地，通过竞争、勒索和掠夺，在中国市场上牟取暴利，并从事危害中国国家利益的勾当。

[13]“书券”：购书用的代价券，可按券面金额到指定书店选购。旧时有的报刊用它代替现金支付稿酬。

[14]“正经”：指儒家经典。

[15]“拔贡”：根据清朝科举考试制度，在规定的年份（每6年，后改为每12年），府、州、县级当局选择一两名秀才，进贡入北京国子监，被称为“贡生”。从此，他们开始有被指定为低级官员的先决条件。

# Lamento por el amor ido[1]

Notas de Juansheng

Si puedo, escribiré mi remordimiento y tristeza, por Zijun y, por mí mismo.

El tabuco en el rincón olvidado de la Casa del Gremio[2] se encontraba tan tranquilo y vacío. El tiempo voló muy rápido. Desde que amé a Zijun y confié en ella para librarme de este silencio y vacío se ha cumplido un año completo. Y fue tan inoportuno que cuando volví aquí, el único hospedaje disponible fuera precisamente este mismo, que todavía tenía la misma ventana rota, el mismo árbol de sófora medio seco y las viejas glicinias fuera de la ventana, frente a la cual estaba la misma mesa cuadrada, así como las mismas paredes gastadas y la misma cama de tabla contra la pared. Acostado solo en la cama en la medianoche, me sentí como si me hallara antes de haber cohabitado con Zijun, la vida de los días del año pasado fuera completamente eliminada, que nunca hubiera existido, no me hubiera mudado desde este viejo tabuco, ni tampoco hubiera creado una pequeña familia llena de esperanza en el Jizhao Hutong (callejón de

---

① Este artículo fue escrito el 21 de octubre de 1925 e incluido en *Vacilando* en septiembre de 1926, sin ser publicado previamente en ninguna prensa.

② "La Casa del Gremio": En las dinastías Ming y Qing, las provincias y algunas ciudades y distritos establecieron en Beijing sus casas gremiales para alojamiento y reunión de los burócratas, funcionarios y empresarios hidalgos conterráneos que venían a Beijing. La Casa del Gremio en este artículo no se refiere a una unidad geográficamente definitiva, sino una institución a que concierne a la vida del protagonista de la novela.

augurio auspicioso)③.

Además, no solo fue así. Un año antes, el silencio y vacío no eran como ahora, porque a menudo contenía expectativa, que era esperar la llegada de Zijun. En la ansiedad por tanta espera, cuando escuchaba el claro sonido de los golpes de la punta del tacón de los zapatos de cuero en el camino de ladrillos, ¡cómo me hacía tan animado de repente! Entonces veía su pálida cara redonda con los hoyuelos de risa, los pálidos brazos delgados y la camisa a rayas de tela, así como la falda negra rojiza. Traía otra vez las hojas frescas de la media seca sófora fuera de la ventana para mi apreciación, y también racimo y racimo de las flores de glicinia blancas y violáceas colgadas en los troncos tan viejos como de hierro.

Pero ahora, solo el silencio y el vacío se quedaban como del pasado, en cambio, Zijun nunca vendría, jamás, ¡para siempre!

Cuando Zijun no estaba en este cuartito mío, yo no podía ver nada. En medio del aburrimiento sin rumbo, agarraba un libro al azar, que fuese de ciencia o de literatura, daría igual con todo tema; lo leí, y seguía leyendo, de repente, sentí haber ojeado más de diez páginas, pero no recordé ni lo mínimo de lo que decía el libro. Solo el oído era excepcionalmente sensible. Parecía poder captar todo sonido de pasos de las idas y vueltas, y entre ellos habría los pasos de Zijun. Los sonidos de "tuo, tuo, tuo" estaban aproximándose, pero comúnmente se alejaban distantes y vagos poco a poco, y finalmente desaparecían entre otros ruidos confundibles de pasos. Yo odiaba al hijo del lacayo④ que llevaba zapatos con suela de tela cuyo sonido no se parecía al de Zijun, también odiaba a esa mujercilla del patio vecino que usaba la

③ "Hutong": Se refiere a los callejones que forman el casco antiguo de la ciudad de Beijing. Muchos de estos callejones fueron construidos durante las dinastías feudales.

④ "Lacayo": Indica al sirviente cuya principal ocupación era acompañar a su amo en todas las salidas.

crema de copo de nieve y llevaba a menudo nuevos zapatos de cuero, ¡cuyo sonido se parecía demasiado al de Zijun!

¿Acaso se volteara el rickshaw que ella tomaba[5]? ¿Acaso ella se hiriera por colisión de un tranvía?

Entonces, iba a poner el sombrero para salir a verla, pero, su tío paterno me había regañado cara a cara.

De súbito, el sonido de los zapatos suyos se acercaba, cada paso más sonoro que el anterior, y cuando salía a su encuentro, ya había pasado por el cobertizo de glicinias, llevando aquellos hoyuelos de sonrisa en su rostro. Parecía que no había sufrido vejación en la casa de su tío; así que mi corazón se ponía apaciguado y confortado. Después de mirarnos mutuamente en silencio por un instante, este viejo aposento empezaba gradualmente a llenarse de mis voces, hablando de la autocracia familiar, de la ruptura de viejos hábitos, de la igualdad entre hombre y mujer, tratando de Ibsen, de Tigore, de Shelley... Ella siempre sonreía asintiendo con sus cabezadas, con los dos ojos impregnados de curioso lustre infantil. La foto del busto de Shelley grabado en cobre pegada en la pared, cortada de una revista, era la imagen más bella del poeta. Cuando se la enseñé, ella solo le echó una rápida ojeada y bajó la vista, pareciendo avergonzada. En aspectos como este, Zijun no se había librado de los grilletes de los pensamientos viejos. Más tarde yo pensaba que sería mejor cambiar la foto por una de Shelley ahogado en el mar utilizada como recuerdo o por una de Ibsen; pero por fin no la había sustituido, y ahora sin saber ni siquiera dónde quedaría esta última.

"¡Yo pertenezco a mí misma y nadie tiene derecho a intervenir en

⑤ "Rickshaw": Aquí se refiere al rickshaw que era tirada por un solo conductor con sus brazos, y cuando la carga era muy pesada, se perdería el equilibrio y se voltearía el carro fácilmente.

mis asuntos!”

Estas eran las palabras que ella dijo después de meditar un momento y de una manera clara, resuelta y calmada, cuando hablamos de su tío de aquí y de su padre en casa luego de habernos mantenido contactos medio año. Antes de ese momento, yo había expresado toda mi opinión, incluidos mis antecedentes de la vida, mis defectos, casi nada ocultado; y ella por su parte lo había conocido completamente. Estas palabras sacudieron mucho mi alma, y resonaron posteriormente en mis oídos durante muchos días, hasta que tuve un éxtasis indecible, sabiendo que, las mujeres chinas no eran como decían los misántropos que no hubiera ninguna manera de influenciarlas al respecto, sino en un futuro cercano, se podría ver el brillante crepúsculo.

Cuando salía a despedirla hasta fuera de la puerta, como de costumbre nos manteníamos distantes de diez pasos y más; e igualmente de costumbre esa cara con bigotes de bagre del viejo se pegaba al cristal de la ventana sucia, incluso la punta de la nariz estaba apretada en un pequeño plano; al llegar al patio exterior, también de costumbre se veía la cara de esa mujercilla detrás de la ventana de reluciente vidrio, con la crema de copo de nieve espesada. Zijun se iba orgullosamente sin echar miradas de reojo, y no los veía, mientras yo también orgullosamente regresaba.

“¡Yo pertenezco a mí misma, nadie de ellos tiene derecho a intervenir en mis asuntos!” Este pensamiento cabal se había arraigado en su mente, que era más definitiva y más sólida que yo. ¿Qué le importarían ese medio frasco de la crema de copo de nieve y ese pequeño plano de la punta de la nariz?

Ya no recuerdo cómo le expresé en aquel entonces mi puro y apasionado amor a ella, no solo por ahora, sino que más tarde de aquel momento se había tornado borroso, y cuando lo repasé en medianoche, ya se había quedado en unos fragmentos; uno o dos meses después de comenzar la cohabitación, incluso estos fragmentos se convirtieron en sueños imposibles de rastrear. Solo recuerdo que más de diez días antes de ese momento, había estudiado cuidadosamente la forma de expresar, el ajuste de la dicción y la situación posible si acaso fuera rechazado. Sin embargo, todo pareció inútil al llegar el momento y, en medio del nerviosismo, improvisadamente no pude evitar usar el método que había visto en la película. Más tarde, siempre que lo recordaba, me sentía muy avergonzado y arrepentido, pero en mi memoria solo este punto ha quedado preservado para siempre, que se parece a una luz solitaria en el cuarto oscuro hasta ahora, iluminando que yo tomé sus manos, con lágrimas en mis ojos, y me arrodillé con una pierna ante ella...

No solo las mías, sino que también las palabras y las acciones de Zijun, no las vi claramente; solo supe que ella me lo había permitido. Pero también parecía recordar que su rostro se puso pálido, y luego gradualmente se tornó en un carmesí, que nunca lo había visto y tampoco lo vería más tarde; de los ojos infantiles se reflejaron tristeza y alegría, pero mezclada con una mirada sorprendida y dudosa. Aunque se evitaba de mi vista como si tan perturbada y nerviosamente quisiera irse volando por la ventana, yo ya supe que ella me lo había permitido, sin notar cómo lo dijera ella o no dijera nada.

En cambio, ella recordó todo: mis palabras, las tenía como leídas miles deveces incluso podía recitarlas de memoria; y mis acciones, las presentaba como si se colgara ante sus ojos una película invisible para mí, que la narración era muy viva y muy sutil, naturalmente incluyendo esa escena instantánea de la película vulgar que yo no quería recordar de nuevo. En la tranquilidad de la noche avanzada, era tiempo de repasarlo todo, durante el cual yo a menudo era interrogado y probado, además, me ordenaba repetir las palabras de aquel entonces, y muchas veces deberían ser complementadas o corregidas por ella, quedándome como un estudiante de grado D.

Este tipo de repaso se volvía menos frecuente gradualmente. Pero, siempre cuando veía que fijaban sus ojos hacia el cielo, contemplando fascinada, con el semblante más suave y los hoyuelos también más hundidos, entonces yo sabía que estaba revisando nuevamente la vieja clase, solo temía que viera ese momento relampagueante mío tan ridículo como la escena instantánea de la película, pero ella habría de verla, y tendría que verla sin alternativa.

Sin embargo, ella no lo consideraba ridículo, si bien yo mismo lo creía ridículo hasta despreciable, ella tampoco lo tomaba por ser ridículo en ningún sentido. Esto lo sabía yo muy claramente, porque ella me amaba, en un grado tan apasionado, y tan puro.

La tardía primavera del año pasado fue el tiempo más feliz, y a la vez, más ocupado. Mi corazón se había calmado, pero comencé a estar ocupado en otra clase de cosas. Desde ahora empezamos a caminar juntos en la calle, también fuimos varias veces a los parques, y el mayor tiempo fue usado para encontrar un alojamiento. Yo notaba que en el camino encontrábamos miradas indagatorias, burlonas, obscenas y desdeñosas. Por algún descuido accidental, me acurrucaba un poco de timidez por todo el cuerpo y, tenía que convocar inmediatamente a mi orgullo y resistencia para apoyarme, mientras que ella era audaz, no se preocupaba de ninguna de esas cosas, solo adelantaba tranquila y lentamente, tan plácidamente como entrando en un entorno deshabitado.

No era fácil encontrar un lugar para vivir, en la mayoría de los casos éramos rechazados por algún pretexto, y la minoría de los lugares eran donde no creíamos apropiados. Al principio nuestra elección fue bastante exigente, —y no lo fue tanto, porque al parecer no eran lugares donde se podían establecer—, pero más tarde, solo dependía de si nos aceptaran. Después de ver más de veinte sitios, por fin obtuvimos uno donde podíamos aceptar para albergarnos temporalmente. Eran dos aposentos que daban al norte en un patio pequeño en el Jizhao Hutong cuyo dueño era funcionario de nivel bajo, pero era persona racional. Él mismo vivía en la habitación central y los cuartos de ala. Solo tenía una señora y una bebé menos de un año, así como una criada contratada desde el campo, así, con tal de que la bebé no llorara mucho, sería un ambiente extremadamente quieto y ocioso.

Eran simples nuestros muebles, pero estos ya habían gastado la mayor parte de mi dinero recaudado; Zijun también vendió su único anillo y aretes de oro. Traté de detenérselo, pero insistió en venderlos, entonces no me apegaría a eso, porque sabía que si no ofreciera alguna participación, ella estaría incómoda por vivir aquí.

Con su tío, ella se rompió desde hacía tiempo, hasta el punto de que él estuvo tan enojado que ya dejó de reconocerla como su sobrina; yo también había roto sucesivamente las relaciones con varios amigos, quienes se creían darme sinceros consejos, pero en realidad, tenían miedo por mi comportamiento o incluso eran por la envidia. Sin embargo, esto lo dejaba todo muy tranquilo. Después del trabajo diario de la oficina, aunque siempre era cerca del anochecer y el conductor del rickshaw solía andar tan despacio, después de todo tendríamos el momento para vernos cara a cara. Primero mirábamos mutuamente en silencio, en seguida platicábamos íntimamente en una mente abierta, luego en silencio otra vez, ambos meditábamos con la cabeza inclinada, pero sin pensar en nada. También yo había leído gradual y despiertamente todo su cuerpo, y su alma, en menos de tres semanas. Me pareció haber aprendido más sobre ella, y revelado muchos puntos que antes yo creía ser conocidos pero ahora al parecer eran malentendidos como si hubiera diafragmas, o sea, los llamados verdaderos diafragmas.

Zijun también se volvía cada día más vivaz y activa. Pero a ella no le gustaba cuidar las flores. Las dos macetas de flores herbáceas que compré en la feria del templo⑥ no habían sido regadas durante cuatro días y murieron en la esquina de las paredes, pues yo no tenía el tiempo para ocuparme de todo. Sin embargo, ella amaba a los animales, tal vez fuera contagiada por la esposa del oficial. En menos de un mes, el número de miembros de nuestra familia de repente había aumentado mucho. Ya eran cuatro pollos paseando junto con los diez y tantos pollos de los dueños en el pequeño patio. Pero ellas podían distinguir el aspecto de los pollos, y cada quien sabía cuáles eran los suyos. Había un perro faldero blanco moteado de gris que fue comprado en la feria del templo. Recordé que parecía tener un nombre original, pero Zijun le puso otro nombre de Ah Sui. Entonces yo le llamé Ah Sui, pero no me gustó ese nombre.

Esto es cierto, el amor debe actualizarse, crecer y crearse a cada momento. Hablaba de esto con Zijun y ella también lo asentía con entendimiento.

¡Oh, oh, qué noches tan tranquilas y felices eran aquellas!

La tranquilidad y la felicidad podrían solidificarse, y siempre deberían mantener esta tranquilidad y felicidad. Cuando estábamos en la Casa del Distrito Natal, hubo ocasionalmente conflictos de discusión y malentendidos de significado, pero desde entrar en este Jizhao Hutong, ni siquiera ocurrió eso; solo nos quedábamos sentados

---

⑥ "La feria del templo": Es el mercado que se realizaba en los templos en el pasado en días festivos o días prescritos.

frente a frente hundidos en las conversaciones evocadoras bajo la lámpara, recordando la alegría como resucitación de la conciliación después del conflicto.

E incluso Zijun se engordaba y la cara también se volvía rojiza, pero era lástima que estuviera muy ocupada. Al acabar las tareas del hogar, ella ya no tenía tiempo para la plática, y mucho menos para la lectura y el paseo, por lo que siempre hablábamos de contratar una trabajadora.

Y esto me hacía descontento igualmente. Cuando regresaba por la noche, la veía a menudo escondiendo una expresión de infelicidad, y lo que me hacía disgustado especialmente era que ella fingía una sonrisa reacia. Afortunadamente, logré averiguarlo, que no era nada más que por la pelea velada con la esposa del pequeño oficial, y la mecha de pólvora era las pequeñas gallinas de ambas familias. ¿Pero por qué evadía decírmelo? Los individuos siempre deben tener una casa independiente. Lugar como este, no podría ser para habitar.

Mi camino también se había fijado, que consistía en la ruta desde el hogar hasta la oficina y desde la oficina hasta el hogar en los seis días de la semana. En la oficina, me sentaba en el escritorio para copiar, copiando y copiando unos documentos y cartas oficiales; y en casa nos quedábamos cara a cara, o le ayudaba a encender la pequeña estufa blanca⑦, cocer el arroz, hacer panecillos a vapor. Y fue justamente en ese tiempo cuando aprendí a cocer el arroz.

Pero mi comida era mucho mejor que cuando viví en la Casa del Gremio. La cocina no era la aptitud especial de Zijun, pero ella dedicaba toda su fuerza; por su cuidado y atareo diurnos y nocturnos, yo no podía evitar mis ocupaciones junto con ella, como para

---

⑦ "Pequeña estufa blanca": Estufa pequeña hecha de yeso, asbesto y arcilla refractaria, que generalmente era blanca o gris, y se usaba básicamente en hogares de Beijing.

compartir las comodidades y dificultades. Además, todo el día el sudor corría tanto en su cara hasta tenía pegado el corto pelo a su frente; y las manos también se tornaban ásperas.

Además, tenía que alimentar a Ah Sui, y a los pollos... Todo eso era su trabajo ineludible.

Le había aconsejado sinceramente: sin comer así, también estaría bien para mí; pero no tendrás que atarearte tanto de ninguna manera. Ella echó una mirada a mí, sin decir nada, pero parecía un poco triste; no me quedó otra manera que callar. Pero, ella seguía estando ocupada en esta forma.

Llegó efectivamente el golpe que yo preveía. En la víspera del Festival del 10 de Octubre⑧, yo estaba sentado inmóvil, y ella estaba fregando los platos, cuando escuché los toques en la puerta. Fui a abrirla, y vi que era el mensajero de la oficina, quien me entregó una tira de papel mimeografiada, con la que ya tuve el presentimiento. Fui a leerla bajo la lámpara, y ciertamente, estaba impreso lo siguiente:

> Con la orden del director, Shi Juansheng ya no necesitará venir a la oficina por ningún negocio.
>
> Informe de la Secretaría 9 de Octubre

Esto, lo había previsto cuando vivíamos en la Casa del Gremio. Como aquella crema de copo de nieve era compañera de juego por dinero del hijo del director, seguramente ella iba a agregar algunos

---

⑧ "Festival del 10 de octubre": En la noche del 10 de octubre de 1911, las fuerzas revolucionarias dirigidas por Alianza Revolucionaria lanzaron un levantamiento armado en Wuchang, Hubei, y triunfaron. Posteriormente, se derrumbó el gobierno feudal de la dinastía manchú Qing, se derrocó históricamente a la monarquía feudal y se estableció un gobierno revolucionario, entonces nació la República de China. Esta revolución se llama "Revolución Xinhai" o Revolución de 1911, y el 10 de octubre se designa como el Día Nacional y también conmemora el Levantamiento de Wuchang. Así que también se llama el Festival del Doble Décimo.

rumores e intentaba reportarle sobre mi vida, lo cual, acabando de llegar a su efecto pretendido ahora, ya debería ser bastante tarde. En realidad, esto no constituiría un golpe para mí, porque desde hacía tiempo me había decidido a ir a copiar para otros, o dar algunas clases, o traducir algún libro a pesar de costar trabajo, y además, el editor en jefe de *Amigo de la Libertad* era un conocido con quien me había encontrado varias veces, e incluso habíamos cruzado cartas dos meses antes. Sin embargo, mi corazón palpitó precipitadamente, mientras la tan audaz Zijun también había cambiado de color, lo que especialmente me dolió el corazón. Parecía que ella había volviéndose más tímida y débil recientemente.

"¿Qué importa eso? Puf, hagamos algo nuevo. Nosotros..." dijo ella.

Ella no terminó de decir. Sin saber por qué su voz era como flotante para mi oído y la luz de lámpara también parecía penumbrosa excepcionalmente. Las personas somos animales realmente ridículos, por una cosita muy diminuta, nos vimos afectadas muy profundamente. Primero nos miramos frente a frente en silencio, poco a poco empezamos a discutir el asunto, y finalmente decidimos intentar lo máximo para ahorrar el dinero que teníamos. Por un lado publicaríamos "pequeños anuncios" en busca de trabajo para copiar o enseñar, y por otro, escribiríamos al editor en jefe de *Amigo de la Libertad* para explicarle mi encuentro del momento y pedirle que aceptara mi traducción, para que me diera un poco de ayuda en tiempos difíciles.

"¡Una vez decidido, manos a la obra! ¡Vamos a abrir un camino nuevo!"

Inmediatamente me volví hacia el tablero de escritura, empujando a un lado la botella de aceite de sésamo y el platillo de vinagre, y Zijun me entregó esa lámpara de luz tenue. Primero me puse a elaborar un borrador para el anuncio; luego seleccioné un libro que pudiera traducir, y los libros, como no los había hojeado desde la mudanza, todos se quedaban cubiertos de mero polvo; finalmente empecé a escribir la carta.

Me costó mucho la consideración, porque no sabía cómo ajustar la dicción. Cuando dejé de escribir para meditar, eché una mirada hacia ella, cuyo rostro bajo la luz tenue se mostraba muy desolado. Realmente no esperaba que una cosa tan diminuta pudiera dar el cambio tan notable a Zijun, quien era determinada y audaz. De hecho, recientemente ella se había vuelto muy tímida y débil, pero esto tampoco comenzó desde esta noche. Mi corazón se volvió más confuso por esto, y de repente destelló frente a mis ojos una imagen de la vida tranquila, el silencio del viejo aposento de la Casa del Gremio, pero cuando quise enfocar la mirada en ella, vi de nuevo la luz tenue de la lámpara.

Después de mucho rato, finalicé la carta, que era muy larga y por lo que me sentí muy cansado. Parecía que yo también estaba más tímido y débil recientemente. Entonces decidimos que la publicidad y el envío de cartas se despacharan juntos mañana. Entonces ambos enderezamos la cintura y estiramos las piernas al mismo tiempo sin consulta previa, calladitos, pero parecíamos sentir mutuamente el espíritu perseverante e inflexible, y también veíamos la esperanza del futuro desde su germinación reiniciada.

El golpe desde el exterior en realidad revitalizó nuestro espíritu. La vida en la oficina, como un pájaro en manos de un traficante de aves, solo dependía de un poquito de mijo para mantener la supervivencia, que nunca engordaría; después de estar allí mucho tiempo, uno solo se quedaría con las alas paralizadas, si bien se liberara de la jaula, ya no podría aletear a volar. Ahora por fin había salido de esta jaula, iba a despegarme a volar en el nuevo cielo amplio, antes de haber olvidado el aleteo de mis alas.

Los pequeños anuncios naturalmente no serían efectivos en corto tiempo, pero la traducción de libro tampoco era tarea fácil. Lo había leído antes y creía que lo había entendido, pero una vez comenzado, cientos de dudas y dificultades surgieron sucesivamente, así que avanzaba muy lento. Sin embargo, decidí trabajar con esfuerzo. Un diccionario seminuevo, en menos de medio mes, ya se había teñido de una gran mancha negra de dedo en el costado, lo que demostraba lo sólido de mi trabajo. El editor en jefe de *Amigo de la Libertad* decía que su publicación nunca enterraría un buen manuscrito.

Fue una pena que no tuviera una habitación tranquila, mientras que Zijun no estaba tan quieta como antes, ni era tan atenta en consideración hacia mí. La habitación siempre estaba con tazones y platos sueltos y desordenados, y llena del difuso humo de carbón, de modo que uno no pudiera hacer sus cosas con calma, pero esto solo debía atribuir a mi incapacidad de comprar un estudio. Y además, lo del perrito Ah Sui, lo de los pequeños pollos, que habían crecido en tamaño grande como gallinas, todo eso era más fácil de convertirse en la mecha de disputas entre las dos familias.

Más el diario “flujo continuo sin cesar” de comer; el mérito de Zijun parecía radicarse totalmente en el asunto de comer. Al terminar de comer, tenía que recaudar el dinero, al conseguir el dinero, debía preparar la comida; además, también tenía que alimentar a Ah Sui, a las gallinas; tal vez ella se hubiera olvidado de todo lo sabido antes, ni tampoco pudiera advertir que mi idea concebida fuese interrumpida a menudo por este apremio para comer. Aunque, de sentado, le mostraba ocasionalmente un poco de enojo, ella no cambiaba, aún se ponía a masticar en bocadas grandes como si no hubiera ninguna sensación en su mente.

Le costaron cinco semanas para solo hacerle comprender que

mi trabajo no podía someterse a la hora de las comidas prescritas. Podía ser que no estuviera contenta al entenderlo, pero no lo dijo. Y efectivamente, desde entonces mi trabajo comenzó a avanzar algo más rápido dentro de poco tiempo ya cumplí cincuenta mil caracteres chinos, que, con solo un retoque, ya podría enviarse, junto con otros dos ensayos terminados, a la *Amigo de la Libertad*. Solo por el comer todavía me daba la angustia. No importaba estar fríos los platos, pero hasta no eran suficientes; a veces, ni siquiera bastaba el arroz, a pesar de que, sentado todo el día en casa y usando solo el cerebro, mi porción consumida se había reducido mucho más que antes. La causa era que lo había alimentado primero al perrito Ah sui, a veces incluso le ofrecía la carne de carnero que ni siquiera podíamos comer fácilmente nosotros mismos. Zijun dijo que Ah Sui estaba patéticamente delgado, por lo que la señora del propietario se había reído de nosotros, y tal mofa ella no la podía soportar.

Así que los que comían mis residuos solo se quedaban las gallinas. Esto lo noté después de mucho tiempo, y al mismo tiempo llegué a la conclusión de que, como la afirmación sobre "el lugar del hombre en la naturaleza" de Huxley[9], yo me definí la posición mía: no más que estar entre el perro faldero y las gallinas.

Más tarde, después de muchas luchas y apremios, las gallinas se convirtieron poco a poco en platos suntuosos, de los que nosotros y Ah Sui disfrutamos más de diez días; pero de hecho, fueron muy delgadas porque, desde mucho tiempo antes, solo habían podido comer varios granos de sorgo por día. Aquí empezó a quedarse mucho más tranquilo desde entonces. Solo Zijun estaba muy decaída y a

---

⑨ T. Huxley (1825–1895): Biólogo británico. Su libro *Evidencia sobre el lugar del hombre en la naturaleza* es un trabajo importante para promover la teoría de la evolución de Darwin.

menudo parecía sentirse afligida y aburrida, hasta que no tenía ganas de hablar. Pensé, ¡que fácil es cambiarse una persona!

Pero Ah Sui tampoco podría quedarse. Ya no podíamos esperar la llegada de una carta de parte alguna, Zijun tampoco tenía desde mucho antes un poco de comida para estimularle saludar con las patas cruzadas o pararse erguido. El invierno se acercaba tan apresurado que la estufa sería un gran problema; la ingesta de alimentos de Ah Sui era de hecho una carga muy pesada que podíamos haber sentido fácilmente desde hacía mucho tiempo. Así que incluso él tampoco podría quedarse.

Si insertara una paja como etiqueta de venta hecha de hierba[10] en el mercado del templo, podríamos obtener unos pocos wen, pero no podíamos hacerlo, ni siquiera queríamos hacerlo. Finalmente, cubriéndolo con una envoltura de tela, lo llevé a los suburbios del oeste y lo solté para que se marchara, pero volvió a alcanzarme, hasta que tuve que empujarlo en un hoyo de tierra no muy profundo.

Tan pronto como regresé, sentí que el lugar se quedó mucho más tranquilo, pero la mirada lúgubre de Zijun me sorprendió muchísimo. Era una mirada que nunca había visto, y naturalmente, era por Ah Sui, pero ¿cómo fue posible haber llegado a este punto? Y mucho menos, yo todavía no había mencionado el detalle de empujarlo en el hoyo.

Por la noche, en su triste y dolorida mirada se añadió un elemento gélido.

"Qué raro... Zijun, ¿cómo te has quedado así hoy?" no pude resistirme a preguntar.

"¿Qué?" ella ni siquiera me miró.

"Tu semblante..."

---

⑩ "Paja como etiqueta de venta hecha de hierba": Aquí se refiere al popote que se insertaba en la persona o artículo que se vendía como un signo de venta.

"Nada, pero no pasa nada".

Finalmente vi, por sus palabras y acciones, que probablemente ella me había identificado como un hombre duro de corazón. En realidad, estando uno solo, era fácil de vivir para mí. Debido a mi orgullo, nunca me había comunicado con las viejas amistades de generaciones, sobre todo, después de la mudanza, me alejé también de todos los conocidos del pasado; pero con tal de poder ir a las partes distantes volando alto, el camino todavía sería muy amplio. Ahora el sufrimiento de este dolor de presión de la vida era mayoritariamente para ella, incluso después de abandonar a Ah Sui, ¿acaso no por la misma razón? Sin embargo, el conocimiento de Zijun parecía volverse tan somero que ella ni siquiera podía pensar en este punto.

Escogí una oportunidad para insinuarle estas razones, ella asintió con la cabeza como si las entendiera. Pero, al observar sus conductas posteriores, no las entendió, o no las creyó.

El frío del tiempo y lo gélido del semblante me forzaban a no poder estar apacible en esta casa. ¿Pero adónde iría? En la avenida, o en el parque, aunque no había un semblante frío, el viento glacial también apuñalaba la piel hasta agrietarla. Finalmente conseguí un paraíso para mí en la biblioteca popular.

Allí no se necesitaba comprar boletos y había dos estufas de hierro en la sala de lectura. Aunque eran solo estufas con carbón quemando medio muerto y medio vivo, solo de verlas instaladas, siempre te sentirías un poco cálido. En cuanto a los libros, no había legibles, los viejos eran añejos y decaídos, y casi no había libros nuevos.

Lo bueno era que yo iba allí no con el objeto de leer. Además, a menudo había otras personas también, a lo mucho más de diez, quienes también llevaban ropa delgada, igual que yo, y cada persona miraba su libro como el pretexto para calentarse, y esto era muy conveniente para mí. En el camino sería fácil encontrarte con algunos conocidos y recibir miradas de desprecio, pero en este lugar nunca había ese tipo de arrogancia, porque ellos eran los que siempre rodeaban otra estufa de hierro, o se apoyaban al lado de la estufa blanca de su propia posición.

Allí no contaba con libros adecuados para mi lectura, pero sí había un ambiente ocioso y quieto que me permitía pensar. Cuando me senté a solas y recordé el pasado, advertí que desde más de medio año atrás, solo por el amor —y un amor ciego— yo había ignorado todo el resto de lo esencial de la vida. La primera cosa es vivir. Una persona, solo cuando estuviera en vida, su amor tendría adonde pudiera apegarse. No era que en el mundo no hubiera caminos de vivir abiertos para los luchadores; yo todavía no había olvidado el aleteo de mis alas, aunque estaban mucho más decadentes que antes...

La sala y los lectores desaparecían gradualmente: yo veía a pescadores en las furiosas olas, a soldados en las trincheras, a nobles en las motocicletas[11], a especuladores extranjeros en la metrópolis[12], a héroes en los espesos bosques de las profundas montañas, a profesores en la cátedra, a deportistas nocturnos y ladrones de medianoche... En cuanto a Zijun, ella no estaba a mi lado. Su coraje se había perdido, solo estaba triste por Ah Sui y obsesionada por cocinar; pero, curiosamente, no se había adelgazado mucho.

Cuando sentí frío, los varios trozos de carbón duro medio muertos en la estufa se quedaron extinguidos finalmente y llegó la hora de cierre, tendría que volver al Jizhao Hutong y apreciar su

---

⑪ "Motocicletas": Se refiere a los automóviles en aquel tiempo, que eran muy escasos y caros, y solo los ricachones y nobles podían usarlos.

⑫ "La metrópolis": En el tiempo pasado, había unas áreas de concesión de países imperialistas en Shanghai, donde vivían muchos extranjeros, quienes usaban Shanghai como base para sacar intereses exorbitantes en el mercado chino, recurriendo a competición, chantaje y saqueo.

semblante helado. Recientemente, había encontrado de vez en cuando miradas cálidas, lo que, en cambio, aumentaba mi sufrimiento. Recordé que una noche, los ojos de Zijun de repente brillaron luces infantiles que no se habían visto durante mucho tiempo, hablando sonriente de los días cuando vivíamos en la Casa del Gremio, pero presentando de momento a momento algunas miradas horribles. Sabía que mi indiferencia más fría que ella había causado su recelo y preocupación, así que yo tenía que hablar y reír a regañadientes para darle algún consuelo. Pero, cuando la sonrisa subió a mi cara y las palabras salieron de mi boca, en seguida se quedaron como un vacío, y este vacío trajo repercusiones inmediatas, que volvieron a mis ojos y oídos, lo que me dio una burla embarazada y malévola.

Parecía que Zijun también lo había sentido, y comenzó a perder su habitual calma casi entumecida. Aunque hacía todo lo posible para disimularse, a menudo mostraba una mirada de recelo y preocupación, pero era mucho más suave conmigo que antes.

Quería decírselo en forma franca, pero todavía no me atrevía. Cuando estaba decidido a decirlo, podía ver sus ojos como los de una infantil, lo que me hacía cambiarlo a una sonrisa renuente. Pero esto volvía a burlarse de mí inmediatamente y me hacía perder la calma indiferente.

Desde entonces, ella volvió a llevar a cabo el repaso del pasado y la prueba nueva, obligándome a hacer muchas respuestas tiernas e hipócritas, y después de mostrarle mi ternura y consideración, el borrador de la hipocresía se quedaba escrito en mi corazón, donde estaba gradualmente lleno de tales esbozos, por lo que a menudo me cuesta respirar. En medio de la angustia a menudo pensaba que, naturalmente, era necesario tener un gran coraje para decir la verdad; si no contara con este coraje y se quedara momentáneamente acomodado con la hipocresía, sería una persona que no pudiera abrir nuevos caminos de la vida. ¡No solo que no fuera como este, ni siquiera hubiera existido esta persona!

Por la mañana, que era una mañana muy fría, Zijun mostró algún resentimiento, expresión que nunca se había visto, pero tal vez fuera un resentimiento desde mi perspectiva. En aquel entonces, yo estuve fríamente enfadado y reí en secreto; sus templados pensamientos y audaces comentarios de mente abierta se quedaron al fin y al cabo en un vacío, pero del cual ella no estaba consciente. No había leído ningún libro desde hacía mucho, tampoco sabía que lo primero en la vida de una persona fuera buscar vivir, y hacia este camino de buscar vivir, habría que ir de la mano, o avanzar por sí solo; si solo supiera agarrar el borde de la ropa de otra persona, resultaría difícil para esta última luchar pese a ser un soldado, y solo les tocaría morir juntos.

Creía que la nueva esperanza solo residiría en nuestra separación; a ella la debería abandonar decididamente. De repente pensé en su muerte, pero en seguida me reproché a mí mismo, y me arrepentí. Afortunadamente, era por la mañana, habría mucho tiempo, podría decir mis ideas verdaderas, sobre la apertura de nuestro nuevo camino, entonces yo debería hacer esto aprovechando esta oportunidad.

Comencé charlas ociosas con ella, en las que conducía deliberadamente a nuestro pasado, mencionando la literatura y el arte, con referencia a los literatos extranjeros y sus obras: *Nora*, *La mujer del mar*, elogiando lo firme de la decisión de Nora... Eran todavía las mismas palabras que yo decía el año pasado en el viejo tabuco de la Casa del Gremio, pero por ahora se habían quedado en el vacío, que se transmitían de mi boca llegando a mis oídos, y entre tanto, siempre sospechaba haber un chico malo invisible aprendiendo maliciosamente mi lengua por detrás.

Ella mantuvo escuchando, con las cabezadas como respuesta, pero luego cayó en silencio. Así, terminé mis palabras de manera intermitente, e incluso las voces restantes desaparecieron en el vacío.

"Sí," dijo después de otro silencio, "pero... Juansheng, siento que has sido muy diferente que antes. ¿Verdad? Tú, dímelo honestamente".

Sentí esto como un golpe dado en mi frente, pero de inmediato me concentré en mí mismo y expuse mis opiniones y propuestas: cómo abrir el camino nuevo, cómo crear la vida nueva, con el fin de evitar morir juntos.

Al final, dediqué la plena determinación para añadir estas palabras:

"... además, ya puedes dejar las preocupaciones y avanzar con toda valentía. Quieres que yo sea honesto; sí, una persona no debe ser hipócrita. Déjame decirlo honestamente: ¡porque, porque ya no te amo! Pero esto será mucho mejor para ti, porque aún más podrás hacer tus cosas sin ninguna preocupación..."

En ese momento, estaba esperando un evento explosivo, pero solo hubo silencio. Su rostro de repente se volvió gris y amarillo, como si estuviera muerta; y en un instante se resucitó, sus ojos de nuevo emitieron brillos infantiles, que radiaban hacia los alrededores, como si una bebé en sed y hambre buscara su bondadosa y afectuosa madre, pero solo la buscaba en el aire, evitando pánicamente las miradas mías.

No pude continuar contemplándola. Gracias a que era en la mañana, en contra del viento frío fui derecho a la biblioteca popular.

Allí vi la revista *Amigo de la Libertad*, en la que había salido todos mis ensayos, lo cual me sorprendió como si obtuviera un poco de vigor. Pensé, la vida tendría muchas más salidas todavía, pero vivir como así todavía no sería una solución.

Empecé a visitar a personas conocidas con que no había

comunicado desde hacía mucho tiempo, pero fue no más que de una o dos veces; sus casas eran naturalmente cálidas, pero yo sentía frío desde la médula ósea. De noche me acurrucaba en una cámara fría, más fría que el hielo.

El hielo pinchaba como aguja a mi alma, haciéndome sufrir siempre un dolor entumecido. Todavía había muchos caminos para la vida, y no había olvidado el aleteo de mis alas, creía. De repente pensé en su muerte, pero inmediatamente me reproché y me arrepentí.

En la biblioteca popular, a menudo se captaba de vistazo un destello de luz, un nuevo camino de vida se presenta transversal por delante. Ella se volvería iluminada con todo valor, y saldría resueltamente de esta casa fría, además, sin ningún semblante de resentimiento. Entonces, yo estaría tan ligero como una nube, flotando en el aire, arriba sería el cielo azul, y abajo serían profundas montañas e inmensos mares, altos y majestuosos edificios, campos de batalla, motocicletas, metrópolis infestada de aventureros extranjeros, grandes mansiones, claras calles con mucha animación, así como las noches oscuras...

Además, de veras, presentía que esta innovada situación llegaría pronto.

Por fin, habíamos pasado el invierno extremadamente insoportable, el invierno en Beijing, que era igual a una libélula caída en la mano de un malo niño de broma pesada, que la ataba con líneas finas, la jugaba y maltrataba a voluntad, aunque, por fortuna, todavía no hubiera perdido la vida, al fin y al cabo se quedaría tirada en el suelo, cosa de forcejeo de lo temprano a lo tarde.

Las cartas para el editor en jefe de *Amigo de la Libertad* que se habían enviado fueron tres, y hasta ahora acabó de llegar la respuesta:

solo había dos cupones de libros[13] en el sobre, uno de veinte centavos y otro de treinta, pero solo para apremiar la respuesta, me habían costado nueve centavos las estampas, y ahora, aguanté esta hambre de todo un día en vano otra vez para este vacío que nada me había traído.

Sin embargo, el asunto que presentía por venir finalmente llegó.

Fue durante el turno del invierno a la primavera, el viento ya no era tan frío y yo había deambulado más tiempo afuera. Cuando debí regresar a casa, probablemente ya estaba oscureciendo. En una noche tan oscura, volví apático y desanimado como de siempre, y al ver la puerta de mi hogar, me sentí aún más frustrado e hice más lentos mis pasos; pero por fin entré en mi propio cuarto. No había luz y cuando busqué el fósforo a tientas y lo encendí, ¡me cubrió de una extraña soledad y vacío!

En medio de lo asombrado y atontado, la señora del oficial vino a la ventana para llamarme a salir.

"Hoy, el padre de Zijun vino aquí y la recogió de regreso," dijo brevemente.

Pero pareció que esto tampoco fuera de lo esperado, y sentí como si recibiera un golpe en la nuca, parado allí sin palabras.

"¿Se ha ido?" después de un rato, solo lancé una pregunta como tal.

"Se fue".

"Y ella, ¿ha dicho algo?"

"No dijo nada. Solo me encargó decirle a usted que ella se había ido, cuando yo le viera de regreso".

No lo creí, pero en la casa reinaba una excepcional soledad y

---

⑬ "Cupones de libros": Indica el cupón para la compra de libros, que se podía comprar en la librería designada según el monto del cupón. En los viejos tiempos de China, algunos periódicos lo usaban en lugar de pagar en efectivo.

vaciedad. Busqué en todas partes para encontrar a Zijun, y solo vi algunas piezas de muebles gastadas y sombrías, que todas parecían muy simples y escasas, demostrando que no eran capaces de ocultar a ninguna persona o cosa. Cambié de idea para buscar alguna carta o escrito que ella dejó, pero tampoco encontré nada, solo la sal, pimientos secos, harina de trigo y mitad de repollo chino que estaban juntados en un solo lugar, y al lado había docenas de monedas de cobre, las que eran el total de material para la vida de los dos. Ahora ella dejó esto solemnemente para mí solo, enseñándome, en forma sin palabra, a mantener una subsistencia relativamente larga.

Me pareció ser apretado y empujado por los alrededores, corrí al centro del patio, donde me envolvió la oscuridad; en las ventanas de papel de la habitación principal se reflejaban las brillantes luces, fue que estaban divirtiendo a la niña jugando y riendo. Entonces, mi corazón también se puso calmado, sintiendo que bajo la pesada presión, poco a poco emergió vagamente el camino para liberarme y salir adelante: las profundas montañas, las inmensas aguas, la metrópolis llena de aventureros extranjeros, las suntuosas cenas bajo las luces eléctricas; las zanjas, las más oscuras pero más oscuras noches, la puñalada de cuchilla aguda, los pasos sin ningún ruido...

Mi corazón su puso un poco aliviado, desplegado y cómodo, luego pensé en el costo de viajes, y solté un suspiro.

Seguía acostado, en mis ojos cerrados pasaban los diferentes casos previstos en el futuro, los cuales habían desaparecido todos antes de la medianoche; y en la oscuridad, de repente parecí ver un montón de comida, y luego, asomó la cara amarilla grisácea de Zijun, quien, con sus ojos infantiles, me miró como si me lo encargara sinceramente. Pero cuando me recuperé en la atención, no hubo nada.

Sin embargo, mi corazón volvió a sentirse pesado. ¿Por qué no pude aguantar esto durante unos días, sino que le dije las verdaderas palabras tan precipitadamente? Ahora ella sabía que todo lo que pudiera tener en el futuro sería la imponente severidad como el ardiente sol de su padre, el acreedor de sus hijos, y las miradas más frías que el hielo y escarcha de los demás. Fuera de eso, todo sería un vacío. ¡Qué horrible sería el recorrido del llamado camino de la vida humana en medio de la imponente severidad y las frías miradas! Y además, al final de este camino, no sería nada más que una tumba, que ni siquiera tuviera una lápida.

No debí decirle la verdad a Zijun, habíamos estado enamorados. Yo debería contribuirle a ella mis mentiras para siempre. Si la verdad pudiera ser preciosa, esto no debería ser un vacío pesado para Zijun. La mentira era, por supuesto, también un vacío, pero finalmente, al máximo no sería más pesado como esto.

Creí que si yo le dijera la verdad a Zijun, ella podría librarse de toda preocupación y avanzar decididamente, tal como cuando íbamos a cohabitar. Pero este fue probablemente mi error, su valentía e intrepidez en ese momento se motivaron del amor.

No tuve el coraje de soportar la carga de la hipocresía, pero pasé esta pesada carga de la verdad a ella. Desde enamorarse de mí, ella comenzó a soportar esta carga para recorrer el llamado camino de la vida humana en medio de la imponente severidad y las frías miradas.

Pensé alguna vez en su muerte... Vi que yo era un tipo vil y cobarde, y debería ser excluido de las personas fuertes, tanto las verdaderas como las hipócritas, mientras que ella, desde el comienzo hasta el final, siempre esperaba que yo mantuviera una subsistencia bastante larga...

Quise dejar el Jizhao Hutong, porque aquí reinaban un extraño vacío y soledad. Pensaba, con tal de que me fuera de aquí, me parecería que Zijun se encontrara a mi lado todavía; al menos si aún estuviera en esta ciudad, tal vez algún día me visitaría inesperadamente, como en los días cuando vivía en la Casa del Gremio.

Sin embargo, todas las peticiones y encargos así como cartas habían quedado sin respuesta; no tenía otra alternativa que visitar a un viejo amigo de generaciones, quien fue compañero de clase de mi tío mayor en la infancia y un "estudiante imperial seleccionado"⑭ famoso por el aprendizaje de las "Ortodoxas Obras Clásicas", o sea, *Analectas de Confucio*, y como había estado en Beijing durante mucho tiempo, contaba con amplios contactos y amistades.

Probablemente debido a lo gastada que fue mí ropa, una vez llegué a la puerta, sufrí la mirada muy desdeñosa del portero con el blanco de sus ojos. Me costó bastante esfuerzo para poder verlo. Aún me reconoció, pero muy frío. Respecto a lo ocurrido del pasado de nosotros, él se había enterado de todo.

"Naturalmente, ya no puedes seguir estando aquí," dijo después de escucharme pedirle que me buscara algún trabajo en otra parte. "¿Pero adónde vas? Es difícil. Y de ti, qué será, ¿tu amiga? Zijun, a ver si lo sabes, que ella ya ha muerto".

Me sorprendió tanto que no encontré palabras.

"¿De verdad?" por fin pregunté inconscientemente.

"Ajá, por supuesto es verdad. Wang Sheng que trabaja en mi casa proviene de la misma aldea de ella".

"Pero, ¿si sabe cómo murió?"

"¿Quién lo sabe? En fin, ha muerto de todos modos".

---

⑭ "Estudiante imperial seleccionado": Según el sistema de la dinastía Qing, en los años estipulados (en cada seis años, luego en cada 12 años), las autoridades del nivel distrital y arriba seleccionaron uno o dos Letrado-talentos (xiucai) para ingresar al Instituto Imperial en Beijing, los que se llamaban "Estudiante imperial seleccionado", quienes empezaban a tener privilegio de ser designados como funcionarios de nivel bajo.

Olvidé cómo despedirme de él y regresé a mi residencia. Sabía que él no era gente de mentir; Zijun jamás volvería, como el año pasado. Aunque ella hubiera querido asumir la pesada carga del vacío en medio de la imponente severidad y las frías miradas para recorrer el llamado camino de la vida humana, ya no pudo. Su destino determinó que ella muriera en la verdad que yo le había dado: el mundo humano sin amor.

Naturalmente, ya no puedo estar aquí, pero "¿adónde voy?"

En los alrededores era el inmenso vacío, y el silencio de la muerte. La oscuridad ante los ojos de las personas que murieron por no tener amor, parecía que yo la veía, y escuchaba todos los sonidos de forcejeos en angustia y desesperación.

También esperaba la llegada de cosas nuevas. Innominadas, inesperadas. Pero día a día, era nada más que el silencio de la muerte.

No salía de casa tan frecuente como antes, solo sentado y acostado en el vasto vacío, y dejaba que este silencio de muerte erosionara mi alma. El silencio de la muerte a veces también temblaba por su propia cuenta y se retiraba a esconderse, por lo que en este momento clave entre la interrupción y la continuación, destellaba una expectativa innominada, inesperada y nueva.

En la sombría mañana de un día, cuando el sol todavía no había salido con forcejeos de la nube, e incluso el aire todavía estaba fatigado, escuché menudos pasos y respiración jadeante en mis oídos, lo que me hizo abrir los ojos. Miré a grandes rasgos, el cuarto estaba todavía vacío; pero miré por casualidad hacia el suelo, donde estaba un animalito acurrucado, delgado y débil, medio muerto, cubierto de polvo...

Al mirarlo atentamente, mi corazón dejó de latir y luego salté en alto.

Fue Ah Sui. Él estuvo de vuelta.

Abandoné el Jizhao Hutong, no solo por las frías miradas de los propietarios y su criada, sino que la mayor causa fue por este Ah Sui. Sin embargo, “¿Adónde iré?” Todavía habría muchos caminos nuevos para la vida. Lo sabía más o menos, y a veces también los vislumbraba vagamente. Tenía la sensación de que se presentaban en frente de mí, pero, aún no sabía cómo dar la primera zancada para entrar allí.

Después de muchas veces de ponderación y comparación, solo la Casa del Gremio era el lugar donde pudiera cobijar. Todavía eran el mismo aposento en mal estado, la misma cama de tabla, el mismo árbol de sófora medio seco y las viejas glicinias, pero había desaparecido todo aquello que me hizo sentir esperanza, alegría, amor y la vida en ese momento. Solo se quedó un vacío, y la existencia de este vacío la intercambié con la verdad.

Todavía habría muchos caminos nuevos para vivir, y tendría que entrar en uno, porque estaba aún vivo. Pero seguía sin saber cómo dar la primera zancada. A veces, parecía ver el camino para la vida como una larga serpiente blanca grisácea, zigzagueando ella misma hacia mí, mientras yo la esperaba, esperaba, al verla acercándose, de repente desapareció en la oscuridad.

La noche en principios de la primavera era todavía tan larga como siempre. Cuando estaba sentado aburridamente sin hacer nada durante mucho rato, me acordé de la ceremonia funeraria que había visto en la calle por la mañana. Por delante, la gente llevó hombres y caballos hechos de papel, seguidos de los llantos como cantos. Ahora ya supe lo inteligente que era la gente, ¡qué ligero y simple fue el asunto!

Sin embargo, la ceremonia funeraria de Zijun también surgió ante mis ojos, en la cual ella fue sola asumiendo la pesada carga del vacío, avanzando en el largo camino blanco grisáceo y de inmediato desapareció entre la imponente severidad y las frías miradas que la rodeaban.

Yo deseo que de veras existan los llamados fantasmas, y que de veras haya el llamado infierno, entonces, si bien en medio de los rugidos del viento maléfico, buscaré a Zijun, y hablaré frente a ella de mi remordimiento y mi tristeza para pedir su perdón, de lo contrario, las venenosas llamas del infierno me rodearán y quemarán completamente mi remordimiento y mi tristeza.

Abrazaré a Zijun en medio del viento maléfico y las venenosas llamas para rogar su tolerancia, o hacerle sentir agrado...

Sin embargo, esto es aún más vacío que el nuevo camino de vida; lo que tengo ahora solo es la noche de principios de la primavera, pero que es todavía tan larga como siempre. Como yo estoy vivo, de todo modo tengo que dar pasos hacia el nuevo camino de la vida, y esa primera zancada, ha de ser nada más que escribir mi remordimiento y tristeza, por Zijun, y por mí mismo.

Lo que tengo todavía es solo mi llanto igual como canto, con lo que efectúo el funeral de Zijun, y la entierro en el olvido.

Quiero olvidar; esto es para mí mismo, y no quiero utilizar más este olvido para efectuar el funeral de Zijun.

Voy a dar la primera zancada hacia el nuevo camino de la vida, ocultando la verdad profundamente en el trauma de mi corazón, avanzaré en silencio, y usaré el olvido y la mentira como mi vanguardia...

21 de octubre de 1925

# 从百草园到三味书屋[1]

我家的后面有一个很大的园，相传叫作“百草园”。现在是早已并屋子一起卖给朱文公[2]的子孙了，连那最末次的相见也已经隔了七八年，其中似乎确凿只有一些野草；但那时却是我的乐园。

不必说碧绿的菜畦，光滑的石井栏，高大的皂荚树，紫红的桑椹；也不必说鸣蝉在树叶里长吟，肥胖的黄蜂伏在菜花上，轻捷的叫天子（云雀）忽然从草间直窜向云霄里去了。单是周围的短短的泥墙根一带，就有无限趣味。油蛉在这里低唱，蟋蟀们在这里弹琴。翻开断砖来，有时会遇见蜈蚣；还有斑蝥，倘若用手指按住它的脊梁，便会拍的一声，从后窍喷出一阵烟雾。何首乌藤和木莲藤缠络着，木莲有莲房一般的果实，何首乌有拥肿的根。有人说，何首乌根是有像人形的，吃了便可以成仙，我于是常常拔它起来，牵连不断地拔起来，也曾因此弄坏了泥墙，却从来没有见过有一块根像人样。如果不怕刺，还可以摘到覆盆子，像小珊瑚珠攒成的小球，又酸又甜，色味都比桑椹要好得远。

长的草里是不去的，因为相传这园里有一条很大的赤练蛇。

长妈妈[3]曾经讲给我一个故事听：先前，有一个读书人住在古庙里用功，晚间，在院子里纳凉的时候，突然听到有人在叫他。答应着，四面看时，却见一个美女的脸露在墙头上，向他一笑，隐去了。他很高兴；但竟给那走来夜谈的老和尚识破了机关。说他脸上有些妖气，一定遇见“美女蛇”了；这是人首蛇身的怪物，能唤人名，倘一答应，夜间便要来吃这人的肉的。他自然吓得要死，而那老和尚却道无妨，给他一个小盒子，说只要放在枕边，便可高枕而卧。他虽然照样办，却总是睡不着，——当然睡不着的。到半夜，果然来了，沙沙沙！门外像是风雨声。他正抖作一团时，却听得豁的一声，一道金光从枕边飞出，外面便什么声音也没有了，那金光也就飞回来，敛在盒子里。后来呢？后来，老和尚说，这是飞蜈蚣，它能吸蛇的脑髓，美女蛇就被它治死了。

结末的教训是：所以倘有陌生的声音叫你的名字，你万不可答应他。

这故事很使我觉得做人之险，夏夜乘凉，往往有些担心，不敢去看墙上，而且极想得到一盒老和尚那样的飞蜈蚣。走到百草园的草丛旁边时，也常常这样想。但直到现在，总还是没有得到，但也没有遇见过赤练蛇和美女蛇。叫我名字的陌生声音自然是常有的，然而都不是美女蛇。

冬天的百草园比较的无味；雪一下，可就两样了。拍雪人（将自己的全形印在雪上）和塑雪罗汉需要人们鉴赏，这是荒园，人迹罕至，所以不相宜，只好来捕鸟。薄薄的雪，是不行的；总须积雪盖了地面一两天，鸟雀们久已无处觅食的时候才好。扫开一块雪，露出地面，用一支短棒支起一面大的竹筛来，下面撒些秕谷，棒上系一条长绳，人远远地牵着，看鸟雀下来啄食，走到竹筛底下的时候，将绳子一拉，便罩住了。但所得的是麻雀居多，也有白颊的“张飞鸟”[4]，性子很躁，养不过夜的。

这是闰土[5]的父亲所传授的方法，我却不大能用。明明见它们进去了，拉了绳，跑去一看，却什么都没有，费了半天力，捉住的不过三四只。闰土的父亲是小半天便能捕获几十只，装在叉袋里叫着撞着的。我曾经问他得失的缘由，他只静静地笑道：你太性急，来不及等它走到中间去。

我不知道，为什么家里的人要将我送进书塾里去了，而且还是全城中称为最严厉的书塾。也许是因为拔何首乌毁了泥墙罢，也许是因为将砖头抛到间壁的梁家去了罢，也许是因为站在石井栏上跳下来罢，……都无从知道。总而言之：我将不能常到百草园了。Ade[6]，我的蟋蟀们！Ade，我的覆盆子们和木莲们！……

出门向东，不上半里，走过一道石桥，便是我的先生[7]的家了。从一扇黑油的竹门进去，第三间是书房。中间挂着一块扁道：三味书屋[8]；扁下面是一幅画，画着一只很肥大的梅花鹿伏在古树下。没有孔子牌位，我们便对着那扁和鹿行礼。第一次算是拜孔子，第二次算是拜先生。

第二次行礼时，先生便和蔼地在一旁答礼。他是一个高而瘦的老人，须发都花白了，还戴着大眼镜。我对他很恭敬，因为我早听到，他是本城中极方正[9]，质朴，博学的人。

不知从那里听来的，东方朔[10]也很渊博，他认识一种虫，名曰"怪哉"[11]，冤气所化，用酒一浇，就消释了。我很想详细地知道这故事，但阿长是不知道的，因为她毕竟不渊博。现在得到机会了，可以问先生。

"先生，'怪哉'这虫，是怎么一回事？……"我上了生书，将要退下来的时候，赶忙问。

"不知道！"他似乎很不高兴，脸上还有怒色了。

我才知道做学生是不应该问这些事的，只要读书，因为他是渊博的宿儒，决不至于不知道，所谓不知道者，乃是不愿意说。年纪比我大的人，往往如此，我遇见过好几回了。

我就只读书，正午习字，晚上对课[12]。先生最初这几天对我很严厉，后来却好起来了，不过给我读的书渐渐加多，对课也渐渐地加上字去，从三言到五言，终于到七言。

三味书屋后面也有一个园，虽然小，但在那里也可以爬上花坛去折腊梅花，在地上或桂花树上寻蝉蜕[13]。最好的工作是捉了苍蝇喂蚂蚁，静悄悄地没有声音。然而同窗们到园里的太多，太久，可就不行了，先生在书房里便大叫起来：

"人都到哪里去了？！"

人们便一个一个陆续走回去；一同回去，也不行的。他有一条戒尺，但是不常用，也有罚跪的规则，但也不常用，普通总不过瞪几眼，大声道：

"读书！"

于是大家放开喉咙读一阵书，真是人声鼎沸。有念"仁远乎哉我欲仁斯仁至矣"的，有念"笑人齿缺曰狗窦大开"的，有念"上九潜龙勿用”的，有念“厥土下上上错厥贡苞茅橘柚”的……[14]。先生自己也念书。后来，我们的声音便低下去，静下去了，只有他还大声朗读着：

“铁如意，指挥倜傥，一座皆惊呢——；金叵罗，颠倒淋漓噫，千杯未醉嗬——……。[15]”

我疑心这是极好的文章，因为读到这里，他总是微笑起来，而且将头仰起，摇着，向后面拗过去，拗过去。

先生读书入神的时候，于我们是很相宜的。有几个便用纸糊的盔甲套在指甲上做戏。我是画画儿，用一种叫作“荆川纸”的，蒙在小说的绣像[16]上一个个描下来，像习字时候的影写一样。读的书多起来，画的画也多起来；书没有读成，画的成绩却不少了，最成片断的是《荡寇志》和《西游记》的绣像，都有一大本。后来，因为要钱用，卖给一个有钱的同窗了。他的父亲是开锡箔店的，听说现在自己已经做了店主，而且快要升到绅士的地位了。这东西早已没有了罢。

（九月十八日。）

# 注释

[1] 本篇最初发表于1926年10月10日《莽原》半月刊第一卷第十九期。

[2] “朱文公”：即朱熹，宋代最著名的孔子学说追随者之一。“文公”是他去世后的绰号。1919年，鲁迅在绍兴的故居被卖给了一个名叫朱的人，所以这里戏称为“卖给朱文公的子孙”。

[3] “长妈妈”：鲁迅幼时的保姆。“长”这个字不是他的姓，而是鲁家主人和仆人俗定的昵称。按照作者的说法，他通常是因为爱而称呼她“长妈妈”，但有时却因她杀死了他喜爱的动物而心生憎

恶，所以称她为“阿长”。

[4] “张飞鸟”：即鹡鸰（jí líng）。头部圆而黑，前额纯白，形似舞台上张飞的脸谱，所以浙东有的地方叫它“张飞鸟”。

[5] “闰土”：作者小说《故乡》中的人物。在现实生活中，有一个农民，原姓章，名运水，绍兴道墟乡杜浦村（现属上虞县）人。他的父亲名福庆，是个兼做竹匠的农民，常在鲁迅家做短工。

[6] “Ade”：德语方言，“别了，再见”的意思。其读音接近于法语中的addio和西班牙语中的adiós。

[7] “我的先生”：指寿怀鉴（1849—1930），字镜吾，是个秀才。

[8] “三味书屋”：在绍兴作者故居附近。解放后它和百草园辟为绍兴鲁迅纪念馆的一部分。周作人曾写道：“关于三味书屋名称的意义，曾经请教过寿洙邻先生，据说古人有言，‘书有三味’，经如米饭，史如肴馔，子如调味之料，他只记得大意如此，原名以及人物已忘记了。”

[9] “方正”：正直。

[10] 东方朔（公元前154—公元前93）：字曼倩，今山东惠民人。西汉文学家，善辞赋，性诙谐滑稽，后来关于他的传说很多。《史记·滑稽列传》附传中说他“好古传书，爱经术，多所博观外家之语”。

[11] “怪哉”：传说中的一种怪虫，出自《古小说钩沉》。

[12] “对课”：即对对子。旧时私塾教学生练习对仗的一种功课，用虚实平仄的字相对，如“天”对“地”，“雨”对“风”，“桃红”对“柳绿”之类。

[13] “蝉蜕”：蝉的幼虫变为成虫时蜕下的壳，中医入药。

[14] “有念……的，有念……的，有念……的”：这些都是旧时学塾读物中的句子。其中有的是学生念错的句子。这一描述更加反映了课堂上的真实情景。当时在私塾主要是教习认识汉字，记住并背诵经典文字。由于老师并不对其进行详细解释，少儿学生无法完全理解其内容，因此都不会流利地阅读这些句子。

[15]“铁如意，指挥倜傥，一座皆惊呢……”：出自清末刘翰作《李克用置酒三垂岗赋》，是很难念懂的句子，但那时却让小孩子们读。

[16]“绣像”：明清以来附在通俗小说卷首的书中人物白描画像。

# Del Jardín de Cien Plantas al Estudio de Tres Sabores[1]

En la parte de atrás de mi casa hubo un gran jardín conocido, de acuerdo con la leyenda familiar, como Jardín de Cien Plantas. Desde mucho tiempo antes se había vendido junto con la casa a los descendientes del señor Zhu Xi[2], incluso la última vez lo vi hace ya siete u ocho años, en el cual me parecía haber exactamente solo hierbas silvestres, pero en aquella época era mi paraíso.

No hace falta hablar de los bancales vegetales de color verde esmeralda, las lisas barandas del pozo de piedra, los altos árboles de corteza de jabón y la púrpura mora; tampoco se necesita mencionar el incesante canto de las cigarras entre las hojas, las gorditas avispas apoyadas en la coliflor, y la ágil alondra que se lanzaba de repente como una flecha desde entre las hierbas derecho hacia las nubes, solo la estrecha faja al pie del muro de barro alrededor del jardín era una fuente de interés inagotable. Por aquí los bichos de campana estaban tarareando mientras los grillos tocando su violín. Si volteabas un ladrillo roto, podrías encontrar un ciempiés, y a veces también una cantárida. Cuando presionabas su espalda con un dedo, dispararía un grito explosivo emitiendo una ráfaga de humo de los orificios

---

[1] Este artículo se publicó originalmente el 10 de octubre de 1926, en el volumen I, número 19 de la revista bimensual *Planicie Herbazal*.

[2] Zhu Xi: Uno de los seguidores del confucianismo más famosos en la dinastía Song. La antigua casa de la familia de Lu Xun en Shaoxing se vendió a un señor apellidado Zhu en 1919, por lo que aquí dice que fue "vendida a los descendientes del señor Zhu Xi" en un ligero tono de broma.

traseros. Las vides de polygonum multiflorum y las de manglietia estaban entrelazadas, la posterior tenía fruto en forma de la vaina de semilla de loto y el anterior tenía raíces obesas e hinchadas. Se decía que había un tipo de raíz de polygonum multiflorum teniendo la forma de cuerpo humano y si la comieras, te convertirías en un hada inmortal, así que yo solía arrancarlas hacia arriba, pero como estaban implicadas mutuamente, las extraía entrelazadas, por lo cual destruía a veces hasta parte del muro de barro, pero nunca había visto un trozo de raíz en forma de hombre. Si no tuvieses miedo de las espinas podrías recoger frambuesas también. Eran como racimos reunidos de pequeñas cuentas de coral, agrias y dulces, con un color y sabor mucho más fino que las moras.

Entre las hierbas altas no me aventuré nunca, porque decían que habitaba una enorme serpiente carmesí en el jardín.

La mamá Chang[3] me contó una historia: érase una vez, un erudito se alojaba en un antiguo templo dedicándose al estudio. Una noche, mientras disfrutaba del fresco en el patio, de repente oyó a alguien llamándolo. Él respondió, y al mirar a su alrededor, vio una cara de mujer hermosa asomada por el muro, quien le sonrió y luego desapareció. Él se quedaba muy contento, pero inesperadamente el viejo monje que venía por la noche a charlar con él descubrió lo que era la artimaña, y le dijo que en su cara lucía cierto aire demonial por haberse encontrado seguramente con alguna “serpiente de mujer hermosa”, que era un monstruo con cabeza humana y cuerpo de serpiente, que sabía llamar el nombre de la gente. Si le respondiera, vendría la misma noche a comer su carne. El erudito, por supuesto,

③ “Mamá Chang”: Fue la nodriza del autor Lu Xun cuando era niño. El carácter “Chang” no era su apellido, sino un apodo puesto por los amos y criados de la gran familia. De acuerdo con lo que cuenta el autor, le llamaba “Mamá Chang” generalmente por el cariño, pero a veces le llamaba “Ah Chang” para expresar su angustia contra ella por haber matado un animal favorito de él.

se asustó de muerte, pero el viejo monje le dijo que podría evitar el daño. Le dio una cajita y le aseguró que pudiera dormir sin preocuparse solo poniéndola junto a su almohada. Aunque él hizo como el monje había dicho, no pudo dormirse, —desde luego que no—. A la medianoche, ¡de veras llegó el monstruo! Allí sonó un siseo y crujido, como si fuese del viento y lluvia fuera de la puerta. Cuando el estudioso empezó a temblar sin cesar encogiéndose como una bola, oyó un ruido explosivo "¡jo!" con que salió proyectando un rayo de luz dorada por el lado de su almohada, de modo que se calló todo el ruido fuera, luego aquel rayo dorado volvió como una flecha y se redujo en la misma cajita. ¿Y más tarde? Después de eso, el viejo monje dijo que se trataba de un ciempiés volador que podía chupar el meollo de una serpiente, así que la serpiente de la hermosa mujer había sido matada por él.

La lección al final era: si una voz extraña te llama por tu nombre, no debes responder de ninguna manera.

Este cuento me hizo sentir lo peligroso que era para ser un humano. Cuando disfrutaba de la fresca en la noche de verano, a menudo me sentía aprensivo sin atreverme a mirar hacia el muro y anhelaba una cajita con un ciempiés volador como la del viejo monje. Se me ocurría esta idea siempre que pasaba por el borde del Jardín de Cien Plantas. Pero hasta ahora no había conseguido ninguna. Por otro lado tampoco me había encontrado con ninguna serpiente carmesí o serpiente de mujer hermosa. Por supuesto, sí que oía a menudo algunas voces extrañas llamando mi nombre, pero ninguna de ellas era de serpiente de mujer hermosa.

En invierno el jardín resultaba relativamente insípido, pero tan pronto como caía la nieve, ya se veía un fenómeno diferente. El hacer muñeco de nieve (imprimir la forma completa de tu cuerpo en la nieve) o conformar santos budistas de nieve requeriría bastante gente a apreciar, pero aquí se trataba de un jardín desierto adonde los visitantes apenas llegaban, estos juegos eran fuera de lo apropiado. Por lo tanto, solo me quedaba por atrapar pájaros. Si la nieve fuera una capa fina no serviría para nada; el suelo tenía que estar cubierto de nieve durante un día o dos para que los pájaros ya no tuvieran donde buscar comida. Entonces, se barría en medio de la nieve para conseguir un espacio descubierto, soportar un gran tamiz de bambú con un palito corto, debajo del cual se echaban unos granos marchitados, amarrar una cuerda larga y agarrarla desde lejos en espera de los pájaros. Cuando llegaban a picar los granos por debajo del tamiz, de un tiro de la cuerda se los atraparía. Sin embargo, la mayoría de los atrapados eran gorriones, a veces apresaba algún pájaro de Zhang Fei[④], que, de temperamento muy impaciente, no podía sobrevivir más allá de la noche.

Este era el método que me enseñó el padre de mi amigo infantil Runtu[⑤], pero yo no aprendí a usarlo. Los veía entrar allí debajo obviamente, pero siempre cuando tiraba la cuerda y corría hasta allí a ver, nada de presa se hallaba. A menudo, después de costar mucho esfuerzo, no podía agarrar más de tres o cuatro. En cambio, el padre de Runtu podía coger docenas de pájaros en menos de medio día, que, metidos en su saco, gritando y empujándose. Le pregunté una vez el motivo de mi fracaso, él dijo con una sonrisa tranquila: Eres demasiado impaciente, no has esperado que lleguen al centro.

---

④ "Pájaro de Zhang Fei": Se refiere al aguzanieves. La cabeza del pájaro es redonda y negra, y la frente es de color blanco puro. Se parece a la cara de Zhang Fei (personaje marcial de la famosa novela del *Romance de los Tres Reinos*) en el escenario de óperas, por lo que los habitantes en el este de Zhejiang le llaman "pájaro de Zhang Fei".

⑤ "Runtu": Personaje de la novela del autor "Mi tierra natal". En la vida real hubo un trabajador que llevaba el apellido original Zhang, de nombre Yunshui, de la aldea Dupu (ahora distrito de Shangyu) del municipio de Daoxun, Shaoxing. Su padre, de nombre Fu Qing, era un campesino que trabajaba también como artesano del bambú y a menudo trabajaba de jornalero en la casa de Lu Xun.

No sabía por qué mi familia decidió enviarme a un aula privada con un solo tutor, o por qué eligió el aula reputada como la más estricta en la ciudad. Tal vez porque yo hubiera roto el muro de barro cuando arrancaba la fallopia multiflora, tal vez porque hubiera lanzado un ladrillo al patio vecino de la familia Liang, o por haber bajado de la balaustrada saltando, no tenía manera para saberlo. En fin, ya no podría frecuentar el Jardín de Cien Plantas. ¡Ade⑥, mis grillos! ¡Ade, mis frambuesas y mis manglietias!

Saliendo de casa para ir hacia el este, caminaba menos de medio li y después de pasar un puente de piedra, llegaba a la casa de mi maestro⑦. Entraba por una puerta de bambú pintado de negro, y el tercer cuarto era el estudio. En el centro de la pared de frente colgaba un tablero de inscripciones leyéndose: “Estudio de Tres Sabores”⑧, bajo la cual era una pintura de un corpulento venado sika acostado bajo un viejo árbol. No se veía la tableta memorial de Confucio, así saludábamos con dos rondas de inclinaciones ante la inscripción y el ciervo, la primera para Confucio y la segunda para nuestro maestro.

Durante esta, nuestro maestro se paraba a un lado para respondernos el saludo afablemente. Él era un anciano alto y delgado. Su pelo se había tornado gris y llevaba un par de anteojos grandotes. Yo le llevaba mucho respeto porque había oído decir que él era el señor más recto⑨, ingenuo y erudito en esta ciudad.

---

⑥ “Ade”: Dialecto alemán que significa “adiós”, cuya pronunciación es más cercana al francés “addio”.

⑦ “Mi maestro”: Se refiere a Shou Huaijian (1849–1930), cuyo segundo nombre es Jingwu. Fue un Letrado-talentoso calificado.

⑧ “Estudio de Tres Sabores”: Fue una escuela privada de estilo antiguo, situada cerca de la antigua residencia de Lu Xun en Shaoxing. Desde la fundación de la República Popular China, se convirtió en parte del Museo de Lu Xun. Respecto a los “tres sabores” en el nombre del estudio, el segundo hijo del maestro Shou Huaijian dijo que los antiguos los habían definido con las palabras como “‘El libro tiene tres sabores’: las obras clásicas son como arroz, la historia como platos cocinados, los filósofos y sus escuelas son ingredientes”.

⑨ “Recto”: Aquí significa franco, honesto e imparcial.

No se sabía de dónde oí decir, el señor Dongfang Shuo[10] también era muy erudito. Conocía un insecto llamado "Qué extraño" [11], que fue convertido por un chorro de gas generado por un agravio injusto, pero si le echara el vino, se disolvería. Tenía ganas de saber este cuento con sus detalles, pero la nodriza Chang no lo sabía por no ser erudita. Ahora bien, ya tenía la oportunidad de preguntárselo a mi maestro.

"Maestro, ¿cómo es la cosa con el insecto 'Qué extraño'?..." le pregunté apresuradamente, en el momento justo antes de terminar la lección nueva que acababa de iniciar.

"No sé," parecía muy molesto e incluso se le subió la ira a su rostro.

Solo hasta entonces empecé a entender que en calidad de alumno no debería hacer preguntas sobre tales cosas sino solo concentrarme en el estudio. Siendo él un erudito experimentado con profundo conocimiento, no llegaría tan lejos como desconocerlo, y el llamado "no saber" era no querer decirte. Los de edad mayor que yo se comportaban a menudo así, caso con que me había encontrado varias veces.

Así que empecé a dedicarme solamente al estudio durante todo el tiempo, practicaba la caligrafía al mediodía y hacía ejercicio de coplas[12] por la noche. En los primeros días el maestro fue muy severo conmigo, más tarde venía a ser mucho mejor. Sin embargo, poco a poco él aumentaba la asignación de lecturas para mí y también agregaba número de caracteres para formar coplas, de tres a cinco, y

---

⑩ Dongfang Shuo (154–93 a. C.): Su segundo nombre es Man Qian. Natal de Huimin, Shandong, fue un famoso literato de la dinastía Han occidental o antigua Han (206 a. C – 9 d. C), excelente en palabras, humorísticas y divertidas. Existen muchas leyendas sobre él. En la biografía adjunta de *Registros históricos: biografía divertida*, se registró que él era "aficionado a buenos libros antiguos, amaba la literatura clásica del confucianismo y dominaba los idiomas extranjeros".

⑪ "Qué extraño": Se refiere a un insecto extraño en la leyenda cuyo nombre se origina de la *Resucitación de novelas hundidas*.

⑫ "Ejercicio de coplas": Es un tipo de ejercicio en que los alumnos practican emparejar las palabras de frases en sentido opuesto o contrastivo, como "día" versus "tierra", "lluvia" versus "viento", "rosa" versus "sauce" y cosas por el estilo al mismo tiempo tomando en cuenta rimas pareadas.

finalmente a siete.

Detrás del Estudio de Tres Sabores también había un jardín, que era pequeño, pero allí también se podía subir a la terraza para recoger la flor reina de invierno (chimonanthus praecox), o buscar las pieles mudadas de las cigarras⑬ sobre el suelo y en el árbol de osmanthus. La mejor labor era capturar moscas para alimentar a hormigas, para cuando se hacía silencio, sin ningún ruido. No obstante, cuando acudían allí demasiados compañeros y durante mucho rato, no funcionaría, porque el maestro ya nos convocaría en voz alta desde el estudio:

"¿Adónde ha ido todo el mundo?"

Entonces nos deslizábamos regresando uno tras otro; si volviéramos todos juntos, tampoco funcionaría. Él tenía una palmeta, pero no la usaba con frecuencia, y también declaraba la norma de castigo con el arrodillamiento, cosa que tampoco se usaba frecuentemente, por lo general no más que lanzarnos unas miradas clavadas de enojo y exclamar en voz alta:

"¡Seguid leyendo!"

Entonces todos soltamos la garganta leyendo un rato en la cima de nuestras voces, con el rugido de un caldero hirviente. Todos leíamos diferentes textos⑭: unos leían "¿Está la benevolencia lejos? Cuando la busco, me llega de inmediato"; otros leían "Para burlarse de un hombre sin dientes, se puede decir estar abierto el agujero de la perrera"; unos citaban "En el noveno cielo superior el dragón se esconde esperando su momento"; otros recitaban "La tierra bajo el

---

⑬ Cuando la larva se convierte en la cigarra, se deshace de un caparazón, el que se usa como una de las medicinas en la medicina tradicional china.

⑭ Esta descripción refleja vivamente la situación real en el aula. La enseñanza en las aulas privadas de aquella época consistía en conocer los caracteres chinos, recordar y recitar de memoria los textos clásicos. El contenido recitado no se explicaba con frecuencia porque los alumnos infantiles no podían entenderlo completamente. Así que las oraciones siguientes no se podrían leer fluidamente.

cielo está dividida, el grado inferior superior es el superior entre los grados inferiores, mientras lo bueno y lo malo se entremezclan; los bienes que se pagan en tributo incluyen paja, pomelo de naranja, etc."... El maestro mismo también leía. Más tarde, nuestras voces iban disminuyéndose y desapareciendo, mientras que solo él seguía leyendo en voz alta:

"Sosteniendo el cetro de hierro, gracioso para dirigir a beber a sorbidos, de que todos se quedaban sorprendidos; las copas de oro todavía llenas de vino, que se inclinaban vertiendo a mojar el vestido, pero no los harían borrachos ni con miles de copas más..."[15]

Yo suponía que esta sería un artículo sumamente bueno, pues siempre que leía este párrafo sonreía, echaba la cabeza un poco hacia atrás y la sacudía, inclinando la cabeza cada vez más hacia atrás, hasta más atrás.

Cuando el maestro se quedaba en éxtasis leyendo era el momento muy a gusto para nosotros. Unos chicos ponían un espectáculo de teatro de marioneta con los cascos de papel en sus dedos. Mientras tanto, yo solía dibujar, poniendo un tipo de papel llamado "papel de Jingchuan" (que era semitransparente) sobre la portada de un libro de novela, lo trazaba durante mucho rato con un lápiz para trazar las ilustraciones bordadas[16] una por una, tal y como imitábamos los caracteres para practicar la caligrafía.

Cuanto más libros leía, más ilustraciones dibujaba. Nunca me convertí en un buen estudiante, pero los éxitos en el dibujo no eran pocos. Los mejores conjuntos que copié eran dos grandes volúmenes

---

⑮ "Sosteniendo el cetro de hierro, ...": Son versos de una prosa poética titulada "Li Keyong disponía un vino en la colina de Sanchui", escrita por Liu Han a finales de la dinastía Qing. Eran unas oraciones difíciles de leer, pero en ese momento se enseñaban a los niños.

⑯ "Ilustración bordada": Se refiere a retratos de las figuras en el libro de las novelas que eran muy populares en las dinastías Ming y Qing.

de ilustración bordada, uno de *La supresión de los bandidos* y el otro de *Peregrinación al Oeste*. Más tarde, debido a la necesidad de dinero, los vendí a un compañero de familia rica, cuyo padre manejaba una tienda vendiendo las monedas de oropel para el uso funeral. Oí decir que mi compañero ahora ya es el dueño de la tienda y pronto habría subido al rango de hidalgo local. Supongo que aquellos trazos míos han desaparecido desde hace mucho tiempo.

18 de septiembre

# 牺牲谟[1]

## ——“鬼画符”失敬失敬章第十三[2]

“阿呀阿呀，失敬失敬！原来我们还是同志。我开初疑心你是一个乞丐，心里想：好好的一个汉子，又不衰老，又非残疾，为什么不去做工，读书的？所以就不免露出‘责备贤者’[3]的神色来，请你不要见气，我们的心实在太坦白了，什么也藏不住，哈哈！可是，同志，你也似乎太……。

“哦哦！你什么都牺牲了？可敬可敬！我最佩服的就是什么都牺牲，为同胞，为国家。我向来一心要做的也就是这件事。你不要看得我外观阔绰，我为的是要到各处去宣传。社会还太势利，如果像你似的只剩一条破裤，谁肯来相信你呢？所以我只得打扮起来，宁可人们说闲话，我自己总是问心无愧。正如‘禹入裸国亦裸而游’[4]一样，要改良社会，不得不然，别人那里会懂得我们的苦心孤诣。但是，朋友，你怎么竟奄奄一息到这地步了？

“哦哦！已经九天没有吃饭？！这真是清高得很哪！我只好五体投地。看你虽然怕要支持不下去，但是——你在历史上一定成名，可贺之至哪！现在什么‘欧化’‘美化’的邪说横行，人们的眼睛只看见物质，所缺的就是你老兄似的模范人物。你瞧，最高学府的教员们，也居然一面教书，一面要起钱来，[5]他们只知道物质，中了物质的毒了。难得你老兄以身作则，给他们一个好榜样看，这于世道人心，一定大有裨益的。你想，现在不是还嚷着什么教育普及么？教育普及起来，要有多少教员；如果都像他们似的定要吃饭，在这四郊多垒时候，那里来这许多饭？像你这样清高，真是浊世中独一无二的中流砥柱：可敬可敬！你读过书没有？如果读过书，我正要创办一个大学，就请你当教务长去。其实你只要读过‘四书’[6]就好，加以这样品格，已经很够做‘莘莘学子’的表率了。

“不行？没有力气？可惜可惜！足见一面为社会做牺牲，一面也该自己讲讲卫生。你于卫生可惜太不讲究了。你不要以为我的胖头胖脸是因为享用好，我其实是专靠卫生，尤其得益的是精神修养，‘君子忧道不忧贫’[7]呀！但是，我的同志，你什么都牺牲完了，究竟也大可佩服，可惜你还剩一条裤，将来在历史上也许要留下一点白璧微瑕……。

“哦哦，是的。我知道，你不说也明白：你自然连这裤子也不要，你何至于这样地不彻底；那自然，你不过还没有牺牲的机会罢了。敝人向来最赞成一切牺牲，也最乐于‘成人之美’[8]，况且我们是同志，我当然应该给你想一个完全办法，因为一个人最紧要的是‘晚节’，一不小心，可就前功尽弃了！

“机会凑得真好：舍间一个小鸦头，正缺一条裤……。朋友，你不要这么看我，我是最反对人身买卖的，这是最不人道的事。但是，那女人是在大旱灾时候留下的，那时我不要，她的父母就会把她卖到妓院里去。你想，这何等可怜。我留下她，正为的讲人道。况且那也不算什么人身买卖，不过我给了她父母几文，她的父母就把自己的女儿留在我家里就是了。我当初原想将她当作自己的女儿看，不，简直当作姊妹，同胞看；可恨我的贱内是旧式，说不通。你要知道旧式的女人顽固起来，真是无法可想的，我现在正在另外想点法子……。

“但是，那娃儿已经多天没有裤子了，她是灾民的女儿。我料你一定肯帮助的。我们都是‘贫民之友’呵。况且你做完了这一件事情之后，就是全始全终；我保你将来铜像巍巍，高入云表，呵，一切贫民都鞠躬致敬……。

“对了，我知道你一定肯，你不说我也明白。但你此刻且不要脱下来。我不能拿了走，我这副打扮，如果手上拿一条破裤子，别人见了就要诧异，于我们的牺牲主义的宣传会有妨碍的。现在的社会还太胡涂，——你想，教员还要吃饭，——那里能懂得我们这纯洁的精神呢，一定要误解的。一经误解，社会恐怕要更加自私自利起来，你的工作也就‘非徒无益而又害之’[9]了，朋友。

“你还能勉强走几步罢？不能？这可叫人有点为难了，——那么，你该还能爬？好极了！那么，你就爬过去。你趁你还能爬的时候赶紧爬去，万不要‘功亏一篑’。但你须用趾尖爬，膝髁不要太用力；裤子擦着沙石，就要更破烂，不但可怜的灾民的女儿受不着实惠，并且连你的精神都白扔了。先行脱下了也不妥当，一则太不雅观，二则恐怕巡警要干涉，还是穿着爬的好。我的朋友，我们不是外人，肯给你上当的么？舍间离这里也并不远，你向东，转北，向南，看路北有两株大槐树的红漆门就是。你一爬到，就脱下来，对号房说：这是老爷叫我送来的，交给太太收下。你一见号房，应该赶快说，否则也许将你当作一个讨饭的，会打你。唉唉，近来讨饭的太多了，他们不去做工，不去读书，单知道要饭。所以我的号房就借痛打这方法，给他们一个教训，使他们知道做乞丐是要给人痛打的，还不如去做工读书好……。

“你就去么？好好！但千万不要忘记：交代清楚了就爬开，不要停在我的屋界内。你已经九天没有吃东西了，万一出了什么事故，免不了要给我许多麻烦，我就要减少许多宝贵的光阴，不能为社会服务。我想，我们不是外人，你也决不愿意给自己的同志许多麻烦的，我这话也不过姑且说说。

“你就去罢！好，就去！本来我也可以叫一辆人力车送你去，但我知道用人代牛马来拉人，你一定不赞成的，这事多么不人道！我去了。你就动身罢。你不要这么萎靡不振，爬呀！朋友！我的同志，你快爬呀，向东呀！……”

# 注释

[1] 本篇最初发表于1925年3月16日《语丝》周刊第十八期。“谟”：谋划。

［2］“鬼画符”：在古代，人们习惯于桃木板上书写类似狂草的文字，然后钉在大门两旁，藉以驱邪避鬼。因为文字潦草，不易辨识，后遂用“鬼画桃符”讥讽字迹潦草拙劣者。而本文中的“鬼画符”指的是黑市上卖的一张一张的“鬼画符”，由道士所画，也是字迹一团糟。迷信的人将它买回家，贴在墙上，用以驱邪避鬼或求福报等。至于“失敬失敬章第十三”则应理解为某一“鬼画符”的内容。

［3］“责备贤者”：语出《新唐书·太宗本纪》:“《春秋》之法，常责备于贤者。”意思为求全责备。

［4］“禹入裸国亦裸而游”：语出《吕氏春秋·慎大览》:“禹之裸国，裸入衣出。”意为：禹到裸体国去，裸体进去，出来以后再穿衣服。此话用以说明随俗的必要。

［5］指当时曾发生的索薪事件。北洋军阀统治时期，公教人员因薪金常年拖欠不发，生活难以维持，曾联合向反动政府索讨欠薪。当时却出现了一种以为教员要薪水、要吃饭就是不清高的谬论。作者的这段话就是针对这类论调而发的。

［6］“四书”：即儒家经典《大学》《中庸》《论语》《孟子》。参见此译版本《祝福》的注释［10］。

［7］“君子忧道不忧贫”：语见《论语·卫灵公》。指的是君子只忧愁自己的为人，不忧愁是否贫穷。

［8］“成人之美”：语见《论语·颜渊》:“君子成人之美，不成人之恶。”意为：谓君子当促成他人之好事。

［9］“非徒无益而又害之”：语见《孟子·公孙丑》。意为：不但没有益处，而且还有伤害。

# Estratagema del sacrificio[1]

## El Tredécimo del Capítulo de Falta de Respeto del "garabato del fantasma" [2]

"¡Ay, ay, excúsame, es mi falta de respeto! Resulta que hemos sido camaradas. Al principio sospeché que eras un mendigo y pensé: un buen hombre tan normal, no está envejecido ni discapacitado, ¿por qué no va a trabajar, o leer? Por eso, no pude evitar la apariencia de 'reprochar al sabio'[3], por favor no te enojes. Nuestro corazón es demasiado franco y no puede ocultar nada, ¡ja, ja! Pero, camarada, parece que tú estás demasiado...

"¡Eh, eh! ¿Ya te has sacrificado todo? ¡Eres respetable, muy respetable! Lo que yo admiro más es sacrificarlo todo, para los compatriotas, para la nación. Y lo que siempre me he dedicado a hacer de todo corazón es precisamente esto. No mires lo rico que me parezco por fuera, esto es para ir a todas partes a hacer propagandas. Ahora

---

① Este artículo fue publicado originalmente en el número 18 del semanario *Hilo del Lenguaje* el 16 de marzo de 1925. El término "estratagema" está en su uso satírico, que significa "truco" y semejantes cosas.

② "Garabato del fantasma": En la antigüedad, la gente solía escribir palabras en un estilo cursivo excesivamente libre (de la caligrafía china) en tableros de durazno, y luego las clavaban a los lados de la puerta para exorcizar espíritus malignos. Debido a que el texto está garabateado, no es fácil de identificar, y luego se usa la locución de los "melocotones de pintura fantasma" para ridiculizar a los que dejan garabato. Pero en este artículo el autor se refiere a las piezas de papel llamadas "garabatos del fantasma", dibujadas con trazos confusos y vendidas por los sacerdotes taoístas, que decían que eran figuras mágicas para invocar o expulsar espíritus y traer buena o mala fortuna. La gente supersticiosa las compraba y las colocaba en la pared para su propia conjetura. En cuanto al "Tredécimo del Capítulo de Falta de Respeto", debería ser el contenido de un "garabato del fantasma" cualquiera.

③ "Reprochar al sabio": Frase extracta del *Nuevo libro de la dinastía Tang – Biografía del emperador Taizong*, que significa que, en los sabios, la gente común suele encontrar fallas y exigir perfección.

la sociedad todavía es demasiado esnob. Si uno solo se queda con un par de desgastados pantalones como tú, ¿quién creerá en ti? Así que tengo que vestirme bien. Prefiero que la gente cotillee, pero nunca siento ningún remordimiento en mi conciencia. Esto es igual como 'Al entrar en el país acostumbrado a desnudez, el rey Yu también viaja desnudo'④. Si quieres reformar la sociedad, no tienes otra opción que esto. ¿Cómo podrá otra gente entender lo atentos que somos sin que nadie pueda alcanzar? Pero, amigo, ¿por qué has llegado a este punto de los últimos respiros?

"¡Eh, eh! ¿¡Ya no has comido durante nueve días!? ¡Esto es realmente una moral muy pura y elevada! Ante lo cual tengo que prosternarme por el suelo para expresar el profundo respeto. Temo que no puedas sostenerte, pero te harás famoso en la historia, y esto, ¡vale una felicitación máxima! Ahora como las herejías de 'europeización' y 'americanización' corren desenfrenadamente y los ojos de la gente solo se fijan en cosas materiales, lo único que falta es una figura ejemplar como tú, amigo mío. Mira, incluso los profesores de las instituciones de educación superior también exigieron su pago mientras enseñan⑤, porque solo saben de las sustancias y están envenenados por ellas. Es difícil encontrarle a uno como tú, amigo mío, haciéndote modelo con tu propia conducta para darles un buen ejemplo, lo cual contribuye gran beneficio para la moral de la sociedad y la conciencia de la gente. Piensa, ¿no es que están gritando

---

④ "Al entrar en el país acostumbrado a desnudez, el rey Yu también viaja desnudo": Es una versión extracta del libro histórico *Primavera y otoño de Lü: Vista cuidadosa* y la frase original es "al ir a un país acostumbrado a desnudez, Yu entró desnudo y se vistió después de salir", que explica la necesidad de seguir los hábitos locales.

⑤ Se refiere al incidente salarial que ocurrió en ese momento. Durante el dominio de los caudillos militares del norte, los funcionarios públicos y el personal docente de la escuela no pudieron mantener su vida debido a los atrasos salariales durante mucho tiempo. Por tanto, los trabajadores educadores solicitaron conjuntamente el pago de sus salarios al gobierno reaccionario. Sin embargo, surgió una paradoja de creer que maestros no eran de la moral pura y elevada por haber solicitar los salarios y por alimentarse. Este pasaje del autor está criticando el argumento de esta paradoja.

por promover la popularización educativa? ¿Cuántos maestros se requerirán para que la educación se popularice? Si todos necesitan comer como es la norma, en este momento con tantos baluartes de batalla alrededor, ¿cómo podrá suministrarse tan mucha comida? Un hombre tan puro y elevado como tú, realmente una roca pilar única en medio de la corriente del mundo corrompido, ¡lo que vale mi respeto, y mucho respeto! ¿Has tenido educación? En caso de ser educado, justamente voy a establecer una universidad, y te invitaré a ser el preboste. De hecho, estará muy bien con tal de haber leído los Cuatro Libros⑥, ya estará muy bien, y más esta conducta moral, serás suficiente para dar el ejemplo a los 'numerosos estudiantes'.

"¿No? ¿No tienes fuerza? ¡Qué lástima, es una lástima! De aquí se muestra que mientras hacemos sacrificios por la sociedad, también debemos practicar la higiene individual. Lamentablemente eres demasiado laxo con la higiene. No pienses que mi gorda cabeza se deba al buen disfrute, de hecho, me apoyo especialmente en la higiene, ¡sobre todo me he beneficiado del cultivo espiritual, esto es ¡'Un caballero se preocupa por la virtud, no por la pobreza'!⑦ Pero, camarada mío, ya te has sacrificado todo. A fin de cuentas mereces gran admiración. Es lamentable que aún te quedes con un par de pantalones, lo que probablemente dejará una leve mancha en tu historia tan pura como jade blanco...

"Eh, eh, desde luego. Yo lo sé, te entiendo pese a que no lo hayas dicho: naturalmente no quieres ni siquiera estos pantalones, ¿para qué lo dejarás tan inacabado? Por supuesto, nada más todavía no

---

⑥ "Cuatro Libros": Los Cuatro Libros son textos clásicos chinos, escritos antes del 300 a. C., que incluyen *Gran Saber*, *Doctrina de la medianía*, *Analectas de Confucio* y *Mencio*. Véase la Nota [10] de la novela "La Bendición" de este libro de traducción.

⑦ "Un caballero se preocupa por la virtud, no por la pobreza": Vea "Wei Ling Gong" en las *Analectas de Confucio*.

has tenido oportunidad para sacrificarlos. Este servidor siempre he estado muy de acuerdo con todos los sacrificios, y muy complaciente a 'ayudar a otros a alcanzar el éxito'.[8] Además, somos camaradas, desde luego debo buscarte un método completo, porque lo más importante para una persona es mantener 'la integridad en los tiempos tardíos'. Por si hubiera un pequeño descuido, todos los méritos previos se renunciarán.

"Que buena coincidencia: una pequeña muchacha en mi humilde morada necesita precisamente un par de pantalones... Amigo, no me mires así. Soy el que más se opone a la trata de personas. Eso es lo más inhumano. Sin embargo, esta mujer paró y se quedó en mi casa durante la gran sequía, y si yo no la hubiera aceptado, sus padres la habrían vendido al burdel. Piensa, cuán pobrecita era ella. La acepté justamente por ser humanitario. Además, eso no perteneció a la trata de persona, sino nada más que le di algunas monedas a sus padres, y ellos dejaron a su hija en mi casa. Al principio, quería tratarla como mi propia hija, no, virtualmente como una hermana, o una compatriota. Es odiable que la mujer de este miserable sea de estilo antiguo, así que no logré su comprensión y asentimiento. Sabes que cuando las mujeres del estilo antiguo se ponen tercas, realmente no tienes remedio pensable. Ahora estoy buscando otros métodos...

"Pero, esa niña no ha tenido pantalones durante días, siendo la hija de las víctimas de la calamidad natural. Supongo que seguramente estarás dispuesto a ofrecer ayuda. Pues, ambos somos 'amigos de los pobres'. Además, después de que hayas terminado este asunto, tendrás una completitud del principio al fin; te garantizo que tendrás una estatua de bronce majestuosa en el futuro, tan alta

---

⑧ "Ayudar a otros a alcanzar el éxito": Vea "Yan Yuan" en las *Analectas de Confucio*: "Un caballero debe ayudar a otros a lograr el éxito".

como la nube. Oh, todos los pobres harán inclinaciones para rendirte homenaje...

"Desde luego, sé que estarás dispuesto, lo entiendo claramente sin que me lo digas. Pero no te los quites por el momento. No puedo tomarlos ahora, porque si, en este conjunto de vestidos, llevo en mis manos un par de pantalones rotos, la gente se sorprenderá al verme, lo que será impediente a nuestra propaganda del principio del sacrificio. Ahora la sociedad está todavía demasiado confusa, —imagínate, los miembros de la facultad todavía quieren comer—, y ¿cómo podrán entender este puro espíritu nuestro? Seguramente van a malentenderlo. Una vez malentendido, temo que la sociedad se vuelva más egoísta, de manera que tu trabajo 'no solo no rinda beneficios, sino que será dañino'⑨, amigo.

"¿Apenas puedes caminar unos pasos con esfuerzo todavía? ¿No? Esto trae algún aprieto a la situación. Entonces, ¿aún podrías arrastrarte? ¡Magnífico! Pues, puedes ir arrastrando. Arrástrate para ir allá de prisa cuando puedas hacerlo, evitando 'no alcanzar el éxito a falta de un solo paso'. Pero debes arrastrarte con la punta de los dedos de pie y no uses mucha fuerza con las rodillas, porque de frotarse con arena y piedra, los pantalones se desgastarán más, de manera que no solo la pobre hija de las víctimas de la calamidad no pueda disfrutar el beneficio práctico, sino que tu espíritu también sea desperdiciado inclusive. Tampoco es conveniente quitarte los pantalones temprano. Primero, eso no será de buen aspecto, y segundo, temo que el agente de policía pueda interferir, es mejor arrastrarte vestido de ellos. Amigo mío, no somos gente ajena, ¿acaso te dejamos caer en alguna

---

⑨ "No solo no rinda beneficios, sino que será dañino": Vea *Mencio – Gongsun Chou*, en que se cuenta que una persona del reino Song vio que las plántulas en su terreno crecían muy lento, entonces tiró de ellas una por una, diciendo "He ayudado a las plántulas a crecer". Al final del cuento se comenta: "No solo no rinda beneficios, sino que es dañino".

trampa? Mi humilde casa no queda lejos de aquí, tú puedes ir hacia el este, y al norte, luego al sur, y la encontrarás cuando veas la puerta de laca roja junto con dos grandes árboles de sófora al lado norte de la carretera. Al llegar allá, te los quitarás y dile al conserje: 'Es el señor el que me dijo traerlos aquí, para que la señora los reciba.' Deberás decírselo inmediatamente al ver al conserje, de otro modo, podría tomarte como un mendigo, y te va a golpear. Ay, ay, recientemente se han visto demasiados mendigos, quienes no van a trabajar ni van a la escuela, y solo saben pedir limosna. Por eso, mi conserje recurre a la forma de golpetazos para darles una lección, haciéndoles saber que ser mendigo merece ser golpeado y es mejor ir a trabajar o estudiar.

"¿Ya vas ahora? ¡Bien, bien! Pero no olvides de ninguna manera: una vez explicado claramente, arrástrate aparte de inmediato, y no te detengas dentro del alcance de mi casa. Como ya no has comido nada durante nueve días, por si acaso ocurra algún accidente, será inevitable ocasionarme muchos problemas, lo que me vayan a disminuir mucho precioso tiempo en lugar de servir a la sociedad. Creo que no somos gente cualquiera y nunca quieres traer muchas molestias a tu propio camarada, y estas palabras mías son nada más por hablar al azar.

"¡Vete ahora! ¡Bien, vete! En un principio yo podría haber llamado un rickshaw para llevarte allí, pero yo sé que no estarás de acuerdo absolutamente con usar un hombre en sustitución del buey o caballo para tirar de otro hombre. ¡Qué inhumano sería eso! Ya me voy, y tú, ponte en marcha. ¡No seas tan lánguido y abatido, arrástrate! ¡Amigo! ¡Camarada mío, arrástrate rápido, hacia el este!..."

# 北京通信[1]

蕴儒[2]，培良两兄：

昨天收到两份《豫报》[3]，使我非常快活，尤其是见了那《副刊》。因为它那蓬勃的朝气，实在是在我先前的豫想以上。你想：从有着很古的历史的中州[4]，传来了青年的声音，仿佛在豫告这古国将要复活，这是一件如何可喜的事呢？

倘使我有这力量，我自然极愿意有所贡献于河南的青年。但不幸我竟力不从心，因为我自己也正站在歧路上，——或者，说得较有希望些：站在十字路口。站在歧路上是几乎难于举足，站在十字路口，是可走的道路很多。我自己，是什么也不怕的，生命是我自己的东西，所以我不妨大步走去，向着我自以为可以走去的路；即使前面是深渊，荆棘，狭谷，火坑，都由我自己负责。然而向青年说话可就难了，如果盲人瞎马，引入危途，我就该得谋杀许多人命的罪孽。

所以，我终于还不想劝青年一同走我所走的路；我们的年龄，境遇，都不相同，思想的归宿大概总不能一致的罢。但倘若一定要问我青年应当向怎样的目标，那么，我只可以说出我为别人设计的话，就是：一要生存，二要温饱，三要发展。有敢来阻碍这三事者，无论是谁，我们都反抗他，扑灭他！

可是还得附加几句话以免误解，就是：我之所谓生存，并不是苟活；所谓温饱，并不是奢侈；所谓发展，也不是放纵。

中国古来，一向是最注重于生存的，什么“知命者不立于岩墙之下”[5]咧，什么“千金之子坐不垂堂”[6]咧，什么“身体发肤受之父母不敢毁伤”[7]咧，竟有父母愿意儿子吸鸦片的，一吸，他就不至于到外面去，有倾家荡产之虞了。可是这一流人家，家业也决不能长保，因为这是苟活。苟活就是活不下去的初步，所以到后来，他就活不下去了。意图生存，而太卑怯，结果就得死亡。以中国古训中教人苟活的格言如此之多，而中国人偏多死亡，外族偏多侵入，结果适得其反，可见我们蔑弃古训，是刻不容缓的了。这实在是无可奈何，因为我们要生活，而且不是苟活的缘故。

中国人虽然想了各种苟活的理想乡，可惜终于没有实现。但我却替他们发见了，你们大概知道的罢，就是北京的第一监狱。这监狱在宣武门外的空地里，不怕邻家的火灾；每日两餐，不虑冻馁；起居有定，不会伤生；构造坚固，不会倒塌；禁卒管着，不会再犯罪；强盗是决不会来抢的。住在里面，何等安全，真真是“千金之子坐不垂堂”了。但阙少的就有一件事：自由。

古训所教的就是这样的生活法，教人不要动。不动，失错当然就较少了，但不活的岩石泥沙，失错不是更少么？我以为人类为向上，即发展起见，应该活动，活动而有若干失错，也不要紧。惟独半死半生的苟活，是全盘失错的。因为他挂了生活的招牌，其实却引人到死路上去！

我想，我们总得将青年从牢狱里引出来，路上的危险，当然是有的，但这是求生的偶然的危险，无从逃避。想逃避，就须度那古人所希求的第一监狱式生活了，可是真在第一监狱里的犯人，都想早些释放，虽然外面并不比狱里安全。

北京暖和起来了；我的院子里种了几株丁香，活了；还有两株榆叶梅，至今还未发芽，不知道他是否活着。

昨天闹了一个小乱子[8]，许多学生被打伤了；听说还有死的，我不知道确否。其实，只要听他们开会，结果不过是开会而已，因为加了强力的迫压，遂闹出开会以上的事来。俄国的革命，不就是从这样的路径出发的么？

夜深了，就此搁笔，后来再谈罢。

（鲁迅。五月八日夜。）

# 注释

[1] 本篇最初发表于1925年5月14日开封《豫报副刊》。

[2] 蕴儒：姓吕，名琦，河南人，和向培良、高歌等同在开封编辑《豫报副刊》。蕴儒还是作者在北京世界语专门学校任教时的学生。

[3]《豫报》：在河南开封出版的日报，1925年5月4日创刊。

[4] 中州：上古时代我国分为九州，河南是古代豫州的地方，位于九州中央，所以又称中州。

[5] “知命者不立于岩墙之下”：语出《孟子·尽心上》：“知命者不立乎岩墙之下。”岩墙，即危墙。

[6] “千金之子坐不垂堂”：语见《史记·袁盎传》，意思是有钱的人不坐在屋檐下（以免被坠瓦击中）。

[7] “身体发肤受之父母不敢毁伤”：语见《孝经·开宗明义章》。

[8] 指北京学生纪念国耻的集会遭压迫一事。1915年5月7日，日本帝国主义向袁世凯提出最后通牒，要求承认“二十一条”。1925年5月7日，北京各校学生为纪念国耻和追悼孙中山，拟在天安门举行集会。但事前北洋政府教育部已训令各校不得放假，当日上午警察厅又派遣巡警分赴各校前后门戒备，禁止学生外出。因此各校学生或行至校门即为巡警拦阻，或在天安门一带被武装警察与保安队马队殴打，多人受伤。午后被迫改在神武门开会，会后结队赴魏家胡同教育总长章士钊住宅，质问压迫学生爱国运动的理由，又与巡警冲突，被捕十八人。

# Comunicaciones de Beijing[1]

Estimados amigos Yunru[2] y Peiliang:

Ayer recibí dos copias del periódico *Yu Bao*[3], lo que me hizo muy feliz, sobre todo, cuando leí el *Suplemento*, cuya vitalidad juvenil está realmente por encima de mi expectación anterior. Piensen: desde el estado central[4], que tiene una historia muy larga, llegó la voz de los jóvenes, como para predecir que este antiguo país va a resucitar. ¿Qué tan gratificante es esta?

Si tuviera fuerza para esto, naturalmente estaría dispuesto a hacer una contribución a la juventud de Henan. Pero, desafortunadamente mi habilidad no alcanza a mi voluntad, porque yo mismo también estoy parado en un ramal del camino, o para decirlo con más esperanza: en la encrucijada. Al pararse uno en un ramal, le es casi difícil para levantar el pie, mientras al estar en la encrucijada, hay muchos caminos por seleccionar. En cuanto a mí personalmente, no tengo nada que temer. La vida es cosa mía. No me es inconveniente ir adelante a zancadas por el camino que creo poder tomar, aunque en frente esté un abismo, un espinar, un valle estrecho, o un hoyo de fuego, de todo esto me responsabilizaré yo mismo. Sin embargo, es cosa difícil hablar dirigiéndome a los jóvenes: si yo me moviera como

---

① Este artículo fue publicado originalmente el 14 de mayo de 1925 en Kaifeng, en el *Suplemento de Yu Bao*.

② Yunru: De apellido Lü, de Henan, fue editor junto con Xiang Peiliang y Gao Ge del *Suplemento de Yu Bao* en la ciudad de Kaifeng. Yunru también fue alumno de Lu Xun en el Colegio de Esperanto de Beijing.

③ *Yu Bao*: Significa *"Periódico de Henan"*, publicado en Kaifeng, Henan. Se fundó el 4 de mayo de 1925.

④ En la antigüedad, China estaba dividida en nueve estados. El estado central correspondía a la provincia de Henan de hoy. Por eso los chinos a veces también llaman Henan como Zhongzhou (estado central).

un hombre ciego montado en un caballo ciego, podría introducirlos en un camino peligroso, entonces debería asumir el pecado de asesinar a muchas vidas.

Por lo tanto, por fin no quiero persuadir a los jóvenes a ir juntos por el mismo camino que yo he tomado; nuestra edad y circunstancias son diferentes, y probablemente los pensamientos no siempre pueden llegar al mismo paradero final. Pero si insisten en preguntarme a qué objetivo deben dirigirse los jóvenes, entonces, solo puedo decirles las palabras que diseñé para otra gente, que son: el primero es la supervivencia, el segundo es comer suficiente y vestirse abrigado, y el tercero es el desarrollo. ¡Aquellos que se atrevan a obstaculizar estas tres metas, sean quienes sean, nos resistiremos contra ellos y los extinguiremos!

Sin embargo, tengo que agregar algunas palabras para evitar malentendidos, es decir: la supervivencia a que yo me refiero no es vivir en degradación ni a la deriva, lo llamado comer suficiente y vestirse abrigado no es pasar una vida lujosa, y el llamado desarrollo tampoco es comportarse indulgente.

Desde los tiempos antiguos, en China siempre se ha centrado en la supervivencia, tal como "los que conocen su destino no se pararán bajo un muro de roca", "los ricos con mil jin de oro no se sientan cerca del alero" y "la gente no se atreve a lastimar la piel del cuerpo heredada de los padres"⑤, pero ahora inesperadamente unos padres permiten a sus hijos succionar el opio. Una vez que comienzan a chuparlo, ya no estarán tan díscolos que quieran ir fuera, evitando la preocupación de arruinarse toda la fortuna de la familia. Sin embargo, esta clase de familias no podrán conservar su propiedad durante

⑤ "Los que conocen su destino no se pararán bajo un muro de roca", "los ricos con mil jin de oro no se sientan cerca del alero", "la gente no se atreve a lastimar la piel del cuerpo heredada de los padres": Son frases extraídas de las obras antiguas, y todas ellas significan que las personas deben tomar muy en consideración la seguridad de la vida, o sea, la supervivencia.

largo tiempo, porque esto es vivir en degradación, lo que es la etapa preliminar de ser incapaz de seguir manteniendo la vida. Así que al final, no podrán sobrevivir. Intentan sobrevivir, pero son demasiado viles y cobardes, lo que resultará en la muerte. Con tan muchas que hay las máximas antiguas chinas que enseñan a la gente cómo vivir en degradación y a la deriva, inesperadamente los chinos tienden a morir más, e indeseablemente las invasiones extranjeras han ocurrido más, así todo se ha dado por el contrario, de aquí se ve que despreciar y abandonar las antiguas enseñanzas no deben demorar ni un instante. Realmente no hay otra cosa que hacer al respecto, porque lo que necesitamos es vivir, y no sobrevivir en degradación y a la deriva.

Los chinos han pensado en muchos tipos de campos ideales para sobrevivir en degradación y a la deriva, pero lamentablemente no han logrado la realización final. Sin embargo, yo he descubierto uno, es probable que ustedes lo sepan, que es la Primera Prisión de Beijing. Esta prisión está situada en el espacio abierto más allá del portal Xuanwu, donde no hay preocupación por incendio de alguna casa vecina; dos comidas al día sin temor al frío y el hambre; la vida arreglada con norma y sin daño a la salud; la estructura fuerte sin posibilidad de colapso; controlada por los carceleros y sin más crímenes, por lo que los ladrones no vendrán a saquear en absoluto. ¡Qué seguro vivir adentro! Lo que concuerda exactamente con la máxima de que “los ricos con mil jin de oro no se sientan próximo al alero”. Pero falta una sola cosa: la libertad.

Lo que las antiguas máximas enseñan es justamente esta manera de vivir, instruyendo a la gente a no actuar. Sin actuación, por supuesto, tendrá menos equivocaciones, ¿pero no es que las inmovibles rocas y sedimentos tienen mucho menos equivocaciones? Creo que los seres humanos, para crecer hacia arriba, es decir, para desarrollarse, deben actuar, y no importar si las acciones traen ciertas equivocaciones. Solo vivir medio muerto en degradación y a la deriva constituye la equivocación completa, porque, colgado con el letrero de vivir, ¡en realidad conduce a la gente al camino hacia morir!

Pienso que de todo modo debemos sacar a los jóvenes de la prisión. En cuanto a los peligros en el camino, desde luego existen, pero estos son peligros accidentales en busca de la supervivencia, y no hay forma de evadirlos. Si quieren evadirlos, tendrán que pasar la vida al estilo de la Primera Prisión que los antiguos desearon, pero todos los criminales que se encuentran en la Primera Prisión quieren ser liberados más pronto, aunque estar afuera no sea más seguro que adentro.

Beijing se está calentando; tengo unas cuantas lilas en mi patio, vivas, y dos ciruelas de olmo, que aún no han brotado, y me pregunto si están vivas.

Ayer estalló una pequeña perturbación⑥. Muchos estudiantes fueron heridos a golpe; escuché que hasta causó muertes, y no sé si es exacto. En realidad, si los dejaran celebrar su reunión, el resultado no pasaría nada más de ser una reunión. Debido a haber agregado fuerte presión, condujeron a un incidente más grave. ¿No comenzó la revolución rusa por esta ruta?

Ya está avanzada la noche, aquí detuve mi pluma y hablaremos más tarde.

Lu Xun,

La noche del 8 de mayo.

---

⑥ Se refiere al incidente de la reunión de estudiantes de Beijing. El 7 de mayo de 1915, el imperialismo japonés hizo un ultimátum a Yuan Shikai, exigiendo el reconocimiento del tratado de las "Veintiuna Exigencias". El 7 de mayo de 1925, los estudiantes de varias escuelas en Beijing se preparaban para reunirse en la Plaza de Tian'anmen para conmemorar el día de esta humillación nacional y rendir homenaje a Sun Yat-sen. Sin embargo, el Gobierno de los caudillos militares del norte lo impidió con todas medidas, y ordenó a los policías y patrulleros a reprimir a los estudiantes a palizas y culatazos causando así muchos heridos más 18 arrestos.

# 导师[1]

近来很通行说青年；开口青年，闭口也是青年。但青年又何能一概而论？有醒着的，有睡着的，有昏着的，有躺着的，有玩着的，此外还多。但是，自然也有要前进的。

要前进的青年们大抵想寻求一个导师。然而我敢说：他们将永远寻不到。寻不到倒是运气；自知的谢不敏，自许的果真识路么？凡自以为识路者，总过了"而立"[2]之年，灰色可掬了，老态可掬了，圆稳而已，自己却误以为识路。假如真识路，自己就早进向他的目标，何至于还在做导师。说佛法的和尚，卖仙药的道士，将来都与白骨是"一丘之貉"，人们现在却向他听生西[3]的大法，求上升[4]的真传，岂不可笑！

但是我并非敢将这些人一切抹杀；和他们随便谈谈，是可以的。说话的也不过能说话，弄笔的也不过能弄笔；别人如果希望他打拳，则是自己错。他如果能打拳，早已打拳了，但那时，别人大概又要希望他翻筋斗。

有些青年似乎也觉悟了，我记得《京报副刊》征求青年必读书时，曾有一位发过牢骚，终于说：只有自己可靠！我现在还想斗胆转一句，虽然有些杀风景，就是：自己也未必可靠的。

我们都不大有记性。这也无怪，人生苦痛的事太多了，尤其是在中国。记性好的，大概都被厚重的苦痛压死了；只有记性坏的，适者生存，还能欣然活着。但我们究竟还有一点记忆，回想起来，怎样的"今是昨非"呵，怎样的"口是心非"呵，怎样的"今日之我与昨日之我战"呵。我们还没有正在饿得要死时于无人处见别人的饭，正在穷得要死时于无人处见别人的钱，正在性欲旺盛时遇见异性，而且很美的。我想，大话不宜讲得太早，否则，倘有记性，将来想到时会脸红。

或者还是知道自己之不甚可靠者，倒较为可靠罢。

青年又何须寻那挂着金字招牌的导师呢？不如寻朋友，联合起来，同向着似乎可以生存的方向走。你们所多的是生力，遇见深林，可以辟成平地的，遇见旷野，可以栽种树木的，遇见沙漠，可以开掘井泉的。问什么荆棘塞途的老路，寻什么乌烟瘴气的鸟导师！

（五月十一日。）

# 注释

［1］本篇最初发表于1925年5月15日《莽原》周刊第四期。

［2］“而立”：语见《论语·为政》：“三十而立。”原是孔丘说他到了三十岁在学问上有所自立的话，后来“而立”就常被用作三十岁的代词。

［3］“生西”：佛家以西方为“净土”或“极乐”世界。佛教净土宗认为，具足信、愿、行，一心念佛，与阿弥陀佛的愿力感应，死后能往西方净土，化生于莲花中，是为“往生西方”，即成佛的意思。

［4］“上升”：升天，道教迷信说法，认为服食仙药能飞升成仙。

# El mentor[1]

Recientemente, se ha vuelto común hablar de la juventud, y siempre se trata de la juventud cada vez que uno abre la boca. Pero, ¿por qué se debe considerar a todos los jóvenes como si estuvieran en un mismo estado? Unos están despiertos, unos dormidos, unos desmayados, unos acostados, unos sumergidos en juegos y otros muchos más. Sin embargo, desde luego, también hay unos que quieren avanzar.

Los jóvenes que quieren avanzar generalmente desean buscar un mentor. Pero me atrevo a decir: nunca encontrarán uno, y es una suerte que no lo encuentren; el que tenga autoconocimiento les agradecerá y no lo aceptará por sentirse menos inteligente, pero ¿el autoasumido para esto conocerá efectivamente el buen camino? Todo el que se crea conocedor del camino generalmente ha pasado "el año de mantenerse firme"[2]. Con el color gris carismático, o el estado visiblemente viejo, son nada más que sofisticados y estables, pero ellos mismos se creen equivocadamente como conocedores del camino. Si hubieran conocido verdaderamente el camino, habrían emprendido su marcha hacia su meta, ¿para qué se queda por hacerse mentor todavía? El monje que explica Buda Dharma, el taoísta que vende el

---

① Este artículo fue publicado originalmente en el número 4 del semanario *Planicie Herbazal* el 15 de mayo de 1925.

② "Mantenerse firme": Vea las *Analectas de Confucio – Gobernar*: "A los treinta, me mantenía firme." Originalmente, Confucio dijo que cuando cumplió los 30 años, empezó a contar con una base firme de estudio, con que mantenía la vida. Más tarde, el término de "mantenerse firme" a menudo se usa como un sinónimo de los treinta años de edad.

elixir, serán “los chacales de la misma colina” junto con los huesos blancos en el futuro, pero ahora la gente les escucha su gran ley para ir al Oeste③, o les pide el verdadero método para ascender al cielo④, ¿no es esto ridículo?

Sin embargo, no me atrevo a tachar todo lo de ellos; está bien hablar con ellos casualmente. El que habla solo sabe discursear, y el que escribe no sabe más que juguetear con la pluma. Si otros le desean que practique el boxeo, será una equivocación de ellos mismos, porque si lo hubiera podido, lo habría practicado antes, pero en ese momento, tal vez los otros quieran que él dé volteretas en el aire.

Algunos jóvenes parecen estar conscientes de ello también. Recuerdo que cuando el *Suplemento del Periódico de Beijing* solicitaba opiniones sobre los libros necesarios para la juventud, uno de ellos se quejó, y por fin dijo: ¡Solo uno mismo es confiable! Aquí soy lo suficientemente temerario a transformar esta frase, a pesar de aguar un poco su entusiasmo, a la versión siguiente: uno mismo tampoco es confiable necesariamente.

Todos tenemos poca memoria. No es de extrañar que haya demasiadas cosas dolorosas en la vida, sobre todo en China. Los de buena memoria, probablemente han sido aplastados a muerte por el pesado dolor, y solo los de mala memoria, como los más aptos sobreviven, y pueden sobrevivir con placer. Sin embargo, al mínimo todavía guardamos un poco de memoria, evocando retrospectivamente: ¿Por qué ha sido tan correcto lo de hoy y

---

③ “Ir al Oeste”: Es lenguaje budista. El budismo sostiene que la “Tierra Pura” o el “Paraíso Eterno” se encuentra en el lejano Oeste del mundo. La Escuela de Tierra Pura del Budismo cree si uno está lleno de fe, buena voluntad y buenos comportamientos, y que reza a Buda sinceramente, correspondiendo con la voluntad de Amitabha, después de su muerte, puede ir a la Tierra Pura del Oeste y renacer sentado en la flor del loto. Esto es lo que dice “ir al oeste”, es decir, convertirse en un Buda.

④ “Ascender al cielo”: La superstición taoísta dice que tomar un tipo de elixir puede volar al cielo como un hada.

equivocado lo de ayer? ¿Cómo ha sido tan “real lo del habla y falso lo en el corazón”? ¿Cuán fuerte ha sido “la lucha del yo de hoy contra el yo de ayer”? Todavía no hemos visto la comida ajena en un lugar sin nadie cuando estamos muertos de hambre, no hemos visto el dinero de otros en un lugar sin nadie cuando estamos muertos de pobreza, no nos hemos encontrado con un sexo opuesto que es además muy hermosa cuando estamos con fuerte deseo sexual. Pienso que, no conviene hablar en grande demasiado temprano. De otro modo, si uno tiene alguna memoria, se sonrojará al recordarla en el futuro.

O el que está consciente de no ser muy confiable en sí, es, en cambio, más confiable.

¿Para qué los jóvenes deben buscar un mentor colgado con un letrero de oro? Es mejor encontrar amigos, a unirse e ir juntos en la misma dirección hacia donde parezcan poder sobrevivir. Lo que tienen de mucho es su energía vital, con que, al encontrarse con la selva profunda, podrán talar y hacer de ella una tierra plana, al estar en el campo vacío, podrán plantar árboles, y al entrar en el desierto, podrán excavar pozos. ¿Por qué preguntan por los viejos caminos obstaculizados de espinas? ¡Para qué buscan un mentor tipo pájaro apestoso y miasmático!

11 de mayo

# 我观北大[1]

因为北大学生会的紧急征发，我于是总得对于本校的二十七周年纪念来说几句话。

据一位教授的名论，则“教一两点钟的讲师”是不配与闻校事的，而我正是教一点钟的讲师。但这些名论，只好请恕我置之不理；——如其不恕，那么，也就算了，人那里顾得这些事。

我向来也不专以北大教员自居，因为另外还与几个学校有关系。然而不知怎的，——也许是含有神妙的用意的罢，今年忽而颇有些人指我为北大派。我虽然不知道北大可真有特别的派，但也就以此自居了。北大派么？就是北大派！怎么样呢？

但是，有些流言家幸勿误会我的意思，以为谣我怎样，我便怎样的。我的办法也并不一律。譬如前次的游行，报上谣我被打落了两个门牙，我可决不肯具呈警厅，吁请补派军警，来将我的门牙从新打落。我之照着谣言做去，是以专检自己所愿意者为限的。

我觉得北大也并不坏。如果真有所谓派，那么，被派进这派里去，也还是也就算了。理由在下面：

既然是二十七周年，则本校的萌芽，自然是发于前清的，但我并民国初年的情形也不知道。惟据近七八年的事实看来，第一，北大是常为新的，改进的运动的先锋，要使中国向着好的，往上的道路走。虽然很中了许多暗箭，背了许多谣言；教授和学生也都逐年地有些改换了，而那向上的精神还是始终一贯，不见得弛懈。自然，偶尔也免不了有些很想勒转马头的，可是这也无伤大体，“万众一心”，原不过是书本上的冠冕话。

第二，北大是常与黑暗势力抗战的，即使只有自己。自从章士钊提了“整顿学风”[2]的招牌来“作之师”[3]，并且分送金款[4]以来，北大却还是给他一个依照彭允彝[5]的待遇。现在章士钊虽然还伏在暗地里做总长[6]，本相却已显露了；而北大的校格也就愈明白。那时固然也曾显出一角灰色，但其无伤大体，也和第一条所说相同。

我不是公论家，有上帝一般决算功过的能力。仅据我所感得的说，则北大究竟还是活的，而且还在生长的。凡活的而且在生长者，总有着希望的前途。

今天所想到的就是这一点。但如果北大到二十八周年而仍不为章士钊者流所谋害[7]，又要出纪念刊，我却要预先声明：不来多话了。一则，命题作文，实在苦不过；二则，说起来大约还是这些话。

（十二月十三日。）

# 译注

[1] 本篇最初发表于1925年12月17日《北大学生会周刊》创刊号。

[2] “整顿学风”：1925年8月章士钊起草所谓“整顿学风”的命令，由段祺瑞发布，宣布大学统一考试，合并北京八所大学，引起教育界进步人士及青年学生的反对。4月9日，各校学生聚会请愿罢免章士钊。章遂辞职赴沪。

[3] “作之师”：语见《尚书·泰誓》：“天佑下民，作之君，作之师。”乃孔子所作，此句旨在指明国王应达之标准：上帝佑助天下百姓，为他们树立君王以治理天下，为他们树立师范以教化百姓。

[4] “金款”：第一次世界大战后，法国因法郎贬值，坚持中国对法国的庚子赔款要以金法郎支付。1925年春，段祺瑞政府不顾当时全国人民的坚决反对，同意了法方的无理要求，从作为赔款抵押的中国盐税中付给债款后，收回余额一千多万元，这笔款被称为“金款”。它们除大部充作北洋政府的军政开支外，从中拨出

一百五十万元作为教育经费。当时一些私立大学曾提出分享这笔钱，章士钊则坚持用于清理国立八校的积欠，“分送金款”即指此事。

[5] 彭允彝：1923年他任北洋政府教育总长时，北京大学为了反对他，曾一度与教育部脱离关系。1925年8月，北京大学又因章士钊“思想陈腐，行为卑鄙”，也宣言反对他担任教育总长，与教育部脱离关系。所以这里说“还是给他一个依照彭允彝的待遇”。

[6] “暗地里做总长”：1925年11月28日，北京市群众为要求关税自主，举行示威游行，提出“驱逐段祺瑞”“打死朱深、章士钊”等口号。章士钊即潜逃天津，并在《甲寅》周刊谎称已经自我淘汰。其实那时段祺瑞并未下台，章士钊也仍在暗中管理部务。

[7] “……谋害”：指的是章士钊当时一再压迫北京大学，如北大宣布脱离教育部后，《甲寅》周刊即散布解散北大的谣言，进行威胁；1925年9月5日，段祺瑞政府内阁会议决定停发北大经费。

# La Universidad de Beijing en mis ojos[1]

Debido al apremio urgente de la Unión de Estudiantes de la Universidad de Beijing, tengo que pronunciar algunas palabras sobre el vigésimo séptimo aniversario de la escuela.

Según la famosa afirmación de un profesor, "un profesor conferenciante que enseña una o dos horas" es indigno de informarse y participar en los asuntos de la escuela, y yo soy precisamente un profesor conferenciante que enseña una hora. Pero a la famosa afirmación como esta, tengo que pedir que me perdonen por no hacerle caso; y si no me lo perdonan, entonces, olvidarlo y punto, ¿quién se cuida de esas cosas?

Nunca he pretendido ser miembro de facultad de la Universidad de Beijing porque también tengo conexiones con otras varias escuelas. Sin embargo, sin saber el porqué, quizás sea por alguna intención milagrosa e ingeniosa, este año de repente bastantes personas han señalado que yo soy de la facción de la Universidad de Beijing. Aunque no sé si realmente existe alguna facción particular de la Universidad de Beijing, la he tomado como mi condición. ¿La facción de Universidad de Beijing? ¡Sí soy de ella! ¿Y qué hay?

Sin embargo, deseo que ciertos rumoristas tengan el favor de

---

① Este artículo fue publicado originalmente en el número inaugural del *Semanario de la Unión de Estudiantes de la Universidad de Beijing* el 17 de diciembre de 1925.

no malentender mi idea, creyendo que yo vaya a ser tal como lo que ellos rumoreen. Además, mis maneras tampoco siempre son consistentes. Como sobre la manifestación anterior, los periódicos rumoreaban que en la cual me habían arrancado de golpe dos dientes delanteros, pero me rehusé a presentar un informe al Departamento de Policía apelando que manden policías militares a reventar de verdad mis dientes incisivos otra vez. Lo que hago igual como los rumores digan solo se limita especialmente a lo que me disponga a hacer.

Creo que la Universidad de Beijing no es de mal renombre. Si realmente existe alguna facción, y me han designado a ella, entonces consiguientemente lo aceptaré y punto. Las razones consisten en lo siguiente:

Dado que ha cumplido veintisiete años, la germinación de la escuela inició naturalmente en la anterior dinastía Qing, pero yo no sé ni siquiera las circunstancias de los primeros años de la República. Solo la veo de acuerdo con los hechos de los últimos siete u ocho años: primero, la Universidad de Beijing ha sido la vanguardia de los movimientos innovadores y mejoradores, impulsando a China para caminar hacia el bien y el ascenso. Aunque ha sido disparada por muchas flechas secretas y se ha cargado por muchos rumores, y los profesores y los estudiantes se han cambiado año tras año, pero el espíritu ascendente siempre ha sido constante, y no se ha visto relajado. Por supuesto, ocasionalmente algunas personas quieren dar la vuelta a sus caballos, pero esto no supone daño al conjunto, porque "miles de personas de una sola voluntad", desde el inicio ha sido nada más que una espléndida frase que corona el libro.

Segundo, la Universidad de Beijing ha resistido contra las fuerzas oscuras a menudo, aunque a veces quedó luchando sola. Desde Zhang

Shizhao colgó el letrero de "rectificar el estilo de estudio"② para "hacerse el maestro"③, y "repartir el fondo de oro"④, la Universidad de Beijing por fin le respondió con un tratamiento igual al para Peng Yunyi⑤. Por ahora, aunque Zhang Shizhao sigue desempeñando el director general del Ministerio de Educación en la oscuridad⑥, su verdadera cara se ha revelado, mientras que se ha mostrado más claro el estilo típico de la Universidad de Beijing. En aquel tiempo, de veras, también presentó el color gris en cierto ángulo, pero eso no perjudicó a su todo, igual como lo mencionamos en el punto primero.

No soy especialista en opinión pública, que tenga la capacidad similar a la del Dios de adjudicar el mérito y la falta, solo digo de acuerdo con lo que siento, que la Universidad de Beijing al menos está todavía viva, y además, sigue creciendo. Toda cosa viva y creciente

---

② "Rectificar el estilo de estudio": En agosto de 1925, Duan Qirui emitió el comando de Zhang Shizhao de la llamada "Rectificación del estilo de estudio". Se anunció el examen unificado de las universidades, e iba a fusionar ocho universidades en Beijing, lo que provocó la oposición de estudiantes progresistas y jóvenes. El 9 de abril, los estudiantes de varias escuelas se reunieron para solicitar la remoción de Zhang Shizhao. Después, Zhang renunció su cargo y fue a Shanghai.

③ "Hacerse el maestro": Proviene del *Shangshu – Juramento Tai*. La frase, atribuida a Confucio, tenía por objeto indicar la norma a la que un rey debía aspirar: Como Dios bendecir a los plebeyos del mundo, hacerse el rey para gobernarlo, y hacerse el maestro para enseñar a la gente.

④ "Repartir el fondo de oro": Después de la Primera Guerra Mundial, el franco fue devaluado, por lo que Francia insistió en que la compensación de China por la Rebelión de los Boxeadores en 1911 debiera pagarse en francos de oro. En 1925, el gobierno de Duan Qirui, aceptó las exigencias irrazonables de Francia. Después de pagar las deudas del impuesto a la sal chino como la hipoteca de la indemnización, el saldo se recuperó en más de 10 millones de yuanes, llamados como el "fondo de oro". La mayoría fue asignado a los gastos militares y políticos del gobierno de los caudillos militares del norte, y reservaron 1,5 millones de yuanes para la educación. Algunas universidades privadas propusieron compartirlo como fondo educativo, pero Zhang Shizhao insistió en limpiar el balance de las ocho escuelas nacionales. La distribución del fondo del oro se discute sobre este asunto.

⑤ Peng Yunyi: Cuando era director general del Ministerio de Educación del gobierno de los caudillos militares del norte en 1923, la Universidad de Beijing se separó por un tiempo del Ministerio de Educación como la acción de oposición. En agosto de 1925, la Universidad de Beijing también opuso a Zhang Shizhao como director general del Ministerio de Educación debido a sus "pensamientos decadentes y comportamientos miserables" e iba a separarse otra vez del Ministerio de Educación. Por eso, aquí dice que "le respondió con un tratamiento igual al para Peng Yunyi".

⑥ "En la oscuridad": El 28 de noviembre de 1925, las masas de Beijing celebraron manifestaciones para exigir la autonomía arancelaria y presentaron eslóganes como "Deportar a Duan Qirui" y "Matar a Zhu Shen y Zhang Shizhao". Zhang se coló en Tianjin y mintió en la revista *Jia Yin* que ya se había eliminado por sí mismo. De hecho, durante ese período, Duan Qirui no renunció, y Zhang Shizhao todavía administraba secretamente el ministerio.

siempre tendrá su futuro de esperanza.

Esto es lo que he pensado hoy. Sin embargo, cuando la Universidad de Beijing cumpla su vigésimo octavo aniversario y si aún no haya sido asesinada por el complot de Zhang Shizhao y sus semejantes⑦ y esté dispuesto a publicar otro volumen conmemorativo, me gustaría declarar por adelantado: no vendré a hablar superfluamente. Por una parte, el ensayo de proposición es demasiado amargo; y por otra, si hablo, se tratará de las mismas palabras.

13 de diciembre

⑦ "Aún no haya sido asesinada por...": Se refiere a la repetida opresión de Zhang Shizhao a la Universidad de Beijing, por ejemplo, al anunciar su salida del Ministerio de Educación, la revista semanal *Jia Yin* difundió los rumores amenazando con la disolución de la Universidad de Beijing, y además, el 5 de septiembre de 1925, la reunión del gabinete del gobierno de Duan Qirui decidió suspender el fondo normal de la Universidad de Beijing.

# 一点比喻[1]

在我的故乡不大通行吃羊肉，阖城里，每天大约不过杀几匹山羊。北京真是人海，情形可大不相同了，单是羊肉铺就触目皆是。雪白的群羊也常常满街走，但都是胡羊，在我们那里称绵羊的。山羊很少见；听说这在北京却颇名贵了，因为比胡羊聪明，能够率领羊群，悉依它的进止，所以畜牧家虽然偶而养几匹，却只用作胡羊们的领导，并不杀掉它。

这样的山羊我只见过一回，确是走在一群胡羊的前面，脖子上还挂着一个小铃铎，作为智识阶级的徽章。通常，领的赶的却多是牧人，胡羊们便成了一长串，挨挨挤挤，浩浩荡荡，凝着柔顺有余的眼色，跟定他匆匆地竞奔它们的前程。我看见这种认真的忙迫的情形时，心里总想开口向它们发一句愚不可及的疑问——

“往那里去？！”

人群中也很有这样的山羊，能领了群众稳妥平静地走去，直到他们应该走到的所在。袁世凯[2]明白一点这种事，可惜用得不大巧，大概因为他是不很读书的，所以也就难于熟悉运用那些的奥妙。后来的武人可更蠢了，只会自己乱打乱割，乱得哀号之声，洋洋盈耳，结果是除了残虐百姓之外，还加上轻视学问，荒废教育的恶名。然而“经一事，长一智”，二十世纪已过了四分之一，脖子上挂着小铃铎的聪明人是总要交到红运的，虽然现在表面上还不免有些小挫折。

那时候，人们，尤其是青年，就都循规蹈矩，既不嚣张，也不浮动，一心向着“正路”前进了，只要没有人问——

“往那里去？！”

君子若曰：“羊总是羊，不成了一长串顺从地走，还有什么别的法子呢？君不见夫猪乎？拖延着，逃着，喊着，奔突着，终于也还是被捉到非去不可的地方去，那些暴动，不过是空费力气而已矣。”

这是说：虽死也应该如羊，使天下太平，彼此省力。

这计划当然是很妥贴，大可佩服的。然而，君不见夫野猪乎？它以两个牙，使老猎人也不免于退避。这牙，只要猪脱出了牧豕奴所造的猪圈，走入山野，不久就会长出来。

Schopenhauer[3]先生曾将绅士们比作豪猪，我想，这实在有些失体统。但在他，自然并没有什么别的恶意的，不过拉扯来作一个比喻。《Parerga und paralipomena》里有着这样意思的话：有一群豪猪，在冬天想用了大家的体温来御寒冷，紧靠起来了，但它们彼此即刻又觉得刺的疼痛，于是乎又离开。然而温暖的必要，再使它们靠近时，却又吃了照样的苦。但它们在这两种困难中，终于发见了彼此之间的适宜的间隔，以这距离，它们能够过得最平安。人们因为社交的要求，聚在一处，又因为各有可厌的许多性质和难堪的缺陷，再使他们分离。他们最后所发见的距离，——使他们得以聚在一处的中庸的距离，就是“礼让”和“上流的风习”。有不守这距离的，在英国就这样叫，“Keep your distance！”

但即使这样叫，恐怕也只能在豪猪和豪猪之间才有效力罢，因为它们彼此的守着距离，原因是在于痛而不在于叫的。假使豪猪们中夹着一个别的，并没有刺，则无论怎么叫，它们总还是挤过来。孔子说：礼不下庶人。[4]照现在的情形看，该是并非庶人不得接近豪猪，却是豪猪可以任意刺着庶人而取得温暖。受伤是当然要受伤的，但这也只能怪你自己独独没有刺，不足以让他守定适当的距离。孔子又说：刑不上大夫。这就又难怪人们的要做绅士。

这些豪猪们，自然也可以用牙角或棍棒来抵御的，但至少必须拚出背一条豪猪社会所制定的罪名：“下流”或“无礼”。

（一月二十五日。）

# 注释

［1］本篇最初发表于1926年2月25日《莽原》半月刊第四期。

［2］袁世凯（1859—1916）：原是清朝直隶总督兼北洋大臣、内阁总理大臣。民国成立后，他从孙中山先生手中窃取了中华民国临时大总统职位，1916年1月复辟帝制，自称“洪宪”皇帝。同年6月在全国人民的愤怒声讨中死去。袁在复辟的阴谋活动中，曾指使杨度等所谓“六君子”组织筹安会，赤裸裸地鼓吹帝制，遭到人民强烈反对。所以这里说袁世凯“用得不大巧”。他死后，留下了他原下属军官构成的北洋军阀，导致一个混乱和内战不断的中国。更多信息参见此译版本《灯下漫笔》注释［3］。

［3］Schopenhauer：叔本华。下文的*Parerga und Paralipomena*（《附录和补遗》）为叔本华1851年出版的一本杂文集。更多信息参见此译版本《读书杂谈》注释［12］。

［4］“礼不下庶人”：和下文的“刑不上大夫”二句，见《礼记·曲礼》。

# Una metáfora[1]

En mi ciudad natal no es muy corriente comer la carne de cordero, y en toda la ciudad solo se matan unas pocas cabras al día. Mientras que Beijing es realmente un mar de gentes, donde la situación ya es muy diferente. Las tiendas de mera carne de carnero se ven por todas partes. Los rebaños tan blancos como nieve caminan por las calles a menudo, pero todos son de ovejas foráneas, que solo se llaman ovejas allá en nuestra tierra. Las cabras son raras; escuché que estas son bastante preciosas y caras en Beijing, porque son más inteligentes que las ovejas, que pueden guiar el rebaño para que les siga y se detenga. Por lo tanto, las familias pastoras ocasionalmente crían algunas cabras, pero solo las usan para dirigir las ovejas, y no las matan.

Este tipo de cabras solo he visto una vez, que de veras caminaba delante de un rebaño de ovejas, con una pequeña campana colgada del cuello como una insignia de la clase intelectual. Por lo general, el que dirige y apremia es el pastor en la mayoría de los tiempos, y las ovejas lo siguen caminando en una larga hilera, apretándose y atestándose, viéndose como un flujo caudaloso y ondulado, con la condensada mirada suave más de lo suficiente. Le siguen precipitadamente para avanzar derechitas a su futuro. Cuando veo este espectáculo tan atento y apresurado, siempre quiero hacerles una pregunta que no podría ser más tonta:

"¿¡Adónde van!?"

---

① Este artículo fue publicado originalmente en el cuarto número de la publicación bimensual *Planicie Herbazal* el 25 de febrero de 1926.

En la multitud también hay muchas de esas cabras, quienes pueden dirigir a las masas a caminar segura y calmadamente hasta donde deben estar. Yuan Shikai② entendió un poco sobre este tipo de cosas, pero fue lástima que no lo hubiera aprovechado muy ingeniosamente. Tal vez como no había leído muchos libros, le fue difícil utilizar familiarmente esos maravillosos misterios. Más tarde, los tipos marciales fueron más estúpidos, solo sabían pelearse y matarse caótica y confusamente, causando luctuosos gemidos y llantos que llegaban continuamente a hinchar los oídos, y por último, además de maltratar al pueblo, se quedaron con la infamia de despreciar el conocimiento y dejar la educación en desuso y abandono. Sin embargo, "por cada experiencia, se adquiere un conocimiento", el siglo XX ha pasado un cuarto, y los inteligentes con la campanilla colgada en el cuello se encontrarán con buena suerte algún día, a pesar de no poder evitar ahora superficialmente unos pequeños reveses.

En aquel entonces, la gente, sobre todo, los jóvenes, se pondrán a seguir en los rieles y reglas sin ser desenfrenados ni inquietos, y se adelantarán hacia el "camino debido" con una sola voluntad, con tal de que nadie les pregunte:

"¿¡Adónde van!?"

Si el caballero dice: "Las ovejas en fin son ovejas. Si no caminan obedientemente en una larga secuencia, ¿qué más opción tendrán?

---

② Yuan Shikai (1859–1916): Fue originalmente gobernador de la dinastía Qing y ministro del Gobierno de Beiyang y primer ministro del gabinete. Después de la revolución de 1911, robó el cargo de presidente de la República de China desde las manos del señor Sun Yat-sen. En enero de 1916, restauró la monarquía declarándose emperador "Hong Xian". En junio del mismo año, murió en la ira de la gente de todo el país. En las actividades de conspiración de restauración, Yuan una vez instruyó a Yang Du y otros llamados "seis caballeros" para organizar una reunión de seguridad social, y abogó abiertamente por el monarquismo, al que se opuso fuertemente el pueblo de toda la nación. Por eso, el autor dice que Yuan Shikai "no lo hubiera aprovechado muy ingeniosamente". Después de su muerte dejó China en un caos con guerras civiles emprendidas por los caudillos militares que habían sido sus subordinados. Para más información, véase la Nota [3] del artículo "Apuntes bajo la lámpara" de este libro de traducción.

¿No ha visto usted a los cerdos? Siempre están demorando, huyendo, gritando y corriendo tropezados, pero finalmente son atrapados para ir adonde tienen que ir sin alternativa, y aquellas sublevaciones no son nada más que esfuerzos vanamente costados".

Esto quiere decir: aunque destinados a morir, deben ser como las ovejas, para que el mundo esté en paz y tranquilidad, y así se ahorre el esfuerzo para ambos lados.

Este plan es, desde luego, muy apropiado y merece mucha admiración. Pero ¿no ha visto usted al jabalí? Con esos dos colmillos suyos, hacen incluso a los viejos cazadores que no puedan evitar el retiro. Este tipo de colmillos, una vez escapado el jabalí de la pocilga construida por el pastor esclavo y entrado en montañas y llanuras, crecerán sin tardar mucho tiempo.

El señor Schopenhauer③ una vez comparó a los gentilhombres con los puercoespines, y creo que esto en efecto carece un poco de la decencia tradicional. Pero por su parte, desde luego, no implicó ningún sentido malicioso, sino nada más que captarlo para hacer una metáfora. En *Parerga und paralipomena* (*Apéndices y omisiones*) hay palabras de tal significado: hay un grupo de puercoespines, que, en el invierno quieren usar la temperatura del cuerpo de todos para protegerse del frío, entonces se arriman el uno al otro, pero de inmediato sienten el dolor de las espinas mutuamente, por lo que se apartan de nuevo. No obstante, para calentarse, se aproximan de nuevo, y sufren el mismo dolor otra vez. Eventualmente, en medio de esta doble dificultad, encuentran el intervalo apropiado entre ellos, con lo cual, pueden vivir más seguros. Las personas se reúnen en un

---

③ "El señor Schopenhauer": Se refiere a Schopenhauer Arthur. *Parerga und paralipomena* (*Apéndice y omisiones*) es una colección de ensayos publicados por Schopenhauer en 1851. Para más información, véase la Nota [12] del artículo "Charla sobre la lectura" de este libro de traducción.

lugar por el trato social, y se separan de nuevo a causa de muchas naturalezas repugnantes y defectos inaguantables. La distancia encontrada finalmente es una distancia moderada que les permite reunirse en un lugar, la que se llama "ceder por cortesía" y "hábitos de alta sociedad". Si alguna persona no la respeta, en Reino Unido se le grita de esta manera: "Keep your distance!" ("¡Mantenga su distancia!")

Pero incluso este grito, temo que solo sea efectivo entre los puercoespines, porque ellos mantienen la distancia a causa del dolor y no por el grito. Si entre los puercoespines se mete una especie particular sin tener espina, no importa cómo esta grite, los otros siempre se le acercarán a apretones. Confucio dice: Los ritos no bajan a aplicarse entre la gente común.④ Según la situación actual, debería verse que no es que la gente común no pueda acercarse a los puercoespines, sino que los puercoespines pueden calentarse mediante espinar a la gente común arbitrariamente. Ser herido, por supuesto, no se puede evitar, pero esto solo puede culparte a ti mismo por no tener espinas excepcionalmente, lo que no es suficiente para que otros mantengan una distancia apropiada de ti. Confucio también dice: La tortura no sube a usarse para los funcionarios de alta jerarquía. Así no es de extrañar que las personas quieran hacerse gentilhombres.

Para resistir a estos puercoespines, naturalmente puedes utilizar dientes, cuernos y palos, pero tienes que arriesgarse a soportar al menos la imputación estipulada por la sociedad de puercoespín: "indecente" o "insolente".

25 de enero

---

④ "Los ritos no bajan a aplicarse entre la gente común": Esta oración y la cita en adelante, "La tortura no sube a usarse para los funcionarios de alta jerarquía" provienen del *Libro de los ritos*.

# 送灶日漫笔[1]

坐听着远远近近的爆竹声，知道灶君先生们都在陆续上天，向玉皇大帝讲他的东家的坏话去了，[2]但是他大概终于没有讲，否则，中国人一定比现在要更倒楣。

灶君升天的那日，街上还卖着一种糖，有柑子那么大小，在我们那里也有这东西，然而扁的，像一个厚厚的小烙饼。那就是所谓“胶牙饧”了。本意是在请灶君吃了，粘住他的牙，使他不能调嘴学舌，对玉帝说坏话。我们中国人意中的神鬼，似乎比活人要老实些，所以对鬼神要用这样的强硬手段，而于活人却只好请吃饭。

今之君子往往讳言吃饭，尤其是请吃饭。那自然是无足怪的，的确不大好听。只是北京的饭店那么多，饭局那么多，莫非都在食蛤蜊[3]，谈风月[4]，“酒酣耳热而歌呜呜”[5]么？不尽然的，的确也有许多“公论”从这些地方播种，只因为公论和请帖之间看不出蛛丝马迹，所以议论便堂哉皇哉了。但我的意见，却以为还是酒后的公论有情。人非木石，岂能一味谈理，碍于情面而偏过去了，在这里正有着人气息。况且中国是一向重情面的。何谓情面？明朝就有人解释过，曰：“情面者，面情之谓也。”[6]自然不知道他说什么，但也就可以懂得他说什么。在现今的世上，要有不偏不倚的公论，本来是一种梦想；即使是饭后的公评，酒后的宏议，也何尝不可姑妄听之呢。然而，倘以为那是真正老牌的公论，却一定上当，——但这也不能独归罪于公论家，社会上风行请吃饭而讳言请吃饭，使人们不得不虚假，那自然也应该分任其咎的。

记得好几年前，是“兵谏”[7]之后，有枪阶级专喜欢在天津会议的时候，有一个青年愤愤地告诉我道：他们那里是会议呢，在酒席上，在赌桌上，带着说几句就决定了。他就是受了“公论不发源于酒饭说”之骗的一个，所以永远是愤然，殊不知他那理想中的情形，怕要到二九二五年才会出现呢，或者竟许到三九二五年。

然而不以酒饭为重的老实人，却是的确也有的，要不然，中国自然还要坏。有些会议，从午后二时起，讨论问题，研究章程，此问彼难，风起云涌，一直到七八点，大家就无端觉得有些焦躁不安，脾气愈大了，议论愈纠纷了，章程愈渺茫了，虽说我们到讨论完毕后才散罢，但终于一哄而散，无结果。这就是轻视了吃饭的报应，六七点钟时分的焦躁不安，就是肚子对于本身和别人的警告，而大家误信了吃饭与讲公理无关的妖言，毫不瞅睬，所以肚子就使你演说也没精采，宣言也——连草稿都没有。

但我并不说凡有一点事情，总得到什么太平湖饭店、撷英番菜馆之类里去开大宴；我于那些店里都没有股本，犯不上替他们来拉主顾，人们也不见得都有这么多的钱。我不过说，发议论和请吃饭，现在还是有关系的；请吃饭之于发议论，现在也还是有益处的；虽然，这也是人情之常，无足深怪的。

顺便还要给热心而老实的青年们进一个忠告，就是没酒没饭的开会，时候不要开得太长，倘若时候已晚了，那么，买几个烧饼来吃了再说。这么一办，总可以比空着肚子的讨论容易有结果，容易得收场。

胶牙饧的强硬办法，用在灶君身上我不管它怎样，用之于活人是不大好的。倘是活人，莫妙于给他醉饱一次，使他自己不开口，却不是胶住他。中国人对人的手段颇高明，对鬼神却总有些特别，二十三夜的捉弄灶君即其一例，但说起来也奇怪，灶君竟至于到了现在，还仿佛没有省悟似的。

道士们的对付“三尸神”[8]，可是更利害了。我也没有做过道士，详细是不知道的，但据“耳食之言”，则道士们以为人身中有三尸神，到有一日，便乘人熟睡时，偷偷地上天去奏本身的过恶。这实在是人体本身中的奸细，《封神传演义》[9]常说的“三尸神暴躁，七窍生烟”[10]的三尸神，也就是这东西。但据说要抵制他却不难，因为他上天的日子是有一定的，只要这一日不睡觉，他便无隙可乘，只好将过恶都放在肚子里，再看明年的机会了。连胶牙饧都没得吃，他实在比灶君还不幸，值得同情。

三尸神不上天，罪状都放在肚子里；灶君虽上天，满嘴是糖，在玉皇大帝面前含含胡胡地说了一通，又下来了。对于下界的情形，玉皇大帝一点也听不懂，一点也不知道，于是我们今年当然还是一切照旧，天下太平。

我们中国人对于鬼神也有这样的手段。

我们中国人虽然敬信鬼神；却以为鬼神总比人们傻，所以就用了特别的方法来处治他。至于对人，那自然是不同的了，但还是用了特别的方法来处治，只是不肯说；你一说，据说你就是卑视了他了。诚然，自以为看穿了的话，有时也的确反不免于浅薄。

（二月五日。）

# 注释

[ 1 ] 该篇最初发表于1926年2月11日《国民新报副刊》。

[ 2 ] 旧俗以夏历十二月二十三日为灶神升天的日子，称为送灶日。中国是信奉多神的国家，在中国古代人们信奉的众多神灵中，灶神在中国民间的地位属于最高阶位。灶神是天帝派驻各家的监察大员，是一家之长，负责监督一家老小的善恶功过，定期上报天庭，因而得到老百姓的顶礼膜拜。

[ 3 ] “食蛤蜊”：见《南史·王弘传》。现已为成语，其典故大意为：王融在王僧祐家遇到沈昭略，沈不认识王，问主人这少年是谁，王融心中不满，自称是太阳，光耀天下，谁人不知。沈听后说：“没听说过这些事，还是吃蛤蜊吧。”后遂用后用以“且食蛤蜊”指姑置不问。

[ 4 ] “止谈风月”：成语，意思是只谈风、月等景物，隐指莫谈国事，出自《南史·徐勉传》。

[ 5 ]“酒酣耳热而歌呜呜”：原始文字参见秦朝李斯的《谏逐客书》和汉代杨恽的《报孙会宗书》。汉代杨恽是秦地华阴人，他被贬为庶人后和家人一起作乐，酒酣耳热时，即敲瓦罐并大呼“呜呜”。后以此典故表示狂放不羁或发泄抑郁愤懑。

[ 6 ]“情面者，面情之谓也”：这是明代礼部尚书兼东阁大学士周道登对崇祯皇帝说的话。崇祯皇帝问阁臣：“近来诸臣奏内，多有情面二字，何谓情面？”周道登回答道：“情面者，面情之谓也。”

[ 7 ]“兵谏”：1917年第一次世界大战期间，北洋政府在参战问题上，总统黎元洪和总理段祺瑞发生分歧。5月，段提出的对德宣战案未得国会通过，且被黎元洪免职。于是在段的指使下，若干省长通电独立，请黎元洪退职，他们自称这种行动为“兵谏”。

[ 8 ]“三尸神”：道教称在人体内作祟的“神”。据说，“上尸在头中；中尸在腹中；下尸在足中”。又说每逢庚申那天，他们便上天去向天帝陈说人的罪恶；但只要人们在这天晚上通宵不眠，便可避免，叫作“守庚申”。

[ 9 ]《封神传演义》：即《封神演义》，长篇小说，明代许仲琳（一说陆西星）著，共一百回。故事讲述的是商朝的沦陷和周朝的掌权，其中穿插着众多中国神话元素，包括神仙和灵魂。在某种程度上，它是对当时中国生活的表现和描述，而其中，宗教起着重要作用。

[10]“七窍生烟”：说的是人的耳、目、口、鼻冒出烟气，形容气愤、焦急或干渴之极。

# Apuntes en el día de despedida al Rey de la Cocina[①]

Estaba sentado escuchando los sonidos explosivos de petardos de lejos y de cerca, sabía que los señores Reyes de la Cocina estaban subiendo al Cielo sucesivamente para informar al Emperador de Jade las conductas "malas" del dueño de sus casas respectivas.[②] Sin embargo, parece que ellos no se las hubieran reportado, de otro modo, los chinos habrían sido más desgraciados que ahora.

El día en que el Rey de la Cocina sube al Cielo, se vende en la calle una especie de bloque de azúcar, de tamaño como la naranja, el cual también se ve en mi ciudad natal, pero es de forma chata, pareciéndose a una torta gruesa y pequeña. Eso es lo que se llama "maltosa pegante de dientes", cuya intención original era pegar los dientes del Rey de la Cocina para que, cuando este lo masticara, no podría articular su lengua para hablar mal de la familia ante el Emperador de Jade. Los diablos y los dioses en la mente del pueblo chino parecen ser más honestos que los hombres vivos, por lo tanto, podemos usar un método tan duro para con ellos, mientras que para

---

① Este artículo fue publicado originalmente en el *National New Newspaper Supplement* el 11 de febrero de 1926.

② Según la antigua costumbre, el día 23 de diciembre en el calendario lunar es el día de despedida al Rey de la Cocina. China es un país politeísta, en que creen en muchos dioses. Entre ellos, el Rey de la Cocina pertenece a una de las más altas categorías, que fue originado de un culto primitivo al Dios del Fuego. Es el supervisor mandado por el Emperador Celestial (de Jade) en todas las familias, encargado de supervisar el bien y el mal de todos los miembros de la familia en la vida diaria, y es responsable de informar regularmente al Palacio del Cielo. Así que reciben la adoración de la gente común.

las personas vivas, tenemos que invitarlas a una comida.

Hoy en día los caballeros evitan hablar de comer, como un tabú, especialmente, de la invitación a comer. Y eso no es de extrañarse mucho, porque no los contenta oír decirlo. Pero que hay tantos restaurantes y tantos banquetes en Beijing, ¿acaso todos están callados, solo comiendo almejas③, o se limitan a hablar del viento y la luna④, o "borrachos de vino y calientes de oreja, cantan a gritos wu-wu"⑤? No son todos así, es cierto que muchas "opiniones públicas" se siembran en estos sitios. Solo debido a que no se ve, entre ellas y las tarjetas de invitación, ninguna pista de vínculo, esas opiniones se dan a conocer en forma magnífica y altisonante. Sin embargo, a mi juicio, las opiniones públicas posteriores a la cena contienen propensión. Las personas no son de madera o de piedra, ¿cómo pueden hablar únicamente del razonamiento? El cual puede ser desviado a veces por la afección y cara personal, y aquí se percibe el aliento entre las personas. Además, en China siempre se ha valorado mucho la afección y cara. ¿De qué trata la honra facial de afecto personal? Una persona de la dinastía Ming la explicó diciendo: "La cosa por ser afección y

---

③ "Comiendo almejas": Es una frase hecha originada de la moraleja de un cuento antiguo. Para el cuento vea la "Biografía de Wang Hong" en la *Historia del Sur*. Según ella, Wang Rong se encontró con Shen Zhaolue en la casa de Wang Sengyou, Shen no conocía a Rong y le preguntó al dueño Sengyou quién era el joven. Pero Rong, siendo una persona muy arrogante, se enojó por esto, así que se jactó de que él mismo era el sol, brillando el mundo, y no había nadie que no lo conociera. Después de escucharlo, Shen dijo: "No he oído hablar de estas cosas, vamos a seguir comiendo las almejas". Estas palabras significaban que a Shen no le interesaba esto, y lo dejó ahora sin preguntar. La moraleja de este cuento se usa posteriormente para aludir a "dejar algo de lado sin comentar".

④ "Se limitan a hablar del viento y la luna": Es una expresión idiomática que significa hablar solo sobre el paisaje, el viento y la luna, aludiendo a no referirse a asuntos políticos. Véase la "Biografía de Xu Wei" en la *Historia del Sur*.

⑤ "Borrachos de vino y calientes de oreja, cantan a gritos wu-wu": Para textos originales, vea el *Memorial al trono para expulsar a los invitados* de Li Si de la dinastía Qin y la *Carta a Sun Huizong* de Yang Yun de la dinastía Han. Cuando la gente de la región Qin se entretuvo, golpeó la olla de barro e hicieron gritos de "wu-wu". En la dinastía Han, Yang Yun, de origen de la región Qin, en los días después de ser degradado, estaba celebrando fiestas con su familia. Cuando caía borracho del vino y caliente de oreja, golpeó la jarra y gritó "wu-wu", con lo que desahogaba su depresión. Después, esta alusión literaria se usa mucho para expresar el desenfreno de la depresión y el resentimiento.

cara, es la llamada afección entre las personas cara a cara".⑥ Desde luego nadie supo qué estaba diciendo, pero así todos también pudieron entender qué estaba indicando. En el mundo de hoy, la existencia de opiniones públicas libres de toda parcialidad siempre ha sido un sueño desde el principio; entonces, incluso el comentario público después de la comida y el brillante punto de vista posterior a la bebida, ¿por qué no pueden escucharlos tentativamente? Sin embargo, si creen que esas son las verdaderas opiniones públicas al estilo antiguo, caerán en la trampa, pero esto tampoco puede imputar solo a los comentaristas públicos, porque en la sociedad es popular invitar a comer a la vez que evita mencionarlo, y esto hace a la gente tener que ser falsa, entonces, la culpa también debería repartirse por cada una de las partes, por supuesto.

Recuerdo que varios años antes, después de la "amonestación armada"⑦, cuando la clase poseyendo fusiles gustaba de tener reuniones especialmente en Tianjin, un joven me dijo con todo enojo: "¿Cómo pueden considerarse esas como reuniones? Ellos hicieron la decisión solo mencionando unas palabras de paso en el banquete o en la mesa de juego". Él es uno de los que han sido engañados por la idea de que "la opinión pública no se origina del vino y la cena", así que siempre está airado. Apenas se da cuenta de que la situación de su ideal a lo mejor no aparezca hasta el año de 2925, e incluso hasta

---

⑥ "La cosa por ser afección y cara": Indica que la cara conocida contiene afecto. Esto se refiere a un diálogo entre Chongzhen, el último emperador de la dinastía Ming y los cortesanos ministeriales del gabinete. El emperador preguntó: "Recientemente en los informes de vosotros aparecen muchas veces la frase 'la afección y cara', pero ¿qué significa?" El primer ministro Zhou Daodeng respondió: "La cosa por ser afección y cara, es la llamada afección entre las personas cara a cara". Después de esto, todos sonrieron secretamente.

⑦ "Amonestación armada". En 1017, en el problema sobre si participar a la Primera Guerra Mundial, el entonces presidente Li Yuanhong y el primer ministro Duan Qirui tuvieron opiniones divergentes, entonces, el presidente Li destituyó a Duan de su cargo, pero este último instigó a que los gobernadores de varias provincias declararan independencia para forzar a Li a dimitir, lo que fue llamado por ellos mismos la "amonestación armada".

3925.

No obstante, también existen definitivamente gentes honestas que no toman en consideración el vino ni la cena, si no fuera así, China estaría aún peor. Algunas reuniones, que empiezan desde las dos de la tarde, en las que discuten sobre problemas, estudian reglamentos, se preguntan y se contradicen entre sí, son tan intensas como si se levantaran vientos y emergieran nubes, siguiendo así hasta las siete u ocho de la tarde, cuando todos se sienten impacientes y muy ansiosos sin motivo alguno, el temperamento se vuelve más irascible, las discusiones más conflictivas, y los reglamentos quedan más vagos y remotos. Aunque planeamos despedirnos después de terminar la discusión, al final nos dispersamos en un súbito caos, sin ningún resultado. Esto es el castigo retributivo por el desprecio de la comida, pues la impaciencia y la ansiedad a las siete u ocho de la tarde fueron la advertencia del vientre a sí mismo y a otros. Como todos creían por equivocación en la herejía de que no hay relación entre la comida y la opinión pública, y no le hicieron ningún caso al hambre, el estómago vacío te dejó hacer el discurso sin puntos maravillosos, ni siquiera llegaron a concluir un borrador —para la declaración—.

Sin embargo, no quiero decir que por cualquier asunto pequeño, la gente deba ir a los restaurantes lujosos como el Restaurante del Lago Pacífico, o el restaurante de comida europea llamada Esencia Elegida para celebrar un gran banquete; no tengo acciones en esos restaurantes, ni me vale la pena ayudarles a atraer clientes, y además, tampoco tenemos todos tanto dinero. Lo que quiero decir no es nada más que sí existen relaciones por ahora entre la emisión de opiniones y la invitación a comer; la última es todavía beneficiosa a la primera; pese a ser así, esto es también un sentimiento normal entre las personas, y no vale tanto para ser culpado especialmente.

De paso, me gustaría dar un consejo a los jóvenes entusiastas y honestos, las reuniones sin vino ni comida no deben dilatarse por demasiado tiempo. Si se hace tarde, compren algunos panes tostados con semillas de sésamo, y sigan la reunión después de comerlos. Con hacerlo así, será más fácil de conseguir algún resultado que discutirlo con el estómago vacío, o sea, más fácil de concluirse.

No me importa cómo resultaría al dedicar el método forzoso con la maltosa pegante de dientes al Rey de la Cocina, no me importa cómo resultaría, pero no será bueno usarlo al hombre vivo. Si es para una persona viva, sería más maravilloso darle una plena borrachera, para que no hable por su propia cuenta, sin sujetarlo con pegamento. Los chinos tenemos medios muy ingeniosos para las personas, pero siempre contamos con algo particular al tratar a los diablos y dioses, y la burla del Rey de la Cocina en la noche del día veintitrés constituye un ejemplo, pero se trata de algo extraño al mencionarlo, los Reyes de la Cocina parecen todavía no se han despertado de esto hasta el presente momento.

Es más terrible la forma de los sacerdotes taoístas para tratar con el "Dios de Tres Trozos Cadavéricos"[⑧]. Nunca me he hecho un sacerdote taoísta, y de los detalles no estoy enterado, pero según los rumores tan infundados como el de que "la oreja también come", los taoístas piensan que vive un dios que tiene tres trozos cadavéricos en el cuerpo humano, que algún día aprovecha el momento cuando el hombre queda profundamente dormido para subir al cielo a reportar los males acometidos por este hombre. Esto es sin duda un espía prácticamente existente en el propio cuerpo humano, el

---

⑧ "Dios de Tres Trozos Cadavéricos": Los taoístas afirman que vive un dios que tiene tres trozos cadavéricos en el cuerpo humano. El trozo superior se localiza en la cabeza, el mediano en el vientre y el inferior en los pies. Dicen que el quincuagésimo séptimo día de cada sesenta días aprovecha el momento cuando el hombre queda dormido profundamente para subir al cielo a reportar los males acometidos por este hombre, pero la gente puede evitarlo si se mantiene despierto sin dormir en esos días.

cual es el mismo Dios de Tres Trozos mencionado en *Leyendas de la deificación*⑨, en que se describe el Dios frecuentemente como: "Cuando el Dios de Tres Trozos Cadavéricos se ponen iracundos, de las siete aberturas en la cabeza se fulmina el humo."⑩ Sin embargo, se dice que no es difícil resistirse contra él, porque sus fechas al cielo son unas determinadas. Con tal de no caerte dormido en esas fechas, él no va a tener la oportunidad para aprovechar, así que solo podrá conservar los males de tu pasado en su adentro para esperar la oportunidad del año próximo, quedándose así ni siquiera con alguna maltosa pegante de dientes para masticar. De modo que él es realmente más desafortunado que el Rey de la Cocina y merece la compasión.

El Dios de Tres Trozos Cadavéricos, sin lograr subir al cielo, guarda todos los pecados de la gente en su vientre, y en cuanto al Rey de la Cocina, a pesar de haber podido subir, con la boca llena de caramelos, solo puede decir un chorro de palabras ambiguas y vagas por un momento ante el Emperador de Jade y vuelve a bajar. Sobre la situación en la tierra, el Emperador de Jade no entiende nada ni se entera de nada, entonces lo deja todo como de siempre, y este año el mundo sigue estando en paz y tranquilidad.

Los chinos también tenemos este tipo de medios para tratar a otros diablos y dioses.

Los chinos respetamos y creemos en los diablos y dioses, pero

---

⑨ *Leyendas de la deificación*: Conocida por su título chino como *Fengshen Yanyi*, es una de las grandes novelas chinas escritas en la dinastía Ming. La historia trata de la caída de la dinastía Shang (¿562–1066 a. C.?) y la llegada al poder de la dinastía Zhou (¿1046–256 a. C.?), intercalando numerosos elementos de mitología china, incluidos los dioses y diosas, Los ocho inmortales, y espíritus. Es, en cierta medida, representación y descripción de la vida en China en aquel tiempo, donde la religión desempeñaba un papel importante en la vida cotidiana. La autoría de la obra se atribuye a Xu Zhonglin o Lu Xixing.

⑩ "De las siete aberturas en la cabeza se fulmina el humo": Aquí las aberturas se refieren a los siete agujeros en la cabeza, a saber, los dos ojos, dos orejas, dos fosas nasales y la boca. La frase hecha de que el humo fulmina desde las siete aberturas quiere expresar lo extremo de la ira, sed o ansiedad.

pensamos que ellos son siempre más tontos que el hombre, por lo que utilizamos métodos especiales para tratar con ellos. Con respecto al hombre, por supuesto será caso diferente, pero podemos recurrir a otras maneras particulares para tratarlo, solo que no queremos revelarlas; porque si hablas en claro, según dicen, se mostrará que lo desprecias. Ciertamente, si crees haberlo visto hasta la médula, a veces no puedes evitar, en cambio, caer en la superficialidad.

5 de febrero

# “死地”[1]

从一般人，尤其是久受异族及其奴仆鹰犬的蹂躏的中国人看来，杀人者常是胜利者，被杀者常是劣败者。而眼前的事实也确是这样。

三月十八日段政府惨杀徒手请愿的市民和学生的事[2]，本已言语道断，只使我们觉得所住的并非人间。但北京的所谓言论界，总算还有评论，虽然纸笔喉舌，不能使洒满府前的青年的热血逆流入体，仍复苏生转来。无非空口的呼号，和被杀的事实一同逐渐冷落。

但各种评论中，我觉得有一些比刀枪更可以惊心动魄者在。这就是几个论客，以为学生们本不应当自蹈死地[3]。那就中国人真将死无葬身之所，除非是心悦诚服地充当奴子，“没齿而无怨言”[4]。不过我还不知道中国人的大多数人的意见究竟如何。假使也这样，则岂但执政府前，便是全中国，也无一处不是死地了。

人们的苦痛是不容易相通的。因为不易相通，杀人者便以杀人为唯一要道，甚至于还当作快乐。然而也因为不容易相通，所以杀人者所显示的“死之恐怖”，仍然不能够儆戒后来，使人民永远变作牛马。历史上所记的关于改革的事，总是先仆后继者，大部分自然是由于公义，但人们的未经“死之恐怖”，即不容易为“死之恐怖”所慑，我以为也是一个很大的原因。

但我却恳切地希望：“请愿”的事，从此可以停止了。倘用了这许多血，竟换得一个这样的觉悟和决心，而且永远纪念着，则似乎还不算是很大的折本。

世界的进步，当然大抵是从流血得来。但这和血的数量，是没有关系的，因为世上也尽有流血很多，而民族反而渐就灭亡的先例。即如这一回，以这许多生命的损失，仅博得“自蹈死地”的批判，便已将一部分人心的机微示给我们，知道在中国的死地是极其广博。

现在恰有一本罗曼罗兰的《Le Jeu de L'Amour et de La Mort》[5]在我面前，其中说：加尔是主张人类为进步计，即不妨有少许污点，万不得已，也不妨有一点罪恶的；但他们却不愿意杀库尔跋齐，因为共和国不喜欢在臂膊上抱着他的死尸，因为这过于沉重。

会觉得死尸的沉重，不愿抱持的民族里，先烈的“死”是后人的“生”的唯一的灵药，但倘在不再觉得沉重的民族里，却不过是压得一同沦灭的东西。

中国的有志于改革的青年，是知道死尸的沉重的，所以总是“请愿”。殊不知别有不觉得死尸的沉重的人们在，而且一并屠杀了“知道死尸的沉重”的心。

死地确乎已在前面。为中国计，觉悟的青年应该不肯轻死了罢。

（三月二十五日。）

# 注 释

[1] 本篇最初发表于1926年3月30日《国民新报副刊》。

[2]“三月十八日段政府惨杀徒手请愿的市民和学生的事”：指“三一八”惨案，见《纪念刘和珍君》。

[3]“自蹈死地”：“三一八”惨案后，林学衡在《晨报》3月20日的“时论”栏发表了《为青年流血问题敬告全国国民》一文，陈渊泉3月22日在《晨报》又发表题为《群众领袖安在》的社论。他们攻击爱国青年是受人指使，铤而走险，向着明明是必死之地前行。

[4]“没齿而无怨言”：汉语成语，比喻永无怨言。语见《论语·宪问》。没齿，终身之意。

[5]《Le Jeu de L'Amour et de La Mort》:《爱与死之角逐》，罗曼·罗兰

以法国大革命为题材的剧本之一，作于1924年。其中情节之一是：政治委员会委员加尔放走了因反对罗伯斯庇尔捕杀丹东而获罪的国会议员库尔跛齐。

# Sitio para muerte[①]

Al ver por parte de la gente común, y especialmente de los chinos que han sido pisoteados por las naciones foráneas y sus siervos y halcones, los asesinos suelen ser los vencedores, y los asesinados son a menudo los inferiores fracasados. Y los hechos frente a nosotros son efectivamente así.

El brutal asesinato de peticionarios y estudiantes desarmados por parte del Gobierno de Duan del 18 de marzo[②] ya ha dejado la solución en canal dialogal interrumpido y solo nos ha hecho sentir que no estamos viviendo en un mundo humano. Sin embargo, de todo modo, en el llamado círculo de opiniones públicas de Beijing todavía hay unos comentarios, a pesar de recurrir a papel, pluma, garganta y lengua, no pueden invertir la caliente sangre derramada frente al edificio del gobierno a su cuerpo de los jóvenes para que resuciten y vuelvan a la consciencia. No es nada más que los vacíos eslóganes junto con el hecho de ser asesinados van enfriándose poco a poco.

Pero entre los varios comentarios, creo que algunos pueden asustar y estremecer el corazón y el alma más que los cuchillos y fusiles. Aquí se trata concretamente de algunos de los comentaristas, quienes piensan que los estudiantes en un principio no debían haber

---

① Este artículo fue publicado originalmente en el *National New Newspaper Supplement* el 30 de marzo de 1926.

② "El brutal asesinato... del 18 de marzo": Aquí se refiere a la "Tragedia del 18 de Marzo". Para más información, véase el artículo en este libro de traducción titulado "En memoria de la honorable Srta. Liu Hezhen".

ido voluntariamente a pisar el sitio para la muerte.③ Eso quiere decir, los chinos realmente morirán sin ningún lugar de entierro, a menos que estén convencidos de ser esclavos alegremente desde el corazón y obedientes con sinceridad, "sin quejas hasta tan viejos que sin dientes".④ Sin embargo, todavía no sé cuáles son las opiniones de la mayoría de los chinos. Si también piensan así, entonces no solo frente al edificio del gobierno ejecutivo, incluso en toda China, no habrá ningún lugar que no sea el sitio para la muerte.

No es fácil que las personas se comuniquen sobre el sentimiento del dolor. Como no es fácil de comunicarse, los asesinos toman el asesinato como su único modo de actuación principal, incluso lo toman por diversión; pero también debido a no ser fácil de comunicarse, "el terror de la muerte" mostrado por los asesinos no puede servir de advertencia a los hombres posteriores con el fin de convertir al pueblo en buey y caballo para siempre. En los acontecimientos de reforma registrados en la historia siempre han surgido interminables sucesores que siguieron los que habían caído precedentemente, y la mayoría de ellos han sido motivados naturalmente por la justicia pública, pero el hecho de que no hayan vivido el "horror de la muerte", o sea, que no les haya sido fácil someterse al "horror de la muerte", también constituye, creo, una razón muy importante.

Pero sinceramente espero que la acción como "petición" pueda detenerse desde ahora en adelante. Si con tan mucha sangre, se

---

③ "Haber ido voluntariamente a pisar el sitio para la muerte": Después de la tragedia del 18 de marzo, Lin Xueheng publicó un artículo titulado "Advertencia a los nacionales para el sangrado problema de los jóvenes" en la columna de "Opiniones de la Actualidad" de *Noticias Matutinas* el 20 de marzo. Chen Yuanquan publicó en *Noticias Matutinas* el 22 de marzo un editorial titulado "¿Dónde están los líderes de las masas?". Ellos difamaron a los jóvenes patrióticos diciendo que habían sido instruidos por otra gente para tomar riesgos y avanzar hacia el sitio destinado a la muerte.

④ "Sin quejas hasta tan viejos que sin dientes": Es un modismo metafórico proveniente de *Las Analectas de Confucio* que equivale a "no se queja en toda la vida".

consiguió, por remplazo, tal conciencia y determinación, así como la conmemoración por siempre, parece que esto no es una pérdida de costo muy grande.

El progreso del mundo, por supuesto, se ha conseguido en gran medida a través del derramamiento de sangre. Sin embargo, esto no tiene nada que ver con la cantidad de sangre derramada, ya que hay muchos ejemplos de haber derramado mucha sangre la gente, pero su nación, en cambio, está pereciendo paulatinamente. Tal como esta vez, con la pérdida de tantas vidas solo se ha logrado tal crítica de “pisar por sí mismos el sitio para la muerte”, lo que nos ha mostrado la sutileza del corazón de algunos hombres, de modo que sepamos que los sitios para la muerte en China son extremadamente vastos y extensos.

Ahora tengo justamente un libro titulado *Le Jeu de L’Amour et de La Mort*⑤ (*El juego del amor y de la muerte*) de Romain Rolland delante de mí, que dice: Gal sostiene que, para el progreso de la humanidad, no hay inconveniente en que la gente tenga unas pocas manchas, y a falta de ninguna otra alternativa, también pueda cometer cierto pequeño pecado; pero ellos no quisieron matar a Kurpachi porque a la República no le gustaba sostener su cadáver en sus brazos, lo que sería demasiado pesado.

Una nación que siente lo pesado del cadáver es reacia a llevarlo en los brazos, y para ella, la “muerte” de los mártires precedentes es el único elixir de la “vida” de los posteriores, pero si una nación ya no se siente más de lo pesado, no se tratará nada más que un objeto que sea extinguido por la presión del peso junto con ella.

---

⑤ *Le Jeu de L’Amour et de La Mort*: En español, *El juego del amor y de la muerte*, uno de los guiones sobre la Revolución francesa de Romain Rolland. Se finalizó en 1924. En la trama cuenta que el miembro del comité político, Crapart, dejó ir al congresista Courvoisier, quien era condenado por oponerse al asesinato de Danton por parte de Robespierre.

Los jóvenes de China que tienen la voluntad de hacer reformas están conscientes de lo pesado de los cadáveres, por lo que siempre llevan a cabo las “peticiones”. Pero, no se dan cuenta de que existen, aparte, personas que no sienten lo pesado de los cadáveres, los cuales, además, han matado al corazón que “siente lo pesado de los cadáveres”.

El sitio para la muerte está, en efecto, adelante. Para el bien de China, los jóvenes conscientes ya no deben encontrarse dispuestos a morir a la ligera, ¿verdad?

25 de marzo

# 纪念刘和珍君[1][2]

## 一

中华民国十五年三月二十五日，就是国立北京女子师范大学为十八日在段祺瑞执政府[3]前遇害的刘和珍杨德群两君开追悼会的那一天，我独在礼堂外徘徊，遇见程君[4]，前来问我道，“先生可曾为刘和珍写了一点什么没有？”我说“没有”。她就正告我，“先生还是写一点罢；刘和珍生前就很爱看先生的文章。”

这是我知道的，凡我所编辑的期刊，大概是因为往往有始无终之故罢，销行一向就甚为寥落，然而在这样的生活艰难中，毅然预定了《莽原》[5]全年的就有她。我也早觉得有写一点东西的必要了，这虽然于死者毫不相干，但在生者，却大抵只能如此而已。倘使我能够相信真有所谓“在天之灵”，那自然可以得到更大的安慰，——但是，现在，却只能如此而已。

可是我实在无话可说。我只觉得所住的并非人间。四十多个青年的血，洋溢在我的周围，使我艰于呼吸视听，那里还能有什么言语？长歌当哭，是必须在痛定之后的。而此后几个所谓学者文人的阴险的论调，尤使我觉得悲哀。我已经出离愤怒了。我将深味这非人间的浓黑的悲凉；以我的最大哀痛显示于非人间，使它们快意于我的苦痛，就将这作为后死者的菲薄的祭品，奉献于逝者的灵前。

## 二

真的猛士，敢于直面惨淡的人生，敢于正视淋漓的鲜血。这是怎样的哀痛者和幸福者？然而造化又常常为庸人设计，以时间的流驶，来洗涤旧迹，仅使留下淡红的血色和微漠的悲哀。在这淡红的血色和微漠的悲哀中，又给人暂得偷生，维持着这似人非人的世界。我不知道这样的世界何时是一个尽头！

我们还在这样的世上活着；我也早觉得有写一点东西的必要了。离三月十八日也已有两星期，忘却的救主快要降临了罢，我正有写一点东西的必要了。

三

在四十余被害的青年之中，刘和珍君是我的学生。学生云者，我向来这样想，这样说，现在却觉得有些踌躇了，我应该对她奉献我的悲哀与尊敬。她不是"苟活到现在的我"的学生，是为了中国而死的中国的青年。

她的姓名第一次为我所见，是在去年夏初杨荫榆女士做女子师范大学校长，开除校中六个学生自治会职员的时候[6]。其中的一个就是她；但是我不认识。直到后来，也许已经是刘百昭率领男女武将[7]，强拖出校之后了，才有人指着一个学生告诉我，说：这就是刘和珍。其时我才能将姓名和实体联合起来，心中却暗自诧异。我平素想，能够不为势利所屈，反抗一广有羽翼的校长的学生，无论如何，总该是有些桀骜锋利的，但她却常常微笑着，态度很温和。待到偏安于宗帽胡同[8]，赁屋授课之后，她才始来听我的讲义，于是见面的回数就较多了，也还是始终微笑着，态度很温和。待到学校恢复旧观[9]，往日的教职员以为责任已尽，准备陆续引退的时候，我才见她虑及母校前途，黯然至于泣下。此后似乎就不相见。总之，在我的记忆上，那一次就是永别了。

四

我在十八日早晨，才知道上午有群众向执政府请愿的事；下午便得到噩耗，说卫队居然开枪，死伤至数百人，而刘和珍君即在遇害者之列。但我对于这些传说，竟至于颇为怀疑。我向来是不惮以最坏的恶意，来推测中国人的，然而我还不料，也不信竟会下劣凶残到这地步。况且始终微笑着的和蔼的刘和珍君，更何至于无端在府门前喋血呢？

然而即日证明是事实了，作证的便是她自己的尸骸。还有一具，是杨德群君[10]的。而且又证明着这不但是杀害，简直是虐杀，因为身体上还有棍棒的伤痕。

但段政府就有令，说她们是“暴徒”！

但接着就有流言，说她们是受人利用的。

惨象，已使我目不忍视了；流言，尤使我耳不忍闻。我还有什么话可说呢？我懂得衰亡民族之所以默无声息的缘由了。沉默呵，沉默呵！不在沉默中爆发，就在沉默中灭亡。

## 五

但是，我还有要说的话。

我没有亲见；听说，她，刘和珍君，那时是欣然前往的。自然，请愿而已，稍有人心者，谁也不会料到有这样的罗网。但竟在执政府前中弹了，从背部入，斜穿心肺，已是致命的创伤，只是没有便死。同去的张静淑君[11]想扶起她，中了四弹，其一是手枪，立仆；同去的杨德群君又想去扶起她，也被击，弹从左肩入，穿胸偏右出，也立仆。但她还能坐起来，一个兵在她头部及胸部猛击两棍，于是死掉了。

始终微笑的和蔼的刘和珍君确是死掉了，这是真的，有她自己的尸骸为证；沉勇而友爱的杨德群君也死掉了，有她自己的尸骸为证；只有一样沉勇而友爱的张静淑君还在医院里呻吟。当三个女子从容地转辗于文明人所发明的枪弹的攒射中的时候，这是怎样的一个惊心动魄的伟大呵！中国军人的屠戮妇婴的伟绩，八国联军的惩创学生的武功，不幸全被这几缕血痕抹杀了。

但是中外的杀人者却居然昂起头来，不知道个个脸上有着血污……。

## 六

时间永是流驶，街市依旧太平，有限的几个生命，在中国是不算什么的，至多，不过供无恶意的闲人以饭后的谈资，或者给有恶意的闲人作“流言”的种子。至于此外的深的意义，我总觉得很寥寥，因为这实在不过是徒手的请愿。人类的血战前行的历史，正如煤的形成，当时用大量的木材，结果却只是一小块，但请愿是不在其中的，更何况是徒手。

然而既然有了血痕了，当然不觉要扩大。至少，也当浸渍了亲族，师友，爱人的心，纵使时光流驶，洗成绯红，也会在微漠的悲哀中永存微笑的和蔼的旧影。陶潜[12]说过，“亲戚或余悲，他人亦已歌，死去何所道，托体同山阿。”倘能如此，这也就够了。

七

我已经说过：我向来是不惮以最坏的恶意来推测中国人的。但这回却很有几点出于我的意外。一是当局者竟会这样地凶残，一是流言家竟至如此之下劣，一是中国的女性临难竟能如是之从容。

我目睹中国女子的办事，是始于去年的，虽然是少数，但看那干练坚决，百折不回的气概，曾经屡次为之感叹。至于这一回在弹雨中互相救助，虽殒身不恤的事实，则更足为中国女子的勇毅，虽遭阴谋秘计，压抑至数千年，而终于没有消亡的明证了。倘要寻求这一次死伤者对于将来的意义，意义就在此罢。

苟活者在淡红的血色中，会依稀看见微茫的希望；真的猛士，将更奋然而前行。

呜呼，我说不出话，但以此记念刘和珍君！

（四月一日。）

# 注 释

[1] 本篇最初发表于1926年4月12日《语丝》周刊第七十四期。鲁迅先生为“三一八”惨案所痛，撰写此文。

“三一八”惨案：1926年3月18日下午，北京各界群众举行反对帝国主义和封建军阀的游行示威活动。游行群众数万人先在天安门前集合开会，然后到铁狮子胡同段祺瑞执政府门前请愿示威，要求拒绝八个帝国主义国家的无理要求。北京女子师范大学学生自治会长刘和珍走在队伍的前头。但当游行群众刚到执政府门前，反动军警竟然立刻开枪，当场枪杀游行群众，死47人，伤200多人。这就是历史上骇人听闻的“三一八”惨案。

[2] 刘和珍（1904—1926）：江西南昌人，北京女子师范大学英文系学生。关于“刘和珍君”的翻译，其中“君”为尊称，但在这里不宜使用西语里的doña，而应使用广泛尊称的señorita，并在其前添加一个honorable较为适宜。

[3] “段祺瑞执政府”：1924年段祺瑞被北洋军阀推举为中华民国临时执政，这里改称其为执政府。临时执政的职权集总统与国务总理于一身，可执行一切权力。这里“执政府”译为el gobierno ejecutivo。

[4] 程君：指程毅志，湖北孝感人，北京女子师范大学教育系学生。

[5] 《莽原》：文艺刊物，鲁迅编辑，1925年4月24日创刊于北京，初为周刊。这里所说的“毅然预定了《莽原》全年”，指《莽原》半月刊。

[6] 在北京女子师范大学学生反对校长杨荫榆的风潮中，杨于1925年5月7日借召开“国耻纪念会”为名，强行登台做主席，但立即为全场学生的嘘声所赶走。下午，她在西安饭店召集若干教员宴饮，阴谋迫害学生。9日，假借评议会名义开除许广平、刘和珍、蒲振声、张平江、郑德音、姜伯谛等六个学生自治会职员。

[7] “刘百昭率领男女武将”：刘百昭于1925年4月任北京政府教育部专门教育司司长。“刘百昭率领男女武将”是讽刺性语句，其中“率领”和“武将”都是贬义。为了西语读者容易理解，这里均直接将其中的贬义译出。

[8] “偏安于宗帽胡同”：1925年8月7日，段祺瑞执政府教育部下令，以北京女子师范大学闹学潮为借口，予以解散并封闭其校舍。被迫离校的女师大同学，经过联系最后在宗帽胡同租房上课，鲁迅等进步人士为她们义务上课。

[9] “旧观”：指“旧日的惯常面貌”。1925年11月28日下午，北京的

学生、工人及市民3000余人集会支持北师大复校。段祺瑞政府勉强同意北师大复校。于是在1925年11月30日迁回宣武门内石驸马大街原址，宣告复校。也正因此，在翻译时添加了regular这个词。

[10] 杨德群（1902—1926）：湖南湘阴人。1913年考入湖南第一女子师范学校。1925年来到北京，进入女师大国文系预科。她参加“三一八”集会游行，其间为了救护刘和珍，在执政府门前被段祺瑞政府卫队开枪杀害。

[11] 张静淑（1902—1978）：湖南长沙人，北京女子师范大学教育系学生。她参加“三一八”集会游行，其间为了救护刘和珍，在执政府门前被段祺瑞政府卫队开枪击中。受伤后经医治，幸得不死。

[12] 陶潜：陶渊明（365或372—427），中国晋代田园诗人和散文作家。他喜欢描写田园的生活和美酒。这里引用的是他所作《挽歌》中的四句。

# En memoria de la honorable Srta. Liu Hezhen①②

## I

El día 25 de marzo, del año XV de la República de China (1926 d. C. ), o sea, el mismo día en que la Universidad Normal Femenina de Beijing sostuvo el servicio conmemorativo para las dos honorables señoritas Liu Hezhen y Yang Dequn, asesinadas el día 18 frente al edificio del Gobierno Ejecutivo de Duan Qirui③, yo estaba deambulando solo fuera del auditorio cuando me encontré con la señorita Cheng④, quien venía a preguntarme: "¿Ha escrito usted algo para Liu Hezhen?" Dije: "No". "Pienso que es mejor escribir algo, señor," me dijo muy en serio. "A Liu Hezhen le gustó mucho leer sus

① Este artículo fue publicado originalmente en el número 74 de la revista semanal *Hilo del Lenguage* del 12 de abril de 1926. Lu Xun lo escribió después de la Masacre del 18 de Marzo.
Al mediodía del 18 de marzo de 1926, las masas de todos los círculos de Beijing realizaron manifestaciones en oposición al imperialismo y los caudillos militares feudales. Decenas de miles de personas marcharon primero frente a la Plaza de Tian'anmen y luego fueron al callejón del León de Hierro para manifestar frente al Gobierno Ejecutivo de Duan Qirui en protesta de las demandas irrazonables de ocho potencias imperialistas. En aquel momento, la señorita Liu Hezhen, presidenta del Consejo de Estudiantes de la Universidad Normal Femenina de Beijing, se encontraba frente al equipo. Pero tan pronto como los manifestantes llegaron al Gobierno Ejecutivo, este ordenó su guardia militar y la policía disparar súbitamente contra las masas y provocó 47 muertos y más de 200 heridos. Esta es la terrible tragedia de la Masacre del 18 de Marzo en la historia.

② Liu Hezhen (1904–1926), originaria de Nanchang, Jiangxi, es estudiante del Departamento de Inglés de la Universidad Normal Femenina de Beijing, presidenta del Consejo de Estudiantes.

③ "El Gobierno Ejecutivo de Duan Qirui": En 1924, Duan Qirui fue elegido por los caudillos militares del norte como jefe de la Administración Temporal de la República de China, por lo que tomó el poder de la Administración Temporal al mismo tiempo que el de la presidente. Como su gobierno podía ejercer toda la función ejecutiva, lo llamaban "Gobierno Ejecutivo".

④ "La señorita Cheng": Se refiere a Cheng Yizhi, nativa de Xiaogan, Hubei, estudiante de la Universidad Normal Femenina de Beijing.

artículos cuando estuvo en vida”.

Sí que lo sabía yo al respecto. Todas las revistas que yo edito tienen una circulación muy pobre, probablemente debido a tener un principio pero no un final. Sin embargo, en medio de estas dificultades de la vida, estuvo ella entre los que se suscribieron resueltamente a la revista *Planicie Herbazal*[5] por todo un año entero. También he pensado desde hace tiempo en la necesidad de escribir algo. Aunque esto no contribuya nada a la difunta, es la única cosa que probablemente podemos hacer los todavía vivos. En caso de que yo creyera la existencia del “espíritu en el cielo” después de la muerte, podría ser más consolado naturalmente, pero ahora, lo que puedo hacer no es nada más que esto.

Sin embargo, efectivamente no tengo nada que decir. Solo pienso que estamos viviendo en un mundo inhumano. La sangre de más de cuarenta jóvenes desborda y corre a mi alrededor hasta que me dificulta respirar, ver y escuchar, y ¿qué palabras puedo encontrar para pronunciar? Un largo canto sustituyendo el llanto solo tendrá que suceder después de que el dolor se haya calmado. Y desde entonces, los insidiosos argumentos emitidos por algunos llamados académicos y literatos me han hecho más triste. Ya me reviento de la ira, y voy a probar profundamente la tristeza y soledad tan oscura de este mundo inhumano, al cual voy a mostrar mi sentimiento más luctuoso y doloroso de modo que se complazcan con el dolor mío, y tomaré esto como la humilde ofrenda de un futuro muerto ante el féretro de los difuntos.

---

⑤ *Planicie Herbazal*: Revista editada por Lu Xun. Se fundó el 24 de abril de 1925 en Beijing. En el principio fue una revista semanal pero la *Planicie Herbazal* que el autor menciona aquí se refiere a la publicación bimensual.

## II

Los verdaderos valientes se atreven a afrontar la vida lóbrega y a encarar la sangre goteando. ¿Qué clase de dolor sufren y qué tipo de felicidad sienten? Pero la naturaleza a menudo dispone diseños para los mediocres, de modo que se diluyan las huellas pasadas con el transcurso del tiempo, dejando solo el color levemente rojizo de la sangre y la debilitada y borrosa tristeza, y en tal color rojizo y tristeza borrosa, se permite a la gente arrastrar una vida innoble temporalmente, manteniendo este mundo cuasihumano e inhumano. ¡No sé cuándo llegará al final de este mundo como tal!

Todavía estamos viviendo en este tipo de mundo; también he sentido la necesidad de escribir algo desde hace mucho. Han pasado dos semanas desde el 18 de marzo, y ¿tal vez el salvador olvidadizo vaya a descender? Ya tengo la necesidad de escribir algo.

## III

Entre los más de cuarenta jóvenes asesinados, la señorita Liu Hezhen fue mi alumna. La llamaba alumna, como siempre lo pensaba y lo decía, pero ahora vacilo en llamarla así, porque debo dedicarle mi dolor y respeto. Ella no fue alumna mía, porque "yo todavía arrastra una vida innoble hasta hoy", sino una joven china que murió por China.

La primera vez que me enteré de su nombre fue a principios del verano del año pasado, cuando la Sra. Yang Yinyu, rectora de la Universidad Normal Femenina, expulsó a seis miembras del Consejo de Estudiantes⑥, una entre las cuales fue ella, pero yo no la conocía.

⑥ En la ola de estudiantes de la Universidad Normal Femenina de Beijing en contra de la rectora Yang Yinyu, el 7 de mayo de 1925, bajo el nombre de la "Conferencia Conmemorativa de la Humillación Nacional", subió al escenario por la fuerza como presidenta, pero fue inmediatamente abucheada por los estudiantes y se retiró. Por la tarde, ella convocó a varios banquetes para maestros en el Hotel Xi'an para planear perseguir a los estudiantes. El día 9, en nombre de la Reunión de Evaluación expulsó a seis miembras del Consejo de Estudiautes como Liu Hezhen, Pu Zhensheng, Zhang Pingjiang, Zheng Deyin, Jiang Boxuan y Xu Guangping.

Hasta más tarde, probablemente después de que Liu Baizhao y sus tenientes matones y matonas⑦ arrastraron a fuerza a las estudiantes fuera del recinto, alguien me señaló a una estudiante diciéndo: Ella es Liu Hezhen. Solo en aquel momento pude ligar su nombre y su figura en concreto, y estuve sorprendido secretamente en mi interior. Yo siempre pensaba que, una estudiante que no sucumbía al esnobismo y se oponía a la poderosa rectora con mucha influencia y muchos cómplices y secuaces, debería ser, de todo modo, un poco ruda o indomable, pero ella siempre sonreía mostrándose una actitud muy suave y gentil. Solo después de acomodarnos temporalmente en la callejuela Zongmao Hutong⑧ para renovar el curso en el aula rentada, ella comenzó a asistir a mis clases, así que tuvimos más oportunidades de vernos, y ella seguía guardando la sonrisa, con su propia suavidad y gentileza. Al restaurarse la escuela a su fisonomía regular⑨, y cuando los maestros y empleados pensaban haber cumplido con su deber y estaban preparados a retirarse gradualmente, la vi a ella muy preocupada por el futuro de la escuela y estaba tan deprimida que derramó lágrimas. Parece que desde allí no nos hemos visto más. En fin, en mi memoria, esa vez ya fue la despedida para siempre.

---

⑦ "Liu Baizhao y sus tenientes matones y matonas": Liu Baizhao fue director del Departamento de Educación Especial del Ministerio de Educación del Gobierno de Beijing en abril de 1925. "Dirigió a sus tenientes matones y matona" es una frase irónica.

⑧ "Acomodarnos temporalmente en la callejuela Zongmao Hutong": El 7 de agosto de 1925, el Gobierno Ejecutivo de Duan Qirui ordenó al Ministerio de Educación del gobierno disolver y cerrar su edificio escolar con el pretexto de la marea escolar de la Universidad Normal Femenina de Beijing. Obligados a abandonar la escuela, las estudiantes de la universidad alquilaron una casa en la callejuela Zongmao Hutong, en la cual Lu Xun y otros progresistas se ofrecieron como voluntarios para darles clases gratuitamente.

⑨ "Al restaurarse la escuela a su fisonomía regular": Se refiere a "la apariencia habitual de los viejos tiempos" de la universidad. En la tarde del 28 de noviembre de 1925, más de 3000 estudiantes, trabajadores y ciudadanos en Beijing se unieron para apoyar la reanudación de la Universidad Normal de Beijing. El Gobierno de Duan Qirui aceptó de mala gana reanudar la escuela. Entonces, el 30 de noviembre de 1925, se mudó al sitio original y anunció la reanudación de la escuela.

## IV

Solo hasta la mañana del día 18 me enteré del evento sobre la petición masiva ante el Edificio del Gobierno Ejecutivo. Por la tarde recibí la penosa noticia diciendo que inesperadamente la guardia disparó y causó hasta cientos de muertos y heridos, y la señorita Liu Hezhen se encontró entre los masacrados. Pero con respecto a este rumor, yo estaba tan lejos de creerlo. Yo nunca había temido conjeturar sobre la maligna intención que los chinos pudieran tener. Sin embargo, esta vez no supuse, ni creí que se hubieran vuelto hasta el punto tan vil y cruel barbarie. Además, ¿cómo pudo ser que la sonriente y gentil señorita Liu Hezhen hubiera sido asesinada incluso delante del Edificio del Gobierno Ejecutivo sin ninguna razón?

Sin embargo, ese mismo día se confirmó el incidente: la evidencia fue su propio cadáver. Había otro cuerpo, el de la señorita Yang Dequn[10]. Además, esto ha dejado claro que no se trató solo de homicidio, sino de asesinato con maltrato, pues sus cuerpos llevaban los moretones de palos.

Pero, el Gobierno de Duan emitió un decreto, ¡declarándolas tajantemente como insurgentes!

Y seguidamente se divulgaron los rumores de que eran manipuladas por otra gente.

¡Qué cruel espectáculo, ya no puedo soportar verlo! Y sobre todo los rumores, ya no puedo aguantar escucharlos. ¿Qué más puedo

---

⑩ Yang Dequn (1902–1926): Fue nativa de Xiangyin, Hunan. En 1913, ingresó a la Escuela Normal Femenina N.º 1 de Hunan. Llegó a Beijing en 1925 y estaba matriculada en el curso preparatorio de la Facultad de Lengua y Literatura China de la Universidad Normal Femenina. Ella participó en la manifestación del 18 de marzo y fue asesinada a tiros por la guardia del Gobierno de Duan Qirui cuando ella iba a rescatar a Liu Hezhen.

decir? Ya comprendo por qué una nación decadente se queda en silencio sin suspiro. ¡Uf, silencio, y qué silencio! ¡Estallará durante el silencio, o perecerá en ello!

## V

Sin embargo, sí que todavía tengo palabras que decir.

No lo vi personalmente, pero sí oí decir que ella, la señorita Liu Hezhen, fue a la petición por su propia voluntad y de buen agrado. Por lo natural, no sería nada más que una petición, y cualquier persona con la menor consciencia humana no imaginaba que hubiera una trampa como tal. Pero, inesperadamente recibió un disparo frente al Edificio del Gobierno Ejecutivo. La bala la penetró por la espalda atravesando inclinadamente el corazón y el pulmón, lo que causó una herida letal a pesar de no morir de inmediato. Su compañera la señorita Zhang Jingshu[11] iba a levantarla, cuando recibió cuatro balazos incluso uno de pistola y se cayó súbitamente. En seguida otra compañera suya la señorita Yang Dequn iba de nuevo a levantarla y también fue impactada. La bala penetró en el hombro izquierdo y atravesó el pecho saliendo por el lado un poco derecho y se tumbó inmediatamente. Pero todavía pudo sentarse, y en ese momento un soldado le dio dos palizas en la cabeza y el pecho, y la mató.

La siempre sonriente y gentil señorita Liu Hezhen ha muerto, y este es un hecho real, cuya evidencia es su propio cuerpo; la quieta, valiente y afectuosa señorita Yang Dequn también ha muerto, la evidencia es su propio cuerpo; solo la igualmente quieta, valiente

---

⑪ Zhang Jingshu (1902–1978): Nació en Changsha, Hunan, y fue estudiante de la Facultad de Educación de la Universidad Normal Femenina de Beijing. Ella participó en la manifestación del 18 de marzo y cuando iba a rescatar a Liu Hezhen recibió balazos de la guardia del Gobierno de Duan Qirui. Sobrevivió afortunadamente tras el tratamiento médico.

y afectuosa Zhang Jingshu todavía está gimiendo en el hospital. ¡Qué emocionante y estremecedora fue la escena cuando las tres muchachas corrían con toda calma en medio de los volantes disparos de las balas inventadas por los elementos civilizados! El mérito valioso en matar a mujeres y niños de los militares chinos y las proezas marciales para enseñar y castigar a los estudiantes por las tropas aliadas de las ocho potencias occidentales han sido desafortunadamente eclipsados y sobrepasados por estas últimas huellas de sangre.

Pero los asesinos chinos y extranjeros mantienen descaradamente sus cabezas en alto, sin notar las manchas de sangre en sus rostros...

## VI

El tiempo siempre está transcurriendo y las calles se vuelven en paz como de costumbre. Un número limitado de vidas no cuentan como nada en China, al máximo, nada más que sirven de tema de charla posterior a la comida de los ociosos sin mala intención, o de semillas para que creen “rumores” los ociosos con mala intención. En cuanto a las demás trascendencias profundas, creo que son muy escasas, porque esto es realmente no más que una petición de los desarmados. La historia de la humanidad que avanza en medio de sangrientas batallas es como la formación del carbón, que en un tiempo inicial necesita gran cantidad de madera para dar resultado en un pedazo pequeño, Pero en ella la petición no está induida, ni mucho menos la desarmada.

Sin embargo, ya que han dejado huellas de sangre, las que por supuesto se expanden sin que la gente se dé cuenta. Por lo menos, han empapado el corazón de los parientes, maestros, amigos y amantes de los difuntos. Aunque el transcurso puede diluirla hasta que sea de color levemente rojizo, existirá siempre su vieja figura sonriente y gentil en medio de la atenuada y borrosa tristeza. El gran poeta Tao Qian[12] escribió: “Tal vez los parientes no hayan salido de la tristeza, los otros ya empiezan sus cantatas, después de la muerte qué más cosa intenta, converge el cuerpo con el río y la montaña”. Si se quedara un efecto como tal, ya sería suficiente.

## VII

Como decía yo antes, que nunca había temido conjeturar sobre la más maligna intención que los chinos pudieran tener, pero esta vez varias cosas se han alejado más allá de mi suposición: una es que las autoridades han llegado a ser tan crueles y bárbaras efectivamente, una es que los creadores de los rumores se han caído en un estado tan vil y malvado, y la otra es que las mujeres chinas han podido ser tan decididas y calmadas frente a la muerte.

He sido testigo de las maneras de manejo del trabajo de las mujeres chinas, y esto se inició en el año pasado. Son pocas a las que he visto, pero al ver su habilidad y firmeza, su espíritu indominable pese a mil contratiempos, he exclamado de admiración muchas veces. Y esta vez, el socorro mutuo bajo la lluvia de balas y el sacrificio sin vacilación han sido el testimonio de la valentía y firmeza de las mujeres chinas, la cual todavía no ha sido extinguida hasta hoy a pesar de haber sido deprimido por las intrigas y complots desde hace miles de años. Si queremos encontrar el significado de estos difuntos y heridos para el futuro, debería residir en esto.

Los que arrastran una vida innoble podrán ver la vaga esperanza mediante las levemente rojizas manchas de sangre; mientras que los

---

⑫ Tao Qian: Conocido también como Tao Yuanming (365 o 372–427), fue un poeta idílico y escritor de prosa de la dinastía Jin de China. Celebraba la vida pastoril. En el artículo se citan cuatro versos de su poema titulado “Elegía”.

verdaderos bravos combatientes marcharán con mayor ímpetu.

¡Uf, ya no puedo decir más, pero esto lo dedico a recordar a la honorable señorita Liu Hezhen!

1 de abril

# 上海通信[1]

小峰兄[2]：

别后之次日，我便上车，当晚到天津。途中什么事也没有，不过刚出天津车站，却有一个穿制服的，大概是税吏之流罢，突然将我的提篮拉住，问道“什么？”我刚答说“零用什物”时，他已经将篮摇了两摇，扬长而去了。幸而我的篮里并无人参汤榨菜汤或玻璃器皿，所以毫无损失，请勿念。

从天津向浦口，我坐的是特别快车，所以并不嚣杂，但挤是挤的，我从七年前护送家眷到北京[3]以后，便没有坐过这车；现在似乎男女分坐了，间壁的一室中本是一男三女的一家，这回却将男的逐出，另外请进一个女的去。将近浦口，又发生一点小风潮，因为那四口的一家给茶房的茶资太少了，一个长壮伟大的茶房便到我们这里来演说，“使之闻之”[4]。其略曰：钱是自然要的。一个人不为钱为什么？然而自己只做茶房图几文茶资，是因为良心还在中间，没有到这边（指腋下介）去！自己也还能卖掉田地去买枪，招集了土匪，做个头目；好好地一玩，就可以升官，发财了。然而良心还在这里（指胸骨介），所以甘心做茶房，赚点小钱，给儿女念念书，将来好好过活。……但，如果太给自己下不去了，什么不是人做的事要做也会做出来！我们一堆共有六个人，谁也没有反驳他。听说后来是添了一块钱完事。

我并不想步勇敢的文人学士们的后尘，在北京出版的周刊上斥骂孙传芳大帅[5]。不过一到下关，记起这是投壶[6]的礼义之邦的事来，总不免有些滑稽之感。在我的眼睛里，下关也还是七年前的下关，无非那时是大风雨，这回却是晴天。赶不上特别快车了，只好趁夜车，便在客寓里暂息。挑夫（即本地之所谓“夫子”）和茶房还是照旧地老实；板鸭，插烧，油鸡等类，也依然价廉物美。喝了二两[7]高粱酒，也比北京的好。这当然只是“我以为”；但也并非毫无理由：就因为它有一点生的高粱气味，喝后合上眼，就如身在雨后的田野里一般。

正在田野里的时候，茶房来说有人要我出去说话了。出去看时，是几个人和三四个兵背着枪，究竟几个，我没有细数；总之是一大群。其中的一个说要看我的行李。问他先看那一个呢？他指定了一个麻布套的皮箱。给他解了绳，开了锁，揭开盖，他才蹲下去在衣服中间摸索。摸索了一会，似乎便灰心了，站起来将手一摆，一群兵便都“向后转”，往外走出去了。那指挥的临走时还对我点点头，非常客气。我和现任的“有枪阶级”接洽，民国以来这是第一回。我觉得他们倒并不坏；假使他们也如自称“无枪阶级”的善造“流言”，我就要连路也不能走。

向上海的夜车是十一点钟开的，客很少，大可以躺下睡觉，可惜椅子太短，身子必须弯起来。这车里的茶是好极了，装在玻璃杯里，色香味都好，也许因为我喝了多年井水茶，所以容易大惊小怪了罢，然而大概确是很好的。因此一共喝了两杯，看看窗外的夜的江南，几乎没有睡觉。

在这车上，才遇见满口英语的学生，才听到“无线电”“海底电”这类话。也在这车上，才看见弱不胜衣的少爷，绸衫尖头鞋，口嗑南瓜子，手里是一张《消闲录》[8]之类的小报，而且永远看不完。这一类人似乎江浙特别多，恐怕投壶的日子正长久哩。

现在是住在上海的客寓里了；急于想走。走了几天，走得高兴起来了，很想总是走来走去。先前听说欧洲有一种民族，叫作“吉柏希”[9]的，乐于迁徙，不肯安居，私心窃以为他们脾气太古怪，现在才知道他们自有他们的道理，倒是我胡涂。

这里在下雨，不算很热了。

（鲁迅。八月三十日，上海。）

# 注释

［1］本篇最初发表于1926年10月2日《语丝》周刊第九十九期。

［2］“小峰兄”：即李小峰（1897—1971），男，江苏江阴人，翻译家。1918年入北京大学哲学系。曾参与出版《新潮》月刊。1924年，《语丝》周刊创刊，他负责出版发行工作。1927年4月，南下上海。从此，他负责上海北新书局总局编辑出版工作，继续出版由鲁迅主编的《语丝》，创刊由鲁迅和郁达夫合编的《奔流》，出版鲁迅、冰心、郁达夫、蒋光慈等第一流的作者、名人的作品。

［3］1919年12月，鲁迅回绍兴接母亲等家眷到北京，同住八道湾。

［4］“使之闻之”：语见《论语·阳货》。孺悲想见孔子，但自持权贵，不懂礼貌，不约而直奔孔子家门。孔子以有病为由推辞不见。传话的人刚出门，孔子便取来瑟边弹边唱，故意让孺悲听到，望其醒悟。

［5］孙传芳（1885—1935）：山东省泰安人，与张作霖、吴佩孚并称为“北洋三大军阀”，后攻占浙、闽、苏、皖、赣五省，自任五省联军总司令，世称“东南王”。1927年2月组织兵力阻止国民革命军北伐，孙败，主力军消耗殆尽后一蹶不振。后隐居天津居士林。1935年11月，孙传芳被刺杀身亡。

［6］“投壶”：古代宴会时的一种娱乐。宾主依次投矢壶中，负者饮酒。据说是“主人与客燕饮讲论才艺之礼”。“下关”是南京地名，孙传芳盘踞东南五省时，曾于1926年8月6日在南京举行过这种古礼，颇受世人非议。

［7］“两”：中国的重量单位，相当于50克，至今仍普遍应用。

［8］《消闲录》：上海出版的一种无聊小报。1897年11月创刊，原名《消闲报》，1903年改为《消闲录》。

［9］吉柏希（Gypsy）：通译吉卜赛。原居住印度北部的一个民族，十世纪时开始向外迁移，流浪在欧洲、西亚、北非等地，大多靠占卜、歌舞等为生。

# Comunicación de Shanghai[1]

Querido amigo Xiaofeng[2]:

Al día siguiente de la despedida, me subí al tren y llegué a Tianjin esa misma noche. No ocurrió nada en el camino, pero habiendo salido justamente de la estación de Tianjin, un hombre en uniforme, probablemente uno de esos tipos de recaudadores de impuestos, de repente agarró mi canasta y preguntó: "¿Qué es esto?" Cuando yo acabé de decir "objetos diversos", él había sacudido dos veces la canasta y se alejó pavoneándose con cabeza erguida. Afortunadamente por no llevar la sopa de ginseng con mostaza encurtida ni utensilios de cristal, no resultó ninguna pérdida, así que no se preocupe.

De Tianjin a Pukou, tomé un tren expreso especial, por lo que no era bullicioso, pero el apiñamiento seguía igual. No había tomado el tren de esta línea desde que escolté a mi familia a Beijing hace siete años.[3] Parecía que ahora debían sentarse separados hombres y mujeres, porque en el compartimento de al lado era una familia de un hombre y tres mujeres, pero sacaron al hombre e invitaron a otra

---

① Este artículo fue publicado originalmente en el número 99 del semanario *Hilo del Lenguaje* el 2 de octubre de 1926.

② "Amigo Xiaofeng": Li Xiaofeng (1897–1971), nativo de Jiangyin, provincia de Jiangsu, traductor. En 1918, ingresó al Departamento de Filosofía de la Universidad de Beijing. Ha participado en la publicación de la revista mensual *Nueva Marea*. En 1924, se publicó la revista semanal *Hilo del Lenguaje*, y fue responsable de la publicación y expedición. En abril de 1927, se fue a Shanghai. Desde entonces, fue responsable de la edición y publicación en la sede de la Librería Beixin de Shanghai, y al mismo tiempo seguía trabajando en la publicación del *Hilo del Lenguaje* cuyo editor era Lu Xun. Fundó la revista *Corriente Rodante* junto con Lu Xun y Yu Dafu, y publicó las obras de los autores y celebridades de primera línea como Lu Xun, Bing Xin, Yu Dafu y Jiang Guangci.

③ En diciembre de 1919, Lu Xun regresó a su ciudad natal Shaoxing para recoger a su madre y otros familiares a Beijing y vivir en el hutong (callejón) llamado Badaowan.

mujer a entrar. Al aproximarse a Pukou, hubo otro pequeño alboroto. Como la familia de los cuatro le dio al mozo de té demasiado poco dinero, entonces un mozo de té, de cuerpo robusto y grandote, vino directo sin aviso a hacer un discurso como para "hacerle advertir esto deliberadamente"④, cuya breve idea era: naturalmente se requiere el dinero. ¿Para qué trabajar si no para el dinero? Sin embargo, él asume el trabajo de hacer el té solo para ganar varias monedas con este servicio. Esto se debía a que su corazón ¡todavía se quedaba en el centro, sin haberse deslizado a este lado (indicando la parte del sobaco)! Él también sería capaz de vender el terreno para comprar armas, reclutar bandidos y hacerse un cabecilla; si jugara bien los trucos, podría ser promovido como oficial y hacer una gran fortuna. Pero, la conciencia todavía se quedaba aquí (indicando el intervalo de su esternón), por eso se conformaba con ser un mozo de té, ganando un dinerillo para que los hijos pudieran estudiar y llevaran una vida normal en el futuro... Pero, si la cosa le fuera demasiado lejos para aceptar, ¡también podría hacer, si quisiera, cualquier cosa que no debiera cometer el hombre! En el momento éramos seis personas en montón, pero nadie se lo refutó. Oí decir que más tarde le agregaron un yuan para acabar con este escándalo.

No quiero seguir el camino de los valientes literatos y eruditos para reprochar al mariscal Sun Chuanfang⑤ en revistas semanales

---

④ "Hacerle advertir esto deliberadamente": Vea las *Analectas de Confucio – Yanghuo*. Un cortesano del Reino Lu llamado Rubei fue ordenado por el rey a aprender Ritos de Confucio. Pero Rubei se sentía noble y autosuficiente, y fue directo a la casa de Confucio sin avisarlo con ningún mensaje antes. Confucio se negó a recibirlo con el pretexto de estar enfermo. Cuando la persona mensajera acababa de salir a disuadir al visitante, Confucio tomó el instrumento musical y cantó, haciéndole deliberadamente a Rubei advertir su desagrado y esperó que se despertara.

⑤ Sun Chuanfang (1885–1935): Natural de Tai'an, provincia de Shandong. Junto con Zhang Zuolin y Wu Peifu, fueron llamados "los tres principales caudillos militares del norte". Él expandió su gobernación a cinco provincias y fue el comandante en jefe por sí mismo, conocido como el "Rey del Sureste". En febrero de 1927, trató de impedir la Expedición al Norte del Ejército Revolucionario Nacional, pero fracasó y su fuerza principal fue derrotada. Más tarde pasó la vida de retiro en Tianjin. Fue asesinado en noviembre de 1935.

publicadas en Beijing. Pero tan pronto como llegué a Xiaguan, me acordé de que este lugar había sido un estado de ritual y rectitud donde se celebraba el juego de Pitch-pot[⑥], así que no pude evitar tener un sentido de ridiculez. En mis ojos, Xiaguan seguía siendo la misma Xiaguan de siete años atrás, nada más que en aquel entonces había una tremenda tormenta, y esta vez hacía buen tiempo. Como ya no pude alcanzar el tren expreso especial, solo podría tomar el tren nocturno y primero tomé descanso temporalmente en un hotel. El cargador a hombro (llamado "mozo de cordel" localmente) y el mozo de té eran igualmente honestos como de siempre; el pato salado, cerdo a la parrilla al estilo cantonés, pollo con salsa de soja y otros platos seguían siendo baratos de precio y buenos de sabor. Bebí dos liang[⑦] del licor de sorgo, que también era mejor que el de Beijing. Desde luego esto solo era lo que "yo creía"; pero tampoco significaba que yo no tuviera razón alguna, justamente porque traía un poco del aroma de sorgo crudo, después de tomarlo cerré los ojos, y me sentí como si estuviera en el campo después de la lluvia.

Cuando me fascinaba el campo, el mozo de té me dijo que alguna gente pidió que yo saliera a hablar. Al salir, vi que eran varias personas y tres o cuatro soldados con fusil en la espalda. Cuántos fueron exactamente, no los conté, pero en fin, un gran grupo. Uno entre ellos quiso ver mi equipaje. Le pregunté cuál quería ver primero. Indicó una maleta de cuero cubierta de lino. Desaté la cuerda para él, abrí la cerradura, levanté la tapa hasta que él se puso en cuclillas y

---

⑥ "Pitch-pot": Un juego durante los antiguos banquetes que requiere que los invitados y el anfitrión tiren desde una distancia determinada flechas o palos en un bote grande, y el perdedor bebería más como un castigo. Se decía que era "la ceremonia para la charla sobre el arte y habilidad entre el anfitrión y los invitados". "Xiaguan" es el topónimo de una zona de Nanjing. Cuando Sun Chuanfang gobernaba las cinco provincias del sureste de China, celebró esta antigua ceremonia en Nanjing el 6 de agosto de 1926, por lo cual fue criticado y regañado por mucha gente.

⑦ "Liang": Unidad de peso de China, que equivale a 50 gramos y todavía es vigente y popular hasta el presente.

buscó a tientas en medio de la ropa. Después de tantear a mano por un momento, pareció desanimado. Se levantó y agitó la mano, mientras el grupo de soldados dieron media vuelta y caminaron hacia fuera. El que comandaba incluso me asintió con la cabeza antes de irse, y parecía muy cortés. Este fue el primer contacto mío con "la clase con fusil" después de la fundación de la República. Y me pareció que, en su lugar, ellos no son malos; si ellos también fueran tan expertos en crear "rumores" como los que se llaman a sí mismos "la clase sin fusil", ya no podría hasta moverme caminando.

El tren nocturno a Shanghai arrancó a las once en punto. Había tan pocos viajeros que uno podía acostarse y dormir a gusto, pero lamentablemente que las sillas fueran demasiado cortas y el cuerpo debía doblarse. El té en este coche era magnífico. Estaba empacado en un vaso, y era muy bueno de color, aroma y sabor. Tal vez debido a que yo había estado bebiendo durante muchos años el té hecho con el agua de pozo, era muy fácil de excitarme por una pequeñez, pero debería ser muy bueno definitivamente. Así que tomé dos tazas, y casi no dormía mientras observaba la noche del sur del río Yangtsé.

Solo en este tipo de vagón, pude encontrarme con los estudiantes hablando completamente en inglés y oír decir los términos como "radio" y "cable submarino". Solo en este vagón también pude ver a señoritos demasiado débiles para soportar el peso de su ropa, con camisa de seda y zapatos puntiagudos, quienes cascaban las semillas de calabaza entre los dientes, y en la mano llevaban un tabloide como *Registro de Actividades de Ocio*[8], que nunca terminarían de leer. Parece que este tipo de gente se ve mucho especialmente en las regiones de Jiangsu y Zhejiang, por lo cual temo que los días de jugar

⑧ *Registro de Actividades de Ocio*: Fue un tabloide aburrido publicado en Shanghai. En 1897, la revista se publicó por primera vez en noviembre y originalmente se llamaba *Noticias de Actividades de Ocio*. En 1903, se cambió a *Registro de Actividades de Ocio*.

al Pitch-pot subsistan aún largo tiempo.

Ahora ya estoy alojado en una casa de huéspedes en Shanghai, y ansioso por irme. Después de varios días de viaje, ya me he hecho feliz de viajar, quiero mucho andar de un lado para otro. Antes oí decir que en Europa había un pueblo llamado "gitanos"[9] y a ellos les gusta ambular y no quería establecerse en un lugar. Pensé en privado que su temperamento era demasiado raro, pero ahora sé que ellos tienen sus propias razones, y en cambio, yo estuve estúpido.

Ahora aquí está lloviendo, ya no hace mucho calor.

Lu Xun,

30 de agosto, Shanghai.

---

⑨ "Gitanos": Es una etnia que originalmente vivió en el norte de la India y comenzó a emigrar hacia el exterior en el siglo X. Vagaron por Europa, Asia occidental, África del Norte y otros lugares, y se ganaron la vida principalmente con la adivinación, el canto y el baile. Solían pasar una vida errante.

# 海上通信[1]

小峰兄：

前几天得到来信，因为忙于结束我所担任的事，所以不能即刻奉答。现在总算离开厦门坐在船上了。船正在走，也不知道是在什么海上。总之一面是一望汪洋，一面却看见岛屿。但毫无风涛，就如坐在长江的船上一般。小小的颠簸自然是有的，不过这在海上就算不得颠簸；陆上的风涛要比这险恶得多。

同舱的一个是台湾人，他能说厦门话，我不懂；我说的蓝青官话[2]，他不懂。他也能说几句日本话，但是，我也不大懂得他。于是乎只好笔谈，才知道他是丝绸商。我于丝绸一无所知，他于丝绸之外似乎也毫无意见。于是乎他只得睡觉，我就独霸了电灯写信了。

从上月起，我本在搜集材料，想趁寒假的闲空，给《唐宋传奇集》[3]做一篇后记，准备付印，不料现在又只得搁起来。至于《野草》，此后做不做很难说，大约是不见得再做了，省得人来谬托知己，舐皮论骨，什么是“入于心”[4]的。但要付印，也还须细看一遍，改正错字，颇费一点工夫。因此一时也不能寄上。

我直到十五日才上船，因为先是等上月份的薪水，后来是等船。在最后的一星期中，住着实在很为难，但也更懂了一些新的世故，就是，我先前只以为要饭碗不容易，现在才知道不要饭碗也是不容易的。我辞职时，是说自己生病，因为我觉得无论怎样的暴主，还不至于禁止生病；倘使所生的并非气厥病，也不至于牵连了别人。不料一部分的青年不相信，给我开了几次送别会，演说，照相，大抵是逾量的优礼，我知道有些不妥了，连连说明：我是戴着“纸糊的假冠”的，请他们不要惜别，请他们不要忆念。但是，不知怎地终于发生了改良学校运动，首先提出的是要求校长罢免大学秘书刘树杞博士[5]。

听说三年前，这里也有一回相类的风潮，结果是学生完全失败，在上海分立了一个大夏大学。[6]那时校长如何自卫，我不得而知；这回是说我的辞职，和刘博士无干，乃是胡适之派和鲁迅派相排挤，所以走掉的。这话就登在鼓浪屿的日报《民钟》上，并且已经加以驳斥。但有几位同事还大大地紧张起来，开会提出质问；而校长却答复得很干脆：没有说这话。有的还不放心，更给我放散别种的谣言[7]，要减轻“排挤说”的势力。真是“天下纷纷，何时定乎？”[8]如果我安心在厦门大学吃饭，或者没有这些事的罢，然而这是我所意料不到的。

校长林文庆[9]博士是英国籍的中国人，开口闭口，不离孔子，曾经做过一本讲孔教的书，可惜名目我忘记了。听说还有一本英文的自传，将在商务印书馆出版；现在正做着《人种问题》。他待我实在是很隆重，请我吃过几回饭；单是饯行，就有两回。不过现在“排挤说”倒衰退了；前天所听到的是他在宣传，我到厦门，原是来捣乱，并非豫备在厦门教书的，所以北京的位置都没有辞掉。

现在我没有到北京，“位置说”大概又要衰退了罢，新说如何，可惜我已在船上，不得而知。据我的意料，罪孽一定是日见其深重的，因为中国向来就是“当面输心背面笑”[10]，正不必“新的时代”的青年[11]才这样。对面是“吾师”和“先生”，背后是毒药和暗箭，领教了已经不只两三次了。

新近还听到我的一件罪案，是关于集美学校的。厦门大学和集美学校[12]，都是秘密世界，外人大抵不大知道。现在因为反对校长，闹了风潮了。先前，那校长叶渊[13]定要请国学院里的人们去演说，于是分为六，每星期一组，凡两人。第一次是我和语堂。那招待法也很隆重，前一夜就有秘书来迎接。此公和我谈起，校长的意思是以为学生应该专门埋头读书的。我就说，那么我却以为也应该留心世事，和校长的尊意正相反，不如不去的好罢。他却道不妨，也可以说说。于是第二天去了，校长实在沉鸷得很，殷勤劝我吃饭。我却一面吃，一面愁。心里想，先给我演说就好了，听得讨厌，就可以不请我吃饭；现在饭已下肚，倘使说话有背谬之处，适足以加重罪孽，如何是好呢。午后讲演，我说的是照例的聪明人不能做事，因为他想来想去，终于什么也做不成等类的话。那时校长坐在我背后，我看不见。直到前几天，才听说这位叶渊校长也说集美学校的闹风潮，都是我不好，对青年人说话，那里可以说人是不必想来想去的呢。当我说到这里的时候，他还在后面摇摇头。

我的处世，自以为退让得尽够了，人家在办报，我决不自行去投稿；人家在开会，我决不自己去演说。硬要我去，自然也可以的，但须任凭我说一点我所要说的话，否则，我宁可一声不响，算是死尸。但这里却必须我开口说话，而话又须合于校长之意。我不是别人，那知道别人的意思呢？“先意承志”[14]的妙法，又未曾学过。其被摇头，实活该也。

但从去年以来，我居然大大地变坏，或者是进步了。虽或受着各方面的斫刺，似乎已经没有创伤，或者不再觉得痛楚；即使加我罪案，也并不觉着一点沉重了。这是我经历了许多旧的和新的世故之后，才获得的。我已经管不得许多，只好从退让到无可退避之地，进而和他们冲突，蔑视他们，并且蔑视他们的蔑视了。

我的信要就此收场。海上的月色是这样皎洁；波面映出一大片银鳞，闪烁摇动；此外是碧玉一般的海水，看去仿佛很温柔。我不信这样的东西是会淹死人的。但是，请你放心，这是笑话，不要疑心我要跳海了，我还毫没有跳海的意思。

（鲁迅。一月十六夜，海上。）

# 注释

［1］本篇最初发表于1927年2月12日《语丝》周刊第一一八期。

［2］“蓝青官话”：指夹杂地区性方言的普通话。蓝青，比喻不纯粹。

［3］《唐宋传奇集》：鲁迅校录的唐宋传奇小说，1927年12月上海北

新书局出版。

[ 4 ] 这里指高长虹。他在《狂飙》第五期（1926年11月）发表的《1925北京出版界形势指掌图》内曾说：“当我在《语丝》第三期看见《野草》第一篇《秋夜》的时候，我既惊异而又幻想。惊异者，以鲁迅向来没有过这样文字也。幻想者，此入于心的历史，无人证实，置之不谈。”

[ 5 ] 刘树杞时任厦门大学秘书兼理科主任。鲁迅辞职，有人以为是被刘树杞排挤走的，因而发生了“驱逐刘树杞，重建新厦大”的风潮。但事实并非如此，鲁迅的辞职主要是由于他对厦门大学当局的不满。

[ 6 ] 1924年4月，厦门大学学生对校长林文庆不满，开会拟做出要求校长辞职的决议，因部分学生反对而作罢。林文庆为此开除为首学生，解聘教育科主任等九人，从而引起学潮。林又拒绝学生的任何合理要求，并于6月1日指使、诱骗部分建筑工人凶殴学生，继又下令提前放暑假，限令学生五日离校，届时即停膳、停电、停水。当时，厦门市的保守反动势力也都支持林文庆，学生被迫宣布集体离校，在被解聘教职员帮助下，他们到上海共同筹建了大夏大学。

[ 7 ] “别种的谣言”：指厦门大学国学研究院一个干事黄坚（白果）等人散布的谣言。如说鲁迅“不肯留居厦门，乃为月亮（按指许广平）不在之故”（见《两地书·一一二》）等。

[ 8 ] “天下纷纷，何时定乎？”：语见《史记·陈丞相世家》。

[ 9 ] 林文庆（1869—1957）：字梦琴，福建海澄人，英国爱丁堡大学医学硕士，香港大学荣誉医学博士，当时任厦门大学校长兼国学研究院院长。

[10] “当面输心背面笑”：语见唐代诗人杜甫的《莫相疑行》一诗。

[11] “‘新的时代’的青年”：指高长虹。

[12] “集美学校”：爱国华侨陈嘉庚1913年在他家乡厦门市集美镇创办。初为小学，以后陆续增办中学、师范部等。

[13] 叶渊：福建安溪人，北京大学经济系毕业，时任集美学校校长。

[14] “先意承志”：语见《礼记·祭义》，是孔丘弟子曾参论孝的话，意思是揣测别人的意志而于事先便去逢迎。

# Comunicación en el mar[①]

Querido amigo Xiaofeng:

Recibí tu carta hace unos días, pero como estaba ocupado por terminar lo que tenía que hacer por mi cargo, no pude respondértela de inmediato. Por fin, ahora dejé Xiamen y estoy sentado en el barco, que está avanzando pero no sé en qué parte del mar se halla. En fin, por un lado, se mira al océano y por el otro se ven las islas; pero no hace ningún viento ni marea, como si se sentara en un bote sobre el río Yangtsé. Desde luego está dando unos ligeros tumbos, pero estos no cuentan como tumbos para estar en el mar; la tormenta en la tierra es mucho más siniestra que estos.

El viajero del mismo camarote es un taiwanés. Sabe hablar el dialecto de Xiamen, pero no lo entiendo; mientras que yo hablo un idioma oficial impuro[②] y él tampoco lo entiende. También sabe hablar algunas palabras japonesas, pero no le comprendo mucho tampoco, así que tenemos que hablar por escrito, y me he enterado de que él es un comerciante de seda, de la que yo no conozco nada. Parece que no tiene más temas que hablar fuera de eso, entonces solo se queda por dormir y yo domino exclusivamente la lámpara para escribir la carta.

Desde el mes pasado, he venido recolectando materiales, porque

---

① Este artículo fue publicado originalmente en el número 118 de la revista semanal *Hilo del Lenguaje* el 12 de febrero de 1927.

② "Un idioma oficial impuro": Se refiere al mandarín que se mezcla con los dialectos regionales de cada uno de los hablantes.

quería aprovechar el ocio de las vacaciones de invierno para hacer una posdata a la *Colección de Leyendas de las Dinastías de Tang y Song*③, a fin de prepararla para la imprenta, pero ahora inesperadamente tengo que dejarla de lado otra vez. En cuanto a *Hierbas silvestres*, es difícil decir si se volverá a publicar después. No la haré probablemente, a fin de evitar que la gente venga a proclamarse mis confidentes equivocadamente, que, por una sola lamedura en la piel ya comenta sobre el hueso, hasta para hablar de "lo hondo en el corazón"④. En caso de que me decida imprimirla, deberé leerla minuciosamente y corregir los errores tipográficos, lo que cuesta bastante trabajo, por lo tanto, no puedo enviártela dentro de poco tiempo.

No subí al barco hasta el día 15, porque primero esperé la paga del mes anterior y luego al barco. En la última semana, fue muy embarazoso quedarme aquí, pero también he entendido unas nuevas experiencias mundanas, a saber, antes solo pensé que no era fácil solicitar un empleo, y ahora acabo de saber que tampoco es fácil retirarse de un empleo. Cuando renuncié, dije que estaba enfermo porque creía que no importaba qué tipo de dueño tirano, no prohibiría a uno enfermarse; y si la enfermedad no fuera coma del trastorno de ira, no iría tan lejos de implicar a otra gente. Inesperadamente, algunos jóvenes no lo creyeron, me hicieron varias fiestas de despedida, discursos y fotografías y, en resumen, regalos más que suficientes. Sentí que algo iba mal y les expliqué repetidamente que

---

③ *Colección de Leyendas de las Dinastías de Tang y Song*: Es una antología editada y revisada por Lu Xun, publicada en diciembre de 1927 por la Librería Beixin de Shanghai.

④ Aquí se refiere a lo que dijo Gao Changhong en el "Mapa de Situación de la Industria Editorial de Beijing de 1925" publicado en *El Huracán* en 1926: "Cuando vi el primer artículo 'La noche de otoño' de *Hierbas silvestres* en el tercer número de *Hilo del Lenguaje*, me quedé sorprendido y fantasiado a la vez. Sorprendido porque Lu Xun nunca había tenido ese estilo de texto, fantasiado porque este tipo de historia hondo en el corazón no ha sido confirmada por nadie, se debe dejarlo sin discutir".

llevaba una "corona de papel falsa", y les pedí que no organicen actividades de despedida ni de recuerdo. Sin embargo, de alguna manera estalló finalmente el movimiento de la reforma escolar, y la primera solicitud fue pedirle al rector destituir al Dr. Liu Shuqi[5] de secretario de la universidad.

Oí decir que hace tres años, hubo una agitación similar en este lugar. El resultado fue que los estudiantes fracasaron por completo, de allí se estableció separadamente la Universidad de Daxia[6] en Shanghai. En cuanto a cómo el rector se defendía en aquel momento, yo no tengo manera de saberlo, pero esta vez dicen que mi renuncia no tiene nada que ver con el Dr. Liu, sino por la exclusión mutua entre la facción de Hu Shi y la de Lu Xun, y así tuve que irme. Esta declaración fue publicada en el diario de la isla Gulangyu, *People's Bell* (*Campana del Pueblo*), y ha sido refutada. Sin embargo, varios colegas aún se pusieron considerablemente nerviosos y plantearon interpelación en la reunión, mientras que el rector les respondió de manera muy tajante: "No dije esto". Algunos todavía no se sentían despreocupados, emitieron más rumores de otros tipos[7] por mí, con motivo de aliviar

⑤ Liu Shuqi fue secretario de la Universidad de Xiamen y director del Departamento de Ciencias. Cuando Lu Xun renunció, unos estudiantes pensaron que fue por la exclusión de Liu, y como resultado, hubo una ola de "expulsar a Liu Shuqi y reconstruir la nueva Universidad de Xiamen". Pero de hecho, el renunciamiento de Lu Xun se debió principalmente a su insatisfacción con las autoridades de la Universidad de Xiamen.

⑥ En abril de 1922, como los estudiantes de la Universidad de Xiamen estaban insatisfechos con el rector Lin Wenqing, decidieron tomar una resolución para solicitar su renuncia. Por esta razón, Lin Wenqing expulsó al estudiante que encabezaba la petición y despidió al director del Departamento de Educación y otros ocho oficinistas, lo que provocó una ola de estudiantes. Lin rechazó toda solicitud razonable de los estudiantes e instruyó y engañó a unos trabajadores de la construcción para que los golpearan ferozmente el 1 de junio. Luego ordenó por adelantado las vacaciones de verano para que los estudiantes abandonaran la escuela el 5 de junio. Después de esa fecha, se cortarían el agua, la electricidad y la comida. En aquel tiempo, como las fuerzas reaccionarias conservadoras en Xiamen apoyaban a Lin Wenqing, los estudiantes se vieron obligados a anunciar la salida colectiva de la escuela. Con la ayuda del personal despedido, fueron a Shanghai para establecer independientemente la Universidad de Daxia.

⑦ "Rumores de otros tipos": Se refieren a los rumores difundidos por las personas como Huang Jian, oficial del Instituto de Estudios de la Civilización China de la Universidad de Xiamen. Por ejemplo, se rumoreaba que Lu Xun no se quedaría en Xiamen, porque Xu Guangping no estaba en la misma ciudad.

la fuerza de la versión de la “exclusión”. Es realmente lo que dice el viejo dicho: “El mundo está en conmoción caótica, y ¿cuándo podrá pacificarse?”⑧ Si yo me hubiera estado ganando la vida a gusto en la Universidad de Xiamen, a lo mejor no habrían ocurrido estas cosas, pero esto fue algo que yo no esperaba.

El rector de la Universidad Dr. Lin Wenqing⑨ es un chino con nacionalidad inglesa. Él nunca dejaba de mencionar a Confucio cada vez que hablaba. Había redactado un libro sobre el confucianismo, y es lástima que yo olvide su título. Escuché que también tenía una autobiografía en inglés que publicaría la editorial Commercial Press y ahora está elaborando *Problemas de razas humanas*. Él me dio un trato con mucha solemnidad. Me invitó a comer varias veces, e incluso solo para la despedida me ofreció dos cenas. Sin embargo, hasta ahora, aunque la versión de la “exclusión” ha decaído, lo que oí decir anteayer fue que él estaba propagando que yo fui a Xiamen con el propósito de provocar disturbios y no estaba preparado para enseñar en Xiamen, razón por la que no había renunciado a la posición en Beijing.

Pero ahora que no me presento en Beijing, parece que la versión sobre la “posición” también va a decaer en su lugar, y ¿qué será la versión nueva? Lástima que ya me encuentre a bordo y no haya manera de saberla. Según mi conjetura, mi pecado debe ser cada día más grave, porque China siempre ha sido un país donde se comporta “con la sinceridad cara a cara pero el sarcasmo a la espalda”⑩, y

---

⑧ “El munclo está en conmoción caótica, y ¿cuándo podrá pacificarse?”: Véase “La familia del primer ministro Chen” de los *Registros históricos*.

⑨ Lin Wenqing (1869–1957): Nació en el distrito Haicheng, Fujian. Fue Máster de Medicina de la Universidad de Edimburgo y Doctor honorario en medicina de la Universidad de Hong Kong. En ese momento, él era el rector de la Universidad de Xiamen y el decano del Instituto de Estudios de la Civilización China.

⑩ “La sinceridad cara a cara pero el sarcasmo a la espalda”: Véase el poema del poeta Du Fu de la dinastía Tang titulado “No se sospechen entre sí”.

no solo actúan así necesariamente la juventud de la “nueva era”⑪ necesariamente. De llamarte enfrente “mi maestro” y “mi señor” y desde atrás darte veneno y flecha secreta, me han enseñado en no menos de dos o tres ocasiones.

Hace poco escuché un crimen mío sobre la Escuela de Jimei. La Universidad de Xiamen y la Escuela de Jimei⑫ son mundos secretos, y la gente fuera del círculo no las conoce generalmente. Ahora a causa de la oposición al rector, se ha levantado una ola de agitación. En el pasado, el exdirector, Ye Yuan⑬, invitaba siempre a los señores del Instituto de Estudios de la Civilización China a hacer discursos, por lo que estábamos divididos en seis grupos, un grupo por semana y cada grupo de dos personas. La primera vez me tocó a mí y a Yutang. Aquella recepción también fue muy grandiosa, y el secretario había venido a acogernos la noche anterior. Este venerable amigo me dijo que la intención del director era que los estudiantes debían sumergirse totalmente en los estudios. Pero yo le dije que pensaba que también deberían prestar atención a los asuntos de la sociedad, lo que era justamente contrario a la opinión del estimado director, y por tanto, sería mejor que yo no fuera. Pero él dijo que no importaba mucho, y que yo podría hacer menciones de mi opinión también. Entonces fui al día siguiente. El director era realmente profundo y valeroso y durante la comida me aconsejaba comer más con toda hospitalidad, pero yo estaba triste y sombrío mientras comiendo. Pensé, sería mejor dejarme dar el discurso primero, porque de esta manera, si le disgustara, dejaría de invitarme a comer. Pero como ahora la comida

---

⑪ “La juventud de la ‘nueva era’”: Se refiere a Gao Changhong.

⑫ Escuela de Jimei: El chino de ultramar patriótico Chen Jiageng la fundó en 1913 en su ciudad natal Jimei, Xiamen. Al principio, fue una escuela primaria, y luego agregó escuelas secundarias y departamentos de maestros.

⑬ Ye Yuan: Nativo de Anxi, Fujian, graduado de la Universidad de Beijing, y entonces rector de la Escuela de Jimei.

ya cayó en el estómago, si mi discurso le pareciera algo ilógico o absurdo, sería suficiente para agravar mi pecado. ¿Cómo tratarlo? En el discurso de la tarde, yo decía que un hombre inteligente a menudo no puede resdver los problemas, porque suele pensar de ida y de vuelta, y finalmente no puede realizar nada, etc. En ese momento, el di rector estaba sentado detrás de mí, así que yo no podía verlo. No fue hasta hace unos días que oí decir que este director Ye Yuan dijo que la agitación de la Escuela de Jimei en sentido general se me debía atribuir a mí, porque cuando yo hablaba con los jóvenes, ¿cómo podía decir que no debieran pensar en las cosas repetidas veces? Fue que cuando yo estaba diciendo esto, él sacudía la cabeza detrás.

Pienso que mi conducta en la sociedad ha sido suficientemente concesiva: cuando hacen periódicos, nunca les he enviado artículos por mi propia voluntad; cuando la gente organiza reuniones, nunca me he inscrito para dar un discurso. Si insisten en que yo vaya, también lo puedo aceptar desde luego, pero deben dejarme decir algo que tengo que expresar. De lo contrario, prefiero no pronunciar, como un cadáver. Pero aquí era un caso obligatorio para que yo hablara, y mis palabras deberían estar en línea con la intención del rector. No soy otra persona, entonces, ¿cómo podría saber lo que pensara otra gente? En cuanto al maravilloso método de "detectar la voluntad ajena y satisfacerla por adelantado"[14], nunca lo he aprendido. Las negaciones con la cabeza que recibí fueron plenamente merecidas.

Pero desde el año pasado, he ido tan lejos como para tornarme vicioso en gran medida, o sea, he progresado. Aunque sigo sufriendo acuchilladas de todos lados, parece que no pueden causarme traumas, o que ya no las siento más dolorosas; incluso si me agregan pecados,

---

⑭ "Detectar la voluntad ajena y satisfacerla por adelantado": Véase el *Libro de Ritos – Sacrificios*. Son las palabras de Zeng Shen, discípulo de Confucio, sobre la piedad filial, cuyo sentido es especular sobre la voluntad de los demás para satisfacerla con anticipación.

de ellos ni un poco de pesado me siento más. Esto ha sido el logro por haber recorrido muchas viejas y nuevas experiencias mundanas. Ya que no me cuido de muchas cosas, solo tengo que hacer concesiones hasta cuando no hay donde retroceder, y luego entrar en conflicto con ellos, despreciarlos y despreciar su despreciación.

Mi carta va a terminar por aquí. La luz de la luna en el mar es tan pura y brillante; la superficie de las olas refleja una gran masa de escamas plateadas, parpadeando y sacudiéndose. Más el agua del mar de aspecto de jaspe, se ve muy dulce y suave. No creo que tales cosas puedan ahogar a personas. Pero, tranquilo, esto es una broma. No sospeches que yo vaya a saltar al mar. Todavía no tengo ni la menor idea de actuar de esa manera.

Lu Xun,

La noche del 16 de enero, en el mar.